La Justice POUR LES NULS

La Justice pour les Nuls

Sous la direction d'Emmanuel Pierrat

FIRST
Editions

60, rue Mazarine
75006 Paris – France
Tél. 01 45 49 60 00
Fax 01 45 49 60 01
Courriel : firstinfo@efirst.com
Internet : www.editionsfirst.fr

ISBN : 978-2-7540-4914-6
Dépôt légal : janvier 2013
Imprimé en France par Hérissey à Évreux (Eure) - N° 119785

Ouvrage dirigé par Benjamin Arranger
Secrétariat d'édition : Capucine Panissal
Correction : Marion Bello
Couverture : Reskator
Mise en pages : Romain Poiré
Dessins : Marc Chalvin
Fabrication : Antoine Paolucci
Production : Emmanuelle Clément

À propos des auteurs

Emmanuel Pierrat, qui a supervisé et corédigé cet ouvrage, est avocat au barreau de Paris et codirige un cabinet portant son nom. Il est membre du Conseil de l'ordre du barreau de Paris. Chroniqueur juridique dans plusieurs revues, mais aussi éditeur et romancier, il a par ailleurs publié plusieurs essais, ainsi que de nombreux ouvrages de droit.

Fictions et récits : *Histoire d'eaux*, Le Dilettante, 2002, Pocket, 2004, Libra Diffusio, 2004 ; *Le Sexe* (direction d'ouvrage), La Découverte, collection « Les Français peints par eux-mêmes », 2003 ; *La Course au tigre*, Le Dilettante, 2003, Pocket, 2005 ; *L'Industrie du sexe et du poisson pané*, Le Dilettante, 2004, Pocket, 2006 ; *Les Dix Gros Blancs*, Fayard, 2005, Pocket, 2007 ; *Fin de pistes*, Léo Scheer, 2006 ; *Troublé de l'éveil*, Fayard, 2008, Éditions des Femmes, collection « Bibliothèque des voix », 2009 ; *Maître de soi*, Fayard, 2010 ; *Une maîtresse de trop*, Biro Éditeur, « Les sentiers du crime », 2010 ; *L'Éditrice*, Hors Collection, collection « L'instant érotique », 2010 ; *Maître Nemo largue les amarres*, L'Une & L'Autre, 2010 ; La Féticheuse, Atelier in-8, 2012 ; *Qui a tué Mathusalem ?* (en collaboration avec Jérôme Pierrat), Denoël, 2012.

Essais : *Le Sexe et la loi*, Arléa, 1996, La Musardine, 2002 et 2008 ; *La Culture quand même* (en collaboration avec Patrick Bloche et Marc Gauchée), Mille et une nuits, 2002 ; *L'Édition en procès* (en collaboration avec Sylvain Goudemare), Léo Scheer, 2003 ; *Le Bonheur de vivre en enfer*, Maren Sell Éditeurs, 2004 ; *Lettres galantes de Mozart* (en collaboration avec Patrick de Sinety), Flammarion, 2004 ; *Pirateries intellectuelles*, Sens & Tonka, 2005 ; *La Guerre des copyrights*, Fayard, 2006 ; *Antimanuel de droit*, Bréal, 2007 ; *Brèves de prétoire*, Chiflet et Cie, 2007 ; *Le Livre des livres érotiques*, Chêne, 2007 ; *La Justice pour les Nuls* (corédaction et direction d'ouvrage), First, 2007 et 2013 ; *Le Sens de la défense* (en collaboration avec Jeanne-Marie Sens), L'Une & L'Autre, 2008 ; *Le Livre noir de la censure* (corédaction et direction d'ouvrage), Le Seuil, 2008, Prix Tartuffe 2008 ; *Les Pommes libertines* (en collaboration avec Richard Conte), Bernard Pascuito Éditeùr, 2008 ; *Museum Connection, enquête sur le pillage de nos musées* (en collaboration avec Jean-Marie de Silguy), First, 2008 ; *Nouvelles brèves de prétoire*, Chiflet et Cie, 2008 ; *Une idée érotique par jour*, Chêne, 2008 ; *Comprendre l'art africain*, Chêne, 2008 ; *Les Grandes Énigmes de la justice*, First, 2009 ; *Le Paris des francs-maçons* (en collaboration avec Laurent Kupferman), Le Cherche-Midi, 2009 ; *Accusés Baudelaire, Flaubert, levez-vous ! Napoléon III censure les lettres*, André Versaille Éditeur, 2010 ; *Familles, je vous hais ! Les héritiers d'auteurs*, Hoëbeke, 2010 ; *Cent livres censurés*, Chêne, 2010 ; *La Collectionnite*, Le Passage, 2011 ; *Les Nouveaux Cabinets de curiosité*, Les Beaux Jours, 2011 ; *Les Grands Textes de la Franc-maçonnerie décryptés* (en collaboration avec Laurent Kupferman), First, 2011 ; *Les Veuves abusives d'Anatole de Monzie* (édition critique), Grasset, collection « Les Cahiers rouges », 2011 ; *Cent images qui ont fait scandale*, Hoëbeke, 2011 ; *Faut-il rendre les œuvres d'art ?*, CNRS Éditions, 2011 ; *Comme un seul homme : droit, genre, sexe et politique*, Galaade, 2012 ; *Aimer lire, une passion à partager*, Du Mesnil, 2012 ; *Cent œuvres d'art censurées*, Chêne, 2012 ; *Ce que la France doit aux francs-maçons* (en collaboration avec Laurent Kupferman), First, 2012 ; *Histoire du sexe à Paris*, Parigramme, 2013 ; *Les Lorettes*, Le Passage, 2013 ; *Les Secrets des francs-maçons*, Vuibert, 2013.

Ouvrages juridiques : *Guide du droit d'auteur à l'usage des éditeurs*, Éditions du Cercle de la Librairie, 1995 ; *Le Droit d'auteur et l'édition*, Éditions du Cercle de la Librairie, 1998, 2005 et 2013 ; *Le Droit de l'édition appliqué I*, Éditions du Cercle de la Librairie/Cecofop, 2000 ; *Reproduction interdite, le droit à l'image expliqué aux professionnels de la culture et de la communication, à ceux qui veulent protéger leur image et à tous les autres qui veulent comprendre la nouvelle censure iconographique*, Maxima/Laurent du Mesnil, 2001 ; *Le Droit du livre*, Éditions du Cercle de la Librairie, 2001, 2005 et 2013 ; *Guide juridique pratique de l'éditeur : livre, presse, multimédia* (en codirection avec Agnès-Lahn Gozin et Arnaud Le Mérour), Stratégies, 2001 ; *Le Droit de l'édition appliqué II*, Éditions du Cercle de la Librairie/Cecofop, 2002 ; *Les Contrats de l'édition*, 2011, editionsducercledelalibraire.com (disponible uniquement sur support numérique).

Traductions : *Pensées paresseuses d'un paresseux*, de Jerome K. Jerome (traduit de l'anglais, en collaboration avec Claude Pinganaud), Arléa, 1991, Arléa poche, 1996 ; *Histoires de fantômes indiens*, de Rabindranath Tagore (traduit du bengali, en collaboration avec Ketaki Dutt-Paul), Cartouche, 2006, Arléa poche, 2008 ; *Fanny Hill, femme de plaisir* (présenté et adapté de l'anglais), Bernard Pascuito Éditeur, 2008.

Caroll Gossin, **Guillaume Sauvage**, **Flore Masure** et **Aurélie Chavagnon**, qui ont contribué à la première édition de cet ouvrage, sont tous avocats. **Sophie Viaris de Lesegno** est avocate associée du cabinet Pierrat et diplômée en droit de la propriété intellectuelle.

Sommaire

Introduction

« Accusé », « prévenu », « mis en examen », « témoin assisté », « présumé innocent », « plaider coupable », « réquisitoire introductif », « citation à comparaître », « mandataire *ad hoc* », « litispendance »... Ces mots répétés sur toutes les ondes envahissent votre quotidien, perturbent vos nuits : vous pensez qu'une « mise en demeure » est une pendaison de crémaillère, que le « juge de proximité » est le voisin qui vous épie toute la journée, que la « vente à la bougie » est une grande surface de luminaires, que le « mariage putatif » est une union avec une fille de mauvaise vie, que l'« ordonnance de non-lieu » est remboursée par la Sécurité sociale, que le « parquet » est plus chic que la moquette... Bref, vous êtes perdu dans le labyrinthe obscur de la justice.

Pourtant, sans même être déjà passés par la case divorce au cours de nos amours ou suivre, fascinés, tous les procès de *serial killers*, nous sommes tous, quotidiennement, des sujets de droit. Mais nous n'en avons pas toujours conscience. Nous réglons par exemple le boucher comme la facture d'électricité, concluant ainsi, presque inconsciemment, des contrats de vente. Nous récoltons un PV pour nous être garés en livraison, votons à l'assemblée générale des copropriétaires pour que le syndic assigne l'entreprise de rénovation de l'immeuble qui a bâclé le chantier, appelons la police pour résoudre un problème de tapage nocturne avec la boîte de nuit mitoyenne, etc. Impossible d'ignorer plus longtemps la justice et le droit, dans une société où leur omniprésence se fait de plus en plus sentir, à tel point que la « judiciarisation » serait un mal contemporain.

À propos de ce livre

Travailleurs exploités, consommateurs mécontents, propriétaires impayés, futurs parents, prisonniers déprimés, automobilistes énervés, vous êtes donc tous, « simples » citoyens, concernés. Ce guide n'a d'autre objectif que de mieux vous faire comprendre la société dans laquelle vous vivez. Nul n'est censé ignorer la loi, paraît-il... Vous verrez que ça va mieux en le lisant !

Mais si vous êtes abonné du tribunal des pensions militaires ou caïd de la fusion-acquisition, ne fuyez pas pour autant : ce livre s'adresse également à vous. Nous ne nous épancherons pas sur les subtilités du bail emphytéotique, ni sur les particularités de la « folle enchère ». Ceci n'est effectivement pas un énième manuel de droit pratique. En revanche, anecdotes et piqûres de rappel vous donneront les clés pour comprendre et penser, en souriant souvent, une justice sur laquelle vous avez perdu tout recul.

Plus amusant que des études de droit, plus économique qu'un notaire, ce livre est fait pour vous, qui n'êtes pas indifférent au monde qui vous entoure ! Comment fonctionnent les institutions judiciaires ? Vous êtes invité à découvrir les mystérieuses coulisses de la justice et ses multiples secrets de fabrication, du vote des lois par le Parlement aux nombreux tribunaux qui l'appliquent. Que signifient ces costumes sombres, cette hermine anachronique ? Apprenez à distinguer l'avocat du juge et le procureur du greffier. Quel fut le sort du capitaine Dreyfus ? Quel crime Galilée avait-il donc commis ? De la loi du talion aux Codes napoléoniens en passant par le droit canon ou la charia, les conceptions de la justice sont diverses et sont le reflet direct des valeurs de nos sociétés.

Les conventions utilisées dans ce livre

La justice est un monde opaque et délibérément conçu pour que les profanes n'y aient pas accès. Le monopole des gens de robe est à ce prix ! Cet ouvrage, lui, évitera donc de jargonner, comme, malheureusement, les professionnels de justice ont trop souvent l'habitude de le faire. Toutefois, en fin de volume, un glossaire permet de se retrouver dans la jungle des termes usuels que même les journalistes utilisent quotidiennement sans pour autant bien les maîtriser ! Les mots explicités dans le glossaire sont indiqués *en italique* quand ils figurent au cœur du texte.

De même, nous avons choisi de ne pas alourdir ce livre avec des références de lois et de décisions de justice telles qu'un juriste chevronné aime en rencontrer dans les notes de bas de page d'un traité spécialisé. On trouvera en revanche des renvois aux `sites internet` des organismes cités au fil des chapitres.

Bref, si vraiment les digressions contenues dans cette *Justice pour les Nuls* vous semblent totalement hermétiques, il ne vous reste plus qu'à acheter un manuel de « français langue étrangère »… ou à appeler votre avocat.

Comment ce livre est organisé

Ce livre propose, au fil de ses parties, une histoire du droit et de ses différents systèmes de pensée, un descriptif des mécanismes aussi bien du procès que de ses acteurs, ainsi qu'un tableau des principaux pans du droit.

Première partie : Histoire et philosophie du droit

Pour éclairer votre lanterne, il faut traverser le temps et l'espace. Comprendre les origines de notre droit nécessite de parcourir les étapes les plus significatives de sa construction. Le voyage dans les autres systèmes et dans les différentes pensées du droit confirme l'imbrication viscérale entre la justice et la société.

Deuxième partie : La balance des institutions

Le droit adore démultiplier les organes de contrôle ou les centres de décision. Un tour d'horizon détaillé des rôles de chacun s'impose. Il y a d'abord les fameux pouvoirs – dont on dit souvent qu'ils sont séparés –, qui participent tous à la construction du droit : le Parlement, le gouvernement et le palais de justice. Au sein de ce dernier, il faut distinguer les juges de l'ordre administratif de ceux de l'ordre… judiciaire ! Sans compter que, en réalité, il existe toutes sortes de juges, chargés de traiter tel ou tel problème plus ou moins spécifique. Le labyrinthe des juridictions passe par le juge de proximité, le tribunal des affaires de sécurité sociale, la cour d'assises des mineurs ou encore le Conseil d'État.

Troisième partie : Les acteurs du grand théâtre de la justice

Mais la justice, ce n'est pas que des institutions : des femmes et des hommes aux fonctions et statuts variés y œuvrent avec plus ou moins de visibilité. Des magistrats aux avocats, des huissiers aux experts, tout cela grouille de prérogatives, de costumes et d'usages. Sans oublier ceux qui n'ont rien demandé, des jurés populaires aux prisonniers !

Quatrième partie : La jungle des lois

La tendance consiste à légiférer à tout prix et à combler tout ce qui pourrait s'assimiler à un vide juridique. Les normes (lois, règlements, décrets, arrêtés…) pullulent et sont rédigées dans un jargon imbitable de technocrate. Un peu de débroussaillage ne fera donc pas de mal ! Initialement, le droit est divisé en deux grandes catégories : le droit privé et le droit public. Le premier comporte le droit civil, le droit pénal, le droit du travail, le droit commercial, tandis que le droit public comprend notamment le droit administratif, le droit de la fonction publique, le droit électoral, le droit fiscal…

Cinquième partie : La partie des Dix

Indispensable à tous les livres « Pour les Nuls » dignes de ce label, la partie des Dix vous fera d'abord rencontrer dix personnalités, de Saint Louis (souvenez-vous, celui qui rendait la justice sous un chêne !) à Michel Debré, père de l'actuelle Constitution, en passant notamment par des avocats célèbres. Suivent dix procès qui ont marqué l'histoire, de l'arbitrage de Salomon à l'« affaire du sang contaminé », du jugement de Jeanne d'Arc à celui de Marie Besnard. Puis, dix erreurs judiciaires : Calas, Dreyfus, Outreau… Enfin, dix grandes œuvres, films ou romans qui ont pour cadre l'univers de la justice.

Sixième partie : Annexes

Vous trouverez dans ces annexes un glossaire des termes juridiques les plus utilisés, ainsi qu'une liste des principaux sites internet en rapport avec le monde de la justice.

Les icônes utilisées dans ce livre

Tout au long du texte, des icônes vont guider votre parcours. Guettez-les pour identifier d'un simple coup d'œil le type d'information que vous allez glaner.

La justice est truffée de multiples bizarreries, coutumes désuètes ou rituels pour initiés. Cette icône signale des anecdotes cocasses, ainsi que des faits insolites ou méconnus qui agrémenteront votre lecture.

Si ce livre est conçu pour être divertissant, la justice reste une affaire sérieuse dont dépend grandement la vie en société. Ce symbole pointe les passages importants et les concepts clés à retenir, en justiciable avisé.

Cet ouvrage se veut ouvert à tous, comme l'accès au droit ! Il n'est pas nécessaire d'être diplômé de l'École nationale de la magistrature pour le comprendre. Toutefois, certains points particuliers requièrent une attention plus soutenue pour être assimilés. Cette icône annonce l'explication de notions ou termes que vous trouverez peut-être difficiles, notamment dans les passages plus techniques de ce livre.

Et maintenant, par où commencer ?

Chaque partie de cet ouvrage a été conçue de façon à la fois autonome et complémentaire ! Autrement dit, il est possible de le lire de la première à la dernière page. Mais, pas d'angoisse, il n'y a ni interrogation surprise à la fin, ni encore moins de condamnation pour ceux qui n'auront pas tout retenu par cœur. C'est pourquoi *La Justice pour les Nuls* peut aussi être abordée dans le désordre : en picorant au gré des parties apparemment les plus distrayantes, ou selon qu'on y cherche à comprendre le rôle du procureur, ce qu'est le droit canon ou comment fonctionne un procès commercial. Un sommaire détaillé et un index vous aideront à entrer dans ce palais de justice par la porte que vous souhaitez, sans risquer pour autant de vous y perdre.

Première partie

Histoire et philosophie du droit

Dans cette partie...

Nous allons effectuer un voyage dans le temps et dans l'espace pour entrevoir les origines de notre droit à travers les étapes les plus significatives de sa construction. Il ne s'agit pas d'un exposé exhaustif sur l'histoire du droit, mais d'un choix de quelques périodes particulièrement significatives. Un aperçu de cette histoire révèle le formidable instrument de pouvoir qu'est le droit et l'utilisation politique qui en est faite. Le voyage dans les autres systèmes et dans les différentes pensées du droit confirme cette imbrication viscérale de la justice et de la société.

Chapitre 1

Un long chemin depuis la loi du talion

Dans ce chapitre :

- Les sources lointaines de notre droit
- L'étonnante modernité du système judiciaire et politique romain
- Les enjeux politiques de la connaissance du droit

Le droit, qui est présent à tous les stades de l'évolution d'une société, est en éternel mouvement. Les grandes étapes de la construction de notre système juridique actuel, de l'Antiquité romaine à la IIIe République en passant par la Révolution, apportent un éclairage non seulement sur notre justice présente, mais également sur son futur.

Dura lex, sed lex : la justice dans l'Antiquité

Ce début de chapitre devrait ravir les fans de péplums et autres amateurs de légionnaires sanguinaires. Car les apparences sont trompeuses : en matière de justice, nos ancêtres ne sont pas les Gaulois, mais les Romains. Ce sont eux, les principaux inspirateurs de notre droit actuel. Deux périodes différentes, deux étapes de cette civilisation antique ont permis l'élaboration du droit : la révolutionnaire République, à partir du VIe siècle av. J.-C., suivie de l'Empire, à compter de l'an 27 apr. J.-C.

La république, une chose publique

Après la fondation de Rome, en 753 av. J.-C., Romulus avait divisé ses concitoyens en deux groupes distincts : d'un côté, la *plèbe* et, de l'autre, les *patriciens*, c'est-à-dire les nobles. En 509 av. J.-C., les patriciens chassent le dernier tyran, le très mal nommé Tarquin le Superbe, et le remplacent par deux consuls. L'État passe ainsi du domaine royal au domaine public et devient la chose du peuple, la *res publica*. C'est la naissance de la « république ».

Cependant, cette révolution sert essentiellement les patriciens, qui se réservent jalousement l'accès au consulat. La plèbe est totalement exclue du pouvoir, partagé par quelques familles d'aristocrates, et a vite le sentiment de subir les inconvénients de la guerre, en participant à son financement, sans profiter de ses avantages. En 493 av. J.-C., la plèbe découvre ce merveilleux instrument de pression qu'est la grève et se constitue en une commune insurrectionnelle. La démocratie est en marche.

La révolution de la plèbe, source du droit romain

En 493 av. J.-C., en effet, une partie de l'armée s'insurge contre l'aristocratie et rejette le pouvoir de cette élite. Son arme ? La grève de la guerre. Plus de deux mille ans avant la prise de la Bastille, Rome voit le peuple se soulever et contraindre les patriciens à s'incliner. L'heure de la révolution plébéienne a sonné. La plèbe se dote alors d'un magistrat élu chargé de défendre ses droits : le tribun.

Le tribun jouit d'une puissance inédite jusqu'alors. Investi d'un pouvoir sacré, il défend tout plébéien dans son individualité et la plèbe dans son ensemble. Son pouvoir est réellement révolutionnaire, puisqu'il peut par exemple, sans avoir à présenter aucune justification, s'opposer à toute mesure de coercition concernant un plébéien. À cette défense individuelle s'ajoute une défense collective. Le tribun dispose d'une sorte de droit de veto contre tout ordre d'une autorité qui lui semblerait léser les intérêts de la plèbe. Il peut s'opposer à l'ordre d'un consul, alors que le contraire est impossible ! D'ailleurs, toute personne osant ignorer la puissance du tribun est éliminée physiquement. C'est certainement le moyen le plus efficace pour se faire respecter… Le tribun peut donc littéralement paralyser toute l'activité de la cité. Son pouvoir est limité uniquement par l'interdiction qui lui est faite de quitter la ville de Rome et de se mêler des affaires.

Le droit : un secret jalousement gardé

Au cours de la République, le pouvoir de la plèbe ne cesse de croître. Ainsi, au IVe siècle av. J.-C., toutes les magistratures patriciennes, c'est-à-dire les organes d'administration, sont ouvertes aux plébéiens. Cependant, le patriciat garde jalousement le pouvoir le plus important : la justice. Il maintient volontairement la plèbe dans l'ignorance du droit au motif fallacieux qu'il serait d'origine sacrée et surnaturelle, et donc réservé aux prêtres, qui sont, comme par hasard, tous des patriciens…

Un plébéien peut donc être jugé et condamné à mort en vertu d'un droit qui lui est totalement secret ! En 451 av. J.-C., estimant cette situation intolérable, les plébéiens se rebellent à nouveau et exigent la rédaction de lois écrites et égales pour tous. Le peuple espère que la codification du droit permettra d'éviter l'arbitraire de la coutume juridique. Sa revendication aboutit, et un groupe de dix hommes (les décemvirs) est désigné pour travailler pendant deux ans à la tâche ardue de rédiger le droit.

Les Douze Tables

Les gourmands vont être déçus : les *Douze Tables* ne sont pas d'énormes banquets romains, regorgeant de mets succulents, mais les lois fondatrices de la République. Achevés en 451 av. J.-C., ces textes régissent la société romaine et mettent totalement fin au monopole juridique des patriciens. Préfiguration de notre système juridique actuel, ces lois sont égales pour tous.

La loi des Douze Tables n'a, hélas, jamais été retrouvée, même sous forme gravée. Cependant, la majeure partie a pu être reconstituée grâce aux citations qu'en font les auteurs latins, qui, comme tous les bons écoliers, l'ont apprise par cœur. Cette loi reprend les règles coutumières romaines en y incluant les avancées issues de la prise de pouvoir de la plèbe. La loi reconnaît la propriété et la famille comme fondements de l'ordre social. Elle régit les moyens d'accéder à ladite propriété et de la défendre, en réprimant par exemple le vol et l'atteinte aux récoltes ou en réglementant les rapports de voisinage. La loi des Douze Tables s'empare également du droit de la famille – tutelles, ordre des héritiers, limites de la puissance paternelle, prohibition des mariages entre patriciens et plébéiens (vite réformée en 445 av. J.-C.).

La vendetta s'en va

Parallèlement, la justice privée recule au profit de l'État. Avant les Douze Tables, l'usage permettait au maître, le *pater*, de punir directement l'auteur d'un acte illicite. La seule limite à cette vengeance était la *loi du talion* : « Œil pour œil, dent pour dent. » Les Douze Tables autorisent encore la vendetta privée dans quelques cas, notamment pour l'injure et les crimes de vols manifestes commis par un esclave. Mais, dans la mesure du possible, l'État s'efforce de la remplacer par un dédommagement que le coupable doit payer à la victime et à sa famille. Voilà donc comment sont nés les actuels « dommages et intérêts ».

Lorsqu'il s'agit de faits graves susceptibles de léser l'intérêt de la cité et d'attirer sur elle les foudres des dieux, l'État assure la justice au nom de la collectivité. Tel est le cas, par exemple, des sacrilèges, de la trahison, de la désertion, des incendies volontaires ou encore des homicides. Les mauvais garçons encourent alors des sanctions criminelles : amendes fiscales, exil, déportation, voire mise à mort (l'incendiaire, par exemple, encourt la peine… du feu).

Une belle farandole de peines

Pour les faits les moins graves, la loi des Douze Tables limite l'exercice de la vengeance au versement d'une amende fixe. Ainsi, un petit soufflet, qui n'entraîne pas de blessure, est uniquement sanctionné par l'amende. Mais, à partir du IIe siècle, la dépréciation constante de la monnaie rend les montants totalement dérisoires. Gifler son voisin ne coûte presque plus rien ; alors pourquoi s'en priver ! La tâche de fixer une indemnité est donc confiée au juge. Pour les cas plus graves, la loi tente de remédier à la perte réellement subie par l'allocation d'une somme équivalente au dommage.

Malgré cette étonnante modernité, la répression de certaines infractions garde l'empreinte de l'époque archaïque, dominée par l'idée de venger la victime. Par exemple, les malédictions et pratiques de sorcellerie sont punies par la mort, infligée au moyen de verges. La même sanction est appliquée à l'encontre des individus qui déplacent des récoltes par leurs enchantements (il faut croire qu'au temps de la République romaine c'était possible !). Ces peines visent d'abord à satisfaire le désir de venger l'outrage subi.

Extraits de la loi des Douze Tables, reconstitués d'après des citations

« S'il n'exécute pas le jugement ou si personne ne se porte garant pour lui en justice, que le créancier l'emmène avec lui, l'attache avec une corde ou avec des chaînes d'un poids minimum de quinze livres ou, s'il le veut, davantage.

Si le père a vendu trois fois son fils, que le fils soit libéré de son père.

Si un ruisseau passant à travers un lieu public forme aqueduc et nuit à un particulier, celui-ci dispose d'une action visant à garantir la réparation du tort ainsi causé.

Celui qui aura mis le feu à un bâtiment, ou à un tas de blé près d'une maison, sera enchaîné, battu de verges et jeté au feu, s'il a agi sciemment. Mais si c'est par négligence, il devra réparer le dommage ; ou s'il n'est pas solvable, subir un léger châtiment.

Que le patron soit *sacer* [voué aux dieux infernaux], s'il a trompé son client.

S'il a arraché un membre et n'a pas conclu d'accord amiable avec la victime, que la peine du talion soit appliquée. »

Les faiseurs de droit républicain

Le droit romain s'est formé progressivement. Ses sources sont nombreuses et directement liées à l'organisation politique de la République. À Rome, tant les magistrats que le Sénat et les assemblées populaires produisent du droit dans le domaine qui leur est propre, la particularité de la République romaine étant que ces trois pouvoirs doivent nécessairement collaborer pour chaque prise de décision.

Consuls, tribuns, préteurs… on s'y perd !

Une liste exhaustive des magistrats romains et des pouvoirs qui leur sont confiés serait très rébarbative, tant l'organisation politique romaine est complexe. Un rapide aperçu peut, en revanche, mettre en lumière son étonnante modernité.

Les consuls sont à la tête de la République. Ils sont titulaires des pouvoirs militaires et civils les plus importants (direction des opérations militaires, convocation des assemblées, initiative des lois, etc.). Leur pouvoir devient de plus en plus limité au fur et à mesure que les tribuns s'imposent, avec la volonté affichée de neutraliser leur puissance.

Parmi les autres magistrats, on compte notamment le *préteur* ou encore les édiles. Le préteur a initialement été mis en place pour organiser les procès. Il a pour mission de recevoir les plaideurs et d'examiner leurs plaintes avant de les transmettre à un juge. Il est élu sur un programme contenant la liste des actions qu'il envisage et des cas pour lesquels il a l'intention d'organiser un procès. Petit à petit, ses pouvoirs s'étendent, évoluent, et le préteur se voit accorder la faculté de façonner le droit. C'est à lui que l'on doit la création de la quasi-totalité des contrats modernes. Les *édiles*, eux, magistrats inférieurs en dignité, s'occupent de tout ce qui touche à la sécurité et à la salubrité publiques dans la ville. Ils sont également responsables de l'ordre moral, particulièrement en ce qui concerne l'organisation des spectacles, des jeux et des marchés, notamment des marchés d'esclaves.

Les assemblées populaires romaines

Pour ce qui est des assemblées représentatives, à la différence d'Athènes, qui n'en connaissait aucune, il y en a pas moins de quatre à Rome. On dénombre au moins 1 million de citoyens exerçant leurs droits politiques au Ier siècle av. J.-C. ! Les critères d'appartenance diffèrent selon chaque assemblée : c'est par exemple la naissance aristocratique pour les *comices curiates*, ou encore le domicile pour les *comices tributes*.

Les *comices centuriates*, qui regroupent près de 300 000 citoyens, méritent un petit détour. Cette assemblée, la plus importante de Rome, est divisée en classes définies selon la richesse, ou, plus exactement, selon les capacités de financement, par ses membres, de l'équipement militaire rendu nécessaire par les nouvelles guerres. Elle élit les préteurs, les censeurs, les consuls et vote le conflit. Si tous les citoyens romains ont en théorie les mêmes droits politiques, il est très vivement conseillé aux moins fortunés de voter comme les plus riches ! Cette assemblée symbolise bien le pouvoir et l'autorité de l'argent dans la République romaine. De manière générale, les lois sont soumises aux assemblées romaines, qui votent « oui » ou « non ». Aucune discussion ou amendement n'est donc possible.

L'assemblée des vieux : le Sénat

Selon l'étymologie latine (*seniores*), le Sénat est une « assemblée de vieux ». Il tient un rôle essentiel dans la République. Composé de 300 anciens magistrats, totalement indépendants des assemblées, il jouit d'un immense prestige. Si ses attributions sont bien plus limitées que celles du Sénat français moderne, son rôle reste essentiel. L'autorité dont il jouit rend son avis indispensable avant toute présentation d'un projet de loi à une assemblée. De même, aucun acte politiquement important n'est mis à exécution par un magistrat sans son accord. Tout le monde n'exprime pas son avis au Sénat : quand les plus autorisés ont exprimé leur pensée, le reste du Sénat se limite à voter en tapant des pieds ! Toute prise de décision, notamment juridique, implique donc la nécessaire collaboration des magistrats, des assemblées et du Sénat.

La naissance de la doctrine

Le dernier bastion de la résistance patricienne, face à la poussée plébéienne, est la société des prêtres. Ces pontifes, qui avaient si longtemps gardé le droit occulte, refusèrent, même après l'établissement de la loi des Douze Tables, de partager le secret des formules nécessaires pour intenter une action judiciaire ou pour se défendre efficacement. C'est alors que s'amorce un mouvement qui conduit la pensée juridique des auteurs romains, appelée communément *doctrine*, de la religion à la philosophie du droit.

Symbole de la laïcisation du droit, le premier grand pontife plébéien organisa des consultations en public au milieu du IIIe siècle av. J.-C. Apparaît ainsi une profession juridique qui, à la fin de la République, donne des conseils, plaide, juge et commence à produire une littérature juridique spécialisée. Cette évolution est tout à fait nouvelle dans la culture occidentale.

Symbole de la laïcisation du droit, le premier grand pontife plébéien donna des consultations en public au milieu du IIIe siècle avant J.-C. Apparaît ainsi une profession juridique qui, à la fin de la République, donne des conseils, plaide, juge et commence à produire une littérature juridique spécialisée. Cette évolution est tout à fait nouvelle dans la culture occidentale.

L'Empire contre-attaque (27 av. J.-C.-IIIe siècle apr. J.-C.)

La corruption, la concurrence économique des produits venant des pays conquis, les conflits politiques, la baisse de participation des citoyens aux comices, l'afflux d'esclaves sont autant de causes de la crise de la République. La République romaine est morte, vive l'Empire !

LE SAVIEZ-VOUS ?

La situation des esclaves sous la République romaine

Sous la République, les esclaves sont totalement exclus juridiquement, car ils ne sont pas considérés comme des citoyens. Ils sont juste traités tels une marchandise et un instrument d'enrichissement au profit de leur maître, dont la loi du marché fixe la valeur. Leurs enfants sont réputés n'avoir ni père ni mère et peuvent donc être arrachés à leurs parents en vue de leur vente. Les esclaves ne bénéficient d'aucune protection individuelle ou sociale. Leur isolement les empêche de développer une conscience de classe ou, à tout le moins, une idéologie commune. Le jour où ils sont affranchis (par leur maître ou par l'achat de leur liberté), les anciens esclaves achètent à leur tour d'autres esclaves. Quelques rares révoltes éclatent, réprimées dans des bains de sang. Spartacus, l'esclave thrace, est l'instigateur de l'un des plus importants soulèvements entre 73 et 71 av. J.-C. Il défait, à la tête de dizaines de milliers de révoltés, six légions et tue même un consul. Pour l'exterminer, il faut au richissime Crassus autant de légions qu'il en a fallu à César pour conquérir les Gaules ! Les esclaves jouent un rôle économique essentiel à Rome. Leur population est importante sous la République : on compte environ 1 esclave pour 2,5 citoyens. Mais, paradoxalement, plus leur nombre grossit, plus dure est leur condition.

La loi vivante

L'empereur balaie les consuls pour s'approprier le pouvoir suprême. Logiquement, il devient la clé de voûte des sources du droit et incarne la loi. Ce principe de *loi vivante* est repris bien après, au Moyen Âge, pour légitimer le pouvoir législatif des rois. La législation impériale devient l'unique source de législation. L'empereur s'empare des forces créatrices du droit, car, en homme sensé qu'il est, il a bien compris que c'est en contrôlant le droit qu'il peut contrôler son empire.

Les *constitutions impériales*, terme générique désignant toute l'œuvre législative, réglementaire voire judiciaire de l'empereur, sont rédigées par une administration centrale tentaculaire. En d'autres termes, les complexités de la bureaucratie ne sont pas vraiment nouvelles…

L'Empereur omnipotent

Sous le terme générique de *constitutions*, on distingue quatre catégories d'actes législatifs émanant de l'empereur : les édits, les décrets, les mandats et les rescrits. Outre ces actes, l'empereur assied son autorité par le biais de la jurisprudence et de la procédure d'appel.

Les *édits* constituent des mesures à portée générale. Les *décrets*, eux, malgré ce terme trompeur, sont des jugements. La procédure romaine découvre également l'*appel*, qui, du fait du système hiérarchique, est jugé… par l'empereur, vraiment omniprésent et omnipotent. On comprend aisément que les jugements rendus par l'empereur fassent jurisprudence auprès de fonctionnaires soucieux de ne pas lui déplaire. Dès lors, le moindre jugement rendu par ce dernier est interprété comme un véritable acte législatif. Les réponses données par l'empereur aux questions de ses fonctionnaires, et en particulier à celles des gouverneurs de province, deviennent également des lois. La réponse étant interprétée comme devant s'appliquer à tous les cas semblables, elle devient une loi de l'Empire. Enfin, l'empereur établit le droit au moyen de directives données aux fonctionnaires impériaux.

La voix de ses maîtres

La doctrine, qui est la source du droit dont le parcours présente le plus d'intérêt, démontre la volonté du pouvoir impérial naissant d'inscrire le contrôle de la pensée juridique parmi ses priorités. Le droit étant devenu trop complexe, les maîtres de la doctrine acquièrent, par leur expertise, une importance décisive. Institué par Auguste en 23 av. J.-C., le droit de répondre en public est officiellement reconnu à certains jurisconsultes, qui sont des experts juridiques appelés à donner leur opinion. Ceux-ci ne possèdent pas de monopole, mais le public les préfère très vite aux autres jurisconsultes.

L'aboutissement de ce mouvement et de ses excès est matérialisé par la *loi des citations*, adoptée en 426 par l'empereur Valentinien III. Ce texte désigne les « cinq grands », soit les cinq jurisconsultes faisant autorité : Papinien, Gaius, Paul, Ulpien et Modestin. Ceux-ci peuvent toujours être cités par les plaideurs à l'appui de leur défense. En revanche, l'opinion des autres jurisconsultes ne fait autorité que s'ils ont été eux-mêmes cités par l'un des cinq grands. En cas de divergence entre ces cinq maîtres de la doctrine, la majorité l'emporte, avec une préférence pour l'opinion de Papinien.

La grande codification impériale : le Code Théodose et les Compilations de Justinien

L'Empire romain clarifie le droit afin de réaffirmer son unité et d'asseoir sa puissance. Il marque le début de l'ère de la codification du droit (en clair, du classement du fatras que constituaient les dispositions éparses adoptées jusque-là). Un *code* est défini comme un ensemble de lois ordonnées regroupant les matières qui font partie d'une même branche du droit.

La première véritable idée de codification apparaît sous le règne de Théodose II, au début du Ve siècle. L'empereur prévoit la confection de deux codes : l'un qui rassemblerait toutes les constitutions impériales émises depuis Constantin, l'autre qui ajouterait aux constitutions des passages empruntés aux juristes classiques. La tâche est d'autant plus vaste que l'empereur – un brin maniaque – a voulu classer les textes par « livres » et par « titres », les titres devant être rangés par ordre chronologique d'apparition des constitutions et posséder un objet propre. Ce qui signifie que, si une constitution statue dans plusieurs domaines, elle doit être tronçonnée en autant de fragments qu'il y a de matières abordées.

La codification, censée simplifier, devient très complexe ! Le Code théodosien, promulgué le 15 février 438, comporte 16 livres et concerne aussi bien le droit public que le droit privé. Le risque de toute codification est de figer le droit. Face à ce danger, Théodose prévoit lui-même, lors de la publication, que les constitutions émises à l'avenir seront *exécutoires*, donc d'application immédiate. Elles portent le nom de *novelles*. L'essentiel de ce Code, repris par le roi des Wisigoths, Alaric II, reste jusqu'au XIIe siècle la principale source de droit romain en Occident.

Moins de un siècle après la promulgation du Code théodosien, le Code de Justinien voit le jour et remplace la législation précédente, qui paraissait dépassée et mal connue des praticiens eux-mêmes. Par souci pratique, mais aussi politique, l'empereur décide d'unifier le droit et de remettre la splendeur romaine au goût du jour en élevant un « monument » au droit, que les Romains ont toujours conçu comme étant au cœur de leur civilisation.

En 528, Justinien demande à Tribonien, professeur à l'école de droit de Constantinople, de présider une commission composée de dix membres ayant pour mission d'élaborer un code synthétisant le droit romain. Le résultat est la publication des œuvres majeures que sont le Code et le Digeste. Le *Code* (datant de 534) se présente comme le recueil des constitutions impériales depuis Hadrien jusqu'à Justinien inclus, soit plus de quatre siècles de droit ! Cette œuvre comprend douze livres, hommage sans équivoque à la loi des Douze Tables. Le *Digeste* (qui remonte à 533) constitue l'œuvre la plus étonnante issue de ce travail de compilation. Comme son nom l'indique, il « digère » l'intégralité de la jurisprudence romaine, soit près de mille quatre cents ans de littérature juridique, en 50 livres.

Justinien est tellement sûr de la pérennité de son œuvre qu'il n'hésite pas à abroger tout le droit antérieur et même à interdire tout commentaire du Digeste, censé être clair comme de l'eau de roche. Cette somme législative prend une importance fondamentale en Occident, puisque c'est grâce aux Compilations de l'empereur Justinien que l'Occident médiéval redécouvre le droit romain, duquel s'inspire principalement notre droit contemporain. Certaines règles actuellement en vigueur sont calquées directement sur ces Compilations.

Le droit naturel de saint Augustin (354-430)

Évêque d'Hippone, ville aujourd'hui située en Algérie, en 399, saint Augustin a exposé ses pensées philosophiques et politiques dans de très nombreux ouvrages, dont les plus importants s'intitulent *Les Confessions* et *La Cité de Dieu*. Il est l'ancêtre des théories développées par Jean-Jacques Rousseau selon lesquelles l'homme est naturellement bon. Saint Augustin estime que c'est « l'ordre qui comprend et contient tout ». Selon lui, l'ordre est un facteur de paix et une base de moralité. C'est pourquoi « une loi injuste n'est pas une loi ». Le mal étant causé par un manque de connaissance, saint Augustin développe l'idée que le châtiment doit avoir, avant toute chose, un caractère éducatif et tendre à l'amélioration du criminel. Ses développements philosophiques ont largement influencé les conceptions modernes sur la liberté et la nature humaine.

L'effondrement de l'Empire romain

N'OUBLIEZ PAS !

Dès le IIe siècle, l'Empire subit les assauts des Barbares, mais c'est en 476 qu'a lieu officiellement la chute de l'Empire romain d'Occident. Trois peuples occupent la Gaule romaine : les Francs, les Wisigoths et les Burgondes. Le Moyen Âge ne sera pas abordé en raison de la multiplicité des sources de droit et du défaut de centralisation. Plusieurs droits coexistent alors : les règles barbares, le droit canon et le droit romain, largement dénaturé par son interprétation et sa réécriture, notamment dans le Bréviaire d'Alaric (506) et dans la loi romaine des Burgondes (502-516). Le pouvoir central perd la maîtrise du droit, contribuant directement à la dislocation du droit. Il faut attendre le XIIIe siècle pour que, au travers de l'affirmation du pouvoir royal, la culture juridique se renouvelle.

Saint Louis sous son chêne : la justice royale (XIIIe-XVIIIe siècle)

L'histoire du droit en territoire français commence véritablement sous le chêne de Vincennes. C'est en effet sous cet arbre vénérable, symbole des liens entre le pouvoir et la justice, que Saint Louis rendait celle-ci. À partir du XIIIe siècle, l'État est progressivement reconstruit autour d'un pouvoir royal qui s'impose et se renforce. La royauté est marquée par le principe inspiré de l'Empire romain selon lequel toute justice émane du roi. Cependant, même si la loi est « vivante » (incarnée par un homme), rendre la justice n'est pas tâche aisée. En effet, une grande confusion règne dans le royaume : les règles de droit applicables et les juridictions compétentes varient totalement selon les lieux. La justice de l'Ancien Régime est également marquée par l'inégalité des décisions et des sanctions, qui dépendent de la classe sociale à laquelle appartiennent les justiciables.

Bonjour le désordre ! La difficile détermination des règles de droit

L'ancien droit est marqué par une grande diversité des sources juridiques, qui repose essentiellement sur une distinction entre les « pays de droit écrit » et les « pays de coutumes ». Cependant, le pouvoir du roi augmentant, celui-ci édicte de plus en plus de règles applicables dans tout le royaume, ce qui contribue à unifier le droit.

Le méli-mélo des sources du droit

L'histoire des sources du droit témoigne de l'évolution des pouvoirs. À partir des XIIe et XIIIe siècles, la France peut être divisée en deux zones bien distinctes. Dans le Nord, de Genève à l'embouchure de la Charente, les *coutumes* prédominent. Elles sont très variées, formées de traditions issues de la Gaule, des conquérants francs et germaniques. Si elles sont moins rigides que les règles écrites, les coutumes présentent l'inconvénient (paradoxal !) de… changer constamment et d'être imprécises. Il existe alors environ 60 coutumes générales et plus de 700 coutumes locales. Les fameux « 400 fromages du général » font pâle figure à côté de cette multitude… En 1453, l'ordonnance de Montils-lès-Tours prescrit la rédaction officielle des coutumes de tous les pays de France. Ainsi, la coutume de Bourgogne est rédigée en 1459, celle d'Orléans en 1509 et celle de Paris en 1510.

Les régions situées dans le Sud sont, quant à elles, principalement soumises au *droit* romain, dont l'influence n'a fait que croître durant l'Ancien Régime. C'est ainsi, par exemple, que le droit romain s'impose comme le droit commun en matière contractuelle.

Mais ce n'est pas tout ! À côté du droit romain et du droit coutumier, qui sont à la base de la diversité caractéristique du droit de l'ancienne France, subsistent d'autres sources du droit. Tel est le cas du *droit canonique*, qui est principalement constitué par les règles issues des décisions des conciles et des papes. Certaines matières, comme le mariage ou les contrats passés sous serment, sont régies par ces règles spécifiques.

Un exemple de la multitude des influences : le droit de la famille

Le droit civil de l'ancienne France est largement soumis aux conceptions religieuses et morales du christianisme. On continue à attacher une grande importance à l'idée féodale selon laquelle la terre est la richesse par excellence et qu'elle doit donc rester sous le contrôle du souverain. De même, le droit de la famille est sous-tendu par l'influence de la hiérarchie sociale ainsi que par celle de l'Église catholique.

La famille est placée sous l'autorité du chef de… famille. La femme mariée étant « incapable », elle ne peut effectuer d'acte juridique sans l'assistance et l'autorisation de son mari. Celui-ci est seigneur et maître du patrimoine commun, peut le gérer et en disposer comme il l'entend. Les lignées tant bourgeoises que paysannes sont très préoccupées par la conservation de leurs biens ; les coutumes excluent donc, en général, le conjoint survivant de la liste des héritiers. Les régimes matrimoniaux et les successions sont organisés de telle façon que les biens, et surtout les immeubles, ne puissent sortir du patrimoine familial.

La loi, c'est moi : la reprise en main progressive du droit par les souverains

Légiférer est l'un des points faibles de la monarchie. Les rois se préoccupent principalement du droit dit « public » et ne s'autorisent à statuer en droit privé que dans les domaines non régis par la coutume ou la législation canonique. Cependant, à mesure que leur autorité s'étend, les rois usent de plus en plus de ce pouvoir qui les rend législateurs souverains du royaume. La fabrication du droit devient l'expression même de la souveraineté. Ainsi, François Ier (1494-1547) manifeste déjà sa volonté d'intervenir dans tous les domaines pour peu que le bien du royaume le justifie. À partir du XVIe siècle, les ordonnances royales portent sur des secteurs vraiment nouveaux.

La timide uniformisation des lois

Il faut attendre le règne de Louis XIV pour que le roi devienne un véritable législateur, par le biais de textes importants tels que l'« ordonnance civile pour la réformation de la justice », prise en 1667, l'« ordonnance criminelle » de 1670 unifiant les règles de la procédure pénale, l'« ordonnance du commerce de terre » de 1673 ou encore l'« ordonnance sur le commerce maritime » datant de 1681, toutes préparées et rédigées sous la direction de Colbert (1619-1683), alors contrôleur général des Finances puis secrétaire d'État à la Marine à partir de 1669.

Louis XV reprend le flambeau de cette œuvre importante en légiférant notamment dans le domaine des testaments et des donations. Ces ordonnances, ancêtres de notre droit civil et commercial, constituent une première tentative de réelle harmonisation du droit français. Les textes royaux favorisent l'unité juridique, puisqu'ils ont vocation à s'appliquer à l'ensemble du pays. Ce mouvement est freiné par les parlements de province, qui s'arrogent un véritable pouvoir de contrôle sur l'opportunité des ordonnances royales et font preuve de résistance lorsque sont édictées des mesures qu'ils considèrent comme attentatoires aux règles de leur province. Ils peuvent donc décider qu'une ordonnance royale ne sera pas applicable chez eux !

Qui juge quoi sous l'Ancien Régime ?

La justice française de l'Ancien Régime est caractérisée par le nombre élevé des juridictions, l'enchevêtrement de leurs « ressorts », la lenteur et le coût des procédures.

Le roi des juges

Le roi est redevable de la justice envers ses peuples. Depuis le début du XIVe siècle, le premier des insignes royaux remis au souverain, après l'onction du sacre, est la *main de justice*. Cet objet étrange, représentant une main plantée sur un sceptre, dont seuls l'annulaire et l'auriculaire sont repliés, symbolise le pouvoir judiciaire du roi. Le roi peut donc juger lui-même n'importe quelle affaire personnellement, notamment au moyen des célèbres *lettres de cachet*, lettres closes revêtues de son cachet qui sont directement envoyées à l'intéressé. Les lettres de cachet ont le plus souvent servi à prononcer des arrestations, des éloignements ou des condamnations immédiates sans jugement, permettant au roi de juger seul et de manière absolue. Peu à peu, les lettres de cachet sont devenues des instruments politiques, grâce auxquels il était possible d'éliminer discrètement une personnalité encombrante ou de la faire taire.

La justice royale peut également être rendue par l'intermédiaire du Conseil du roi, que l'on désignera plus tard sous le nom de « Conseil d'État ». Le roi peut toujours, selon son bon vouloir, retirer une affaire aux juges normalement compétents pour la traiter lui-même ou la confier à d'autres juridictions. Cependant, les affaires devenant de plus en plus compliquées, le roi finit par déléguer l'exercice de la majeure partie de la justice à des officiers professionnels.

Les juridictions de droit commun

Depuis les premiers Capétiens (987-1328), les juges de base étaient les prévôts. Mais, avec la montée en puissance des autres juridictions, la compétence des prévôts s'amenuise. Ainsi, la déclaration de 1549 leur retire tout pouvoir pour juger la plupart des crimes graves. Un deuxième niveau administratif et judiciaire coexiste : celui des *baillis* et des *sénéchaux*. Les baillis sont tenus de juger selon les droits, usages et coutumes approuvés dans chaque lieu. Les sénéchaux, dont les fonctions équivalent en quelque sorte à celles des baillis dans les provinces du sud de la France, sont également des agents militaires. La situation des baillis et des sénéchaux, diverse au départ, finit d'ailleurs par se fondre dans un statut unique où ils sont directement rattachés au roi, qu'ils représentent dans leur circonscription.

Au milieu du XIIIe siècle, le *Parlement* se détache peu à peu de la Cour du roi pour devenir la plus haute instance judiciaire du royaume. Il reçoit les appels formés contre les décisions des baillis et des sénéchaux, qui jugent eux-mêmes des appels contre les décisions des prévôts. Le Parlement est, au début du XIVe siècle, l'organe suprême chargé de rendre la justice déléguée en dernier ressort, ce qui signifie que ses décisions ne sont pas susceptibles d'appel. Gardien de la coutume, le Parlement peut annuler tout jugement rendu en violation de celle-ci et en profiter pour préciser son contenu exact. Au XVe siècle, de nouveaux parlements sont créés par le roi, d'abord à Toulouse, puis à Grenoble, à Bordeaux, etc.

Les parlements de province sont souverains sur leur territoire mais sont censés se subordonner au roi et à son Conseil. En réalité, le pouvoir des parlements ne fait que croître au fil du temps. En appliquant et en interprétant plusieurs coutumes applicables qui leur sont propres, ils rendent des arrêts dits « de principe », décidant que, dorénavant, telle question sera tranchée dans tel ou tel sens.

Et, pour compliquer le tout, les tribunaux d'exception

Les *tribunaux d'exception*, établis pour juger des affaires particulières, sont nombreux sous la monarchie : la Cour des aides, chargée du contentieux des impôts, la Chambre du trésor, les tribunaux consulaires, créés pour le commerce de terre, autant de tribunaux d'exception n'ayant à traiter qu'un certain type d'affaire. Beaucoup de seigneurs sont également investis de la justice. Le nombre de justices seigneuriales est variable selon les provinces – très nombreuses dans l'Ouest, elles sont beaucoup plus rares dans le Midi. L'enchevêtrement des juridictions et les multiples possibilités de recours rendent la justice lente et incertaine. Les procès, souvent interminables, jugés jusqu'à cinq ou six fois à la suite, peuvent durer une vie entière, voire se transmettre de génération en génération !

L'affaire est dans le sac ! La conduite des procès criminels

Au fur et à mesure du renforcement de l'autorité du roi, la justice privée recule au profit d'une justice publique. Cette évolution est renforcée par l'apparition du *ministère public*, entre les XIIIe et XIVe siècles, et du *procureur du roi* en 1303. La poursuite des infractions devient alors le monopole dudit ministère public. Il faut attendre l'ordonnance de 1670 pour que soient établies les grandes règles de procédure pénale et de classification des crimes. C'est ainsi que l'on distingue les crimes de lèse-majesté divine, les crimes de lèse-majesté humaine, les crimes contre les personnes et, enfin, les crimes contre les choses. Les crimes de lèse-majesté divine sont commis contre la religion : athéisme, profanation des hosties ou des lieux saints, etc. Les crimes de lèse-majesté humaine visent, quant à eux, les attentats contre le souverain ou contre l'État.

À quelle sauce est-on mangé ?

L'ordonnance de 1670 réglemente précisément le déroulement du procès, qui se tient en deux ou trois phases. Au cours de la première, dite *de l'information*, le lieutenant criminel interroge le plaignant et réunit les preuves. Il interroge l'accusé et fait son possible pour obtenir des aveux. Si l'affaire est susceptible d'entraîner l'application de peines corporelles ou infamantes, le procès est réglé *à l'extraordinaire* ; s'ouvre alors la deuxième phase de l'instruction préparatoire. Lors de celle-ci, le lieutenant criminel réentend les témoins.

La *question préparatoire* – détaillée dans quelques instants sous vos yeux horrifiés ! – peut être appliquée à certaines conditions. L'affaire est ensuite portée devant les tribunaux, dont l'audience est secrète. La fameuse question est encore utilisée en cas de preuve incomplète. Les juges rendent enfin leur décision et peuvent fixer une peine. Les sanctions maximales, qui sont déterminées par la coutume, sont assez arbitraires.

Aïe ! La preuve

Les duels judiciaires sont encore très populaires. Encadrés par des règles strictes, ils résolvent les litiges en faisant appel au jugement de Dieu pour désigner la personne qui se trouve dans son bon droit. Le vainqueur du duel gagne donc également le litige juridique l'opposant à son adversaire.

Le roi tente de remplacer les duels judiciaires par la *preuve* par enquête ou par témoins. À partir du XIIIe siècle, les anciennes preuves, tels que les ordalies au fer rouge ou à l'eau bouillante (qui sont des épreuves physiques prenant à témoin la divinité, l'innocence du défendeur étant établie s'il en ressort vivant ou non blessé) ou encore le serment purgatoire, disparaissent totalement. Peu à peu, l'aveu devient la reine des preuves.

L'aveu est, notamment, obtenu par divers moyens de torture réunis sous la qualification de *question*. La question use le plus souvent de poids ou de cordes attachés aux pieds du suspect, ou passe par l'ingestion forcée d'huile ou d'eau. La question par le feu est normalement interdite. L'importance de la question dans la procédure est primordiale, puisque, aux XIIIe et XIVe siècles, si le suspect refuse d'avouer, il doit être considéré comme innocent et être relaxé sans se voir infliger aucune peine.

Coupable, mais pas responsable

Peu à peu, la théorie de la responsabilité et des circonstances atténuantes se développe. Sont ainsi pris en considération la légitime défense, la contrainte, la démence ou encore l'âge. Par exemple, en dessous de 7 ans, les enfants sont considérés comme incapables de malice… La responsabilité pénale, liée à la responsabilité morale, est dosée dans chaque cas particulier en fonction de nombreuses circonstances tenant à la qualité de l'auteur, à celle de la victime, à la nature des choses dérobées. Ainsi, le juriste et sénéchal André Tiraqueau mentionne en 1559, dans son ouvrage *De Poenis Temperandis*, pas moins de 64 circonstances atténuantes.

LE SAVIEZ-VOUS ?

La répression du suicide

La condamnation du suicide, crime de lèse-majesté divine, s'est généralisée au VIe siècle, la sanction principale étant la privation de sépulture ecclésiastique. À partir du XIIIe siècle, le droit laïc intente un véritable procès au cadavre du suicidé, au terme duquel sont prononcées des peines telles que la confiscation des biens ou le rejet de la dépouille mortelle. Les parents peuvent être entendus pour défendre le défunt et exposer des faits justificatifs, comme la démence. L'ordonnance de 1670 a régularisé cette procédure en précisant la manière de faire le procès du cadavre ou de la mémoire d'un défunt. Elle prévoit notamment la confiscation des biens au profit du roi ou encore la damnation éternelle. Un curateur au cadavre, nommé par le juge, parle pour le défunt et peut même faire appel de la décision de condamnation ! La simple tentative de suicide suffit à poursuivre le coupable, qui peut alors être condamné… à mort.

Les peines

Au XVIe siècle, avec le renforcement des prérogatives royales et la montée en puissance d'un État central cherchant à affirmer son pouvoir dans un contexte de crises religieuses et politiques variées, le châtiment va progressivement remplacer le rachat des crimes jusqu'alors parfois possible par le versement d'une amende. La finalité de la peine change : il faut châtier le coupable parce qu'une faute a été commise, la peine devant annuler le mal causé par l'infraction. Le châtiment vise surtout à préserver l'ordre public, dont le pouvoir royal se sent de plus en plus le garant. La centralisation de la justice criminelle va de pair avec une répression plus sévère, fonctionnant à l'exemplarité. Il existe un arsenal de peines variant en fonction des crimes commis et de la personnalité du condamné.

Ça va faire mal…

Parmi les différentes peines infligées figurent la peine de mort – son mode d'exécution le plus courant étant la pendaison –, le bannissement, les galères ou le bagne. Les mutilations sont en net recul depuis le Moyen Âge. Les galériens sont marqués des lettres « GAL » sur l'épaule, les voleurs d'un « V », ou d'un « VV » s'ils sont récidivistes. L'ablation de la langue des blasphémateurs tombe en désuétude au XVIIIe siècle. Le supplice de la roue, introduit par François Ier en 1534 pour les voleurs de grand chemin, est aussi appliqué aux régicides, aux parricides et aux homicides les plus graves. Le condamné est étendu sur une croix de Saint-André, le bourreau lui rompant les quatre membres et la poitrine à coups de barre de fer ; le supplicié est ensuite attaché à une roue.

Dans ce vaste catalogue de réjouissances se trouvent aussi les peines *infamantes* et *dérisoires*. Ce sont des peines destinées à atteindre l'accusé dans sa réputation et son honneur en le plaçant dans une situation humiliante. Cet éventail d'humiliations comprend, entre autres, le pilori, le plongeon dans la corbeille, l'amende honorable, le blâme ou encore la course sur l'âne. Cette peine, souvent réservée aux proxénètes, oblige le condamné à se promener la tête tournée vers la queue de l'âne à travers toute la ville. En droit coutumier méridional, les coupables d'adultère sont, quant à eux, condamnés à une simple course ; les condamnés cavalent tout nus et peuvent être fouettés à chaque carrefour. En clair, l'imagination et le sadisme sont au pouvoir !

Extraits du Code noir de 1685

Le Code noir est un recueil de textes promulgué par Louis XIV et réglementant l'esclavage aux Antilles. En voici quelques extraits :

« **Article 13** – Voulons que, si le mari esclave a épousé une femme libre, les enfants, tant mâles que filles, suivent la condition de leur mère et soient libres comme elle, nonobstant la servitude de leur père, et que, si le père est libre et la mère esclave, les enfants soient esclaves pareillement.

Article 22 – Seront tenus les maîtres de faire fournir, par chacune semaine, à leurs esclaves âgés de 10 ans et au-dessus, pour leur nourriture, deux pots et demi, mesure de Paris, de farine de manioc, ou trois cassaves pesant chacune 2 livres et demie au moins, ou choses équivalentes, avec 2 livres de bœuf salé, ou 3 livres de poisson, ou autres choses à proportion : et aux enfants, depuis qu'ils sont sevrés jusqu'à l'âge de 10 ans, la moitié des vivres ci-dessus.

Article 23 – Leur défendons de donner aux esclaves de l'eau-de-vie de canne ou guildive, pour tenir lieu de subsistance mentionnée en l'article précédent.

Article 33 – L'esclave qui aura frappé son maître, sa maîtresse ou le mari de sa maîtresse, ou leurs enfants avec contusion ou effusion de sang, ou au visage, sera puni de mort.

Article 34 – Et quant aux excès et voies de fait qui seront commis par les esclaves contre les personnes libres, voulons qu'ils soient sévèrement punis, même de mort, s'il y échet.

Article 44 – Déclarons les esclaves être meubles et comme tels entrer dans la communauté [...]. »

Attention, ça va couper ! Les révolutions de la justice

En droit comme en politique, la Révolution de 1789 a posé de grands principes et fait table rase du passé monarchique. La Révolution a initié un véritable bouleversement de la justice en France.

1789 : tout doit disparaître !

Le 9 juillet 1789, les États généraux, ouverts quelques mois plus tôt, se proclament Assemblée constituante. Cette Assemblée ne reconnaît donc plus le pouvoir du roi, qui est mis entre les mains du peuple. La loi du 4 août 1789 commence par abolir le régime féodal et ses privilèges. Dans cette logique, elle supprime également les juridictions seigneuriales et les parlements, qui étaient de véritables contre-pouvoirs législatifs. Le principe de la nomination des juges par le roi est également abandonné. Il faut alors établir les bases de la société nouvelle. C'est la Déclaration des droits de l'homme et du citoyen, votée le 26 août 1789, qui se charge d'ériger les grands principes révolutionnaires et d'amorcer la rupture définitive avec l'Ancien Régime. Ces principes, qui sont toujours partie intégrante de la Constitution de la Ve République, restent la base de notre système juridique actuel.

L'ignorance, cause de tous les vices

Le texte de la Déclaration est préparé par l'archevêque de Bordeaux, Champion de Cicé, prélat libéral ; son préambule est confié à Mounier et à Mirabeau. Ces auteurs ont voulu en faire une déclaration de principes à vocation universelle, valable partout et pour tous. En digne héritière de la philosophie des Lumières, la Déclaration formule à titre préalable le constat suivant : « Les représentants du peuple français, constitués en Assemblée nationale, considérant que l'ignorance, l'oubli ou le mépris des droits de l'homme sont les seules causes des malheurs publics et de la corruption des gouvernements, ont résolu d'exposer, dans une déclaration solennelle, les droits naturels, inaliénables et sacrés de l'homme. »

La Déclaration affirme le régime nouveau des libertés individuelles. Elle établit les principes de l'égalité de tous devant la loi, de la non-rétroactivité des lois, du respect de la propriété privée, de la liberté d'opinion et de conscience, et même de la présomption d'innocence. Cependant, l'ensemble des Français n'est pas concerné par cette déclaration, les femmes étant exclues de la citoyenneté.

La chasse aux abus de l'Ancien Régime

L'une des innovations fondamentales de la Déclaration est l'affirmation du principe de la *légalité des peines*, qui signifie que c'est à la loi que revient la tâche de définir les libertés, de prévoir et de fixer les peines, et de déterminer les exigences de l'ordre public. Ce principe est exprimé dans l'article 5 : « La loi n'a le droit de défendre que les actions nuisibles à la société. Tout ce qui n'est pas défendu par la loi ne peut être empêché ; et nul ne peut être contraint à faire ce qu'elle n'ordonne pas. »

Coercitif au premier abord, l'article 5 se dresse en fait contre les abus de l'Ancien Régime : en définissant par avance les actions nuisibles à la société, les auteurs de la Déclaration des droits de l'homme et du citoyen entendent se débarrasser de la toute-puissance des juges, toute-puissance transférée par eux à la loi. Celle-ci ne doit cependant établir que les peines strictement et évidemment nécessaires.

LE SAVIEZ-VOUS ?

La Déclaration des droits de la femme et de la citoyenne

Moins connue que la Déclaration des droits de l'homme et du citoyen et pourtant résolument révolutionnaire, la Déclaration des droits de la femme et de la citoyenne, rédigée par Marie Gouze, mieux connue sous le nom d'Olympe de Gouges (1748-1793), propose d'établir l'égalité des droits entre les hommes et les femmes. Voici son préambule :

« Les mères, les filles, les sœurs, demandent d'être constituées en Assemblée nationale. Considérant que l'ignorance, l'oubli ou le mépris des droits de la femme, sont les seules causes des malheurs publics et de la corruption des gouvernements, ont résolu d'exposer dans une déclaration solennelle, les droits naturels inaliénables et sacrés de la femme, afin que cette déclaration, constamment présente à tous les membres du corps social, leur rappelle sans cesse leurs droits et leurs devoirs, afin que les actes du pouvoir des femmes, et ceux du pouvoir des hommes, pouvant être à chaque instant comparés avec le but de toute institution politique, en soient plus respectés, afin que les réclamations des citoyennes, fondées désormais sur des principes simples et incontestables, tournent toujours au maintien de la Constitution, des bonnes mœurs, et au bonheur de tous. En conséquence, le sexe supérieur, en beauté comme en courage, dans les souffrances maternelles, reconnaît et déclare, en présence et sous les auspices de l'Être suprême, les droits suivants de la femme et de la citoyenne. »

Le jour d'après

Les beaux principes révolutionnaires, c'est bien gentil, mais encore faut-il les appliquer. C'est pourquoi, à la suite de la Déclaration, de grandes lois sont votées, mettant en œuvre la révolution de la justice et du droit.

La loi fondamentale des 16-24 août 1790

La loi fondamentale des 16 et 24 août 1790 pose les grands principes sur lesquels fonctionne encore la justice française, en mettant en application ceux qu'a dessinés la Déclaration des droits de l'homme et du citoyen.

Cette loi réforme totalement le système judiciaire. Elle établit la gratuité de la justice et l'égalité des justiciables devant la loi. Fini la sentence sur mesure ! Les crimes sont désormais jugés par un jury populaire. Grâce à l'instauration du principe de *double degré de juridiction*, les justiciables ont la possibilité de faire rejuger, en appel, les décisions qui ne leur conviennent pas. Terminé également l'omnipotence des juges. La loi révolutionnaire met en place la professionnalisation de magistrats élus, visant à faire cesser l'immixtion de ces derniers dans la vie politique et législative. Deux ordres distincts sont créés : un ordre administratif, chargé des litiges opposant les citoyens à l'Administration, et un ordre judiciaire. Au sein de l'ordre judiciaire, une distinction est opérée entre les juridictions civiles, chargées de régler les conflits entre personnes privées, et les juridictions pénales, qui répriment les infractions à la loi.

Chamboulement de l'ordre judiciaire

Pour faire table rase du passé féodo-seigneurial, les révolutionnaires créent de nouveaux tribunaux, dont la compétence s'adapte à la division du pays en départements, districts, cantons et communes. Les innombrables juridictions de l'Ancien Régime sont abolies au profit d'une hiérarchie nouvelle de tribunaux. Les juridictions civiles sont composées, au premier échelon, des juges de paix. Ancêtres des juges d'instance actuels, ce sont des juges uniques qui tentent de concilier les adversaires. Au-dessus du juge de paix siège le tribunal de district, composé de magistrats élus. C'est l'ancienne version de l'actuel tribunal de grande instance.

Les juridictions pénales sont, quant à elles, organisées autour des trois niveaux d'infraction que sont les contraventions, les délits et les crimes. Trois types de juridiction sont ainsi mis en place :

- **Le tribunal de police municipal**, chargé de juger les infractions les moins graves, siège dans chaque commune et est présidé par le juge de paix.
- **Le tribunal de police correctionnelle** juge les délits (amende ou emprisonnement de deux ans au maximum) et siège au chef-lieu de chaque canton. Ce tribunal peut être saisi soit par la victime, soit par le juge lui-même, mais également, et c'est son originalité, par tout particulier dénonçant un délit dont il a eu connaissance.
- **Le tribunal criminel** : siégeant dans chaque département, il est à l'origine de l'actuelle cour d'assises. Il est composé de quatre magistrats et d'un jury populaire composé de douze citoyens tirés au sort. Si le jury populaire se prononce sur la culpabilité, le choix de la peine revient aux juges professionnels.

L'organisation juridictionnelle est complétée par l'institution de tribunaux d'appel. Le Tribunal de cassation, qui compte une quarantaine de juges élus, « couronne » les tribunaux civils et criminels. Il doit assurer le respect de la loi et l'unité de la jurisprudence. Cependant, sa compétence reste limitée à l'examen des vices de forme dans la procédure et du bon respect de la loi. Son pouvoir d'interprétation de la loi est restreint du fait de la procédure de *référé législatif*, qui oblige le tribunal, en cas de doute, à demander directement au législateur son analyse du sens et de la portée des textes de loi.

LE SAVIEZ-VOUS ?

Les avocats bannis d'office

La Révolution n'a pas seulement visé les juges dans sa volonté de supprimer l'ordre ancien, elle s'en est prise également aux auxiliaires de justice. Ainsi, le décret des 2 et 11 septembre 1790 met fin à l'ordre des avocats et par là même à l'exercice de cette profession. L'abolition soudaine du barreau, qui jouissait d'une indépendance et d'une liberté pratiquement sans limite, et dont 213 membres siégeaient à l'Assemblée, reste aujourd'hui encore une véritable énigme. Celle-ci peut notamment s'expliquer par la logique révolutionnaire d'une justice gratuite, permettant à n'importe qui de se proclamer défenseur. Cela dit, le costume des avocats ainsi que l'ordre furent rétablis par un décret du 14 décembre 1810..

1791 : encore des progrès

La procédure pénale réglementée par l'ordonnance de Colbert est réformée par les lois des 19 et 22 juillet et des 16 et 29 septembre 1791. La procédure criminelle mise en place est radicalement nouvelle. Elle s'inspire du modèle dit *accusatoire*, rompant totalement avec le système de l'Ancien Régime. La procédure accusatoire donne aux parties le rôle principal dans le déclenchement des procès, dans leur conduite et dans la recherche de la preuve. Elle a un caractère oral, public et contradictoire. Cette procédure vise à mieux garantir l'application des principes issus de la Déclaration des droits de l'homme et du citoyen. Le juge ne mène donc plus le procès, le ministère public perd son rôle prépondérant, et l'instauration d'un jury devant juger en fonction de son « intime conviction » met fin au système des preuves légales.

Fi des châtiments

C'est également à cette époque, le 6 février 1791 plus exactement, qu'est élaboré le premier Code pénal. Sa nouveauté consiste en l'établissement de trois sortes d'infractions, selon leur gravité (les contraventions, les délits et les crimes). Les sanctions applicables sont prévues par la loi et ne relèvent plus de l'unique appréciation des juges. La torture comme mode d'exécution des peines criminelles est abolie. Les cas possibles de mise à mort passent de 115 à 32. Ont notamment été éliminés de la liste des crimes capitaux les attentats contre les bonnes mœurs, les troubles apportés publiquement à l'exercice d'un culte religieux, les atteintes portées à la propriété des citoyens par dégâts, larcins ou simples vols.

Terreur sur la France

La période de la Terreur va, en 1793, relayer l'œuvre de la Constituante au rang de déclaration de principes. Avec la mise en place du Tribunal révolutionnaire, créé par la loi du 10 mars 1793, les juridictions d'exception renaissent, et les juridictions ordinaires sont étroitement surveillées par l'État. Les droits de l'accusé sont de plus en plus bafoués. La présomption d'innocence devient inexistante (il est même instauré une « loi des suspects » en date du 17 septembre 1793). Le Directoire fait ensuite fi des grands principes révolutionnaires et modèle les juridictions et les juges à sa convenance.

Napoléon tape du poing sur la table : la justice républicaine

Une nouvelle étape est franchie avec le coup d'État de Bonaparte, le 9 novembre 1799. Le général et Premier consul prend le pouvoir et clame que « le plus grand moyen d'un gouvernement, c'est la justice ». C'est donc en toute logique qu'il lance de grandes réformes judiciaires dès l'an VIII.

En finir avec les niaiseries métaphysiques de la Révolution

Pour Bonaparte, la Révolution a beaucoup trop parlé, trop imaginé. Il veut faire simple, tout en réconciliant l'ancienne France et la Révolution. Il s'attaque d'abord à l'organisation judiciaire et décide de simplifier les juridictions issues de la Révolution. C'est ainsi qu'est par exemple maintenue la révolutionnaire Cour de cassation, mais Napoléon décide de s'octroyer le dernier mot sur l'interprétation du droit. Désormais, la Cour sera donc présidée par l'Empereur. Les remaniements apportés à cette juridiction, dont le pouvoir ne fait qu'augmenter, illustrent bien le rêve de Bonaparte : fusionner les notions de hiérarchie issues de l'Ancien Régime et les idées de rationalisation de la Révolution.

Napoléon passe le Code (civil)

Comment parler de Napoléon sans évoquer son œuvre législative majeure, le *Code Napoléon* (ou « Code civil ») ? L'idée n'est pas nouvelle, mais les projets de codification de la Révolution avaient tous échoué. Napoléon Bonaparte reprend donc ce grand chantier d'unification du droit à son compte.

Par une loi du 13 août 1800, Napoléon désigne une commission de quatre éminents juristes : Tronchet, Bigot de Préameneu, Portalis et Maleville. Ils sont chargés, sous la direction de Cambacérès, de rédiger un projet de Code civil des Français. Celui-ci est promulgué le 21 mars 1804, à la grande fierté de l'Empereur, qui déclare : « Ma vraie gloire n'est pas d'avoir gagné 40 batailles ; Waterloo effacera le souvenir de tant de victoires ; ce que rien n'effacera, ce qui vivra éternellement, c'est mon Code civil. »

Liberté, Égalité...

Ce code marque la fin de la division entre le nord et le sud de la France, entre le droit coutumier et le droit écrit. Applicable à tout le territoire, il fait régner les mêmes lois civiles sur tous les Français. L'unification du droit éteint enfin la source des conflits de lois civiles entre les régions. Napoléon veut que la loi soit écrite et claire, afin que chacun ait la possibilité de connaître son droit.

Le Code civil, même s'il abroge beaucoup de textes issus de la période révolutionnaire, conserve néanmoins la plupart des grandes conquêtes de 1789 : égalité de droits entre les citoyens, laïcité de l'État, liberté de conscience, liberté de travail, égalité entre les enfants légitimes en matière d'héritage, possibilité de divorcer en certains cas précisés... Le Code Napoléon instaure la laïcité. Par exemple, l'état civil échappe définitivement à l'Église, et le mariage relève désormais de la seule loi laïque. Mais, parallèlement, l'esclavage est rétabli : véritable retour en arrière, la loi du 20 mai 1802 précise ainsi que « l'esclavage sera maintenu conformément aux lois et règlements antérieurs à 1789 ».

... Fraternité ?

Les dispositions réglant le droit de la famille reflètent la toute-puissance du mari, chef de la famille. Il a les pleins pouvoirs sur son foyer et peut faire enfermer ses enfants. À son mariage, la femme est jugée « incapable » et a les mêmes « droits », réduits à la portion congrue, que les mineurs et les fous. De plus, les bambins nés hors mariage n'ont aucun droit.

Par ailleurs, le Code civil cherche avant tout à défendre la propriété sous l'influence de la bourgeoisie et consacre l'une des principales avancées de la Révolution, la propriété immobilière sans droits féodaux.

Le Code civil a jeté les bases du droit moderne, en France et dans de nombreux autres pays de tradition romaine.

Nul n'est censé ignorer la loi

La réorganisation de la justice criminelle s'échelonne, quant à elle, entre 1800 et 1810, date de la rédaction du Code pénal. Entré en application le 1er juillet 1811, le Code pénal français a inspiré de nombreux pays. Le point de vue de l'utilité sociale l'emporte sur celui de la justice. Le Code de 1810 se veut sévère ; il est fondé sur l'analyse du philosophe anglais Jeremy Bentham, pour qui la peine devait être choisie de telle façon que le délinquant ait plus d'intérêt à s'abstenir qu'à agir… La peine corporelle fait sa réapparition. Les peines fixes disparaissent, le Code déterminant un maximum et un minimum entre lesquels le juge choisit la peine lui semblant la plus adéquate. De manière générale, les juges, anciennement élus, sont désormais nommés par le pouvoir et inamovibles, ce qui est censé garantir leur stabilité et leur indépendance.

XIXe siècle : le yo-yo des libertés

Le XIXe siècle est un siècle de profondes mutations. La structure de la société change radicalement grâce à la révolution industrielle, mettant à l'épreuve l'application de la Déclaration des droits de l'homme et du citoyen du 26 août 1789. Retour des rois, retour de l'Empereur… Avant l'établissement définitif de la République, chaque régime veut réformer la justice selon ses conceptions propres. Il en résulte des variations dans le degré de liberté accordé au citoyen.

1814-1848 : la Restauration

Le retour de la royauté a des conséquences immédiates sur la justice. Il s'agit pour les rois de se la réapproprier en la faisant dorénavant émaner d'eux. C'est bien ce que proclame la déclaration de Saint-Ouen de 1814 : « Toute justice émane du roi. » D'ailleurs, on a oublié le mot « citoyens » : c'est le retour des « sujets ».

Justice en promo

C'est à nouveau l'époque des épurations successives. Comme les régimes précédents, la Restauration et la monarchie de Juillet font place nette en éliminant les gens de justice dans un premier temps, puis les adversaires politiques, notamment au moyen de juridictions d'exception. Tel est par exemple le rôle des *cours prévôtales*, créées en 1815 et destinées à régler une bonne fois pour toutes leur compte aux idéaux révolutionnaires. Composées de quatre civils et d'un militaire, ces cours participent à la répression du vol, de la contrebande et, de façon générale, des faits de violences publiques. La sentence n'est pas susceptible d'appel, la sévérité des décisions étant totalement variable d'une cour à l'autre, et les irrégularités de procédure sont nombreuses.

Main basse sur les idéaux révolutionnaires

Une nouvelle réforme du Code pénal intervient en 1832, confirmant le mouvement de renforcement de la protection de l'individu au détriment de la protection de l'État. Plusieurs peines sont aggravées par rapport au Code de

1810, telle que la violation de domicile. L'indissolubilité du mariage retrouve sa force absolue sous la Restauration : le divorce, considéré comme un « poison révolutionnaire », est aboli par la loi du 8 mai 1816, dite « loi Bonald ». La royauté de retour au pouvoir veut « rendre au mariage toute sa dignité dans l'intérêt de la religion, des mœurs, de la monarchie et de la famille ».

Le Second Empire (1852-1870)

Après quatre ans d'une IIe République (1848-1852) issue de la révolution de 1848, le Second Empire souffle le chaud et le froid sur les libertés.

D'abord le chaud...

Les débuts du second Empire sont profondément marqués par le vent de liberté qui a soufflé sur la France lors la révolution de 1848 : instauration du suffrage universel, abolition de l'esclavage... La liberté de la presse est rétablie, tout comme celle du droit de réunion. En 1848, la peine de mort en matière politique est même abolie. Malgré son coup d'État, qui marque la fin de la IIe République, Napoléon III affirme vouloir assurer la continuité des idéaux révolutionnaires. Le mode de recrutement des jurés reflète l'esprit des premières réformes du second Empire : ils sont démocratiquement choisis parmi tous les électeurs, ce qui modifie directement la composition des jurys, jusque-là majoritairement composés de propriétaires et de rentiers.

... puis le froid

Mais le jury démocratique ne fait pas long feu. Dès 1853, l'empereur souhaite reprendre la mainmise sur les juridictions répressives en contrôlant la nomination des jurés et en réduisant leurs pouvoirs. Le second Empire procède à une répression politique étendue dont les victimes sont envoyées outre-mer afin d'« aider » à la colonisation. Finalement très pratique pour débarrasser le territoire des délinquants et pour renforcer les effectifs coloniaux, ce régime est rapidement étendu aux condamnés de droit commun. Le nombre de détenus dans les bagnes, où les conditions de vie sont particulièrement dures, devient considérable. La loi prévoit que tout condamné aux travaux forcés est tenu de rester définitivement à la colonie après l'expiration de sa peine lorsque celle-ci est de plus de sept ans. Si la sanction est comprise entre cinq et sept ans, le bagnard doit rester un temps équivalent dans la colonie (Guyane ou Nouvelle-Calédonie, en général) et payer son voyage de retour !

Parallèlement, le fleurissement des « procès littéraires » confirme ce retour en arrière. *Madame Bovary* et *Les Fleurs du mal* menacent l'ordre établi ; en 1857, Flaubert et Baudelaire se retrouvent sur le banc des accusés pour outrage à la morale publique et aux bonnes mœurs.

La IIIe République (1870-1914)

La Déclaration des droits de l'homme et du citoyen trouve enfin un terrain d'application réel grâce au fort développement de la classe ouvrière, ces 38 % de la population vivant de l'industrie à la fin du XIXe siècle.

Le retour des libertés révolutionnaires

Les républicains entament à partir de 1879 et jusqu'en 1883 une ère de réformes, une révolution de la justice. Avec la retraite du maréchal de Mac-Mahon, remplacé à la tête de l'État par Jules Grévy en 1879, on voit apparaître un mouvement de politiciens pragmatiques qui veulent faire table rase du passé. Ils procèdent, tout d'abord, à la réforme du Conseil d'État et à la purge du parquet, avant d'organiser un système des libertés publiques traduisant l'idéal politique inspiré par la Révolution de 1789.

Les avancées de la IIIe République

La IIIe République commence enfin, à partir de 1879, à appliquer les principes révolutionnaires, au travers de grandes réformes législatives. La loi du 30 juin 1881 sur la liberté de réunion ou encore la reconnaissance législative des syndicats par la loi du 21 mars 1884 traduisent concrètement l'émergence de nouveaux droits accordés aux citoyens.

La loi du 29 juillet 1881, en affirmant que « l'imprimerie et la presse sont libres », marque une étape fondamentale dans l'histoire des libertés, car elle va assurer, par le biais de la liberté de la presse, la liberté d'opinion ; elle incarne une théorie remontant à la philosophie des Lumières, selon laquelle c'est de l'affrontement des idées nouvelles que jaillira la lumière. Les Français sont épris de libertés publiques, et c'est cette conscience collective qui a pu constituer le facteur décisif d'un progrès sans précédent en ce domaine.

Ce progrès retentit fortement sur les classes défavorisées, qui commencent à prendre conscience de leurs droits et à les revendiquer. La loi du 14 août 1885 et la loi Bérenger du 28 mars 1891 reflètent le renouveau et la richesse de la réflexion pénale, la première en instaurant la libération conditionnelle en cas de repentir du criminel, la seconde en introduisant le régime du sursis, qui permet d'éviter au juge d'envoyer en prison des délinquants primaires. La peine n'est plus l'unique remède contre la criminalité.

UN PEU DE TECHNIQUE

Petit historique de la liberté de la presse

Un bref historique illustre bien l'évolution générale des libertés au cours du XIXe siècle. La liberté de la presse est proclamée dans l'article 11 de la Déclaration des droits de l'homme et du citoyen de 1789. Cependant, le nouvel instrument de communication qu'est la presse est vite considéré avec méfiance. La censure est très rapidement rétablie : dès 1792, un arrêté de la commune de Paris élimine la presse d'opposition, c'est-à-dire la presse contre-révolutionnaire. Napoléon Ier se voit également contraint d'apporter de nombreuses restrictions à la liberté de la presse : « Si je lâche la bride à la presse, je ne resterai pas trois mois au pouvoir », estime-t-il. Un véritable service public de l'information est alors mis en place : les journaux sont nationalisés en 1811 et deviennent des feuilles officielles dirigées par des commissions administratives nommées par le ministère de la Police.

La méfiance persiste. La liberté de la presse continue à être ballottée entre les différents régimes politiques qui se succèdent, reflet de l'instabilité et des hésitations du XIXe siècle. Ainsi, la loi de 1814 instaure le système d'autorisation préalable à la parution de tout journal. Une brève libéralisation a lieu avec la loi de Serre du 9 juin 1819, mais la censure est immédiatement rétablie un an plus tard, et des délits d'opinion sont créés.

La loi Portalis du 18 juillet 1828 ouvre une nouvelle ère de libéralisme ; censure et autorisation préalable sont supprimées, mais la compétence du jury n'est pas rétablie. La liberté de la presse est toujours controversée. Une autre suspension est instaurée par Charles X et son ordonnance du 25 juillet 1830. Polignac dit à cette occasion : « À toutes les époques, la presse périodique n'a été, et il est dans sa nature de n'être qu'un instrument de désordre et de sédition. » La répression continue jusqu'en 1835 ; la censure s'applique alors aux caricatures et à leurs légendes, et de nouveaux délits d'opinion sont créés. C'est désormais un délit de se dire républicain ou légitimiste. Il faut donc attendre la loi du 29 juillet 1881, toujours en vigueur aujourd'hui, pour que la presse soit enfin libérée.

La Ve République : l'inflation de la justice

La Ve République connaît une inflation législative : plusieurs dizaines de milliers de lois, décrets, ordonnances et autres textes juridiques cohabitent allègrement. La création d'autorités indépendantes, le renforcement des pouvoirs du gouvernement et de l'Europe et la prolifération de lois de circonstance viennent enfler cette masse de textes que nul n'est censé ignorer…

Parallèlement, on assiste à une évolution du règlement des conflits, qui passent de plus en plus par les tribunaux. On se moquait encore récemment des sommes faramineuses récoltées outre-Atlantique par des clients de chaînes de fast-food trouvant leur café du matin un peu trop chaud à leur goût. Les chiffres démontrent que ce phénomène de *judiciarisation* touche aujourd'hui la France, qui tente, pour l'heure sans grand succès, de désengorger les tribunaux et de limiter les actions motivées par le seul appât du gain.

LE SAVIEZ-VOUS ?

Quelques chiffres

En 2009, 2 673 131 décisions ont été rendues par les juridictions civiles et commerciales, contre 1 173 242 décisions rendues par les juridictions pénales. Parmi ces décisions, 2 706 condamnations pour crime.

La durée moyenne d'une instruction pénale est de 18,9 mois.

Au 1er janvier 2011, 60 544 personnes étaient en prison.

Il y a plus de 76 000 agents dépendant du ministère de la Justice.

Le budget du ministère est de plus de 7 milliards d'euros.

(Chiffres fournis par la Direction de l'administration générale et de l'équipement du ministère de la Justice.)

Chapitre 2

Les théoriciens du droit à la barre

Dans ce chapitre :

- Le crime bourgeois ne paie pas
- Les lois de la rébellion
- Criminels : la gueule de l'emploi

Penseurs, scientifiques et philosophes se sont penchés sur la manière d'utiliser ce formidable instrument qu'est le droit aux fins d'asseoir leurs théories. Le droit sert, tour à tour, de fondement aux sociétés utopiques, d'arme contre les dérives criminelles ou encore d'instrument de lutte contre les injustices sociales.

Les utopies

Le terme *utopie* est un néologisme créé par le philosophe anglais Thomas More signifiant « en aucun lieu ». Dans son ouvrage intitulé *L'Utopie*, cet auteur décrit un monde imaginaire épris de tolérance et de liberté. Les utopistes pensent une société idéale, exempte de guerres et de misère. Pour construire cette société nouvelle, il est nécessaire de réformer le droit, clé de voûte de l'organisation sociale. Les quelques théories emblématiques évoquées ci-après, issues d'époques très diverses, démontrent la profonde diversité de l'appréhension du droit et du rôle qu'il peut être amené à jouer.

Les courants égalitaires

Les théories égalitaires entendent établir une égalité absolue entre les citoyens. Les penseurs de ce courant ressentent l'ordre juridique comme profondément injuste et, en tant que source des inégalités, veulent l'abolir. Parmi les tenants de cette théorie, les marxistes et certains libertaires méritent le détour.

Le crime capitaliste : la théorie marxiste

Selon Karl Marx, la criminalité est un produit du capitalisme, tout comme les autres anomalies sociales. Le droit est une illusion d'émancipation : la bourgeoisie assure et maintient un système de domination par son droit pénal, en opprimant les classes exploitées. La criminalité n'est donc qu'une réaction contre les injustices sociales infligées au peuple par les bourgeois.

Le marxisme n'est pas très soucieux de la liberté individuelle, privilégiant l'égalité. Par ailleurs, les marxistes rejettent l'idée de la primauté de l'État sur le droit et refusent donc de lier l'État avec le droit. Ils dénoncent le fétichisme juridique de la société capitaliste. Pour Marx, la société communiste sera une société d'abondance qui permettra aux richesses d'être réparties indépendamment des règles juridiques. Son œuvre *Guerre civile en France* (1871) évoque la suppression des organes répressifs, la fusion des pouvoirs exécutif, législatif et judiciaire. Ses disciples ont repris et développé les thèses de l'antijurisme, selon lesquelles la lutte politique doit avoir pour objectif d'abolir les lois, l'ordre juridique étant solidaire de la domination de classe.

Ni Dieu ni maître : la théorie libertaire

Le terme « anarchie », d'origine grecque, fut très peu usité jusqu'au XVIIe siècle, où il signifiait alors le désordre produit dans un État par l'absence de gouvernement ou par l'impuissance de ceux qui gouvernent. Le mouvement libertaire, apparu vers 1880, a pour ambition d'établir un régime de liberté tout en reconnaissant l'égalité totale. Cette théorie rejette toute législation, toute autorité même issue du suffrage universel, celle-ci étant de toute façon amenée à être exploitée au profit de la minorité dominante. Ce mouvement vise donc l'abolition de l'État.

L'anarchisme ne se veut pourtant pas synonyme de désorganisation. L'anarchie ne doit pas être le désordre, mais l'ordre, et plus précisément l'ordre naturel opposé à l'ordre artificiel. L'idée est de rendre les citoyens responsables au moyen d'un système d'autogestion. Les anarchistes ont comme principe directeur l'abolition de toute autorité, et notamment celle de sa représentation suprême : l'État. Selon Bakounine, l'État est « une abstraction dévorante de la vie populaire ». Proudhon, lui, pense que « le gouvernement de l'homme par l'homme, c'est la servitude ».

L'attachement des anarchistes au principe de laïcité découle directement de cette volonté d'abolir toute autorité. Les anarchistes se sont très tôt distingués du communisme notamment à propos de l'appropriation collective des moyens de production. En effet, si les anarchistes dénoncent la propriété privée, ils préconisent un nouveau système original d'autogestion grâce à un réseau d'associations. Bakounine écrit : « Je hais le communisme parce qu'il est la négation de la liberté et que je ne puis rien concevoir d'humain sans liberté. »

Comme les marxistes, les libertaires considèrent les crimes comme une maladie de la société. Dès lors, la criminalité doit être traitée par… le « traitement » du criminel plutôt que par une peine exprimant la vengeance ou la punition de la société.

Le droit de nature, droit naturel

Qu'est-ce que le droit à l'état de nature ? Les premiers philosophes grecs et romains se sont proposés de réfléchir à l'essence même de l'homme pour définir ce que doit être le droit juste, fondamental. Ces théories ont sensiblement varié au cours des siècles en fonction de la nature de l'ordre supérieur justifiant le droit naturel (nature, religion ou raison pure). Cette recherche de l'essence du droit reste une préoccupation contemporaine très forte.

D'où ça vient ?

La théorie du *droit naturel* apparaît chez les philosophes grecs Platon et surtout Aristote. Ce dernier distingue deux sources de droit : la nature d'une part, les lois de la cité d'autre part. Il estime que, en cas de divergence ou de désaccord entre ces deux sources de droit, le droit naturel doit toujours prévaloir. Pour Aristote, ce n'est plus la volonté plus ou moins mystérieuse des dieux qui fonde l'ordre social, mais les lois inscrites dans la nature des choses que la raison humaine est apte à découvrir.

La pensée d'Aristote a été reprise et développée par les stoïciens, ainsi que par les doctrines humanistes et rationalistes. La théorie du droit naturel a ainsi suscité des controverses qui ont jalonné l'histoire de la philosophie du droit. Hobbes, Locke, Rousseau, Montesquieu cherchent aussi à garantir un système politique naturel. Pour eux, le droit naturel est conçu sur un mode individuel. C'est le droit que chaque homme détient par nature avant l'instauration de la vie politique. Pour Kant, le droit naturel rassemble un ensemble de règles fondées sur la « raison pure ». Le concept originel de « droit naturel » resurgit périodiquement pour nourrir la réflexion doctrinale sur la question des fondements du droit. Au XIXe siècle, l'essor du positivisme, de l'utilitarisme et des théories socialistes provoque un recul du droit naturel.

Le droit naturel aujourd'hui

Aujourd'hui, l'acception la plus communément admise du droit naturel est qu'il regroupe les droits tenant à la nature humaine, quelles que soient la société, la nationalité ou la culture de l'être humain concerné. Les droits de l'homme sont directement inspirés de cette théorie du droit naturel.

On retiendra donc, parmi les grands textes issus de cette réflexion sur les droits naturels, la Déclaration des droits de l'homme et du citoyen de 1789 ou encore la Déclaration universelle des droits de l'homme, adoptée le 10 décembre 1948 par les États membres de l'ONU. Le préambule de cette déclaration n'hésite pas à affirmer qu'elle représente l'idéal commun à atteindre par tous les peuples et toutes les nations. Cependant, déterminer quels droits doivent être érigés au niveau des droits naturels reste très difficile et suscite de nombreux débats. C'est ainsi, par exemple, que l'homosexualité ou le transsexualisme sont passés en moins de trente ans du rang de maladies mentales à celui de préférences relevant des droits de l'homme.

La désobéissance civile

Le droit peut aussi servir d'instrument de lutte contre les injustices. C'est le fondement du mouvement de désobéissance civile.

Les origines américaines

L'expression *désobéissance civile* date précisément de 1866. On l'attribue à l'écrivain américain Henry David Thoreau, généralement considéré comme son géniteur. Lui-même est né le 12 juillet 1817 à Concord, dans le Massachusetts. C'est seulement en 1849, dans son ouvrage *La Désobéissance civile*, que Thoreau met par écrit ses positions politiques et idéologiques. Il y fait valoir la résistance passive en tant que moyen de protestation.

Toutefois, son engagement se situe surtout sur le plan individuel. Ainsi, pour contester la guerre contre le Mexique, il refuse de payer ses impôts et se fait emprisonner. Si Thoreau accepte bien volontiers de participer à l'entretien des routes ou au fonctionnement des écoles, il n'admet pas de financer une guerre qui contribue à renforcer les États du Sud esclavagistes. « La seule obligation qui m'incombe, à juste titre, affirme-t-il, consiste à agir en tout moment en conformité avec l'idée que je me fais du bien. »

Désobéir oui, mais comment ?

Le mouvement de désobéissance civile n'est pas opposé en tant que tel à la loi. Il entend affirmer son attachement à la démocratie en enfreignant des lois considérées comme violant des causes essentielles. Les lois regardées comme nécessaires au bien de la société sont respectées, au contraire de celles qui sont injustes. Hannah Arendt, qui s'est largement inspirée des thèses de Thoreau, écrit : « Il existe une différence essentielle entre le criminel qui prend soin de dissimuler à tous les regards ses actes répréhensibles et celui qui fait acte de désobéissance civile en défiant les autorités et s'institue lui-même porteur d'un autre droit. » Celui qui pratique la désobéissance civile assume pleinement ses actes et leurs conséquences, sans appeler au mépris de toutes les lois.

Les disciples de Thoreau

Gandhi s'est grandement inspiré de l'œuvre de Thoreau en organisant des campagnes massives de désobéissance civile en Afrique du Sud pour s'opposer aux lois discriminatoires. Alors que le gouvernement vient de promulguer un projet d'ordonnance pour lutter contre l'immigration asiatique illégale, le Mahatma organise un meeting au théâtre impérial de Johannesburg au cours duquel il fait prêter serment aux 3 000 participants de ne jamais se soumettre à la « loi noire », qualifiée de « loi scélérate ».

Le roi Christian de Danemark a également appliqué les principes de La Désobéissance civile face à l'exigence des nazis d'imposer l'étoile jaune aux juifs. Le roi, pour affirmer son désaccord face à ces mesures discriminatoires aurait épinglé lui aussi cette étoile sur son manteau. Le 1er décembre 1955, c'est Rosa Parks, modeste couturière noire américaine, qui devient le symbole de la lutte contre la ségrégation raciale aux États-Unis : elle est poursuivie en justice pour avoir refusé de céder une place réservée aux Blancs dans un bus. Cette action conduit à un boycott des bus par Martin Luther King et aboutit le 13 novembre 1956 à la suppression des lois ségrégationnistes dans les transports en commun par la Cour suprême. L'œuvre de Thoreau continue aujourd'hui d'inspirer de nombreux activistes, tels, par exemple, les défricheurs de champs OGM, les partisans du mariage homosexuel ou encore les acteurs des parrainages, par le biais de l'école, d'enfants immigrés menacés d'expulsion.

Comprendre le crime : le recours à la science

Nombreuses sont les théories ayant pour objectif d'expliquer la criminalité et de l'endiguer. Sans être exhaustif, un bref exposé de quelques-unes des théories les plus marquantes s'impose et démontre la richesse et la constante évolution des sciences criminologiques.

Une gueule de tueur : la physiognomonie

L'une des théories les plus étonnantes dans l'explication du phénomène criminel est la *physiognomonie*. Issue de la doctrine positiviste, la physiognomonie tente de trouver une cause scientifique à la délinquance.

La positive attitude

Auguste Comte est considéré comme le fondateur de la doctrine positiviste. Ce philosophe pense qu'il faut privilégier la connaissance scientifique au détriment de la métaphysique, seules les lois de la nature pouvant être appréhendées par l'homme. L'esprit positif est caractérisé par l'abandon des causes, la mise à l'écart de tout absolu et la seule recherche des lois. Dépassant la religion et la métaphysique, le positivisme ne reconnaît le vrai que dans les faits étudiés par les méthodes scientifiques.

Une construction entièrement nouvelle du droit naît, en opposition avec les théories classiques : l'homme est déterminé, comme l'humanité tout entière. Le positivisme considère que la répression doit donc être organisée non pas en fonction de l'infraction commise, mais en fonction de la personnalité du délinquant, de sa dangerosité. Pour connaître et mesurer cet état dangereux, on s'adresse aux sciences de l'homme et aux sciences sociales. Ce qui importe aux positivistes est d'empêcher l'individu de nuire à l'avenir. L'une des branches les plus originales du positivisme est la physiognomonie.

Méfiez-vous des regards faux et perfides !

LE SAVIEZ-VOUS ?

Le Dr Lepelletier de la Sarthe, membre de l'Académie de médecine, décrit, dans un ouvrage publié en 1857, l'organisation des « types pénitentiaires » :

- Le **vagabond** possède une « physionomie souvent malicieuse, fine et même assez intelligente, mais presque toujours, à la fois, sardonique, fausse, licencieuse, le vagabond est commun, familier, cynique dans ses manières ».
- L'**escroc** a le « regard faux, caressant, perfide ; si vous le cherchez, il vous évite ; si vous ne le poursuivez pas, il vous observe et vous étudie ; sa physionomie satanique offre, à la fois, quelque chose de souriant, d'affectueux, de prévenant, mais d'emprunté, d'indécis, d'amer, de fatal ».
- Le **voleur** est « facile à reconnaître : regard furtif, inquisiteur, pénétrant, [il] semble toujours occupé du besoin de prendre connaissance des lieux, des choses, des hommes, pour mieux accomplir ses desseins ».
- Le **dépravé** « présente quelque chose d'instinctivement criminel et vicieux ; son sourire grimacé, perfide, porte dans l'âme une sorte de froid glacial, une influence pénible et presque léthifère. Sa voix est gutturale et discordante, son coup d'œil pénétrant et diabolique, c'est le regard éblouissant et fatal de la panthère et du caïman ».
- Le **meurtrier**, enfin, « appartient à ces natures sauvages ou grossières et stupides qui commettent le meurtre souvent avec plaisir, quelquefois sans préméditation et sans intérêt : comme l'hyène et le chacal se livrent à leurs terribles instincts par le seul amour du sang et du carnage ». Il a un « regard sinistre, farouche, haineux, menaçant ; les lèvres minces, frémissantes, crispées ; les narines ouvertes et respirantes ; les mouvements brusques, saccadés, la démarche convulsive et bondissante ; leur ensemble offre quelque chose de hargneux, de féroce et d'antipathique ».

La naissance de la criminologie

Cesare Lombroso est un médecin légal italien, auteur de nombreux ouvrages de recherche sur le caractère inné du crime. Sa démarche introduit, pour la première fois, des outils techniques dans l'expérimentation sur l'homme. C'est pourquoi Lombroso, malgré ses théories « déterministes » parfois farfelues, est considéré comme le fondateur de la *criminologie*.

Après avoir examiné 386 crânes de criminels, Lombroso en déduit qu'il existerait chez les criminels une fossette occipitale anormalement développée, plus proche de la fossette des mammifères inférieurs que de celle de l'homme ! Pour Lombroso, le criminel typique est un individu atavique et amoral commettant des forfaits par nécessité biologique. Il présente certains traits anatomiques, psychologiques et sociaux qui le rapprochent du sauvage. Ce serait donc un être en état de régression, qui n'est pas arrivé à accéder au degré d'évolution de l'homme contemporain, ni par sa morphologie ni par sa sensibilité.

Les autres théories

Pour les scientifiques anglais Goring et Pearson, auteurs de *The English Convict* (1913), il existerait des différences de taille et de poids entre les criminels et les non-délinquants, ces derniers étant plus grands et plus lourds. L'anthropologue américain Earnest Hooton considère, quant à lui, que le criminel aurait le front bas, les lèvres minces, la face aplatie et les mâchoires étroites. Les yeux seraient bleu-gris, les oreilles auraient une forme d'hélice et les tatouages seraient chez lui plus nombreux que chez les non-délinquants.

D'autres théories ont vu le jour dans les années 1950, certaines particulièrement étonnantes, comme celle du « chromosome du crime ». Ainsi, un chromosome surnuméraire Y produirait une arriération mentale, une morphologie spéciale et la croissance insuffisante du corps humain…

Jusqu'à ce jour, cependant, aucune de ces tentatives pour expliquer la délinquance par des causes déterminantes biologiques n'a pu survivre à un examen scientifique sérieux.

LE SAVIEZ-VOUS ?

D'où vient le mot « assassin » ?

« De l'arabe *haschisch*, nom de la poudre de feuilles de chanvre avec laquelle on prépare le haschisché. Le Prince des assassins ou Sheick ou Vieux de la montagne faisait prendre du haschisch à certains hommes qu'on nommait *feidawi* ; ces hommes avaient des visions qui les transportaient et qu'on leur représentait comme un avant-goût du paradis. À ce point, ils se trouvaient déterminés à tout faire, et le Prince les employait à tuer des personnages ennemis. C'est ainsi qu'une plante enivrante a fini par donner son nom à l'assassinat » (Littré, *Dictionnaire de la langue française*).

Sortez vos boucliers : la défense sociale

La *défense sociale* voit le jour en Italie au lendemain de la Seconde Guerre mondiale, sous l'impulsion de Filippo Gramatica, et rallie aujourd'hui une majorité de juristes dans tous les pays. Au sortir d'années d'oppressions totalitaires et de violations de la dignité humaine, la doctrine positiviste paraît peu respectueuse de la liberté individuelle. La défense sociale nie toute morale juridique métaphysique. Le juge a pour objectif, selon ce courant de pensée, de déterminer les mesures aptes à œuvrer à la réinsertion sociale du délinquant et non de rechercher la peine pouvant compenser la faute commise par celui-ci. Le rôle de l'État n'est donc pas de punir. Bien au contraire, il doit d'abord se soucier de resocialiser l'individu délinquant, de lui faire recouvrer le sens de ses responsabilités sociales. Gramatica suggère donc la suppression totale du droit pénal.

La défense sociale nouvelle

Fondée en France en 1954 par le magistrat Marc Ancel, la *défense sociale nouvelle* a pour objectif la prévention du crime et le traitement des délinquants. La société a pour devoir de se protéger au moyen de la réadaptation du condamné. À cette fin, cette théorie propose l'étude systématique par des procédés scientifiques de la personnalité du délinquant. Cette étude vise à connaître scientifiquement le délinquant, à vérifier sa dangerosité et à apprécier les chances de succès de mesures curatives. Cette politique criminelle est entièrement tournée vers le traitement du délinquant.

La défense sociale nouvelle, qui est à l'origine des mesures de sûreté et de l'importance accordée par la justice aux expertises psychologiques et psychiatriques, continue à exercer une influence importante sur la politique criminelle actuelle. Elle a inspiré les tentatives d'humanisation de la détention, le reclassement social du condamné, l'institution d'un service social et médico-psychologique, la généralisation de la liberté conditionnelle ou encore l'institution d'un juge d'application des peines.

Chapitre 3

La justice chez nos voisins

Dans ce chapitre :

- Le Commonwealth et la Common Law
- L'Église et le Code canonique
- La charia des musulmans

Le droit a pour objet d'organiser la vie en société en régissant le statut des personnes qui la composent et en réglementant les rapports qu'elles ont entre elles. Les particularités du droit canonique, de la Common Law ou de la charia révèlent non seulement les valeurs fondatrices des sociétés dont ils sont issus mais également, par comparaison, les singularités de la vision française de la justice.

Le système anglo-saxon : la Common Law

La *Common Law*, en opposition aux droits codifiés tels que le droit latin ou le droit germanique, est un système issu du pragmatisme des praticiens. Son trait spécifique consiste en la capacité reconnue au juge d'être source de droit par ses décisions. La Common Law est en vigueur en Grande-Bretagne (sauf en Écosse, où le droit est mixte, car inspiré du droit latin), au Canada (hormis au Québec, qui utilise également un droit mixte), aux États-Unis et d'une façon générale dans les pays du Commonwealth.

Courage ! Encore un peu d'histoire

L'histoire du droit anglais commence avec Guillaume le Conquérant, en 1066. À partir de cette date, les nouveaux souverains donnent à des juges itinérants la mission de transcrire certains édits. Ces juges itinérants élaborent petit à petit une jurisprudence commune uniforme sur l'ensemble de l'Angleterre ; c'est de là que vient le système de la Common Law.

Cependant, à partir du XIIIe siècle, la Common Law devient trop rigide et n'apporte plus de solutions à tous les litiges. Que faire ? Les juges itinérants commencent à saisir le roi par l'intermédiaire de son chancelier pour lui demander de statuer en *équité*. Le principe d'équité, directement inspiré des théories du droit naturel, est une manière de résoudre les litiges en dehors des règles du droit, en prenant en compte des critères tels que la raison ou la morale. L'équité permet ainsi de contourner des règles de droit qui peuvent se révéler trop rigoureuses ou inadaptées à certains cas. Par la suite, des juridictions d'équité vont être mises en place parallèlement à celles qui appliquent la Common Law. Ces deux systèmes vont peu à peu se rapprocher.

Les grands principes de la Common Law

La Common Law est un système bâti essentiellement sur le droit jurisprudentiel par opposition au droit codifié, ce qui signifie que le droit est dit par le juge et non par le législateur. La Common Law évolue à partir des décisions des tribunaux, qui établissent des *précédents*, ensuite appliqués dans les affaires ultérieures de nature similaire. Les précédents peuvent être annulés par de nouvelles lois (ou « statuts ») adoptées par le gouvernement en place.

La Common Law se caractérise par trois principaux traits :

- Le recours au jury pour statuer sur les points de fait du litige ;
- Le règne du droit (*rule of Law*), c'est-à-dire la soumission de toutes les personnes (y compris les personnes publiques) à des règles juridiques communes pour tous ;
- Le respect du précédent judiciaire.

Habeas corpus : que tu aies ton corps

L'Habeas Corpus Act est une loi votée par le Parlement anglais en 1679 sous le règne de Charles II d'Angleterre, aux termes de laquelle toute personne arrêtée par un puissant doit être présentée dans les trois jours devant un juge, qui peut décider de sa libération.

L'habeas corpus exige que le « détenteur » se présente à la cour avec la personne détenue pour expliquer les raisons de cette privation de liberté. Si la cause de cet enfermement est insuffisante ou illégale, la personne est libérée.

Selon la loi de 1679, les juges qui refusent d'accorder une ordonnance d'habeas corpus, dont la délivrance est obligatoire en vertu de cette loi, sont condamnés à 500 livres de dommages et intérêts. Cette manière de saisir la justice a été suspendue à plusieurs reprises au cours des siècles derniers. Ces suspensions sont inhérentes au passage d'un État de droit à un État autoritaire peu soucieux du respect des libertés.

Oh, les belles perruques ! Les gens du droit

Dans les pays de Common Law, les praticiens du droit ont une influence sur la justice bien supérieure à ceux des États de tradition romano-civiliste. En Angleterre, les avocats sont divisés entre *barristers* et *solicitors*. Alors que les *solicitors* sont très nombreux (environ 60 000), le nombre de *barristers* est beaucoup plus restreint. La grande différence entre ces deux professions consiste dans le fait que les *solicitors* ne peuvent plaider que devant les cours inférieures, contrairement aux *barristers*, qui détiennent un monopole devant les cours supérieures. D'ailleurs, la plupart des magistrats des cours supérieures sont d'anciens *barristers* !

Concernant les juges, on retrouve ce point commun entre les différents pays de Common Law : les juges peuvent être d'anciens praticiens du droit qui ont précédemment exercé au barreau. Mais, surtout, le mode de recrutement des juges présente de grandes originalités par rapport aux systèmes de droit latin. C'est ainsi qu'aux États-Unis 82 % des juges d'État sont élus par le peuple. Certains sont élus à vie (comme à Rhode Island), certains pour vingt et un ans ou encore un septennat (dans le New Jersey). En Angleterre, au Canada, en Afrique du Sud et en Australie, en revanche, les juges sont nommés par le pouvoir exécutif.

Les pays de Common Law se distinguent également par l'absence de magistrats représentant le ministère public. En effet, la procédure est *accusatoire* et laisse aux parties l'entière responsabilité du déroulement du procès. En revanche, ces mêmes parties sont soumises à un *régime légal de preuve*, ce qui signifie que les moyens de preuve autorisés sont énumérés par la loi. Aux États-Unis, la responsabilité de la poursuite pénale est confiée à un *attorney*, alors qu'en Angleterre elle est exercée par le *Crown Prosecution Service*, qui est un corps d'auxiliaires de justice quasi-fonctionnaires, composé de *barristers* et de *solicitors*.

Douze hommes en colère : le déroulement du procès

L'autre grande originalité d'un procès dans un pays de Common Law réside donc dans le caractère accusatoire de la procédure, dans le rôle actif des parties et dans le régime de preuve.

Le système accusatoire implique une position non interventionniste du juge. C'est aux parties et aux avocats de conduire la procédure, de réunir les preuves puis de présenter l'affaire au juge, qui reste arbitre, dans une position neutre. L'exposé du déroulement d'un procès pénal est particulièrement représentatif des particularités de la Common Law, dans la mesure où les grands principes qui le gouvernent sont très similaires dans les différents pays appliquant ce droit.

Tout d'abord, avant l'ouverture du procès, l'accusation travaille avec la police, pendant que la défense choisit les témoins qui réfuteront les propos de ceux qui auront été appelés par l'accusation. Si l'accusé ne reconnaît pas les faits qui lui sont reprochés, le procès commence par un exposé de la part de l'accusation ;

puis suivent les dépositions des témoins qu'elle a appelés. Les mêmes témoins sont ensuite « contre-interrogés » par l'avocat de la défense afin de tester leur crédibilité. À la fin de la présentation de l'accusation, la défense peut demander au juge d'arrêter le procès pour insuffisance de preuves. Si cette demande est acceptée, le juge prononce un acquittement. Sinon, le procès continue, et c'est à la défense de présenter sa cause. Après les plaidoiries et le résumé fait par le juge de tout le procès, le jury se retire afin de délibérer sur la culpabilité de l'accusé.

Le droit canonique

Le terme vient du grec *kanôn*, qui signifie la « règle ». Le *droit canonique* (ou « canon », au choix) désigne l'ensemble des lois et des règlements adoptés ou acceptés par les autorités catholiques pour le gouvernement de l'Église et de ses fidèles. Le droit canonique fixe les droits et obligations des fidèles et, de manière générale, tout ce qui concerne la société ecclésiastique, mais aussi certains domaines du droit civil, tels que le mariage.

Sac de nœuds

Le droit canonique s'est élaboré progressivement, empruntant d'abord au droit romain, à l'Évangile, puis à des règles coutumières issues d'écrits mêlant prescriptions liturgiques et règles de vie. À partir du IVe siècle, les papes ont créé de nouvelles normes par le biais des *décrétales pontificales*. Ces lettres décrétales sont des réponses sur des points de discipline. Cependant, ces décisions ont une autorité relative. Par surcroît, les sources du droit sont très nombreuses, puisqu'elles incluent tant les règles monastiques que les lois des empereurs romains chrétiens ou encore les législations diocésaines et les canons de *concile* (assemblée d'évêques et de théologiens réunis pour régler des questions concernant le dogme ou la liturgie).

Cette dispersion des sources pose vite un grave problème. Les *canonistes* du Moyen Âge parviennent progressivement à unifier le droit grâce à un travail de compilation des sources. L'importance des faux, dans ces compilations, est énorme, les compilateurs ne se gênant pas pour remanier les textes servant leurs intentions. Deux d'entre elles, datant des années 850, ont d'ailleurs pour nom *Faux capitulaires* et *Fausses décrétales*. Jusqu'au XIe siècle, le droit n'intéresse pas encore vraiment la réflexion doctrinale.

Faites entrer le canon

Mais cette situation se renverse totalement dans la seconde moitié du XIIe siècle, Saint-Siège étant alors principalement occupé par des juristes. C'est ainsi qu'aux collections multiples et d'autorité incertaine se substitue le *Corpus iuris canonici*, soit le Corps du droit canon. Cette grosse compilation présente l'originalité de résoudre les contradictions entre les textes en proposant des solutions différentes. En outre, les plus importantes décrétales pontificales émises entre 1159 et 1314 sont recueillies dans trois collections faites à la demande de la papauté et officiellement promulguées par envoi à l'université de Bologne. Il s'agit des *Décrétales* de Grégoire IX (1234), du *Sexte* (1296) et des *Clémentines* (1317). Le *Corpus iuris canonici* ainsi que les *Décrétales* de Grégoire IX ont servi de base au droit canonique jusqu'en… 1917, date de la promulgation du Code de droit canon par le pape Benoît XV. Des révisions furent ensuite effectuées entre 1962 et 1981, à l'initiative essentiellement du pape Jean XXIII, qui souhaitait ainsi adapter le Code aux exigences de son temps. Cette révision a abouti à la promulgation du nouveau Code par Jean-Paul II, le 25 janvier 1983.

Le Codex

Le Code de 1983 fait aujourd'hui autorité dans l'Église latine. Ce nouveau code tient compte des profonds changements apportés par le concile Vatican II. Le Code de 1983 atténue le caractère hiérarchique et ordonné de l'Église et entend plutôt promouvoir l'image d'une Église-peuple de Dieu et d'une hiérarchie au service des autres.

Extraits du Code de 1983 à propos du mariage

« **Can. 1083 – § 1**. L'homme ne peut contracter validement mariage avant 16 ans accomplis, et la femme de même avant 14 ans accomplis. **§ 2**. La Conférence des évêques a la liberté de fixer un âge supérieur pour la célébration licite du mariage.

Can. 1084 – § 1. L'impuissance antécédente et perpétuelle à copuler de la part de l'homme ou de la part de la femme, qu'elle soit absolue ou relative, dirime le mariage de par sa nature même. **§ 2**. Si l'empêchement d'impuissance est douteux, que le doute soit de droit ou de fait, le mariage ne doit pas être empêché ni déclaré nul tant que subsiste le doute. **§ 3**. La stérilité n'empêche ni ne dirime le mariage […].

Can. 1086 – § 1. Est invalide le mariage entre deux personnes dont l'une a été baptisée dans l'Église catholique ou reçue dans cette Église et ne l'a pas quittée par un acte formel, et l'autre n'a pas été baptisée. […]

Can. 1089 – Aucun mariage ne peut exister entre l'homme et la femme enlevée ou au moins détenue en vue de contracter mariage avec elle, à moins que la femme, une fois séparée de son ravisseur et placée en lieu sûr et libre, ne choisisse spontanément le mariage.

Can. 1090 – § 1. Qui en vue de contracter mariage avec une personne déterminée aura donné la mort au conjoint de cette personne ou à son propre conjoint, attente invalidement ce mariage.

Can. 1096 – § 1. Pour qu'il puisse y avoir consentement matrimonial, il faut que les contractants n'ignorent pas pour le moins que le mariage est une communauté permanente entre l'homme et la femme, ordonnée à la procréation des enfants par quelque coopération sexuelle. **§ 2**. Cette ignorance n'est pas présumée après la puberté. »

Le Code de droit canonique comporte sept livres, traitant de sujets aussi divers que le mariage, la fonction d'enseignement de l'Église, les procès ou encore les biens temporels de l'Église. Aux termes de ce Code, « sont tenus par les lois purement ecclésiastiques les baptisés dans l'Église catholique ou ceux qui y ont été reçus, qui jouissent de l'usage de la raison et qui, à moins d'une autre disposition expresse du droit, ont atteint l'âge de 7 ans accomplis ». Le premier livre, intitulé *Normes générales*, établit les principes généraux du droit canonique. La coutume est la meilleure interprète des lois. Mais, dans l'hypothèse où aucune disposition légale ou coutumière ne peut trancher un cas, celui-ci doit être réglé en fonction de la jurisprudence, de l'équité canonique ou encore de l'« opinion commune et constante des docteurs ».

Les procès catholiques

Le livre 7 du Code définit la juridiction des différents tribunaux ecclésiastiques, leurs règles de fonctionnement et le déroulement des procès. Le Code prévoit ainsi que l'Église connaît, de droit propre et exclusif, des causes qui regardent les choses spirituelles ainsi que « la violation des lois ecclésiastiques et de tous les actes qui ont un caractère de péché ».

La juridiction de première instance est composée de l'évêque diocésain, qui a la possibilité de déléguer son pouvoir judiciaire et de constituer un tribunal diocésain. C'est ainsi que des laïcs peuvent, avec l'autorisation de la Conférence des évêques, être juges. L'originalité de la hiérarchie des juridictions réside dans l'existence de tribunaux de deuxième instance. L'appel est assuré, suivant le cas, par la Rote romaine ou par le Tribunal suprême de la Signature apostolique. En tout état de cause, en raison de sa primauté, le pape peut être saisi par tout fidèle d'une cause contentieuse ou pénale, à n'importe quel degré de juridiction et à n'importe quel moment du procès. Seul le pape peut juger les chefs d'État, les cardinaux, les légats apostoliques et, au pénal, les évêques. Tant pis pour les curieux, il est impossible d'assister à un procès. En effet, à moins qu'une loi particulière n'en dispose autrement, seules sont admises en salle d'audience les personnes que la loi ou le juge estime nécessaires au déroulement du procès.

Les sanctions canoniques

L'Église se donne le droit de punir par des sanctions les fidèles qui contreviennent à ses normes. Dans la grande majorité des cas, ces peines ne sont encourues qu'à la suite d'une procédure donnant lieu à une condamnation. Les peines canoniques sont de deux types : les peines dites *médicinales*, ou « censures », d'un côté et, de l'autre, les peines *expiatoires*, qui visent les clercs ou les religieux. Les premières comprennent notamment l'*excommunication* (qui sépare le fidèle du reste de l'Église), l'*interdit* (interdiction d'administrer les sacrements et de célébrer les messes dans un territoire donné) ou encore la *suspense* (qui prive le prêtre d'exercer ses fonctions sacerdotales).

Sur sept cas d'excommunication encore prévus par le Code de 1983, deux sont réservés aux prêtres (absolutions illicites, viol du secret de confession). Les peines expiatoires comprennent, quant à elles, l'assignation à résidence, la privation et l'interdiction d'exercer un pouvoir, un office ou une charge, ainsi que le transfert ou le renvoi de l'état clérical. Cependant, toute peine ne doit être prononcée que si la correction fraternelle, la réprimande ou les autres moyens de sollicitude pastorale ne peuvent suffisamment réparer le scandale, rétablir la justice, amender le coupable.

La charia des musulmans

Le Coran, parole d'Allah transmise au Prophète, est la source de la loi musulmane. Il se compose de 114 *sourates*, divisées en 6 219 *versets*. Les sourates sont classées par ordre de longueur. Code de la vie religieuse et sociale, le Coran réglemente toutes les situations. Sur cette base s'élève une doctrine de devoirs envers Dieu et les hommes. La *sunna* représente la voie à suivre selon l'exemple du Prophète. Elle est composée du *hadith*, récit rapportant une décision ou un comportement de Mahomet. La sunna complète ainsi le Coran. La sunna, bien que non issue des révélations, a la même valeur légale que le Coran, et sa mise en pratique est donc obligatoire pour les musulmans. La valeur des hadiths diffère cependant selon leur source et la qualité de leur transmetteur.

Le droit de la route

La charia (ou Sharî'a) signifie littéralement la « route », c'est-à-dire la voie que constitue la loi divine venant du Coran et de la sunna. C'est ce qu'exprime la sourate 45, verset 18, du Coran : « Puis Nous t'avons mis sur la voie de l'Ordre [une religion claire et parfaite]. Suis-la donc et ne suis pas les passions de ceux qui ne savent pas. » La charia réglemente la vie religieuse, politique et sociale ou encore le droit pénal.

Les cinq piliers de la charia sont les suivants :

- L'attestation du monothéisme islamique et de la mission du prophète (*shahâda*)
- La prière coranique cinq fois par jour et la prière commune le vendredi (*çalât*)
- Le jeûne du mois sacré du ramadan (*çawm*)
- L'aumône (*zakât*)
- Le pèlerinage à La Mecque que le musulman doit accomplir une fois au moins dans sa vie, s'il en a les moyens (*hajj*)

Le mariage dans l'islam

À l'époque préislamique, la condition de la femme était très dure, puisqu'elle était considérée comme incapable. Lorsque son mari décédait, elle passait à l'héritier le plus proche. Le Coran lui permet une certaine émancipation, puisqu'il l'autorise à avoir un patrimoine propre et à le gérer.

Le mariage est un contrat de droit civil, conclu en présence de témoins libres. Cependant, mari et femme sont soumis à des obligations l'un envers l'autre. Pour ce qui concerne le mari, ses obligations sont les suivantes : il doit cohabiter avec sa femme, il doit consommer le mariage, procéder à un partage égal des nuits entre ses femmes dans l'hypothèse où il en a plusieurs et subvenir à l'entretien de sa femme, quelle que soit la fortune de celle-ci. L'épouse n'a donc pas à participer aux charges du ménage. Par ailleurs, le mari doit s'abstenir de tous sévices graves sur sa femme. Et, s'il peut lui interdire de sortir, il ne peut l'empêcher de recevoir la visite de ses parents. La sanction de la violation de ces obligations est le droit, pour la femme, de solliciter la dissolution du mariage. De son côté, la femme est également soumise à un certain nombre d'obligations : elle doit obéir à son mari, habiter au domicile conjugal, être fidèle à son mari et prendre soin de la maison (cette obligation n'étant pas reprise par nombre de codes contemporains).

Le mariage est dissous soit par répudiation, soit par divorce judiciaire. Il est à noter que les chiites reconnaissent le mariage temporaire, conclu pour une période déterminée. Enfin, il est à noter que certains islamistes interprètent le droit coranique d'une manière très… personnelle, voire l'ignorent totalement.

Le *nafaqa* : le droit à l'entretien

L'entretien de la femme comporte la nourriture, le vêtement, le logement et les accessoires. Le mari doit lui fournir une maison séparée ou tout au moins une pièce indépendante qui ferme à clé. L'ameublement est également à sa charge et doit s'accorder à la situation et au rang social de l'épouse. La femme a droit à deux vêtements par an, dont le prix et la texture dépendent de la fortune du mari, de la condition de la femme et des usages locaux. Le montant du *nafaqa* est généralement fixé selon les ressources du mari. Il est suspendu si la femme est mineure, si elle désobéit, si elle accomplit le pèlerinage sans son mari ou pour toutes situations dans lesquelles elle ne remplit plus ses propres devoirs conjugaux. Les enfants n'ont, quant à eux, droit à l'« entretien » qu'à la condition qu'ils soient pauvres.

Le droit pénal coranique

Les peines se répartissent en deux groupes : d'une part, la vengeance privée et, d'autre part, le châtiment des crimes contre la religion. Certains actes interdits dans le Coran sont devenus par là même des crimes contre la religion. C'est le cas, par exemple, des rapports sexuels interdits, de la fausse accusation d'adultère, de la consommation d'alcool, du vol ou du brigandage. Les châtiments qui découlent de ces crimes contre la religion sont appelés *hudûd* (au singulier, *hadd*) et constitués par la peine de mort *via* la lapidation (punition la plus sévère pour les adultères), la crucifixion (pas vraiment au sens du Golgotha !) ou l'épée (pour le brigandage avec homicide).

Les crimes moins graves sont punis de mutilation de la main ou du pied (pour le vol notamment) et de la flagellation. À titre d'exemple, le nombre de coups de fouet pour consommation de vin est de 80. Il n'y a pas d'amende en droit islamique. L'emprisonnement est, quant à lui, non pas un châtiment, mais une mesure qui vise à obtenir un repentir ou à garantir l'exécution d'une obligation. Cependant, du fait de son caractère religieux, le *hadd* peut être levé en cas de repentir, de pardon ou encore de restitution de l'objet volé. La prescription est très courte (généralement un mois), et les conditions de preuve très exigeantes. Par exemple, en cas d'adultère, on exige quatre mâles qui doivent avoir été témoins oculaires des rapports sexuels illégaux.

Pour les délits ordinaires, c'est-à-dire les atteintes contre les personnes ou contre les biens, l'échelle des peines est également très détaillée et dépend du degré de culpabilité. C'est ainsi que, pour un homicide, les peines varient entre le talion, l'expiation et le prix du sang, selon le degré d'intention de l'auteur de ce crime et l'éventuel pardon du plus proche parent de la victime. La charia a limité considérablement les vengeances de sang en ne permettant la mise à mort que du tueur lui-même, et ce seulement s'il a agi lucidement avec une intention de meurtre délibérée. Le droit islamique limite également le talion aux cas où l'on peut s'assurer d'une parfaite égalité, par exemple la perte d'un œil, d'un doigt, ou pour une blessure à la tête… L'expiation (*kaffâra*) consiste à libérer un esclave musulman ou à jeûner pendant deux mois.

Deuxième partie

La balance des institutions

Dans cette partie…

Vous allez réviser le vieux principe de la séparation des pouvoirs, en passant par chacun d'eux : d'abord le législatif, qui établit la règle de droit tout en subissant le contrôle du Conseil constitutionnel, ensuite l'exécutif, qui gouverne selon ces lois par l'intermédiaire du président de la République et du gouvernement, et, en dernier ressort, le judiciaire, qui assume sa fonction d'application des lois. Les juges se partagent ensuite entre l'ordre administratif et l'ordre judiciaire, entre les procès concernant l'État pris à partie et les autres contentieux. Mais la galaxie des juridictions ne s'arrête pas à ce simple partage : il existe de multiples tribunaux, dont le nombre tend à se démultiplier en raison de la spécialisation toujours plus accrue de certains conflits. Sans compter les autres institutions et autorités françaises, ces ovnis qui constituent une sorte de justice parallèle, comme par exemple la Commission nationale de l'informatique et des libertés ou encore le Défenseur des droits. Enfin, nous évoquerons les tribunaux supranationaux, en voie, eux aussi, de prolifération.

Chapitre 4

La sainte Trinité : la séparation des pouvoirs

Dans ce chapitre :

- Le Parlement, qui rédige et vote la loi
- Le gouvernement, qui l'inspire ou cherche à la modifier
- Les juges, qui l'appliquent tout en l'interprétant

Le principe de la *séparation des pouvoirs* constitue le fondement même de notre système judiciaire français, et, plus généralement, le fondement de toute démocratie. Si ces pouvoirs et leur principe de séparation paraissent sortir d'un chaudron magique, ils relèvent en fait d'une pure logique mathématique : il s'agit de séparer en trois catégories qui ne peuvent se mélanger les hommes qui votent les lois (le pouvoir *législatif*), les hommes qui gouvernent selon les lois (le pouvoir *exécutif*), les hommes qui jugent en application des lois (le pouvoir *judiciaire*). Séparer ces trois catégories, c'est éviter qu'un groupe d'individus abuse de son pouvoir, les deux autres groupes devant le contrôler.

Le philosophe grec Aristote en avait émis l'idée, et Montesquieu avait insisté sur la nécessité « d'arrêter le pouvoir par le pouvoir ». En France, le principe de la séparation des pouvoirs a été posé clairement par une loi des 16 et 24 août 1790, au moment de la Révolution française : il convenait de sauvegarder l'indépendance des hommes chargés de rendre la justice face aux hommes chargés de gouverner et de voter les lois. Ce principe de la séparation des pouvoirs a été repris dans la Constitution française du 4 octobre 1958, traité élaboré sous l'impulsion du général de Gaulle et qui organise les institutions de la Ve République.

La France est une démocratie qui a choisi de se soumettre au régime parlementaire. Cela signifie que notre régime politique sépare bel et bien les trois pouvoirs législatif, exécutif et judiciaire, mais ce de manière souple, car le président, élu par tous les citoyens, choisit pour Premier ministre une personne issue du parti politique majoritaire au sein du Parlement.

À l'origine, le législateur

Jean-Jacques Rousseau écrivait : « Si j'étais prince ou législateur, je ne perdrais pas mon temps à dire ce qu'il faut faire ; je le ferais, ou je me tairais. »

Dans toute société, le premier pouvoir – considéré parfois comme le plus important – est celui de décider des lois : décider de ce qui est possible et de ce qui est interdit, de ce qui est bien et de ce qui est mal. Dans les sociétés démocratiques, ce pouvoir est confié à des hommes et à des femmes appelés *législateurs*, élus par les membres de leur société pour les représenter et pour décider des règles qui vont régir leurs rapports. Ces législateurs, souvent considérés comme des « sages », se retrouvent tant à l'échelle d'un pays qu'à l'échelle d'une région du monde. Ainsi, les citoyens français et belges, par exemple, sont soumis à leurs législateurs nationaux mais également aux législateurs européens, qui décident des lois applicables dans toute l'Union européenne. De manière générale, les législateurs organisent des assemblées afin de débattre et de décider de la création ou de la modification des règles régissant la vie des citoyens.

Le forum des grands sages votant les lois : le Parlement

Le pouvoir législatif, c'est-à-dire le pouvoir de voter les lois, appartient au Parlement. Et c'est vrai que les membres du « Parle-ment » sont très bavards, même s'ils se défendent de mentir ! Le Parlement français est constitué de deux assemblées : l'Assemblée nationale et le Sénat.

L'Assemblée nationale est composée de députés élus au suffrage universel direct par tous les citoyens dans le cadre des élections législatives. Il y a 577 députés à l'Assemblée, élus pour cinq ans, qui appartiennent à différentes formations politiques. Le parti qui est majoritaire en nombre de députés au sein de l'Assemblée nationale gouverne généralement.

Lorsque le président de la République en place ne bénéficie pas d'une majorité claire à l'Assemblée nationale, il peut décider de la dissoudre prématurément et de provoquer de nouvelles élections législatives. Mais l'exercice est risqué : il est déjà arrivé qu'un président dissolve l'Assemblée alors qu'il bénéficiait d'une large majorité, pour se retrouver avec une minorité ! C'est alors le jeu du « qui perd gagne ». Le président de la République ne bénéficiant pas de la majorité à l'Assemblée nationale peut en effet accepter de gouverner avec des ministres qui ne correspondent pas à sa couleur politique. La situation est alors appelée *cohabitation*.

Tout citoyen majeur peut se présenter aux élections législatives. Mais, lorsqu'un député est désigné comme ministre, il doit être remplacé afin de ne pas cumuler les casquettes de législateur et de gouvernant.

Après avoir été le plus jeune bachelier de France à l'âge de 15 ans, le plus jeune avocat de France à l'âge de 19 ans, lors de son élection en 1932, Pierre Mendès France devient à 25 ans le plus jeune député de France.

Le Sénat, lui, est composé de 348 membres, élus pour neuf ans. Les sénateurs ne sont pas désignés directement par tous les citoyens français. Pour avoir l'honneur de siéger avec vue sur les jardins du Luxembourg, il faut être élu par d'autres personnes, pour la plupart elles-mêmes déjà élues par les citoyens : conseillers régionaux, délégués des conseils municipaux, etc. On les appelle les *grands électeurs*, même si aucun minimum de taille n'est exigé au recrutement ! Pour être sénateur, il faut être âgé de 35 ans au moins, mais l'âge moyen au Sénat approche plutôt celui de la retraite…

L'Assemblée nationale et le Sénat doivent travailler de concert pour voter les lois. Les projets de loi proposés par le gouvernement sont soumis en premier lieu à l'Assemblée nationale, qui vote « pour » ou « contre ». Les députés peuvent proposer des amendements, c'est-à-dire des aménagements de ces propositions de loi qui font eux aussi l'objet d'un vote. Puis, la loi telle qu'elle est votée par l'Assemblée nationale est soumise au vote des sénateurs, qui peuvent également proposer des modifications. Si l'Assemblée nationale et le Sénat ne parviennent pas à se mettre d'accord sur le texte d'une loi, celle-ci est soumise à un second vote, et si aucun accord n'est trouvé la loi est soumise à une commission composée de sept députés et de sept sénateurs qui débattent en petit comité des points de divergence entre les deux assemblées. Le vote de l'Assemblée nationale prime au final, sauf pour les lois très importantes.

L'Assemblée nationale et le Sénat se réunissent en *congrès du Parlement*, au château de Versailles, lorsqu'il s'agit de réviser la Constitution française. Par ailleurs, les sénateurs et les députés peuvent poser des questions écrites et orales au gouvernement s'ils ne sont pas d'accord avec certaines de ses actions. Ils peuvent également former des commissions d'enquête.

Les lois votées par le Parlement, après proposition du gouvernement, sont promulguées par le président de la République. Puis elles sont publiées au *Journal officiel*, où tout le monde peut en prendre connaissance. Du fait de cette publication, « nul n'est censé ignorer la loi ». Néanmoins, le nombre de lois votées chaque année étant impressionnant, l'État a mis à la disposition de tous un site Internet sur lequel elles sont réunies : `www.legifrance.gouv.fr`.

Le juge des lois : le Conseil constitutionnel

Le Conseil constitutionnel a été créé en 1958. À l'origine, son rôle était de veiller au respect de la séparation des pouvoirs entre le législateur et le gouvernement. Lors d'une décision devenue célèbre sur la liberté d'association, rendue le 16 juillet 1971, le Conseil constitutionnel s'est érigé comme défenseur des libertés et des principes fondamentaux de notre pays.

Les membres du Conseil constitutionnel

Il fait bon être membre du Conseil constitutionnel. Il s'agit, d'une part, d'un poste très honorifique, qui consiste à être garant des libertés ainsi qu'à siéger au Palais-Royal ; d'autre part, c'est une fonction confortablement rémunératrice – il ne faudrait pas que l'appât du gain entraîne nos conseillers à accepter des pots-de-vin, alors autant bien les traiter !

Le Conseil constitutionnel est notamment composé des anciens présidents de la République, membres de droit à vie. En réalité, jusqu'à présent, aucun de nos anciens présidents de la République n'a véritablement siégé au sein de ce Conseil, et pas seulement pour cause de décès ! Mais cela va peut-être changer. Lors de la passation de pouvoir entre Jacques Chirac et Nicolas Sarkozy, les locaux du Conseil constitutionnel ont été réaménagés afin de créer un bureau confortable pour l'ancien chef de l'État, afin que celui-ci puisse véritablement exercer ses nouvelles fonctions de membre du Conseil constitutionnel. De mauvaises langues prétendent que, pour ne pas vexer Valéry Giscard D'Estaing, on a fait aménager pour ce dernier un autre bureau, plus spacieux…

Les neuf autres membres du Conseil constitutionnel sont nommés discrétionnairement : trois sont désignés par le président de la République, trois par le président de l'Assemblée nationale, trois par le président du Sénat. On l'aura compris, tout cela est très politique. Parmi ces neuf membres, désignés pour neuf ans, est choisi un président, qui a le dernier mot en cas de nécessaire partage des voix. Le président du Conseil constitutionnel est désigné par le président de la République, prérogative qui était chère à de Gaulle.

Tous les trois ans, trois nouveaux conseillers sont nommés ; il s'agit du *renouvellement par tiers*. La seule condition pour être nommé est de ne pas exercer de fonctions incompatibles, comme être membre du gouvernement ou bénéficier d'un mandat électif par exemple. Contrairement à l'Allemagne, à l'Espagne ou à la Belgique, l'État français n'exige pas de compétences juridiques pour siéger, même si, dans les faits, les membres du Conseil constitutionnel sont pour la plupart d'éminents juristes.

Depuis la loi du 23 juillet 2008, les commissions parlementaires *ad hoc* peuvent poser un veto à la nomination d'un nouveau membre du Conseil constitutionnel.

Une saisine limitée

Pour saisir le Conseil constitutionnel français, il faut montrer patte blanche. Contrairement à certains de nos voisins européens, la France n'autorise pas la *saisine* par n'importe quel citoyen considérant que telle loi est une entrave à une de ses libertés fondamentales. Le Conseil constitutionnel ne peut être sollicité que par le président de la République lui-même, par le président du Sénat et par le président de l'Assemblée nationale. Depuis 1974, sa saisine a été élargie à des groupes de 60 sénateurs ou de 60 députés au minimum, qui peuvent se tourner vers lui juste avant la promulgation d'une loi.

Une fois la loi promulguée et en application, il n'est possible que depuis 2008 de la faire passer sous les fourches caudines de notre gardien des libertés, sauf à procéder par la voie d'une « question prioritaire de constitutionnalité ».

En revanche, tout électeur peut saisir directement le Conseil constitutionnel s'agissant de la régularité des élections. Et il est également saisi obligatoirement lors du vote des lois dites *organiques* – les lois modifiant ou complétant notre Constitution.

La QPC fait des dégâts

En vertu de la loi constitutionnelle du 23 juillet 2008 et de la loi organique du 10 décembre 2009 (entrée en vigueur le 1er mars 2010), le Conseil constitutionnel peut être saisi d'une question prioritaire de constitutionnalité. Celle-ci est formulée au cours d'un procès, et transmise au préalable, selon la nature de la procédure, au Conseil d'État ou à la Cour de cassation.

En effet, « Devant les juridictions relevant du Conseil d'État ou de la Cour de cassation, le moyen tiré de ce qu'une disposition législative porte atteinte aux droits et libertés garantis par la Constitution est, à peine d'irrecevabilité, présenté dans un écrit distinct et motivé. Un tel moyen peut être soulevé pour la première fois en cause d'appel. Il ne peut être relevé d'office.

» Devant une juridiction relevant de la Cour de cassation, lorsque le ministère public n'est pas partie à l'instance, l'affaire lui est communiquée dès que le moyen est soulevé afin qu'il puisse faire connaître son avis.

» Si le moyen est soulevé au cours de l'instruction pénale, la juridiction d'instruction du second degré en est saisie.

» Le moyen ne peut être soulevé devant la cour d'assises. En cas d'appel d'un arrêt rendu par la cour d'assises en premier ressort, il peut être soulevé dans un écrit accompagnant la déclaration d'appel. Cet écrit est immédiatement transmis à la Cour de cassation. »

En pratique, des milliers de QPC ont été déposées, et plusieurs centaines ont été examinées par le Conseil constitutionnel. Celui-ci a notamment éradiqué, le 4 mai 2012, l'article 222-33 du Code pénal réprimant le harcèlement sexuel.

La QPC est également à l'origine de la réforme récente de la garde à vue. En censurant le régime français de la garde à vue en ce qu'il méconnaissait les droits de la défense, le Conseil constitutionnel a invité le législateur à revoir la loi afin de garantir au gardé à vue le droit de se taire et de lui permettre d'être assisté d'un avocat dès le début de la garde à vue.

Une compétence élargie

C'est au Conseil constitutionnel qu'il revient de juger si les lois qui sont votées sont conformes à la Constitution, mais également aux grandes libertés qui ont été consacrées par notre République française : il passe les lois et les traités internationaux et européens devant être ratifiés par la France au test du *bloc de constitutionnalité*. Le terme « bloc » n'est pas qu'une image : il désigne les nombreux principes fondamentaux consacrés dans notre Constitution et en dehors, censés être d'une cohérence à toute épreuve. Le Conseil constitutionnel constitue une de nos institutions judiciaires les plus importantes, voire la plus importante : celle qui nous garantit contre des lois bafouant nos libertés.

À titre d'exemple, le Conseil constitutionnel a censuré la loi visant à instaurer des délais plus longs pour faire valoir un droit de réponse sur Internet par rapport aux magazines papier, et ce au nom du principe de l'égalité. En revanche, il avait admis la validité du « contrat première embauche » (CPE), considérant qu'il s'agissait d'inciter les employeurs à l'embauche et donc de favoriser la liberté…

Le Conseil constitutionnel est également le juge de la régularité de l'élection du président de la République, des députés et des sénateurs. Les décisions du Conseil constitutionnel sont publiées et disponibles sur son site internet (`www.conseil-constitutionnel.fr`).

À la manœuvre, le gouvernement

Le pouvoir exécutif est notamment le pouvoir de proposer des lois au vote du Parlement afin d'instaurer la politique de son choix. Ce pouvoir appartient au président de la République et à son gouvernement.

L'État français est dirigé par le président de la République, qui, depuis 1962, est élu au suffrage universel direct. Depuis septembre 2000, son mandat est de cinq années. Le président a pour mission de choisir le Premier ministre et de présider le Conseil des ministres. Il peut consulter les Français par référendum sur des questions importantes. Le président de la République a encore pour rôle essentiel de veiller au respect de la Constitution. Il ne dispose des pleins pouvoirs pour gouverner qu'en cas de crise grave, comme une guerre civile par exemple.

Le Premier ministre, chef du gouvernement, propose la nomination des ministres (de l'Éducation, de l'Agriculture, de la Défense, etc.) au président de la République. Le gouvernement ainsi composé conduit et détermine la politique de la France. Il propose donc des lois au Parlement et lui soumet également le budget de l'État (les dépenses autorisées pour chaque ministère, les impôts, etc.). Un Conseil rassemblant tous les ministres se réunit chaque mercredi pour faire le point sur l'action du gouvernement et les projets en cours. Le gouvernement est « responsable » devant l'Assemblée nationale de sa politique : il doit répondre aux questions des députés et peut être amené à démissionner si plus de la moitié des députés le désavoue.

Au final, le juge

Depuis 1790, la fonction du juge, chargé de sanctionner ceux qui ne respectent pas la loi, est clairement séparée de celle du législateur comme de celle des ministres. Cependant, les juges sont des fonctionnaires, engagés par l'État et soumis au ministère de la Justice et à ses directives.

Le juge a pour rôle de protéger les citoyens, de condamner les comportements interdits et d'arbitrer les conflits. Cependant, le juge n'est pas un dieu tout-puissant fustigeant arbitrairement ce que bon (ou plutôt mal !) lui semble : il ne peut sanctionner des agissements que si une peine est prévue dans la loi. C'est le principe de la *légalité des délits et des peines* : si la loi ne mentionne pas de sanction en corollaire à une infraction, le juge est impuissant. Il est donc soumis d'une certaine manière à l'action du législateur. Le juge possède toutefois la faculté d'interpréter les lois ; car, par définition, une loi est théorique, et il lui faut l'adapter en pratique. L'ensemble des décisions des juges forme ce que l'on nomme la *jurisprudence*. Les citoyens doivent par conséquent se soumettre tant à la loi qu'à l'application qui en est faite par les juges.

Un des grands principes de la justice en France reste celui de la gratuité. Ainsi, le salaire des magistrats et des autres membres du personnel judiciaire ainsi que, plus généralement, le coût de fonctionnement de la justice sont payés par les fonds publics. Sous l'Ancien Régime, les juges étaient rémunérés par le gagnant d'un procès, qui leur remettait des « épices » ou des espèces. La loi des 16 et 24 août 1790 a mis fin à cette forme de rémunération : elle pouvait être source de partialité et de manque d'indépendance. De nos jours, pour les plus démunis, une *aide juridictionnelle* a été instituée : un avocat rémunéré par l'État assiste la personne démunie qui doit attaquer ou se défendre devant un tribunal. Lorsqu'il s'agit d'une affaire pénale, on dit alors que l'avocat est *commis d'office*.

La presse : un quatrième pouvoir ?

Face au développement des médias et à la place de plus en plus importante occupée par la presse dans nos sociétés et pour l'opinion publique, certains ont cru pouvoir annoncer la naissance d'un quatrième pouvoir, les médias, qui viendraient contrebalancer, voire contrôler les trois autres (juges, gouvernants et législateurs).

Il est vrai que la presse, par son rôle d'information des citoyens, peut dénoncer certains actes ou certaines éventuelles collusions entre nos juges et nos gouvernants par exemple. Ainsi, la presse peut exercer une pression sur les titulaires des trois autres pouvoirs.

En analysant les dernières campagnes électorales, les séances filmées des débats parlementaires, tout comme en observant l'impact de la télévision dans les grandes affaires judiciaires, il semblerait que chacun ait totalement intégré cette puissante influence. Mais, pour que la presse puisse véritablement constituer un quatrième pouvoir séparé des trois autres, il conviendrait que celle-ci demeure libre. Or, de la propagande des régimes totalitaires à la tentation de certains hommes politiques de maîtriser les médias, sans compter le poids des annonceurs publicitaires, les exemples foisonnent d'une instrumentalisation trop aisée.

Chapitre 5

Le labyrinthe des tribunaux français

Dans ce chapitre :

- Qui juge quoi ?
- La distinction entre « administratif » et « judiciaire »
- Les différents tribunaux français

La justice est lente, la justice est complexe… Il existe un nombre considérable de tribunaux, chacun étant spécialisé dans des domaines très précis et composé de juges spécifiquement compétents. Dans le labyrinthe des tribunaux français, une boussole est nécessaire.

D'abord, sachez qu'il existe deux grandes orientations, deux « grandes maisons » qui ne communiquent pas : l'ordre judiciaire (pour agir contre un particulier) et l'ordre administratif (pour agir contre l'État lui-même). Ensuite, ces deux maisons sont composées chacune de deux étages et d'un toit :

- Les tribunaux du premier étage jugent les affaires pour la première fois.
- Les tribunaux du second étage les jugent pour la deuxième fois lorsque l'une des parties au procès le souhaite.
- La cour suprême située sur le toit vérifie que le droit est bien appliqué par les juges des deux étages.

Nous allons détailler dans ce chapitre les différentes strates du millefeuille judiciaire.

La distinction public/privé : l'ordre administratif et l'ordre judiciaire

À l'origine, le système judiciaire français ne connaissait qu'un seul ordre de juridiction : un unique et même tribunal était chargé de trancher les litiges résultant d'une infraction pénale (crime, vol, etc.) et les litiges résultant d'une « simple » faute civile (non-respect d'un contrat, concurrence déloyale...). On ne distinguait pas les litiges entre un particulier et l'État de ceux qui opposaient deux particuliers. À la fin du XVIIIe siècle, deux ordres distincts sont nés : l'ordre jugeant les conflits avec l'État et l'ordre jugeant les conflits entre particuliers. Mais la distinction entre ces deux ordres n'a pas été et n'est pas encore si simple : il a fallu créer un arbitre.

Agir contre l'État ou contre un particulier

Les lois des 16 et 24 août 1790 ont distingué deux types de juridiction : d'un côté, un *ordre judiciaire* qui juge les rapports entre les particuliers, et, de l'autre, un *ordre administratif* qui juge les rapports entre les particuliers et l'Administration. Ces deux ordres sont composés de tribunaux différents tant dans leur forme que dans les régimes juridiques qu'ils appliquent. Chacun dispose à sa tête d'une juridiction suprême : la *Cour de cassation* pour l'ordre judiciaire, le *Conseil d'État* pour l'ordre administratif. Les juges administratifs et les juges judiciaires n'ont pas la même formation, pas la même manière de juger, et d'un ordre à l'autre les procès ne sont pas non plus conduits dans les mêmes délais.

La volonté du législateur de 1790 était de soustraire aux juges habilités à juger les litiges entre deux particuliers le pouvoir de se pencher également sur les actes de l'Administration, c'est-à-dire des agents de l'État, ceux-ci devant être jugés par l'Administration elle-même et non par des juges indépendants.

C'est ainsi que les tribunaux administratifs jugent la responsabilité de l'État face aux administrés. En pratique, cela signifie, par exemple, que si un chirurgien exerce dans une clinique privée, ses fautes seront examinées par un juge de l'ordre judiciaire (tribunal de grande instance ou tribunal correctionnel, cour d'assises, cour d'appel ou Cour de cassation). Mais, s'il exerce au sein d'un hôpital public (comme un CHU), sa responsabilité sera jugée par l'ordre administratif (tribunal administratif, cour d'appel administrative, Conseil d'État).

Toutefois, lorsqu'une administration est visée mais que son activité relève d'un service public de nature commerciale, elle échappe à l'ordre administratif pour être soumise à l'ordre judiciaire. Il peut s'agir d'entités comme la RATP, l'Institut national de l'audiovisuel, etc.

Le garde-frontière : le Tribunal des conflits

Son nom sonne comme le Jugement dernier, et de mauvaises langues diraient qu'il délimite effectivement la frontière entre l'enfer et le paradis, entre ordre judiciaire et ordre administratif. Le dilemme que doit en effet démêler le *Tribunal des conflits* est le suivant : lorsque l'État est mis en cause dans un procès, doit-on confier le soin de le juger aux juges administratifs, ou peut-on confier certaines affaires aux juges de l'ordre judiciaire ?

Le Tribunal des conflits est une juridiction fondamentale, aux confins de deux logiques, de deux types de partie au procès. Il a à connaître des litiges en apparence anodins, proches du fait divers, mais se révélant éminemment compliqués en raison de la construction complexe du système de justice français. Ses juges ont eu la charge de s'adapter à l'évolution de notre histoire, au passage d'un État omnipotent et inattaquable à un État faillible et responsable.

Comment ça marche ?

Le Tribunal des conflits a été créé par la loi du 4 février 1850. Il est composé de huit membres, dont trois sont nommés par le Conseil d'État, trois par la Cour de cassation, et deux autres… par les six premiers. Tous ces juges sont désignés pour trois années. Le ministre de la Justice doit présider le Tribunal des conflits. En pratique, il ne se déplace pour présider que lorsque le partage des voix est égal entre les juges et qu'ils ne parviennent pas à se décider. Sa présence fait l'objet par ailleurs d'une polémique, dans la mesure où il peut être considéré comme attaché à l'État et sous sa domination, donc disposé à ordonner la compétence de l'ordre administratif au détriment de l'ordre judiciaire.

Le Tribunal des conflits a donc élaboré des règles de démarcation permettant aux justiciables de saisir la bonne juridiction. Rappelons que l'ordre administratif juge les relations entre les particuliers et l'Administration, tandis que l'ordre judiciaire se penche sur les relations entre les particuliers ou entre un particulier et l'Administration quand celle-ci rend des services commerciaux et industriels. Ces règles de démarcation sont claires, mais les cas sont tous différents, et il peut arriver que les juridictions de l'ordre judiciaire et les juridictions de l'ordre administratif ne sachent pas très bien déterminer leurs compétences : elles veulent juger le même procès et se disputent une affaire. Ou, de manière plus négative, aucune des deux ne souhaite prendre en charge une affaire ; par exemple, lorsque l'affaire est trop « sensible », ou quand les juridictions craignent de se faire censurer si le litige est porté – le terme exact, non dénué de poésie, est *élevé* – devant le Tribunal des conflits.

Dans ces deux hypothèses, il y a un conflit de compétence (conflit positif – les deux ordres se déclarent compétents – ou conflit négatif – aucun des deux ne s'estime concerné). La position de garde-frontière du Tribunal des conflits est particulièrement importante dans notre système judiciaire, car elle permet d'établir une distinction claire entre les deux grands chemins du labyrinthe que sont la voie judiciaire et la voie administrative.

Qui saisit le Tribunal des conflits ?

Le Tribunal des conflits est saisi, de manière préventive, par les juridictions administratives et les juridictions judiciaires lorsqu'elles préfèrent avoir son avis avant de se prononcer sur une affaire. Il peut également être saisi en cours de procès par le préfet, qui représente l'État, lorsqu'il conteste la compétence du juge judiciaire sur une affaire. Il s'agit de la procédure dite *du déclinatoire* : il ne faut pas entendre par là que la cour est sur le déclin, mais qu'on souhaite que l'autre décline l'invitation qui lui est faite de se prononcer. De manière quelque peu déséquilibrée, alors que le préfet peut saisir le Tribunal des conflits directement, les particuliers doivent solliciter le juge pour qu'il se prononce sur sa compétence, et c'est au juge, s'il le souhaite, de saisir le Tribunal des conflits.

Ses plus célèbres décisions

Une des plus célèbres décisions du Tribunal des conflits est l'*arrêt Blanco*, rendu le 8 février 1873. Pour la première fois, un arrêt a déclaré que la responsabilité de l'État – c'est-à-dire la responsabilité des agents de l'État, comme les fonctionnaires – face au commun des mortels devait être examinée par des juges de l'ordre administratif, et non par des juges de l'ordre judiciaire. Pour résumer : l'État juge ses propres fautes et lave son linge sale en famille.

Dans cette affaire Blanco, il s'agissait d'une fillette qui avait été renversée et blessée par le wagonnet d'une manufacture de tabac exploitée par l'État. Les parents avaient intenté une action afin d'obtenir un dédommagement. Il avait alors été considéré que les tribunaux administratifs étaient seuls compétents pour se prononcer.

Aujourd'hui, l'arrêt Blanco, bien que fondamental, est parfois considéré comme dépassé. Ainsi, la faute personnelle d'un fonctionnaire n'ayant aucun lien avec sa mission est jugée par l'ordre judiciaire. À titre d'exemple, l'arrêt Action française (remontant au 8 avril 1935) est venu énoncer qu'une mesure de police disproportionnée – autrement dit portant atteinte à une liberté fondamentale des citoyens ou à leur droit de propriété, c'est-à-dire une *voie de fait* – doit être jugée par l'ordre judiciaire. Si l'Administration vous spolie en vous retirant un bien sans justification, elle ne sera pas jugée par l'ordre administratif mais par l'ordre judiciaire, car elle aura outrepassé les limites de sa mission.

Les tribunaux de première instance de l'ordre judiciaire

Le premier étage de l'ordre judiciaire fourmille de tribunaux de première instance. Il y en a autant que de domaines dans lesquels un conflit peut naître, c'est donc peu dire ! Pour y voir plus clair, on peut classer tous ces tribunaux en deux catégories :

- **les juridictions civiles**, statuant sur les rapports familiaux, commerciaux, de salariat… entre particuliers, au sein desquelles les juges arbitrent les intérêts des parties en fonction de leurs demandes ;
- **les juridictions pénales**, statuant exclusivement sur les infractions aux dispositions du Code pénal commises par des particuliers et des entreprises, au sein desquelles les juges sanctionnent ces actes par des peines d'emprisonnement ou d'amendes en fonction des demandes du procureur de la République et indemnisent les victimes en fonction de leurs demandes.

Les juridictions civiles

La branche civile du labyrinthe est composée de divers tribunaux. Certains sont compétents à raison de l'enjeu financier du procès (tribunal d'instance, tribunal de grande instance), d'autres à raison du domaine spécifique du procès (conseil de prud'hommes, tribunal de commerce, tribunal des affaires de sécurité sociale…).

« Tout en bas » : le tribunal d'instance

Le *tribunal d'instance* est compétent pour les litiges dont l'enjeu se situe en dessous de 10 000 euros. Par ailleurs, le tribunal d'instance est exclusivement compétent dans certains domaines, quel que soit le montant des demandes, notamment pour les litiges suivants :

- Les procès entre propriétaires et locataires (paiement des loyers, expulsion) ;
- Les actions visant à faire respecter la propriété d'un bien ou le respect d'un droit de passage ;
- Les contestations en matière de funérailles ou relatives aux frais de scolarité ou d'internat ;
- Les procès relatifs à l'élagage des arbres et des haies, aux limites de deux propriétés ;
- Les contestations en matière d'élections politiques et professionnelles ;

- Les problèmes relatifs aux crédits à la consommation (pour l'acquisition d'une voiture ou d'une cuisine équipée) d'un montant inférieur ou égal à 21 346,86 euros ;
- Les difficultés de tutelle, lorsqu'il faut placer sous contrôle d'un tiers une personne en détresse sociale et mentale, qui ne parvient plus à prendre de décisions et à gérer son argent ;
- Les demandes d'émancipation des mineurs âgés de plus de 16 ans ;
- En matière de nationalité française, les déclarations d'acquisition de la nationalité française ;
- Les enregistrements de Pacs.

Pour les litiges qui n'entrent pas dans ces domaines ou qui engendrent des demandes supérieures à 10 000 euros, c'est le tribunal de grande instance qui est compétent.

Le tribunal d'instance est composé d'un juge unique, qui est un juge professionnel. Les tribunaux d'instance sont souvent engorgés. Certains propriétaires doivent attendre près de deux ans de procédure pour pouvoir faire expulser leur locataire mauvais payeur et récupérer la jouissance de leur logement.

Le tribunal d'instance est saisi par une déclaration au greffe ou par une assignation délivrée par un huissier. Les parties ne sont pas obligées de prendre un avocat et peuvent se présenter elles-mêmes devant le juge. Celui-ci entend chaque partie puis rend sa décision, immédiatement ou après un délai de réflexion. Les jugements du tribunal d'instance peuvent faire l'objet d'un appel dans le mois suivant la réception du jugement envoyé par le tribunal avec un tampon officiel. Il existe 297 tribunaux d'instance en France.

Alors comme ça, il ne sent pas bon, mon poisson ? Le tribunal de commerce

Le tribunal de commerce tranche les litiges entre deux commerçants (concurrence déloyale, non-paiement d'une facture à un fournisseur, etc.), mais également ceux qui portent sur des *actes de commerce*. Un particulier peut poursuivre une entreprise devant le tribunal de commerce, même s'il ne peut lui-même être poursuivi devant ce tribunal. Ledit tribunal tranche également les litiges entre deux associés d'une société commerciale.

Origine et fonctionnement du tribunal de commerce

Historiquement, le *tribunal de commerce* tel que nous le connaissons aujourd'hui n'est pas né d'une dispute entre un poissonnier et un forgeron dans un village gaulois… La nécessité de faire trancher les litiges existant entre commerçants par des pairs est apparue au XIVe siècle. Le Code de commerce est né quant à lui en 1807.

Une partie des juges du tribunal de commerce sont appelés *juges consulaires*. Ce titre vient du fait qu'autrefois le tribunal de commerce de Paris siégeait derrière l'hôtel des Consuls, près de l'église Saint-Merri. Nos « consuls » sont toutefois moins mondains que des diplomates de profession ! Ce sont des commerçants, provenant de tous les corps de métier, du boulanger à l'industriel, du retraité au chef d'entreprise en activité, qui sont élus pour deux ans par leurs homologues. Ces commerçants sont bénévoles et ne reçoivent qu'un défraiement.

Les tribunaux de commerce sont souvent accusés de clientélisme et d'affairisme, de magouilles et compagnie. Il est vrai que l'avantage d'avoir des juges connaissant la partie présente *de facto* le désavantage d'avoir des juges moins indépendants. La *collégialité*, c'est-à-dire le fait qu'ils soient trois à juger, permet cependant de limiter les copinages. Ils sont en effet trois à juger les litiges, même si, le plus souvent, un seul juge, dit *juge rapporteur*, entend les parties, prend des notes, rapporte les faits et son sentiment aux autres, puis juge l'affaire avec eux. Par ailleurs, il n'est pas rare, surtout dans les petits tribunaux de commerce de province, qu'un juge consulaire qui a à trancher un litige entre deux entreprises qu'il connaît se retire et laisse sa place à un autre juge. Il existe 191 tribunaux de commerce en France.

Comment saisir le tribunal de commerce ?

Les parties peuvent saisir le tribunal de commerce et se présenter sans l'aide d'un avocat. Le gérant parle au nom de sa société. Pour cela, il doit apporter un *K-bis* (document qui atteste de l'existence d'une entreprise) prouvant qu'il en est bien le représentant légal. Il est cependant nécessaire de rédiger une *assignation*, c'est-à-dire un document comportant les demandes formulées et les arguments de celle-ci, puis de la faire délivrer à son adversaire par un huissier au moins quinze jours avant. Le tribunal de commerce est volontiers hanté par les robes noires des avocats : les rapports commerciaux se sont complexifiés, et l'inflation législative, même en ce domaine, impose souvent l'intervention d'un avocat, sans qu'elle soit pour autant obligatoire.

Comment se déroule l'audience ?

Généralement, lors de la première audience, l'affaire n'est pas jugée. Elle est rapidement examinée, puis les parties sont renvoyées à une autre audience pour permettre à la personne en défense de faire valoir ses arguments et de communiquer éventuellement des pièces en sa faveur. Il s'agit d'une phase d'instruction de l'affaire. Lorsque chacune des parties a pu communiquer ses pièces et faire valoir ses arguments, une date d'audience est fixée, et un juge rapporteur est désigné pour entendre les plaidoiries et examiner le dossier. Il peut ensuite faire son rapport à deux autres juges et trancher l'affaire.

Les décisions du tribunal de commerce peuvent faire l'objet d'un recours devant une cour d'appel si l'enjeu dépasse 4 000 euros. Ce recours doit être introduit dans le mois qui suit la signification par huissier du jugement. La chambre commerciale de la cour d'appel est composée de juges exclusivement professionnels, ce qui peut assurer parfois une application plus stricte de la loi, puisqu'il s'agit de juristes et non plus de commerçants.

LE SAVIEZ-VOUS ?

Le Registre du commerce et des sociétés

Le tribunal de commerce n'a pas qu'une compétence en matière de jugement des litiges entre commerçants. Il est également le gardien des actes effectués par les sociétés commerciales. Ainsi, le greffe du tribunal de commerce conserve le *Registre du commerce et des sociétés*, où sont répertoriées toutes les entreprises inscrites dans son territoire de compétence. Ainsi, pour constituer sa société, il faut déposer les statuts et les éventuels procès-verbaux de nomination des organes de gestion auprès de ce registre. Celui-ci reçoit également les comptes annuels des sociétés.

Il est possible de consulter l'ensemble des sociétés répertoriées en France via le site internet accessible à l'adresse `www.infogreffe.fr`. Ce site permet également de mettre une société dont la situation financière est douteuse en « surveillance », afin de pouvoir être informé au plus tôt d'un éventuel dépôt de bilan. C'est également au greffe que peuvent être retirés les K-bis des sociétés, c'est-à-dire l'équivalent de leur état civil.

Le tribunal de commerce dispose aussi, depuis la loi du 26 juillet 2005, d'un service de prévention des entreprises en difficulté. Certains juges convoquent les entreprises qui semblent en très mauvaise santé financière et qui ne redressent pas la barre. Il ne s'agit pas de les sanctionner, mais d'aider les gérants à prendre des décisions permettant à l'entreprise de se maintenir en activité et aux salariés de ne pas être licenciés.

La lutte des classes au tribunal : le conseil de prud'hommes

Contrairement à ce que l'on pourrait croire, le *conseil de prud'hommes* n'est pas un conseil d'hommes prudes… Ou plutôt, il ne l'est plus.

Des origines à nos jours

Ce conseil fait son apparition au Moyen Âge sous l'impulsion de Philippe le Bel, qui souhaite aider le prévôt dans le contrôle des maîtres faisant travailler des petites gens ; il est alors composé de *probi homines* (il ne s'agit pas d'une branche d'australopithèques, mais d'hommes qualifiés d'« austères »). Sa mission principale : la conciliation, objectif encore prioritaire de nos jours pour ce conseil. Comme au temps de la royauté, le conseil de prud'hommes est composé de salariés et d'employeurs non professionnels du droit, élus par les leurs.

À l'heure actuelle, le conseil de prud'hommes est divisé en plusieurs sections, représentant différents corps de métier ou niveaux de hiérarchie : commerce, industrie, agriculture, encadrement (pour les personnes ayant le statut de cadres) et activités diverses (cette section a par exemple à juger des conflits entre artistes et sociétés de production ou compagnies de théâtre).

Le conseil de prud'hommes juge les conflits entre un salarié du secteur privé et son employeur à propos du contrat de travail ou du contrat d'apprentissage. Le plus souvent, le salarié conteste son licenciement et les fautes qui lui ont été reprochées. Chacun peut se défendre seul, mais il est conseillé d'être assisté par un avocat ou, à tout le moins, par un délégué syndical. Si une autre personne qu'un avocat représente le salarié ou l'entreprise, un pouvoir spécial est nécessaire.

Le déroulement d'un recours au conseil de prud'hommes

Il existe 271 conseils de prud'hommes en France. Il faut s'adresser au conseil de prud'hommes du domicile de l'adversaire ou du siège de l'entreprise. Pour saisir le conseil de prud'hommes et lui demander de juger une affaire, rien de plus facile : il suffit de remplir un formulaire en se rendant sur place ou d'envoyer au conseil une lettre recommandée avec accusé de réception en indiquant ses nom et prénom, son adresse, le nom et l'adresse de l'adversaire et les motifs ainsi que le montant de la demande.

Et les délais ?

Dans le contexte social actuel, le conseil de prud'hommes est souvent assailli de demandes, et une procédure peut durer entre six mois et deux années, surtout à Paris. Une procédure d'urgence existe, dite « du référé ». Elle n'est toutefois admise qu'à des conditions strictes : évidence et absence de contestations sérieuses de la part de l'adversaire. Le référé porte souvent sur le non-paiement de salaires ou l'absence de remise d'un certificat de travail, mais rarement sur une faute professionnelle, qui nécessite un examen approfondi des preuves apportées par le salarié.

La procédure devant le conseil de prud'hommes se déroule en deux étapes : la conciliation, puis le jugement. Lors de la première, les parties reçoivent une convocation pour une audience au cours de laquelle elles doivent se présenter en personne ou se faire représenter en cas d'excuse légitime (maladie, déplacements professionnels importants...). Lors de cette audience, les parties sont reçues seules par deux conseillers (un employeur, un salarié) et tentent de trouver un terrain d'entente. Si aucune entente n'est possible, les conseillers fixent une date pour que l'affaire soit jugée. Il est rare que des demandes financières ou autres soient plaidées à ce stade. Lorsque c'est le cas, ces demandes sont dites *provisionnelles* et sont accordées dans l'attente de la seconde étape de la procédure.

Au jugement, les parties se présentent seules ou assistées. La procédure est orale, et aucun écrit n'est nécessaire. Mais, en principe, les parties doivent s'être échangé leurs preuves et leurs arguments avant l'audience. Elles les développent à la barre devant les quatre conseillers présents (deux salariés et deux employeurs), auxquels un dossier est remis avec l'ensemble des preuves. Les conseillers délibèrent sur-le-champ dans une salle attenante, afin de rendre leur décision immédiatement, ou indiquent aux parties la date à laquelle elles pourront venir chercher la décision (un à deux mois plus tard, généralement). L'audience est publique, et tout le monde peut y assister.

Il peut arriver que les conseillers ne s'entendent pas. Les avis des conseillers employeurs et des conseillers salariés peuvent différer, ou les points de droit évoqués par les parties peuvent leur paraître trop complexes (n'oublions pas qu'ils ne sont pas des juges professionnels). Dans ce cas, l'affaire est confiée à un juge professionnel qui devra trancher : il s'agit du *juge départiteur*. Celui-ci est un professionnel, issu du tribunal d'instance. Il convoque les parties pour une nouvelle audience au cours de laquelle l'affaire lui est exposée en présence des quatre conseillers prud'homaux qui n'ont pu se mettre d'accord. Il est contraint de se décider et de trancher en faveur de l'employeur ou du salarié.

Les possibilités d'appel

Si le jugement porte sur des sommes inférieures à 4 000 euros ou s'il s'agit de la simple remise par l'employeur d'un document, aucune procédure d'appel n'est possible. Dans les autres cas, les parties peuvent faire appel dans le mois qui suit la réception de la lettre du conseil de prud'hommes notifiant le jugement. Attention, les délais d'envoi de cette lettre peuvent être longs, et il arrive souvent que les parties connaissent la décision en ayant contacté le conseil de prud'hommes par téléphone, sans avoir reçu ce courrier. Dans ce cas, le délai d'appel ne court pas encore.

Une ordonnance non remboursée : le tribunal des affaires de sécurité sociale

Il existe un tribunal dédié aux litiges opposant les organismes de sécurité sociale aux usagers. Il peut s'agir de querelles sur le montant des cotisations payées, de refus de prise en charge ou encore du taux de remboursement de soins. Ce contentieux relève d'un tribunal au nom singulier quand il est désigné par les professionnels du droit : le *tribunal des affaires de sécurité sociale* (*TASS*).

Le TASS territorialement compétent est celui qui se trouve dans le département du domicile du bénéficiaire des prestations ou du siège de l'organisme de sécurité sociale concerné. Cette juridiction est composée d'un juge professionnel et de deux juges non professionnels nommés pour trois ans par le premier président de la cour d'appel à partir d'une liste de personnes proposées par les organisations patronales et ouvrières les plus représentatives. Ces deux juges sont appelés des *assesseurs*.

Un contentieux ne peut être porté devant le TASS que dans les deux mois suivant une décision de la commission de recours amiable de la Sécurité sociale, qui doit elle-même avoir été saisie préalablement. En pratique, soit la décision de la commission de recours amiable de la Sécurité sociale a été jugée insatisfaisante, soit elle n'a même pas pris la peine de se prononcer dans le mois suivant la lettre de réclamation.

La saisine du tribunal doit alors être faite par lettre recommandée avec accusé de réception. Les parties sont convoquées quinze jours avant l'audience et peuvent se présenter seules, même si l'assistance d'un avocat est, là encore, fortement conseillée eu égard à la particularité des règles du code de la Sécurité sociale. Elles peuvent également se faire représenter par un conjoint, un ascendant, un descendant ou un collègue exerçant la même profession si ceux-ci sont munis d'un pouvoir écrit de leur part.

Il convient de souligner que les TASS sont bien souvent pris d'assaut et totalement engorgés. Il faut attendre de très longs mois pour qu'une décision soit rendue ; et ce d'autant plus qu'il peut arriver que le tribunal ordonne une expertise médicale qui allonge encore ces délais. Si la décision du TASS est insatisfaisante, un appel est possible dans le délai de un mois pour les décisions portant sur des sommes supérieures à 4 000 euros seulement.

Attention à la peau de banane à l'entrée du bureau

Il existe un autre tribunal très particulier en matière de sécurité sociale, dont la compétence est plutôt médicale : le *tribunal du contentieux de l'incapacité*. Il ne juge que les questions purement techniques afférentes aux accidents du travail engendrant des nécessités de cures, des invalidités ou la fixation d'un taux d'incapacité.

En appel, c'est la Cour nationale de l'incapacité et de la tarification de l'assurance des accidents du travail (eh oui, ça existe !) qui est compétente. Le tribunal est composé d'un magistrat professionnel souvent en retraite, ainsi que de deux salariés et de deux employeurs.

Meeuuhh non : le tribunal paritaire des baux ruraux

Le *tribunal paritaire des baux ruraux* ne connaît que des différends entre agriculteurs concernant les baux ruraux, c'est-à-dire les locations de terres agricoles à exploiter. Il est composé d'un juge professionnel et de quatre juges non professionnels (deux juges qui représentent des propriétaires et deux juges qui représentent des locataires).

Le tribunal compétent est celui du lieu de situation de la terre louée. Il existe un tribunal paritaire des baux ruraux pour chaque tribunal d'instance, même si le tribunal paritaire des baux ruraux parisien a très peu vocation à siéger ! La procédure est orale, et la représentation par un avocat n'est pas obligatoire. Le tribunal peut être saisi par simple lettre recommandée avec accusé de réception expliquant l'objet du litige et les demandes effectuées. Les juges du tribunal paritaire des baux ruraux ont avant tout un rôle de conciliation. Leurs décisions sont susceptibles d'appel si elles portent sur des sommes supérieures à 4 000 euros.

Un bouche-trou encombré : le tribunal de grande instance

Le *tribunal de grande instance* statue sur tout ce qui n'est pas jugé par les autres tribunaux civils cités précédemment. Ce sont donc les affaires de plus de 10 000 euros et qui ne concernent pas les litiges de salariés, de commerçants, d'agriculteurs, d'assurés sociaux, etc. Comme lot de consolation, le tribunal de grande instance a une compétence réservée, quel que soit le montant en jeu, dans certains domaines : nationalité, successions, mariages, divorces, filiation et droit des marques.

Il existe au moins un tribunal de grande instance par département, et le tribunal compétent est celui du domicile de la personne que l'on souhaite attaquer, appelée généralement le *défendeur*.

Dans les tribunaux des grandes villes, le tribunal de grande instance est divisé en plusieurs chambres, avec des juges spécialisés selon le type d'affaire. Par exemple, à Paris, la 17e chambre du tribunal de grande instance ne juge que des affaires dites « de presse » (diffamation, injure, atteinte à la vie privée, etc.) ; la 1re chambre (section « état des personnes ») ne s'occupe que des affaires d'adoption, de transsexualisme, de changement de nom, etc. De plus, en application du Code de l'organisation judiciaire, certains tribunaux de grande instance traitent de dossiers particuliers : ainsi, celui de Brest juge les navires pollueurs pour tous les autres tribunaux de grande instance bordant l'Atlantique, celui de Paris est seul compétent en matière de brevets, etc.

La procédure devant le tribunal de grande instance est assez compliquée pour un simple particulier, et la représentation par un avocat est donc obligatoire. La procédure est écrite, et les parties doivent rédiger une assignation qui sera délivrée par un huissier puis des conclusions (de 10 à 80 pages parfois pour exposer les faits, les règles de droit invoquées et les demandes sollicitées), qui seront également délivrées par des huissiers spéciaux.

Après différentes « miniaudiences », au cours desquelles les juges reçoivent les arguments des parties et s'assurent que les preuves sont convenablement échangées entre elles, une date d'audience de plaidoirie est fixée. Lors de cette audience finale, les avocats plaident, remettent aux juges leur dossier contenant l'ensemble des pièces et répondent à leurs éventuelles questions. Les justiciables peuvent être présents lors de ces audiences, qui sont publiques, mais ils ne sont en général pas entendus par le tribunal. Les juges statuent à trois, et leur décision est rendue quelque temps après l'audience de plaidoirie, parfois plusieurs mois plus tard. Les procédures sont donc longues, eu égard au nombre important d'affaires, et peuvent durer de un an à plusieurs années selon les palais de justice.

Une fois le jugement transmis à l'avocat, celui-ci le confie à un huissier, qui va le signifier à la partie adverse. Les décisions du tribunal de grande instance peuvent être frappées d'appel dans un délai de un mois suivant la délivrance du jugement par l'huissier.

Le principe de la collégialité : plus on est de fous, plus on rit

La justice française doit être rendue par un *collège* de juges, c'est-à-dire qu'une décision ne peut être prononcée à l'encontre d'un justiciable par une seule et unique personne, sauf pour les affaires de très faible importance, devant le tribunal d'instance. Il s'agit d'une garantie de bonne justice, les litiges entre particuliers ne pouvant être soumis à un seul homme, qui ferait valoir ses convictions personnelles, sans aucune logique ou sans s'appuyer sur la loi. Néanmoins, ce principe se vérifie de moins en moins et semble parfois détourné de nos jours.

Il convient de noter en effet que le juge unique est admis dans certains cas : notamment pour les affaires devant être jugées en urgence, telles que les référés, pour les affaires très particulières comme les affaires de divorce, examinées par le juge aux affaires familiales, pour les affaires d'expropriation par l'État, soumises au seul juge de l'expropriation statuant sur les indemnités, ou encore pour les demandes d'échelonnement des paiements des condamnations, confiées au seul juge de l'exécution.

Mais, avec la multiplication des affaires à juger et l'engorgement des tribunaux soumis à des objectifs de rendement dignes de l'usine, il est de plus en plus fréquent, notamment devant le tribunal de grande instance et le tribunal de commerce, que les audiences soient assurées par un seul juge, appelé « rapporteur ». Lui seul examine l'affaire, lui seul entend les plaidoiries des avocats, puis il rédige un rapport à l'attention des deux autres juges, qui lui donnent alors leur avis et enfin cosignent. Néanmoins, l'examen d'une affaire par un seul juge rapporteur doit être expressément accepté par les parties. Un avocat considérant que son affaire est sensible ou appelle une attention particulière pourra exiger que trois juges soient présents lors des débats et plaidoiries… au risque de se mettre à dos les trois juges déjà surbookés !

Il s'agissait jusqu'à présent de s'orienter entre les différents tribunaux jugeant les affaires civiles, c'est-à-dire les affaires d'argent ou les disputes entre personnes ou entreprises privées. L'État ne prenait pas part à la fête, car il n'était pas vraiment concerné. Dorénavant, nous vous invitons à pénétrer dans une branche du labyrinthe beaucoup plus sombre : la justice pénale, celle des délinquants et des victimes. L'État considère en effet que violer le Code pénal est préjudiciable à la personne directement victime (l'escroqué ou le blessé), mais également à la société entière, puisque le délinquant peut récidiver et porter atteinte à d'autres citoyens. Éclairons votre lanterne…

Les juridictions pénales

Contrairement aux juridictions civiles, la justice pénale n'est rendue par différents tribunaux qu'à raison de la gravité de l'infraction commise, peu importe dans quel domaine (travail, école, banque, etc.). Ainsi, il existe trois principales juridictions pénales :

- Pour les contraventions : le tribunal de police ;
- Pour les délits : le tribunal correctionnel ;
- Pour les crimes : la cour d'assises.

Les seuls juges spécifiques en matière de juridictions pénales concernent :

- La délinquance des mineurs, qui, jusqu'à présent, bénéficient d'une responsabilité pénale atténuée et de juges spéciaux dont la mission est également la prévention et l'accompagnement des mineurs délinquants pour qu'ils ne deviennent pas des adultes délinquants ;
- La délinquance des personnes qui nous gouvernent (si, si, ça existe… hélas !).

De manière générale, en matière pénale, le tribunal compétent est celui du lieu de l'infraction, de l'arrestation ou du domicile du prévenu.

Haut les mains ! Le tribunal de police

Le *tribunal de police* est appelé également « tribunal des contraventions ». Contrairement à ce que son nom laisse craindre, ce tribunal n'est pas présidé par un membre de la police judiciaire, mais par un magistrat professionnel, indépendant, qui juge seul. Il n'a à connaître que des affaires pénales, c'est-à-dire concernant des infractions au Code pénal. Attention, depuis 2000, la juridiction de proximité peut juger également des affaires pénales de très faible importance, comme le tapage nocturne.

Le rôle du tribunal de police est de juger les actes illégaux ayant donné lieu à de simples contraventions (par opposition aux délits et aux crimes, hautement plus problématiques tant pour la société que pour les victimes). Usuellement, il s'agit de tout ce qui touche la circulation routière, la chasse sans permis, les blessures légères, les injures au sein de correspondances privées… Il s'agit d'infractions de gravité limitée et susceptibles de peines peu importantes.

Ainsi, le tribunal de police peut condamner ces actes par une amende allant de 38 à 1 500 euros (3 000 euros en cas de récidive). Il ne peut prononcer de peine d'emprisonnement mais est habilité, par exemple, à ordonner un retrait de permis ou l'interdiction d'exercer une activité professionnelle.

La convocation devant le tribunal de police

On ne passe pas devant le tribunal de police pour toutes les contraventions : seules les contraventions les plus sérieuses engendrent automatiquement une convocation devant le tribunal de police. Pour les infractions les plus graves, le procureur de la République fait citer directement la personne poursuivie devant le tribunal de police. Cela est obligatoire pour les contraventions de 5e classe, mais également fréquent lorsqu'il existe des dégâts corporels (personne renversée et blessée) ou matériels (voiture de tiers accidentée notamment).

La personne convoquée devant le tribunal de police peut demander à avoir accès à son dossier, contenant les déclarations des officiers de police judiciaire et le procès-verbal d'infraction. Ce dossier est consultable au parquet ou, quelques jours avant l'audience, auprès du greffe du tribunal de police. La *citation directe* – en clair, la convocation délivrée par l'huissier – doit être précise et ne comporter aucune erreur. À titre d'exemple, une simple erreur sur la date de l'infraction ou dans le numéro d'immatriculation du véhicule peut permettre l'annulation de toute la procédure.

La procédure devant le tribunal de police

Les tribunaux de police sont souvent engorgés, et les audiences peuvent durer tout un après-midi ainsi qu'une bonne partie de la soirée. Les justiciables peuvent se présenter seuls ou accompagnés d'un avocat. Le juge interroge la partie poursuivie puis entend le procureur de la République, qui représente l'État et fait part au juge de la peine qu'il préconise, avant que le présumé innocent ou son avocat n'ait la parole, en dernier.

Le tribunal de police juge en dernier ressort (sans appel possible), pour les contraventions jusqu'à la 4e classe, c'est-à-dire les contraventions modiques ne pouvant être assorties d'une amende supérieure à 750 euros. Pour les contraventions de 5e classe, comme pour les suspensions de permis de conduire ou les dommages et intérêts pour indemniser une partie civile, il existe une possibilité d'interjeter appel (de faire appel) dans les dix jours du prononcé du jugement. Pour ce faire, il faut se déplacer personnellement ou par le biais d'un avocat au greffe du tribunal de police.

Qui décide du retrait des points du permis ?

La décision de retrait des points sur le permis n'est pas une décision judiciaire du tribunal de police, mais une décision administrative du préfet de police. Le permis étant délivré par la préfecture de police, seule celle-ci peut décider du retrait des points sur ce permis. Le tribunal de police peut interdire à un automobiliste de conduire, il peut suspendre le permis de conduire ; toutefois, il ne peut lui retirer de points.

Un agent de police a en revanche la faculté, immédiatement, sur le bord de la route, si la vitesse a dépassé de plus de 40 km/h la vitesse autorisée, de retirer le permis de conduire. Celui-ci ne peut être conservé par la police plus de soixante-douze heures. Au terme de ce délai, le préfet peut prendre une décision de suspension du permis pour une période ne pouvant excéder deux ou six mois selon l'importance de l'infraction. Si une telle décision n'a pas été prise, le permis doit être restitué.

Pour les retraits de points sur le permis, il faut être plus que vigilant sur la route… et en justice. Ce n'est pas parce que le jugement du tribunal de police ne mentionne pas ces retraits qu'ils n'existent pas d'un point de vue administratif. Pour en obtenir l'annulation, il convient de saisir à son tour la justice en contestant cette décision administrative. Dans la mesure où il s'agit d'une décision de l'Administration, ce sont les tribunaux de l'ordre administratif qui sont compétents. À titre d'exemple, il a été jugé à de nombreuses reprises que les retraits de points sur le permis à la suite d'infractions constatées par des radars automatiques ne répondaient pas aux exigences de preuve posées par la Cour de cassation et le Conseil d'État.

L'amende forfaitaire

Bien souvent, l'automobiliste est soumis à l'*amende forfaitaire*. Ce qui entraîne une confusion dans le vocabulaire courant, où la sanction devient synonyme de *contravention*, qui désigne en réalité les agissements répréhensibles.

Cette amende est moins facile à avaler que le fruit sec homophone. Il s'agit d'une procédure simplifiée où il est demandé une somme forfaitaire à l'auteur de l'infraction, qui évite ainsi de passer devant le tribunal, voire lui permet de payer une somme minorée s'il la règle immédiatement auprès de l'agent de police ou dans les trois jours. Si l'automobiliste conteste l'amende forfaitaire, il doit rédiger un courrier recommandé avec accusé de réception au procureur de la République. Ce dernier ne peut pas refuser l'examen de cette contestation.

Ainsi, la France a été condamnée le 7 mars 2006 par la Cour européenne des droits de l'homme pour avoir dénié à un automobiliste l'accès à un tribunal. En l'espèce, le procureur de la République avait balayé ses arguments sans les transmettre au tribunal. Il a été rappelé que le procureur de la République qui reçoit une lettre de contestation de l'amende doit soit renoncer à la poursuite, soit transmettre le dossier au tribunal, qui pourra prendre une ordonnance pénale ou convoquer l'automobiliste.

L'ordonnance pénale

Inutile de tenter de vous faire rembourser cette ordonnance par la Sécurité sociale ! L'*ordonnance pénale* est la décision prise par le tribunal de police, sur les seules déclarations de la police et du procureur de la République. Cette procédure simplifiée a été mise en place pour désengorger les tribunaux et, officiellement, pour vous éviter de vous déplacer au tribunal. En réalité, elle permet un gain de temps, et donc d'argent, considérable pour la justice.

Comment ça marche ? Le justiciable reçoit une lettre recommandée avec accusé de réception lui indiquant qu'il a été déclaré coupable de certains actes (il a grillé un stop, par exemple) et qu'il a été condamné à payer une amende. Il bénéficie d'un délai de trente jours à compter de la date d'envoi du courrier recommandé pour s'acquitter de cette amende ou la contester.

On ne peut plus contester une amende une fois celle-ci réglée. Si l'automobiliste souhaite débattre des faits qui lui sont reprochés, il ne doit donc pas payer l'amende, sous peine de n'avoir plus de moyen de recours par la suite. Pour former opposition, il suffit d'adresser une lettre recommandée avec accusé de réception au greffe du tribunal de police en expliquant que les actes reprochés sont contestés. Le citoyen est alors convoqué à une audience avec le juge afin qu'il puisse présenter sa défense. Attention, la simple parole ne suffit pas, car le procès-verbal a été rédigé par un agent assermenté. Il faudra donc apporter des témoignages. Il est encore possible de nier être l'auteur des faits. Il est alors demandé de consigner une somme forfaitaire, puis ce sera au procureur de la République de prouver l'identité de la personne qui conduisait le véhicule ayant servi à la commission de l'infraction.

Est-on obligé de signer le PV dressé par l'agent de police ?

Lorsque l'on est arrêté par la police à la suite du « dépassement » d'un feu rouge, par exemple, et qu'un agent verbalise, il présente le procès-verbal constatant l'infraction à l'automobiliste et lui demande de le signer. Il n'est pas rare que l'automobiliste conteste les faits et fasse valoir que le feu dépassé était encore vert. Or, certains conducteurs n'osent pas refuser de signer le procès-verbal, de peur d'aggraver leur cas. C'est une erreur, bien entendu : il est toujours possible de s'abstenir de signer. Il suffit de cocher la case « Ne reconnaît pas l'infraction » et de faire mentionner sur le volet conservé par l'agent de police que les faits ne sont pas reconnus. L'absence de paraphe n'emporte pas une présomption de mauvaise foi de l'automobiliste, et celui-ci pourra prouver, par des témoins par exemple, que les faits constatés dans le PV sont inexacts. Néanmoins, il faut souligner que le paiement de l'amende est considéré comme une acceptation tacite de celle-ci : une fois la somme payée, l'infraction n'est plus contestable, même si l'automobiliste a fait noter sur le PV qu'il considérait n'avoir rien commis de répréhensible.

Pour les broutilles : la juridiction de proximité

Le *juge de proximité* trouve son origine dans une loi du 9 septembre 2002 dite « loi d'orientation et de programmation pour la justice ». Contrairement à ce que semble indiquer cet intitulé alambiqué, il ne s'agissait pas de construire des robots programmés pour nous juger et nous orienter… Bien au contraire, l'objectif était de nommer de nouveaux juges n'ayant pas forcément suivi la formation élitiste de l'École nationale de la magistrature, mais issus de différents métiers et ayant la volonté d'aider les particuliers et les entreprises à régler leurs conflits d'importance mineure.

La loi du 13 décembre 2011 a pris acte de l'échec de cette innovation. Depuis janvier 2013, les juges de proximité n'ont plus de compétence en matière civile, mais seulement en matière pénale.

Des affaires à faible enjeu

Par définition, les juges de proximité sont amenés à être plus « proches » des justiciables. L'idée à l'origine de la création de ces juridictions était de désengorger les tribunaux classiques, assaillis d'affaires anodines ou de très faible enjeu financier. Il s'agissait aussi de convaincre les justiciables que les juges pouvaient comprendre leurs difficultés, et que les citoyens pouvaient faire valoir leurs droits sans être broyés par la grande machine judiciaire. Il a donc été décidé de mettre en place de nouveaux juges pouvant statuer avec plus d'équité, c'est-à-dire en prenant en compte les situations particulières de chacun.

Ne pas confondre les juges de proximité avec les conciliateurs de justice

Il ne faut pas confondre les juges de proximité avec les *conciliateurs de justice*. Ces derniers sont des personnes bénévoles qui ne sont pas des juges professionnels, même si elles prêtent serment. Les conciliateurs de justice ne bénéficient d'aucune formation juridique particulière : M. Durand ou Mme Dupont se mettent simplement à la disposition des citoyens pour jouer un rôle de médiateurs, en raison de leur sagesse ou de leur don pour régler les différends, dans des conflits d'importance minime le plus souvent. Ils sont à la disposition des parties qui souhaitent avoir un avis extérieur sur leur affaire afin de trouver un terrain d'entente. Ainsi, les conciliateurs de justice proposent des solutions (à des difficultés de mitoyenneté, de pressing, etc.), mais ils ne peuvent pas intervenir dans les affaires de famille, comme pour les pensions alimentaires, la résidence des enfants, etc. Les parties sont libres d'accepter ou non ces propositions. Les conciliateurs de justice ne « jugent » pas à proprement parler : ils n'ont aucun pouvoir de décision. Ils se contentent de rapprocher les parties et de tenter de les concilier. Le recours à un conciliateur de justice est gratuit et rapide, sans aucun risque, puisque les parties peuvent refuser de suivre son avis.

Les juges de proximité ont compétence en matière d'infractions pénales sans gravité (les contraventions jusqu'à la 4e classe : stationnement interdit, nuisances sonores, etc.). Ils peuvent enfin homologuer les arrangements trouvés entre les parties. Cela donne à ces accords la même force qu'une décision de justice. Ainsi, si l'une des parties ne les respecte pas, la décision est immédiatement *exécutoire*, et, par exemple, un huissier peut être saisi pour récupérer l'argent reconnu comme dû.

Comment saisir la juridiction de proximité ?

Pour saisir le juge de proximité, rien de plus simple : il suffit d'envoyer une lettre recommandée au greffe ou de s'y déplacer directement. Les juges de proximité siègent dans les locaux des tribunaux d'instance, situés dans chaque hôtel de ville. C'est le juge de proximité le plus proche du domicile de la partie adverse qui est compétent pour juger du litige. Il faut donc généralement se rendre à la mairie du domicile de l'adversaire pour le solliciter. Le juge convoque alors les parties à une audience.

Comment se déroule l'audience ?

La procédure est orale, et chacun est amené à s'expliquer à la barre sans qu'un écrit soit nécessaire, même s'il est recommandé d'apporter une note explicative et des documents à titre de preuves. En principe, si ni cette note ni ces pièces n'ont été communiquées à l'adversaire avant l'audience, celui-ci pourra solliciter qu'elle soit reportée à une autre date pour qu'il prépare sa réponse. Il est donc conseillé de faire le nécessaire préalablement : c'est le principe dit du *respect du contradictoire*. Les parties peuvent se présenter seules, l'avocat n'est pas obligatoire. Elles peuvent également donner un pouvoir écrit à leur conjoint, à des proches parents ou à un salarié.

Qu'est-ce que le respect du « contradictoire » ?

Dans tout procès, il y a deux parties, qui ont chacune une version des faits différente et, par conséquent, argumentent de manière contraire. Un des grands principes de la justice dans un pays respectant les droits de l'homme et les libertés fondamentales est de permettre à chacun de faire entendre sa voix : il doit y avoir une stricte égalité entre les parties. Il s'agit pour le juge de faire *respecter le contradictoire*, c'est-à-dire de donner la possibilité à chaque partie de contredire l'autre et de ne pas se contenter d'écouter passivement la version adverse. Cela nécessite aussi que chacun ait communiqué à son adversaire son argumentation et les preuves en sa possession avant l'audience pour qu'il puisse les contredire. En effet, si un camp n'a connaissance des arguments de l'autre que le jour de l'audience, il n'a pas assez de temps pour préparer sa défense et répondre. C'est la raison pour laquelle, dans ce cas, le juge est contraint de renvoyer l'audience à une date ultérieure afin d'être certain que chacun aura bénéficié du délai nécessaire pour préparer sa défense en réponse aux arguments de l'autre partie.

Les juges de proximité jugent en dernier ressort : une fois la décision du juge de proximité rendue, les parties ne peuvent pas faire appel. Loin de faire du trampoline pendant l'audience, ils doivent au contraire se concentrer, car s'ils tranchent à la légère il est impossible aux parties de retenter leur chance. Le seul recours contre leur décision est la Cour de cassation, dans l'hypothèse où une erreur sur le droit aurait été commise. Mais les faits ne seront pas réexaminés. C'est pour cela qu'il vaut mieux « blinder » son dossier avant l'audience : il n'y a pas de séance de rattrapage.

Comment devenir juge de proximité ?

Les juges de proximité n'ont pas suivi la formation habituelle des juges. Ils viennent de divers métiers. Pour devenir juge de proximité, il faut remplir un de ces critères :

- être un juge à la retraite ;
- être âgé de plus de 35 ans et avoir exercé une profession libérale juridique ou judiciaire pendant au moins quatre ans ;
- être âgé de plus de 35 ans, avoir une maîtrise ou un diplôme sanctionnant quatre ans d'études après le baccalauréat et une expérience de quatre ans dans le domaine juridique ;
- avoir exercé pendant vingt-cinq ans des fonctions de direction ou d'encadrement dans le domaine juridique ;
- être un ancien fonctionnaire des services judiciaires (catégories A et B) avec une expérience qualifiante ;
- être conciliateur de justice depuis au moins cinq ans.

Les personnes n'ayant pas la nationalité française ne peuvent prétendre à ce poste, de même que les personnes privées de leurs droits civiques ou celles qui ne sont pas en règle avec le service national. Les juges de proximité ne doivent pas avoir plus de 75 ans. Ils sont élus pour sept ans non renouvelables et ne peuvent pas être mutés dans un autre tribunal sans leur accord. Ces juges particuliers peuvent néanmoins mettre fin à leur mandat de manière anticipée.

Pour se porter candidat, il faut remplir un formulaire accessible en ligne sur le site `www.justice.gouv.fr` et communiquer les justificatifs exigés. C'est le garde des Sceaux (en clair, le ministre de la Justice) qui propose au Conseil supérieur de la magistrature le candidat à la fonction de juge de proximité lui paraissant le plus apte. Un stage peut être exigé afin que l'impétrant fasse ses preuves. À l'issue du stage, le Conseil se prononce. Par ailleurs, une formation est prévue pour les futurs juges de proximité, au sein de l'École nationale de la magistrature ; la durée de cette formation varie d'une vingtaine de jours à un mois. Les futurs juges s'y familiarisent avec leurs nouvelles fonctions. La justice, même de proximité, ça reste du sérieux !

Combien gagne un juge de proximité ?

Être juge de proximité, c'est avant tout avoir envie d'aider les autres. Les juges de proximité ne reçoivent pas de salaire mensuel et sont rémunérés à la vacation, c'est-à-dire qu'ils reçoivent une somme forfaitaire par audience. Ils peuvent exercer une autre profession parallèlement à leurs fonctions judiciaires, à la condition que cette activité n'influence pas leurs décisions et qu'elle soit considérée comme « digne ». Par ailleurs, un avocat ou un notaire qui sollicite d'exercer parallèlement l'activité de juge de proximité ne peut exercer dans le tribunal où il exerce habituellement – il faut éviter qu'un avocat fasse gagner ses clients ou ses amis lorsqu'il met sa casquette de juge !

Puni au piquet : le tribunal correctionnel

Le *tribunal correctionnel* est présenté officiellement comme le pendant du tribunal de grande instance en matière pénale. Il est composé de trois juges professionnels et du procureur de la République. Il a compétence pour tous les délits, comme les vols, les escroqueries, les coups et blessures, les contrefaçons, les conduites en état d'ivresse…

Dans les grandes villes, le tribunal correctionnel est divisé en plusieurs chambres spécialisées selon les délits. À titre d'exemple, à Paris, la 11e chambre du tribunal correctionnel est spécialisée dans la « délinquance astucieuse » (c'est-à-dire les cols blancs malhonnêtes et pas très futés) pour les infractions prises sur le vif. La 17e chambre est spécialisée quant à elle dans les infractions liées à la presse, comme les diffamations commises notamment dans les journaux ou à la télévision.

La convocation devant le tribunal correctionnel

La convocation devant le tribunal correctionnel peut résulter des suites d'une plainte. Le procureur de la République, prévenu de celle-ci, peut faire citer la personne visée devant le tribunal correctionnel ; il peut également considérer qu'une enquête est nécessaire. Dans ce cas, il préviendra le juge d'instruction, qui, à l'issue de l'enquête, décidera ou non du renvoi des personnes visées devant le tribunal correctionnel.

Tout citoyen s'estimant victime d'une infraction peut également faire citer directement la personne visée devant le tribunal correctionnel. Une convocation peut aussi être adressée par le tribunal lui-même. Enfin, la personne peut comparaître immédiatement après avoir été arrêtée : c'est le cas des flagrants délits. Les suspects ont été arrêtés alors qu'ils venaient de commettre une infraction. Ils sont placés en garde à vue puis directement envoyés devant leurs juges pour être condamnés ou, plus rarement, relaxés.

L'audience devant le tribunal correctionnel

Le tribunal correctionnel doit se prononcer sur la culpabilité de la personne poursuivie. Il entend celle-ci, qui s'explique sur les faits, puis les victimes. À la fin des débats, le prévenu peut prendre la parole pour se défendre seul ou laisser la parole à son avocat, choisi ou commis d'office.

Si le tribunal retient la culpabilité, il prononce une peine (composée d'une amende et/ou d'un emprisonnement, selon le délit, d'une durée maximale de dix ans – ou de vingt ans en cas de récidive). Il pourra également faire droit aux demandes d'indemnisation de la partie civile. Les personnes qui estiment avoir souffert personnellement de l'infraction peuvent en effet réclamer un dédommagement, généralement financier. À titre d'exemple, une personne qui en a frappé une autre dans la rue peut être poursuivie pour coups et blessures. Elle sera punie, au bénéfice de la société, par une peine d'amende et/ou d'emprisonnement et devra indemniser, en sus, la victime des coups (frais médicaux, préjudice physique, préjudice moral, arrêt de travail…). De manière générale, la décision des juges est rendue immédiatement (*sur le siège*, selon l'expression consacrée). Elle peut être aussi renvoyée à une date ultérieure, les juges désirant examiner l'intégralité du dossier avant de se prononcer ou bien étant pressés de passer à l'affaire suivante !

La loi du 11 août 2011, dite « loi sur la participation des citoyens au fonctionnement de la justice », a introduit à titre expérimental (à Dijon et à Toulouse) les jurés populaires dans les tribunaux correctionnels à partir du 1er janvier 2012.

Le plaider-coupable

La comparution sur reconnaissance préalable de culpabilité (appelée aussi « plaider-coupable ») autorise le procureur de la République à proposer, directement et en évitant un procès, une ou plusieurs peines à une personne qui reconnaît les faits qui lui sont reprochés. Cette procédure est applicable aux seuls majeurs.

Elle est exclue en cas de violences, de menaces, d'agressions sexuelles et d'atteintes involontaires à l'intégrité de la personne, pour lesquelles une peine d'emprisonnement d'une durée supérieure ou égale à cinq ans est encourue. Il en va de même pour les homicides involontaires, les délits de presse et les délits politiques.

La victime doit être informée sans délai de la mise en œuvre de cette procédure. Elle peut alors se constituer partie civile et demander réparation de son préjudice. Elle est entendue, accompagnée le cas échéant de son avocat, lors de la phase d'homologation par le président du tribunal de grande instance. Le président statue sur la demande d'homologation et sur la demande de dommages et intérêts de la victime.

Le procureur de la République peut proposer :

- soit une peine d'amende, dont le montant ne peut être supérieur à celui de l'amende encourue ;
- soit une peine d'emprisonnement, dont la durée ne peut ni être supérieure à un an ni excéder la moitié de la peine encourue.

L'intéressé peut accepter ou refuser la proposition. Il peut disposer d'un délai de réflexion de dix jours avant de faire connaître sa décision.

En cas d'appel de l'ordonnance d'homologation, la chambre des appels correctionnels ne peut prononcer une peine plus sévère que celle qui a été homologuée par le président du tribunal de grande instance, sauf si l'appel est formé par le ministère public.

L'appel contre les décisions du tribunal correctionnel

Les décisions prises par le tribunal correctionnel sont susceptibles d'appel. Mais les délais pour faire appel sont courts : dix jours seulement à compter du prononcé du jugement. L'appel peut être interjeté par la personne condamnée et/ou par la victime et/ou encore par le procureur. Cependant, la victime ne pourra faire appel que de la décision portant sur son indemnisation. Si elle trouve que la peine d'emprisonnement appliquée n'a pas été assez lourde, elle ne dispose d'aucun recours : cette décision appartient à l'État seul.

En raison des délais d'appel très réduits, il vaut mieux être présent à l'audience si l'on souhaite être informé le plus rapidement possible de la décision des juges. Cependant, s'il est présent, le condamné risque également d'être mis en prison immédiatement si une peine d'emprisonnement est prononcée. En cas d'absence, un mandat d'arrêt est prononcé, et il faut attendre en pleine salle d'audience que les autorités de police aillent chercher la personne condamnée pour qu'elle soit mise en prison… Quant à connaître la motivation ayant poussé les juges à rendre telle ou telle décision, elle ne sera communiquée aux parties bien souvent qu'après le délai d'appel, le temps de la rédaction suivi de celui des formalités de signature et d'apposition des cachets officiels !

Accusé, levez-vous : la cour d'assises

La *cour d'assises* juge les infractions les plus graves : le terrorisme, le meurtre, le viol, le vol à main armée, l'empoisonnement… Il ne faut pas oublier que, jusqu'en 1981, la cour d'assises pouvait prononcer la peine de mort, soit l'envoi à la guillotine de la personne jugée, et que pesait sur les juges une responsabilité extrêmement lourde. Encore aujourd'hui, la cour d'assises a un rôle prépondérant dans notre système pénal. Elle peut prononcer des peines allant jusqu'à l'emprisonnement à vie. C'est par la cour d'assises qu'ont été jugées les personnes mises en cause dans le cadre de l'affaire d'Outreau par exemple.

En raison de la lourdeur de la faute commise et de la responsabilité de cette cour, sa composition est particulière : il s'agit d'une *composition échevinale*. Certains penseront hâtivement que ce terme désigne des magistrats juchés sur leurs chevaux dans la salle d'audience… Il n'en est évidemment rien, les débats y étant souvent plutôt terre à terre. L'échevinage fait référence à la composition de la cour, qui comporte des juges professionnels, au nombre de trois (un président et deux autres juges), et des jurés non professionnels, au nombre de six (puis de neuf en appel), rassemblés en un *jury populaire* et désignés parmi des citoyens lambda. Le parquet est également présent, et son rôle est important, puisqu'il représente l'État poursuivant un crime.

En matière de crimes terroristes et de trafics de stupéfiants, la présence des jurés n'est plus de mise. Seuls sept juges professionnels sont habilités à se prononcer sur la culpabilité des personnes poursuivies pour ce type de crime, en raison du risque de représailles sur les jurés et donc de partialité de leur part.

Il existe une cour d'assises par département. Le procès se déroule de manière très solennelle. Le président – un des trois juges professionnels – lit le résumé des faits et des éventuelles conclusions des experts. L'accusé est interrogé par les juges, les jurés et le parquet, représenté ici par l'*avocat général*. Puis les victimes sont entendues, ainsi que les témoins et les éventuels experts. Une fois toutes les questions posées, le président ordonne généralement une pause. De retour dans la salle d'audience, les avocats des parties civiles plaident. Puis l'avocat général prend ses *réquisitions*, c'est-à-dire donne son opinion sur l'affaire et indique quelle peine il souhaiterait voir prononcer. Enfin, les avocats de la défense plaident à leur tour. Les juges et les jurés se retirent alors pour se concerter sur la culpabilité de l'accusé et, éventuellement, sur la peine qu'ils souhaitent appliquer. Cette concertation peut prendre vingt minutes comme une journée entière. Enfin, le verdict est rendu.

L'audience devant la cour d'assises est publique, sauf en ce qui concerne les crimes commis à l'encontre d'enfants mineurs ou si le huis clos est prononcé (en matière de viol notamment). Depuis 2001 seulement, les décisions prises par les cours d'assises sont susceptibles d'appel, dans les dix jours de leur prononcé. Le principe du double degré de juridiction n'a donc pas toujours été respecté en matière criminelle. Devant la cour d'appel d'assises, le procès est recommencé une deuxième fois, les jurés populaires passant néanmoins au nombre de neuf.

Depuis 2012, les cours d'assises ont l'obligation de *motiver* leur décision, autrement dit de coucher par écrit les faits qui ont conduit au verdict.

La révision d'un procès

La révision d'une décision de justice n'est envisagée en droit français qu'en cas de condamnation : si une personne, même responsable en réalité, est déclarée non coupable et acquittée, aucune révision n'est possible. Quelle que soit l'amertume que cela peut provoquer, la décision d'acquittement prévaut, au nom de la sécurité juridique de toute société démocratique.

En revanche, si un doute subsiste sur la culpabilité d'une personne condamnée, c'est alors un innocent qui pourrait être injustement enfermé. La décision judiciaire prise à son encontre malgré une erreur de fait doit donc nécessairement être corrigée. La demande en révision d'une condamnation pénale définitive doit faire valoir des indices suffisants de nature à mettre en doute la culpabilité de la personne condamnée, comme un *fait nouveau* : la preuve d'un faux témoignage, la culpabilité avérée d'un autre…

La demande en révision n'est pas limitée dans le temps, et, même après le décès de l'intéressé, ses héritiers peuvent agir. Heureusement, car le parcours est long et semé d'embûches. La demande en révision est adressée à une commission de la Cour de cassation qui instruit le dossier. Après analyse, la demande peut être rejetée ou transmise à la Cour de révision, seule à pouvoir annuler les condamnations et réhabiliter l'ex-condamné.

La révision d'un procès ne se confond pas avec la révision des condamnations. Certaines infractions anciennes ayant donné lieu à des sanctions sévères peuvent paraître, à une autre époque, dérisoires. Le législateur décide alors lui-même de rectifier les condamnations. C'est ainsi que la loi du 25 septembre 1947 est revenue sur les lourdes condamnations pour outrage aux bonnes mœurs visant souvent des chefs-d'œuvre littéraires. Merci aux députés de 1947, qui ont donc permis de réhabiliter *Les Fleurs du mal*, de Baudelaire, interdites auparavant.

Bourreaux d'enfants : les juges des mineurs

Les enfants de moins de 18 ans ne sont pas jugés par les mêmes tribunaux que les adultes. Devant les juridictions civiles, seuls les parents sont responsables des actes de leur progéniture. Devant les juridictions pénales, les mineurs sont seuls responsables face à la justice, même si leurs parents peuvent être condamnés pour leur part à indemniser les victimes.

Le juge des enfants

Le juge des enfants exerce au sein du tribunal de grande instance. Il est nommé pour trois ans renouvelables en raison de l'intérêt qu'il porte aux affaires pénales relatives aux mineurs et de ses aptitudes dans ces situations extrêmement délicates.

Au préalable, il peut y avoir eu un travail d'enquête. Néanmoins, certains juges d'instruction spécialisés peuvent exercer ce rôle d'enquêteur également. L'enquête répond à des règles spécifiques : l'information des parents de l'enfant en cause est de rigueur, l'intervention d'un avocat est obligatoire, etc. L'enfermement du mineur dans un quartier spécialisé de la prison doit être très exceptionnel et réservé aux cas les plus graves comportant un véritable risque que l'enfant commette de nouveau un crime ou s'échappe. À l'issue de l'enquête, le juge pour enfants rend son rapport et fait convoquer l'agneau égaré devant le tribunal pour enfants. Pour des petits délits, il peut le convoquer devant lui et être seul à juger. S'il juge lui-même le mineur, il prononce une relaxe ou une simple admonestation – en clair, le mineur se fait simplement « passer un savon » par le juge.

Le tribunal pour enfants

Le tribunal pour enfants siège au sein du tribunal de grande instance et juge les délits commis par des enfants de moins de 18 ans. Composé uniquement de juges professionnels, le tribunal pour enfants peut prononcer des peines ou des mesures de rééducation, notamment le placement dans un établissement spécialisé.

Le tribunal correctionnel pour mineurs

Depuis 2012 a été mis en place un tribunal correctionnel pour mineurs qui ne juge que les délinquants récidivistes de plus de 16 ans encourant une peine supérieure à trois ans. Il s'agit de trois juges professionnels, le président étant par ailleurs choisi parmi les juges des enfants.

La cour d'assises des mineurs

La cour d'assises des mineurs est compétente pour les crimes (viol, meurtre, etc.) commis par des enfants de 16 à 18 ans. Avant 16 ans, les criminels mineurs sont jugés par le seul tribunal pour enfants, sans jury populaire. Ils ne sont pas soumis aux mêmes peines que les adultes. Les mineurs de 16 à 18 ans, comme les adultes, sont jugés par trois magistrats professionnels et neuf membres d'un jury populaire qui, eux, sont majeurs, bien entendu. Le fonctionnement est le même que celui de la cour d'assises jugeant les adultes, sauf que les débats ne sont pas publics, ce qui permet de préserver l'anonymat et la sérénité des personnes présentes. Les peines peuvent être atténuées par les juges s'ils considèrent que la minorité de l'enfant doit être prise en compte en tant que telle.

Tableau 5-1 : Les compétences des principaux tribunaux de première instance

Juridictions civiles classiques	**Tribunal d'instance :** Litiges de moins de 10000 euros et litiges de crédit à la consommation, état civil	**Tribunal de grande instance :** Litiges de plus de 10000 euros, divorce, autorité parentale, succession, filiation, immobilier…		
Juridictions pénales	**Juge de proximité :** En matière pénale, les juges de proximité sont compétents pour les quatre premières classes d'infraction.	**Tribunal de police :** Contraventions de cinquième classe passibles d'amendes. Il statue à un unique et siège au tribunal d'instance.	**Tribunal correctionnel :** Délits passibles d'emprisonnement jusqu'à dix ans et d'autres peines (amendes, peines complémentaires, travail d'intérêt général)	**Cour d'assises :** Crimes (infractions les plus graves) passibles de la réclusion jusqu'à la perpétuité
Juridictions pour mineurs	**Juge des enfants :** Prend des mesures de protection à l'égard des mineurs en danger et juge les infractions commises par des mineurs.	**Tribunal pour enfants :** Délits commis par les mineurs et crimes commis par les mineurs de moins de 16 ans	**Cour d'assises des mineurs :** Crimes commis par des mineurs de plus de 16 ans	
Juridictions spécialisées	**Conseil des prud'hommes :** Litiges entre salariés ou apprentis et employeurs portant sur le respect des contrats de travail ou d'apprentissage	**Tribunal des affaires de sécurité sociale :** Litiges entre les organismes de Sécurité sociale et les personnes assujetties	**Tribunal de commerce :** Litiges entre commerçants ou sociétés commerciales	**Tribunal paritaire des baux ruraux :** Litiges entre propriétaires et exploitants de terre ou de bâtiments agricoles

Qui juge les hommes qui nous gouvernent ?

Les personnalités politiques, comme le président de la République et les membres du gouvernement, peuvent commettre des fautes dans le cadre de leurs fonctions. Ils peuvent également commettre des infractions en dehors de leurs fonctions, dans le cadre de leur vie privée. La question est récurrente, car elle pose le problème de l'instrumentalisation de la justice comme de l'impunité des puissants : peut-on juger un président de la République ou un ministre comme tout autre citoyen ?

La Haute Cour de justice pour le plus grand homme de l'État

La *Haute Cour de justice*, créée lors de l'instauration de la Ve République, *via* la Constitution de 1958, est seule habilitée à juger le président de la République. Avant une réforme du 23 février 2007, elle ne pouvait juger le président de la République que pour le crime de « haute trahison ». La difficulté était qu'il n'existait pas de définition juridique de la haute trahison ; mais l'expression frappait fort les esprits… On se plaît à imaginer le président de la République couvert d'une cape noire et d'un masque, parcourant Paris pour conclure un pacte avec l'ennemi et vendre le pays entier contre quelques caisses d'or. Plus sérieusement, cette absence de définition de la haute trahison contrevenait aux principes fondamentaux de notre droit exigeant qu'une personne ne soit jugée pour un acte que si celui-ci est défini précisément dans une loi.

C'est le principe de la *légalité des délits et des peines*, empêchant que les juges interprètent la loi en faveur de certaines personnes et au détriment d'autres. Tout doit être précisé clairement dans un texte. La réforme de 2007 a donc modifié la Constitution, et le président de la République peut désormais être poursuivi devant la Haute Cour de justice pour « manquements à ses devoirs manifestement incompatibles avec l'exercice de son mandat » et être destitué de ses fonctions. Mais, là encore, il n'existe aucune définition de ces « manquements », ni de ce qui pourrait être considéré comme « manifestement incompatible » avec l'exercice des fonctions de président de la République…

LE SAVIEZ-VOUS ?

La Haute Cour de la Libération nationale

Si la Haute Cour de justice telle qu'elle a été instituée lors de l'adoption de la Constitution de 1958 n'a pas eu à connaître de haute trahison de la part d'un président de la République, son ancêtre, la Haute Cour de la Libération nationale, a eu à juger la haute trahison du maréchal Pétain durant la Seconde Guerre mondiale. Pétain, désigné comme chef de l'État après l'armistice de juin 1940, est associé au régime de Vichy, qu'il a dirigé et qui a collaboré avec l'Allemagne nazie. Au moment de la Libération, Pétain a été emmené avec sa « cour » en Allemagne, puis à la frontière suisse, pour finalement se rendre aux nouvelles autorités françaises issues dela Libération. Son procès devant la Haute Cour de la Libération nationale a débuté le 23 juillet 1945 et s'est terminé moins de un mois plus tard, le 15 août 1945. Durant les audiences, Pétain a remis en cause la compétence et la légitimité de la Haute Cour de la Libération nationale, en déclarant qu'il n'avait de comptes à rendre qu'aux Français, qui l'avaient, selon lui, porté au pouvoir. Il a donc refusé de répondre aux questions de la Haute Cour. Il a été reconnu coupable de haute trahison, d'intelligence avec l'ennemi et condamné à mort, à l'indignité nationale et à la confiscation de tous ses biens. Il n'a cependant pas été exécuté, en raison de son grand âge. Le général de Gaulle a ordonné que la sentence de mort soit transformée en une réclusion à perpétuité. Pétain est mort sur son lieu d'emprisonnement, l'île d'Yeu, en 1951.

Avant 1993, la Haute Cour de justice était habilitée à juger également les ministres, ce qui n'est plus de sa compétence aujourd'hui, puisque depuis cette date et l'« affaire du sang contaminé » (voir encadré ci-dessous) a été créée, spécialement pour les ministres, la *Cour de justice de la République* (voir plus loin). En effet, il a été considéré que la responsabilité pénale des ministres devait être engagée s'ils avaient commis une faute dans l'exercice de leurs fonctions en prenant des décisions aux conséquences graves pour les citoyens. Il existe donc depuis cette date une différence de traitement, maintenue aux termes de la réforme de 2007, entre les ministres et le président de la République.

La composition de la Haute Cour de justice peut être sujette à controverse. En effet, celle-ci est composée de 24 juges, dont 12 issus de l'Assemblée nationale (jugeant pour cinq ans) et 12 autres émanant du Sénat (jugeant pour trois ans). Si le président de la République a la majorité des voix à l'Assemblée nationale et au Sénat, il est peu probable qu'un député parvienne à réunir le nombre de signatures suffisant pour le mettre en accusation. De la même façon, il pourrait être considéré que les juges lui sont dévoués, et la question de la réelle objectivité de la Haute Cour de justice a souvent été posée.

Est-ce que tout citoyen peut saisir la Haute Cour de justice pour faire juger le président de la République ? Non. Le président de la République ne peut être mis en accusation devant la Haute Cour de justice que par l'une des assemblées au Parlement (Assemblée nationale ou Sénat). Le vote s'opère à bulletin secret et à la majorité des deux tiers. Mais les débats et les éventuels témoins sont entendus de manière publique, c'est-à-dire que chaque citoyen peut y assister. La décision de la Haute Cour de justice ne peut faire l'objet d'aucun recours devant une cour d'appel ou autre, elle est donc définitive.

Le président de la République peut-il tuer l'amant de sa femme en toute impunité ? La question de l'immunité

Le président de la République est-il le Superman de la justice, et bénéficie-t-il d'une cape protectrice contre toutes poursuites judiciaires lorsqu'il exerce ses fonctions ? Peut-il voler une pomme sur le marché, ou pratiquer le trafic de décorations sans être inquiété ? Cette question resurgit périodiquement en France. Le statut pénal du président de la République a fait l'objet d'une réforme en catimini, juste avant l'élection présidentielle de 2007. Le Conseil constitutionnel avait indiqué dans une décision du 22 janvier 1999 que la responsabilité pénale du président de la République ne pouvait être mise en cause autrement que pour haute trahison durant son mandat. Par ailleurs, il ne pouvait être jugé qu'une fois qu'il avait quitté ses fonctions de président de la République. Cela signifiait que, s'il avait commis un crime ou un délit antérieurement à son élection ou pendant son mandat, toutes les poursuites contre lui devaient être suspendues jusqu'à ce que son mandat prenne fin.

La question s'est notamment posée lors de l'affaire des emplois fictifs de la Mairie de Paris au profit de proches du RPR (Rassemblement pour la République). Alain Juppé, secrétaire général de ce parti au moment des faits, avait été mis en examen. Le juge d'instruction chargé du dossier aurait souhaité interroger comme témoin pour éclairer l'affaire Jacques Chirac, devenu entre-temps président de la République, mais maire de Paris au moment des faits et signataire d'une lettre sollicitant la promotion d'une personne soupçonnée d'exercer un emploi fictif. Le président Jacques Chirac a refusé de se rendre à cette convocation. Certains ont validé cette interprétation extensive de l'immunité présidentielle, d'autres ont crié au scandale. La réforme de 2007 a donné raison aux premiers : il a été décidé de manière officielle que le président ne pouvait durant son mandat être tenu de témoigner ou être poursuivi pour des faits même antérieurs à son élection.

La Cour de justice de la République : des ministres face au peloton d'exécution

La Cour de justice de la République a été créée à la suite de l'« affaire du sang contaminé », par une loi du 27 juillet 1993, pour juger la responsabilité pénale des ministres dans le cadre de leurs fonctions. Son statut est défini aux articles 68-2 et 68-3 de la Constitution de 1958.

Cette Cour se compose de 15 juges : 12 membres de l'Assemblée nationale et 3 magistrats officiant d'ordinaire au sein de la Cour de cassation. Contrairement à la Haute Cour de justice, la Cour de justice de la République peut être saisie par tout citoyen se considérant comme lésé par un crime ou un délit commis par un membre du gouvernement dans l'exercice de ses fonctions. La plainte est évaluée par une commission composée par des juges de la Cour de cassation. Si elle est estimée recevable, elle est transmise au procureur de la République, qui saisit la Cour de justice de la République. Celle-ci vote à bulletin secret, à la majorité absolue. En revanche, l'arrêt de la Cour de justice de la République peut faire l'objet d'un recours devant la Cour de cassation (voir « L'affaire du sang contaminé », chapitre 19).

Les cours d'appel

Après avoir exploré le premier étage du labyrinthe judiciaire français, c'est-à-dire les tribunaux jugeant pour la première fois une affaire civile ou pénale, il faut prendre l'escalier et accéder au deuxième étage : l'étage de la deuxième chance.

Un des grands axiomes de notre justice française est le principe du *double degré de juridiction*. C'est un peu l'application juridique du vieil adage selon lequel « tout le monde a droit à une seconde chance »… Une personne qui a été condamnée une première fois peut donc demander à ce que son affaire soit jugée une deuxième fois par d'autres juges.

Ainsi, les tribunaux d'instance, les tribunaux de grande instance, les tribunaux correctionnels, les tribunaux administratifs, les tribunaux de commerce, les conseils de prud'hommes et même les cours d'assises sont susceptibles de voir leur décision infirmée par une seconde juridiction, considérée comme supérieure : la cour d'appel. Pour les affaires dont l'enjeu est inférieur à 4 000 euros, l'appel n'est cependant pas possible, et seul un recours devant une des cours suprêmes est envisageable, cela de façon à éviter l'encombrement de la cour d'appel avec des affaires réputées minimes.

La cour d'appel a beau être appelée « juridiction du second degré », elle est loin d'être dotée d'un quelconque sens de l'humour. Elle est plus simplement en mesure d'annuler un jugement (de l'infirmer) ou de le confirmer. Le principe est que l'appel est *suspensif* : la personne condamnée à verser une somme d'argent par exemple n'aura pas à la payer si elle a fait appel. Le paiement est en effet suspendu jusqu'à ce que la cour d'appel se soit prononcée, sauf cas exceptionnel.

Il existe 36 cours d'appel en France. Même si la cour est amenée à se prononcer sur un jugement rendu par des juges non professionnels, comme les tribunaux de commerce ou le conseil de prud'hommes par exemple, elle est uniquement composée de juges professionnels, généralement sélectionnés pour leur expérience et leurs grandes qualités. Pour cette raison, la cour d'appel est en général divisée en différentes chambres traitant de domaines d'activité spécifiques : pénal, social, commercial ou encore civil.

Les audiences se déroulent publiquement, en présence de trois juges. Normalement, elles devraient se dérouler exactement de la même façon qu'en première instance. Néanmoins, les juges d'appel préfèrent bien souvent écourter les débats et se contentent de poser certaines questions aux parties et à leurs avocats, écartant du même coup les longues plaidoiries. Car les magistrats d'appel ont déjà sous les yeux la décision rendue par le tribunal.

Si la décision de la cour d'appel ne satisfait pas une des parties, son seul recours est de porter l'affaire devant la Cour de cassation. Néanmoins, la Cour de cassation, en tant que cour suprême, n'examine pas les faits en cause et se contente d'examiner si la règle de droit a bien été appliquée. La décision d'appel est donc bien souvent définitive lorsqu'elle concerne l'appréciation des faits. Par exemple, si elle considère qu'un écrivain a plagié l'œuvre d'un autre auteur, cela relève de son appréciation souveraine et définitive ; si en revanche elle a omis de se prononcer sur le caractère protégeable de l'œuvre prétendument plagiée, cela peut relever d'une mauvaise appréciation du Code de la propriété intellectuelle, et la Cour de cassation pourra la censurer.

La Cour de cassation

Enfin, le toit du labyrinthe : la Cour de cassation. Septième ciel ou Jugement dernier ? Reine du mépris du petit, la Cour de cassation ne s'intéresse qu'au droit et à la manière dont il est interprété par les juges. Elle n'a cure des faits, c'est-à-dire de la « petite histoire » qui a donné lieu aux décisions qui lui sont soumises. Cette Cour est la plus haute juridiction de l'ordre judiciaire. Son rôle essentiel est d'uniformiser l'application de la loi par les différents tribunaux afin d'éviter que des interprétations divergentes de la loi ne soient effectuées par les juges. C'est pourquoi il n'en existe qu'une seule.

On parle de former un *pourvoi en cassation* lorsqu'une partie estime que la cour d'appel n'a pas bien appliqué la loi. Pour saisir la Cour de cassation, il convient de prendre un avocat spécialisé (voir chapitre 8), qui rédige un mémoire sur la bonne ou la mauvaise application de la loi par la cour d'appel. Contrairement à l'appel, le pourvoi en cassation n'est pas suspensif, et il est nécessaire d'avoir versé préalablement toutes les sommes auxquelles on a été condamné, même si, par la suite, ces sommes pourront être remboursées en cas de succès. Ce principe a pour but d'éviter que des mauvais payeurs introduisent des recours pour retarder le moment du paiement.

La procédure est écrite, et il n'y a donc aucune plaidoirie des avocats. Il existe six chambres spécialisées (une chambre sociale, une chambre commerciale, une chambre pénale et trois chambres civiles). Chacune a à connaître des affaires de son domaine réservé. Si une affaire touche plusieurs domaines, elle est jugée en chambre mixte. Les juges de la Cour de cassation sont des juges professionnels. Les mémoires de chaque partie sont généralement examinés par trois juges, qui se prononcent après que leur a été transmis l'avis du procureur général, c'est-à-dire du représentant de l'État.

La Cour de cassation peut décider que la cour d'appel avait raison, ou elle peut au contraire *casser* l'arrêt de la cour d'appel, c'est-à-dire considérer qu'elle a fait une mauvaise application du droit. Mais attention, ne crions pas victoire ! La décision peut être cassée car le droit a été mal appliqué ; cela ne signifie pas pour autant que la partie qui a gagné en cassation a définitivement remporté son affaire. La justice française aime le suspense ! La Cour de cassation n'examinant pas les faits et se contentant d'énoncer son interprétation de la loi, elle renvoie par conséquent le dossier devant une autre cour d'appel, qui va réexaminer les faits de l'affaire à la lumière des explications de droit qui auront été données par la Cour de cassation. Dès lors, même si cette seconde cour d'appel emploie une interprétation du droit différente de la première cour d'appel, il n'est pas dit qu'elle aboutira à un résultat différent.

Gagner devant la Cour de cassation en faisant censurer une première cour d'appel ne signifie donc pas gagner la guerre, mais seulement une bataille. Si les parties considèrent que la seconde cour d'appel s'est, elle aussi, trompée dans l'application de la loi telle qu'interprétée par la Cour de cassation, sa décision pourra également être sujette à un nouveau pourvoi… Il peut donc s'agir d'un petit jeu sans fin – sauf que, financièrement, ce petit jeu a un coût non négligeable qui dissuade bon nombre de justiciables !

Après la décision finale de la Cour de cassation, le seul recours possible nécessite de sortir du labyrinthe des juridictions françaises. Il s'agit de la Cour européenne des droits de l'homme, lorsqu'il est considéré que les juges français interprètent et appliquent la loi en portant atteinte aux droits et libertés fondamentaux des citoyens, définis au sein de la Convention européenne des droits de l'homme.

Les symboles de la justice

La justice a toujours fait appel à de nombreux symboles afin de frapper les esprits. N'oublions pas qu'au Moyen Âge et sous l'Ancien Régime peu de justiciables savaient lire, et ces symboles permettaient d'exprimer l'importance et le sens de la justice. Ces symboles sont présents au sein des palais de justice, principalement à travers des peintures ou des statuts.

Les deux symboles principaux de la justice en France sont la balance et le glaive. La balance représente l'équité, c'est-à-dire la nécessité pour le juge de peser le pour et le contre et de prendre en compte toutes les circonstances d'une affaire, notamment les circonstances atténuantes ou aggravantes. La Justice, représentée par une femme en toge, tient cette balance les yeux bandés afin de notifier aux justiciables qu'elle doit être rendue de manière équitable et égale entre les hommes, sans considération sociale ou discrimination raciale. Le glaive, ou l'épée, représente quant à lui la notion d'une justice qui sanctionne et prononce des peines lorsqu'il y a violation de la loi. Le glaive est parfois associé au bouclier, qui représente également l'idée de puissance et de protection de la société et de l'ordre social.

D'autres symboles peuvent apparaître dans les palais de justice anciens, comme Saint Louis sous un chêne communiquant entre le ciel et la terre (voir chapitre 1), le serpent, issu de la symbolique biblique, représentant la prudence et la sagesse ou, lorsqu'il s'enroule sur un miroir, la vérité, et le lion, symbole de puissance par excellence.

Enfin, la justice est marquée par certains symboles moins conventionnels, plus officieux mais tout aussi imagés, comme la tortue, qui dénonce la lenteur des procédures au détriment de la sécurité juridique et de l'intérêt des justiciables. Ainsi, au sein du Palais de justice, sur l'île de la Cité, à Paris, le sculpteur en charge de la salle des pas perdus s'est amusé à représenter, de manière discrète mais très significative néanmoins, la justice marchant sur une tortue.

Les tribunaux de l'ordre administratif

Si vous êtes parvenu à vous repérer dans le dédale de la maison de l'ordre judiciaire, vous repérer dans la maison de l'ordre administratif sera un jeu d'enfant. Les tribunaux de l'ordre administratif ne jugent que les affaires entre l'État et les particuliers, c'est-à-dire les fautes commises par des fonctionnaires portant préjudice à des particuliers (les marchés publics, la régularisation des sans-papiers, etc.).

Le tribunal administratif

À la différence de l'ordre judiciaire, qui comporte de multiples juridictions, l'ordre administratif ne compte qu'un seul tribunal : le *tribunal administratif.* Il en existe un par région, parfois par département dans certaines régions très peuplées.

Le tribunal compétent est celui du lieu où se situe l'administration mise en cause. Selon l'importance des affaires qu'il est amené à traiter chaque année, le tribunal administratif peut comporter plusieurs chambres spécialisées. Chaque affaire est jugée par trois juges, sauf dans les situations d'urgence (reconduite à la frontière, par exemple) ou dans des cas « faciles », comme les permis de construire, la redevance audiovisuelle, etc. Les juges du tribunal administratif ne sont pas issus de la même école que les juges de l'ordre judiciaire, mais de l'Administration ; et les conseillers d'État (c'est-à-dire les juges du Conseil d'État, instance suprême de l'ordre administratif) sortent en général de l'École nationale d'administration (ENA).

Le tribunal administratif est compétent pour toutes les affaires qui mettent en cause la responsabilité de l'Administration. Cela peut aller d'une faute commise par un fonctionnaire ou une commune, comme la délivrance d'un permis de construire non valable, à une décision prise par le préfet, telle que le refus d'un titre de séjour à un sans-papiers. Les délais pour saisir ce tribunal sont stricts et souvent très courts. En revanche, les délais que s'accordent les juges administratifs pour se prononcer sur une affaire sont très variables, mais souvent extrêmement longs. Les questions de nationalité et de titres de séjour sont prioritaires, alors que les procès de mise en cause de la responsabilité d'un agent de l'État ou de contestation d'un redressement fiscal, par exemple, peuvent parfois être examinés après deux à quatre années d'attente. Par surcroît, et bien souvent, il est reproché au tribunal administratif de ne pas être à l'écoute des justiciables et de mener l'examen des affaires qui lui sont soumises de manière trop opaque.

Il existe de nombreuses différences entre la procédure devant l'ordre judiciaire et la procédure devant l'ordre administratif. Cette dernière est uniquement écrite. Cela signifie que l'avocat ou la partie qui se présente seule devant le tribunal – car il est possible de se passer d'avocat – doit expliquer son cas et argumenter ses demandes par écrit dans ce que l'on nomme un *mémoire*, le tribunal ayant au préalable été saisi par une *requête*. Chaque partie envoie ses explications écrites au tribunal, qui les adresse à l'adversaire.

De longs mois, voire des années plus tard, le tribunal convoque le justiciable et le représentant de l'Administration à une audience pour examiner le dossier. Lors de celle-ci, il n'y a pratiquement pas de plaidoirie. Les parties peuvent se déplacer, mais l'audience est extrêmement frustrante, car généralement les avocats, s'il y en a, y prononcent juste cette phrase aussi mythique que laconique : « Je m'en rapporte à mes écritures. » Cela signifie que tout est dit dans le mémoire déposé auparavant et qu'il n'expliquera pas oralement l'affaire. Ce mutisme est fortement incité par les juges de l'ordre administratif, qui ne veulent pas perdre de temps à écouter les « baveux » (surnom donné aux avocats, réputés bavards).

Par ailleurs, devant le tribunal administratif, en dehors des juges, il existe dans tous les cas l'équivalent d'un procureur de la République, dénommé *commissaire du gouvernement*. Celui-ci a pour fonction d'étudier les mémoires des parties avant les juges et de leur proposer une décision. Les magistrats ne sont bien évidemment pas obligés de suivre son avis, mais, dans la plupart des cas, la position du commissaire du gouvernement est approuvée par les juges administratifs. L'un des seuls intérêts d'aller au simulacre d'audience de plaidoirie devant le tribunal administratif est donc d'entendre le rapport du commissaire du gouvernement, permettant d'avoir des indices sur la sauce à laquelle on va être mangé. Le tribunal administratif ne se prononce pas sur l'affaire le jour même. Il renvoie à une date ultérieure qui, là encore, peut être très lointaine et allonge encore les délais de procédure. On l'aura compris, saisir le tribunal administratif exige de la patience.

La cour administrative d'appel

Avant 1987, il n'existait pas de cours d'appel dans l'ordre administratif. Il y avait seulement le tribunal administratif, puis « sa » cour suprême : le Conseil d'État. Or, cela posait de nombreuses difficultés, car le Conseil d'État se trouvait totalement engorgé, et les délais de traitement des dossiers, toujours interminables et critiqués, étaient encore plus longs !

Il existe à peine sept cours administratives d'appel en France. Elles sont saisies par les parties insatisfaites d'une décision rendue par le tribunal administratif. La procédure est la même que la procédure devant le tribunal administratif, même si les délais de jugement sont, une fois de plus, décourageants.

Le Conseil d'État

Le *Conseil d'État* est le pendant de la Cour de cassation de l'ordre judiciaire au sein de l'ordre administratif. Il n'en existe qu'un, et il siège au Palais-Royal, à Paris. Il est composé de plusieurs sections, et son organisation peut paraître parfois compliquée et sinueuse. En effet, le Conseil d'État a des attributions diverses.

Ses attributions contentieuses

Le Conseil d'État statue sur les recours en cassation formés par les parties à la suite d'une décision rendue par la cour d'appel administrative ou à la suite d'une décision rendue par le tribunal administratif dont l'enjeu financier est si mince qu'elle est directement portée en appel devant le Conseil d'État et non devant une cour d'appel administrative.

En raison du très grand nombre d'affaires et des délais de procédure extrêmement longs, un filtre a été mis en place. Ainsi, avant que le dossier soit examiné, il est passé au tamis pour voir si, *a priori*, l'affaire est recevable (si les formes ont été respectées, etc.). Une fois cette première étape franchie, le Conseil examine le dossier puis rend sa décision. Contrairement à la Cour de cassation de l'ordre judiciaire, le Conseil d'État peut juger le fond de l'affaire, et il ne se contente pas d'examiner le droit. Sa décision peut donc être définitive.

Ses attributions administratives

Le Conseil d'État joue également un rôle de conseiller du gouvernement. Certaines lois lui sont soumises lorsqu'elles concernent l'Administration, comme l'attribution de nouveaux pouvoirs aux policiers par exemple. Mieux encore, il peut suggérer, au regard des affaires qu'il a jugées, une réforme de certains pans de l'Administration. Enfin, le Conseil d'État est consulté de manière obligatoire par le gouvernement lorsqu'il souhaite prendre certains décrets spécifiques dits *décrets pris en Conseil d'État*. Il s'agit de décrets pris dans des matières très sensibles ou importantes (santé, sécurité, etc.). Ces décrets sont généralement publiés au *Journal officiel de la République française*, à l'initiative du gouvernement.

La Cour des comptes

La *Cour des comptes*, créée en 1807, est une juridiction appartenant à l'ordre administratif. Il existe aussi des chambres régionales des comptes, qui ont pour rôle de contrôler et de juger les comptes des comptables publics, c'est-à-dire les comptes établis par les différentes administrations. En effet, le gouvernement a doté d'un budget chaque administration, après l'avoir fait approuver par le législateur. Il est donc normal qu'un tribunal contrôle et juge si les administrations respectent bien ce budget défini et ne commettent pas d'excès ou encore de détournements. Les décisions de la chambre régionale des comptes sont soumises, en appel, à la Cour des comptes. Les décisions de la Cour des comptes peuvent être, quant à elles, soumises à la cassation du Conseil d'État. Par ailleurs, chaque année, la Cour des comptes rend son rapport sur les comptes de l'État au président de la République. Ce rapport est rendu public et est souvent très instructif sur la manière dont l'argent public est géré. La Cour des comptes rend parfois des rapports particuliers, comme, par exemple, sur le sort de l'aide française aux victimes du tsunami de 2004.

Chapitre 6

Ces ovnis qui nous jugent

Dans ce chapitre :

- Visite guidée des autorités administratives indépendantes
- La solidarité nationale pour l'indemnisation des victimes
- Les conseils de discipline

Si vous avez bien lu le chapitre précédent, vous savez vous orienter dans le labyrinthe des tribunaux français. Mais vous vous demandez encore sans doute quels sont ces électrons libres qui gravitent aux alentours… Ce sont des ovnis qui volent hors des sentiers battus pour vous juger ou vous protéger !

Autorités et institutions dotées d'un pouvoir de sanction

Le législateur est-il un farceur, ou aime-t-il simplement la complication ? En réalité, les autorités et les institutions qui opèrent en marge du système judiciaire classique ont été créées pour protéger des libertés fondamentales et contrôler des domaines extrêmement précis. Elles ne sont pas composées de juges mais de fonctionnaires et sont dotées de certains pouvoirs de sanction qu'il vaut mieux ne pas ignorer.

Les autorités administratives indépendantes

Comme leur nom l'indique, les *autorités administratives indépendantes* (*AAI*) sont des institutions qui font autorité dans un domaine particulier – tel que l'informatique, la télévision, la Bourse – et peuvent aller jusqu'à sanctionner et censurer des entreprises privées ou publiques. Les AAI émanent de l'État, mais elles doivent demeurer indépendantes.

C'est à la fin des années 1960 que les AAI ont été créées, car il est devenu patent qu'on ne pouvait confier aux échelons supérieurs de l'Administration la gestion des échelons inférieurs : trop de luttes d'influence et de pouvoir pouvaient naître à cette occasion. Ainsi, si les membres des AAI sont effectivement nommés par le gouvernement, ils doivent prendre des décisions en toute liberté, sans être influencés par un quelconque pouvoir hiérarchique ou politique. Les AAI bénéficient de prérogatives à l'étendue variable. Ainsi, leurs « armes » vont du simple avis consultatif pour certaines à l'interdiction d'exercer et aux sanctions financières importantes pour d'autres. Les AAI rendent un rapport d'activité annuel, utile pour éclairer les gouvernants, les législateurs et les citoyens sur les pratiques de certains secteurs et les nécessités de réformes ou d'évolutions.

La Commission nationale de l'informatique et des libertés

La *Commission nationale de l'informatique et des libertés* (*Cnil*) a été créée en 1978 par la loi relative à l'informatique, aux fichiers et aux libertés. Elle est composée de 17 membres – 2 députés, 2 sénateurs, 2 membres du Conseil économique et social, 2 conseillers d'État, 2 conseillers à la Cour de cassation, 2 conseillers à la Cour des comptes et enfin 5 personnalités qualifiées (soit seulement un quintette de professionnels du domaine).

Ses membres sont nommés pour cinq ans et ont pour mission de s'assurer du respect de la vie privée des citoyens face au développement des fichiers informatiques traitant de données personnelles. La Commission veille à ce que les noms, adresses, numéros de téléphone et autres habitudes de consommation ne soient pas inscrits dans des fichiers pour être ensuite revendus à l'insu des intéressés. Tout traitement de données doit ainsi être déclaré à la Cnil, et les personnes dont les données sont traitées doivent être valablement informées et pouvoir s'y opposer. À titre d'exemple, un fichier clients ou la liste d'un fan-club doivent être déclarés. Plus important, lorsque des données personnelles sont confiées à un opérateur téléphonique ou à un opérateur internet par exemple, celles-ci ne peuvent être revendues à certaines entreprises, qui par la suite pourraient envoyer de la publicité sans consentement exprès.

Certains traitements de données dites « à risques » (sur l'état de santé, sur l'origine raciale, l'appartenance syndicale ou l'orientation sexuelle) sont soumis à autorisation de la Cnil. Un établissement bancaire ou un agent immobilier ne peut donc pas ficher ses clients en fonction de leur origine ethnique ou de leur orientation sexuelle. Toute contravention à ces règles est passible de sanctions administratives (avertissements, mises en demeure, sanctions pécuniaires pouvant atteindre 300 000 euros, injonctions de cesser), mais aussi parfois de sanctions pénales, notamment pour ce qui est des fichiers discriminatoires.

Pour toute revendication de cet ordre, il est possible de contacter la Cnil par courrier (8, rue Vivienne – CS 30223 – 75083 Paris Cedex 02) ou de consulter son site internet (www.cnil.fr). Le site propose également une démonstration ludique du « traçage » sur Internet. Ainsi, les internautes peuvent prendre conscience que chaque page visitée laisse une trace qui permettra par la suite de noter l'historique de cette visite. Le site de la Cnil propose également des systèmes de déclaration en ligne dits de téléprocédure.

Le flicage des salariés par les employeurs

Avec l'avènement de l'informatique, les salariés ont vu se multiplier les outils de surveillance, tels que les pointeuses électroniques, les badges, les systèmes de vidéosurveillance, voire de cybersurveillance. À quelles conditions ces technologies peuvent-elles être mises en place ? Sont-elles légales ? L'employeur a parfaitement le droit de surveiller ses salariés dans le cadre de l'accomplissement de leur mission professionnelle. En revanche, il ne peut s'immiscer dans la sphère personnelle de ses salariés. La mise en place de tout système de surveillance doit donc être réalisée après l'information préalable des salariés et la consultation des représentants du personnel. Les systèmes de vidéosurveillance et de cybersurveillance doivent être déclarés à la Cnil. Par ailleurs, les juges en matière de droit du travail se sont penchés sur la question des dossiers personnels des salariés figurant sur leurs ordinateurs professionnels. Après de nombreux débats et revirements, il a été décidé que l'employeur peut consulter, sans l'accord et hors la présence du salarié, toutes ses correspondances et ses dossiers présents sur l'ordinateur professionnel, sauf s'ils mentionnent clairement leur caractère personnel.

La Commission nationale d'accès aux documents administratifs

La *Commission nationale d'accès aux documents administratifs* (*Cada*), malgré un acronyme qui sonne comme une danse andalouse, est beaucoup moins folklorique qu'il n'y paraît. Elle a été mise en place par la loi du 17 juillet 1978 et a en charge les relations entre les administrés et les administrations concernant l'accès aux documents administratifs. Très utile, elle est saisie par tout citoyen confronté à une administration qui lui refuse notamment l'accès à des documents le concernant ou à des documents généraux. Il peut s'agir d'une copie d'examen, d'un dossier médical, de l'enregistrement sonore des délibérations d'un conseil municipal, des courriers détenus par une administration, etc.

La Cada joue un rôle de médiateur et n'émet que de simples avis. La saisine de cette commission doit être effectuée avant tout recours à un juge, dans les deux mois du refus écrit de l'Administration ou dans le mois suivant son absence de réponse à la suite d'une demande écrite. Cette saisine est gratuite. Est-elle efficace ? L'Administration n'est pas tenue de communiquer un document qui a disparu ou qui a été détruit, ni un document qui a d'ores et déjà fait l'objet d'une diffusion publique. Cela signifie que l'administré peut se voir refuser l'accès à un document sous prétexte qu'il est introuvable ! De la même façon, l'Administration peut motiver son refus par le caractère sensible dudit document : le secret défense et la sûreté de l'État peuvent être invoqués. Elle a la faculté de communiquer un document mentionnant d'autres personnes. Dans ce dernier cas, il est exigé qu'elle supprime l'identité de ces personnes.

Fait plus cocasse, le législateur a fait inscrire officiellement dans la loi que l'Administration n'est pas tenue de répondre « aux demandes abusives par leur nombre et leur caractère répétitif ». Le message est clair : l'Administration ne veut pas s'encombrer de casse-pieds qui ont du temps à perdre et à lui faire perdre. Il peut donc paraître difficile de contester un refus de communication, d'autant plus que la Cada ne bénéficie pas de véritables pouvoirs de sanction à l'encontre de l'administration récalcitrante. Néanmoins, la saisine de la Cada peut parfois suffire à motiver un interlocuteur qui ne veut pas partir en expédition spéléologique à la recherche d'archives concernant un administré.

La plupart des demandes sont effectuées en matière d'urbanisme (en cas de permis de construire, par exemple). La Cada dispose d'un délai de un mois pour transmettre son avis. Si l'Administration ne réagit toujours pas au bout de deux mois à compter de cet avis, le dernier recours est de saisir le juge administratif. Accéder à un document administratif peut parfois ressembler à une véritable quête du Graal, mais avec un peu de persévérance il est possible d'obtenir satisfaction. La Cada possède un site succinct mais permettant d'accéder à tous les avis rendus et aux textes de référence en la matière (`www.cada.fr`).

Le Conseil supérieur de l'audiovisuel

Le *Conseil supérieur de l'audiovisuel* (*CSA*), instauré en 1989, est venu remplacer la Commission nationale de la communication et des libertés (CNCL), qui avait elle-même remplacé la Haute Autorité. Il a pour missions principales de contrôler les programmes afin, par exemple, de protéger le jeune public contre certaines images violentes ou à caractère pornographique, ou encore de promouvoir l'audiovisuel de demain, en particulier la mise en place d'expérimentations sur la télévision par téléphone mobile. Un des gros chantiers de ces dernières années a été la mise en place de la Télévision numérique terrestre (TNT).

Dans le cadre de sa mission, le CSA bénéficie d'un lourd pouvoir de sanction. L'amende la plus importante infligée par le CSA s'est élevée à 30 millions d'euros et concernait la chaîne TF1, qui n'avait pas respecté son quota de diffusion d'œuvres audiovisuelles, c'est-à-dire majoritairement de films, privilégiant d'autres types d'émission, comme les jeux ou les programmes de téléréalité… Certaines radios ont également été condamnées à la suite de la diffusion de propos se voulant humoristiques, mais se révélant antisémites.

Pour la petite histoire, c'est le CSA qui est venu réglementer la téléréalité en posant des règles strictes à la chaîne M6 au moment de la diffusion de la première émission de ce type, « Loft Story ». Il a ainsi imposé que les caméras de l'émission soient coupées deux fois par jour, évitant ainsi que les candidats soient épiés 24 heures sur 24, et que soit créé un espace sans micro ni caméra pour permettre aux candidats de s'isoler. Depuis, dans toutes les émissions de ce type, ce lieu est baptisé… « salle CSA ».

Le calcul du temps de parole des hommes politiques

Le CSA est également en charge du respect du *pluralisme* : il doit veiller à ce que chaque courant politique puisse s'exprimer équitablement dans les médias, sans qu'une chaîne de télévision ou de radio privilégie des partis ou des candidats au détriment des autres. En période préélectorale, le CSA embauche des petites mains (ou plutôt de petits yeux et de petites oreilles) pour visionner et écouter les centaines d'heures de programmes hebdomadaires et comptabiliser le temps de parole laissé à chaque personnalité politique par chaque chaîne.

Le CSA distingue trois périodes en amont des élections. Il y a d'abord la période qui précède l'établissement des listes électorales : les candidats déclarés ou présumés sont alors soumis au principe d'équité du temps de parole et du temps d'antenne. Le temps de parole est alors en adéquation avec leur notoriété et leur importance – pas connu, pas de télé ! Puis vient la période intermédiaire, avant l'ouverture officielle de la campagne : le temps de parole des candidats est régi par un principe de stricte égalité arithmétique, mais le temps d'antenne demeure plus flou, puisqu'il s'agit, encore une fois, d'une question de notoriété. Enfin arrive la période de campagne, courant jusqu'au second tour de scrutin : l'égalité totale prévaut alors. Cela peut donner lieu à des situations comiques : par exemple, si un acteur, interviewé pour la promotion d'un de ses films, glisse dans l'interview qu'il milite pour le parti communiste, cette intervention est comptabilisée comme temps de parole accordé audit parti. François Bayrou et les hommes politiques du Modem, dont les positions fluctuent, sont parfois comptabilisés dans les partis d'opposition, parfois dans la majorité. Par ailleurs, certains s'inquiètent déjà du contrôle du temps de parole sur le Web, où fleurissent les blogs d'hommes politiques et de comités de soutien.

Le Défenseur des droits

Le *Défenseur des droits* a été institué, à la suite de la révision constitutionnelle du 23 juillet 2008, par une loi organique du 29 mars 2011.

On n'est jamais si bien servi que par soi-même : la création du Défenseur des droits a entraîné la suppression du Médiateur de la République, de la Commission nationale de déontologie de la sécurité, du Défenseur des enfants, de la Haute Autorité de lutte contre les discriminations et pour l'égalité. N'a survécu à cette éradication que le Contrôleur général des lieux de privation de liberté.

Le Défenseur des droits est nommé par le président de la République, par décret en Conseil des ministres après avis de commissions parlementaires. Il est nommé pour une durée de six ans, et son mandat n'est pas renouvelable.

Ses fonctions et celles de ses adjoints sont incompatibles avec celles des membres du gouvernement, du Conseil constitutionnel, du Conseil supérieur de la magistrature et du Conseil économique, social et environnemental ainsi qu'avec tout mandat électif, toute fonction de dirigeant d'une société ou d'une administration.

Le Défenseur des droits est membre de la Commission nationale de l'informatique et des libertés et de la Commission d'accès aux documents administratifs, avec voix consultative.

Le Défenseur des droits veille au respect des droits et libertés par les administrations de l'État, les collectivités territoriales, les établissements publics, ainsi que par tout organisme investi d'une mission de service public.

Il a pour missions de :

- défendre les droits et libertés dans le cadre des relations avec les administrations de l'État, les collectivités territoriales, les établissements publics et les organismes investis d'une mission de service public ;
- défendre et promouvoir l'intérêt supérieur et les droits de l'enfant consacrés par la loi ou par un engagement international régulièrement ratifié ou approuvé par la France ;
- lutter contre les discriminations, directes ou indirectes, prohibées par la loi ou par un engagement international régulièrement ratifié ou approuvé par la France ainsi que de promouvoir l'égalité ;
- veiller au respect de la déontologie par les personnes exerçant des activités de sécurité sur le territoire de la République ;
- rendre compte de son activité au président de la République et au Parlement.

Le Défenseur des droits peut être saisi par toute personne s'estimant lésée par le fonctionnement d'un service public. Il peut aussi se saisir d'office d'une situation qu'il juge relever de sa compétence.

Le Défenseur des droits peut demander des explications à toute personne physique ou morale mise en cause devant lui. Lorsque le Défenseur des droits est saisi, les personnes auxquelles il demande des explications peuvent se faire assister du conseil de leur choix. Un procès-verbal contradictoire de l'audition est dressé et remis à la personne entendue.

Le Défenseur des droits peut mettre en demeure de lui répondre. Si la mise en demeure n'est pas suivie d'effet, il peut saisir le juge des référés.

Le Défenseur des droits peut recueillir sur les faits portés à sa connaissance toute information qui lui apparaît nécessaire sans que son caractère secret ou confidentiel puisse lui être opposé, sauf en matière de secret professionnel ou de secret relatif à la défense nationale, à la sûreté de l'État ou à la politique extérieure. Le secret de l'enquête et de l'instruction ne peut lui être opposé.

Le Défenseur des droits peut procéder à :

- des vérifications sur place dans les locaux administratifs ou privés des personnes mises en cause ;
- des vérifications sur place dans les lieux, locaux, moyens de transport accessibles au public et dans les locaux professionnels exclusivement consacrés à cet usage.

Lors de ses vérifications sur place, le Défenseur des droits peut entendre toute personne susceptible de fournir des informations.

Le Défenseur des droits peut faire toute recommandation qui lui paraît de nature à garantir le respect des droits et libertés de la personne lésée et à régler les difficultés soulevées devant lui ou à en prévenir le renouvellement. Il peut procéder à la résolution amiable des différends portés à sa connaissance, par voie de médiation.

Lorsqu'une personne s'estimant victime d'une discrimination ou invoquant la protection des droits de l'enfant appelle une intervention de sa part, il l'assiste dans la constitution de son dossier et l'aide à identifier les procédures adaptées à son cas, y compris lorsque celles-ci incluent une dimension internationale. Dans le cas d'une discrimination, il peut proposer à l'auteur des faits une transaction consistant dans le versement d'une amende transactionnelle dont le montant ne peut excéder 3 000 euros s'il s'agit d'une personne physique et de 15 000 euros s'il s'agit d'une personne morale et, s'il y a lieu, dans l'indemnisation de la victime.

Le Défenseur des droits peut recommander de procéder aux modifications législatives ou réglementaires qui lui apparaissent utiles. Il peut être consulté par le Premier ministre sur tout projet de loi intervenant dans son champ de compétence. Il peut également être consulté par le président de l'Assemblée nationale ou le président du Sénat sur toute question relevant de son champ de compétence. Il contribue, à la demande du Premier ministre, à la préparation et à la définition de la position française dans les négociations internationales dans les domaines relevant de son champ de compétence.

L'indemnisation des victimes : la solidarité nationale

Depuis la fin du Moyen Âge, on s'est appliqué à effacer toute notion de justice privée et à éviter que les victimes se fassent justice à elles-mêmes dans un pur esprit de vengeance. Les infractions pénales relèvent de la seule justice étatique. Le rôle des victimes a donc été amoindri dans le cadre du procès pénal. C'est à la fin des années 1970 que les mouvements d'aide aux victimes se sont réveillés, aidés en cela par un grand nombre de réformes.

La Commission nationale d'indemnisation des victimes d'infractions pénales

La *Commission nationale d'indemnisation des victimes d'infractions pénales* (*Civi*) a été instaurée par une loi de 1977 afin d'indemniser les victimes de délits, de crimes, d'actes de terrorisme, ayant subi des dommages corporels (viol, blessures, etc.) ou des dommages à leurs biens (vol, dégradation, etc.). Car il peut arriver qu'une personne ayant commis un délit et blessé gravement quelqu'un n'ait pas d'argent ou refuse d'indemniser cette victime. Il se peut également que les auteurs d'un acte terroriste ne soient pas retrouvés ou soient décédés, laissant leurs victimes blessées sans recours et démunies. L'État a donc mis en place cette commission afin de remédier à ces situations.

Tout Français a le droit d'obtenir une indemnisation de la Civi pour toute infraction commise à son encontre en France ou à l'étranger. Cette indemnisation prend la forme d'une somme d'argent versée par l'État à la victime, déduction faite des indemnités reçues de la Sécurité sociale. Pour les vols et dégradations, seules les personnes dont les ressources sont très modestes ou qui se trouvent dans une situation psychologique grave peuvent en bénéficier. Pour être indemnisé, il suffit de remplir un formulaire (envoi d'une lettre recommandée avec accusé de réception à laquelle est joint le dossier complet) auprès de la Civi (il en existe une par tribunal de grande instance) dans les trois ans qui suivent la date à laquelle a été commise l'infraction ou dans l'année qui suit la décision de condamnation rendue par la justice. Ce n'est pas parce que le juge a condamné l'auteur de l'infraction à indemniser la victime que celle-ci ne peut pas saisir la Civi : cela lui est possible tant qu'elle n'a pas été intégralement indemnisée.

L'indemnisation est soumise à certains plafonds en fonction des ressources de la victime. La prise en charge intégrale n'est mise en œuvre que pour les cas les plus graves. De nombreuses associations d'aide aux victimes se proposent d'assister les personnes souhaitant formuler des demandes d'indemnisation auprès de la Civi. Il existe également des bureaux d'aide aux victimes instaurés par l'Institut national d'aide aux victimes (`www.inavem.org`).

Les fonds de garantie

Certains actes parmi les plus graves, causant des préjudices considérables, sont soumis à des fonds de garantie qui indemnisent automatiquement les victimes, sans attendre un procès long et parfois vain lorsque les auteurs des infractions ne sont pas retrouvés ou sont décédés. Ces fonds de garantie sont mis en place au nom de la solidarité nationale. Ils indemnisent immédiatement les victimes (il faut néanmoins parfois compter quelques mois) puis se retournent contre l'auteur de l'infraction.

Le plus connu est le Fonds de garantie des assurances obligatoires de dommages (FGAO), descendant de l'ancien Fonds de garantie automobile. Ce fonds indemnise les victimes d'accidents de la circulation, d'accidents de chasse ou d'accidents causés par des animaux, notamment lorsque la personne qui a causé ce dommage n'est pas assurée ou lorsqu'elle a disparu. Généralement, la victime est assurée à travers son assurance multirisque habitation, et son assureur prend en charge les démarches pour saisir le FGAO.

Il existe également un fonds de garantie spécifique pour les actes de terrorisme : le Fonds de garantie des victimes d'actes terroristes et d'autres infractions (FGTI). Ce fonds indemnise intégralement les dommages corporels des victimes de ces actes. Il propose un montant à la victime, et, si celle-ci n'est pas d'accord, c'est la Civi qui tranche.

De manière plus matérielle, afin de ne pas connaître la crise économique récente et catastrophique de certains pays d'Amérique du Sud, la France a mis en place le Fonds de garantie des dépôts (FGD). Ce fonds de garantie indemnise les personnes ayant déposé de l'argent à la banque ou ayant acquis des actions lorsque cette banque fait faillite. Toutes les banques doivent adhérer à ce fonds de garantie. Pour les banques en ligne, il est conseillé de se renseigner préalablement. Ainsi, une liste des adhérents est disponible sur le site `www.garantiedesdepots.fr`. L'inconvénient est que le remboursement est plafonné en France à 70 000 euros. Au-delà, il faut déclarer sa créance au représentant des créanciers nommé lors de la faillite, sans certitude d'être remboursé.

Garde à vous ! Les conseils de discipline

Certains corps de métier ou autres communautés ont érigé des règles afin d'organiser, en leur sein, les rapports entre leurs membres. Si ces règles ne sont pas respectées, des tribunaux composés de représentants de cette communauté se réunissent et arbitrent. Des médecins aux écoliers, en passant par les prisonniers, les conseils de discipline veillent…

Les conseils de l'ordre

Certains corps de métier aux responsabilités particulièrement importantes, dont les membres prêtent serment devant l'État, sont réunis en ordres. Il s'agit notamment des médecins, des avocats, des notaires, des experts-comptables, des pharmaciens, etc. Ces ordres peuvent être nationaux ou régionaux. Ils bénéficient d'une déontologie propre, qui inspire des règles s'imposant en sus des lois ordinaires qui s'appliquent à chaque citoyen.

Un conseil de discipline juge les actes de tous les membres de l'ordre. Ce conseil de discipline n'est pas un tribunal dépendant de l'État, il ne peut donc pas ordonner de peines d'amende ou de prison. Il se contente de prononcer des avertissements ou des radiations, c'est-à-dire des exclusions de son ordre. Il peut arriver que le conseil de l'ordre poursuive des agissements qui sont d'ores et déjà sous la houlette d'un tribunal classique. Certaines turpitudes ne peuvent en revanche être passibles que des instances ordinales.

À titre d'exemple, il n'est pas illégal pour un avocat de défendre un nouveau client contre un de ses anciens clients. Néanmoins, cela n'est pas considéré comme « délicat », et la déontologie des avocats l'interdit. Dès lors, cet avocat, qui ne sera pas inquiété devant un tribunal, pourra passer devant son conseil de discipline pour y être sanctionné. À l'inverse, un médecin qui a violé le secret médical a commis une infraction au Code pénal, mais aussi à la déontologie de l'ordre des médecins. Ainsi, il sera poursuivi par un tribunal pénal mais également par le conseil de discipline de l'ordre des médecins.

Tout citoyen qui a affaire à un membre d'une de ces corporations peut saisir le conseil de discipline afin de signaler un manquement aux règles de déontologie. Mais il ne pourra pas être indemnisé du préjudice qu'il aura subi. Il n'aura que l'éventuelle satisfaction de voir son avocat, son médecin ou son expert-comptable réprimandé, voire exclu. Or, si un avocat, un médecin ou un expert-comptable n'est plus inscrit auprès d'un ordre, il ne peut plus exercer. Il doit s'en trouver un autre, dans une autre région, voire un autre pays !

T'vas voir ta gueule à la récré !

Des violences les plus graves aux « simples » indélicatesses et manques de respect, l'école est le théâtre d'un accroissement des conflits interscolaires et se trouve amenée à réguler ces comportements, voire à les sanctionner. Les *conseils de discipline* des collèges et des lycées sont régis par le Code de l'éducation. Ils sont saisis par toute personne concernée par l'attitude répréhensible d'un élève. Mais les poursuites sont exercées sous la seule responsabilité du chef d'établissement. Celui-ci peut prononcer seul les sanctions allant jusqu'à huit jours d'exclusion. Pour des sanctions plus lourdes, il doit convoquer le conseil de discipline dans son intégralité.

Le conseil de discipline est composé de plusieurs personnes :

- Le chef d'établissement ;
- Son adjoint éventuel ;
- Le gestionnaire d'établissement ;
- Les cinq représentants élus par le personnel (quatre professeurs et un membre de l'administration) ;

- Les trois représentants des parents d'élève (deux pour les lycées) ;
- Les deux représentants des élèves (trois pour les lycées) ;
- Le conseiller principal d'éducation.

Le chef d'établissement convoque l'élève poursuivi et ses parents par lettre recommandée. Il relate les faits et les actes qui sont reprochés. Le conseil de discipline entend l'élève et sa famille, la personne à l'origine des poursuites, les éventuels témoins susceptibles d'éclairer l'affaire, puis délibère. Le vote a lieu à bulletin secret. Les bulletins nuls, blancs ou les abstentions ne sont pas comptabilisés. La règle de la majorité simple s'applique. Les sanctions qui peuvent être prononcées à l'encontre de l'élève doivent avoir été prévues au sein du règlement intérieur. Il s'agit, graduellement, d'un avertissement, d'un blâme, d'une exclusion temporaire de un mois au maximum ou d'une exclusion définitive. Un appel à l'encontre de cette décision est possible, dans les huit jours suivant la décision, par lettre recommandée avec accusé de réception devant le recteur d'académie.

Peut-on amener son avocat à l'école ?

On ne le sait pas toujours mais, depuis un décret de 1985, un mineur convoqué devant le conseil de discipline de son établissement scolaire peut exiger d'être représenté par un avocat professionnel. Le chef d'établissement ne peut pas refuser cette intervention. Pratique usuelle dans les centres-villes, ce recours est beaucoup plus rare dans les zones d'éducation prioritaire (ZEP), alors même que cela pourrait paraître plus utile.

En général, l'avocat intervient devant le conseil de discipline car l'affaire a parallèlement été portée devant un tribunal et qu'il est d'ores et déjà saisi de poursuites plus « sérieuses ». Si les juges et les sanctions sont différents, la défense est souvent similaire. Mais les chefs d'établissements scolaires voient cette intervention de professionnels du droit avec ironie dans le meilleur des cas, au pire avec agacement.

En effet, les conseils de discipline ne respectent pas toujours les grands principes de la justice. Ainsi, si devant le tribunal l'avocat a connaissance des faits reprochés à son client et que rien d'autre ne peut être invoqué, devant les conseils de discipline scolaires, il peut arriver que des événements passés, n'ayant pas fait l'objet de sanctions, soient évoqués lors de l'affaire. Ces événements aggravent le cas de l'élève sans que l'avocat ait pu préparer sa défense. Or, il est extrêmement difficile de solliciter un renvoi du dossier à une date ultérieure pour pouvoir y répondre, alors même que l'exercice d'une bonne justice l'exigerait. Il arrive également que le chef d'établissement coupe la parole de l'avocat et ne le laisse pas plaider, ce qui est encore une fois non conforme aux principes du droit.

Mais il faut se faire l'avocat du diable (c'est le cas de le dire) : les conseils de discipline ne sont pas des tribunaux et ont une vocation essentiellement éducative. Par ailleurs, la présence d'un avocat a souvent pour effet de glacer l'atmosphère. Néanmoins, aux yeux des élèves et de leurs parents, un avocat peut constituer un garde-fou contre l'arbitraire des membres de l'établissement scolaire, non professionnels du droit.

Chapitre 7

L'Olympe des institutions : les juridictions internationales

Dans ce chapitre :

- Des institutions européennes
- Les tribunaux internationaux

Si une boussole est nécessaire pour s'orienter dans la galaxie judiciaire française, il faut être encore mieux équipé pour escalader l'Olympe des juridictions internationales. Tant du côté de l'Europe qu'à l'échelle mondiale, une justice équitable et applicable à tous émerge bon an mal an au gré des accrocs politiques.

Pas si vieille, l'Europe

Notre vieille Europe ouvre la marche en démontrant qu'elle peut être avant-gardiste en matière judiciaire, afin de protéger le système économique et les rapports des États membres de l'Union entre eux mais également de protéger les droits et libertés des citoyens européens.

La Cour de justice de l'Union européenne

La *Cour de justice de l'Union européenne* (*CJUE*) a été créée par le Traité sur le charbon et l'acier, datant de 1951, et siège à Luxembourg. Sa mission consiste à assurer le respect des traités européens établis par les États membres de l'Union européenne et à interpréter les lois communautaires votées par le Parlement européen. Cette cour est composée d'un juge par État membre, nommé pour six années renouvelables d'un commun accord avec les gouvernements de tous les autres États. Les équivalents de nos procureurs sont désignés par le terme d'*avocats généraux*. Les affaires portées devant cette cour sont jugées par trois juges au minimum, mais rarement plus.

Il existe différents types de recours devant la Cour de justice de l'Union européenne :

- **Le renvoi préjudiciel** : les tribunaux nationaux peuvent saisir la Cour pour qu'elle se prononce sur une disposition d'un traité ou d'une loi européenne qui leur paraît obscure et qu'ils ne parviennent pas à appliquer.
- **L'action en annulation** : la Cour peut être sollicitée pour qu'un texte voté par le Parlement européen soit annulé. Elle est saisie par le Conseil de l'Union européenne, par la Commission européenne, par le Parlement européen ou par un État membre de l'Union européenne. Elle ne peut être saisie par un citoyen que si le texte communautaire le concerne personnellement. Ce recours doit être introduit dans les deux mois suivant la publication du texte.
- **Le recours en manquement** : la Commission européenne peut saisir la CJUE pour qu'elle condamne un État qui ne se conforme pas au droit communautaire malgré ses invectives.

Un *Tribunal de première instance de l'Union européenne* (*TPIUE*) a été créé en 1988 afin de statuer sur les recours des fonctionnaires contre l'institution qui les engage, mais également les recours des citoyens en matière de concurrence déloyale. Les décisions du TPIUE peuvent faire l'objet d'un appel devant la CJUE.

La Cour européenne des droits de l'homme

La *Cour européenne des droits de l'homme* (*CEDH*) a été instaurée en 1959. Elle se consacre principalement à faire respecter la Convention européenne des droits de l'homme du 4 novembre 1950, rédigée dans la lignée de la Déclaration universelle des droits de l'homme de 1948. Ces grandes déclarations ont été adoptées à la suite de la Seconde Guerre mondiale et de la révélation de ses atrocités, alors que l'ensemble des nations avait pris conscience qu'il était nécessaire de se réunir et de s'engager mutuellement si l'on souhaitait parvenir à une définition commune des libertés et des droits de tous les citoyens. La CEDH est la consécration de cette union, puisqu'il s'agit d'une cour indépendante qui peut condamner un État européen à indemniser ses propres ressortissants pour des fautes commises par ses propres agents publics.

La CEDH s'impose à tous les pays d'Europe qui la reconnaissent et non aux seuls membres de l'Union européenne. À titre d'exemple, la Turquie, qui ne fait pas partie de l'Union européenne, s'y est soumise volontairement. Il s'agit d'ailleurs d'un des pays les plus sanctionnés par la Cour.

Comment saisir la Cour européenne des droits de l'homme ?

La CEDH, qui siège à Strasbourg, est composée d'un juge par État, élu pour six années. Mais qui peut saisir cette cour ? Un État contre un autre État, une organisation non gouvernementale contre un État, mais aussi et surtout un citoyen ou un groupe de citoyens constitué en association à l'encontre d'un État. Ainsi, toute personne qui s'estime victime d'une violation de ses droits fondamentaux peut agir en justice devant elle. Il n'existe pas de procédure particulière pour la saisir, si ce n'est que la requête doit être écrite. Des formulaires peuvent être retirés auprès de la CEDH. La représentation par un avocat n'est pas obligatoire, même si elle est bien évidemment conseillée. Une assistance juridique gratuite peut d'ailleurs être demandée.

Toutefois, deux conditions sont essentielles pour que le recours d'un citoyen contre l'État soit déclaré recevable. Le citoyen doit d'abord avoir épuisé toutes les voies de droit dans son pays. On estime en effet qu'il faut donner une chance au pays visé de s'amender de lui-même. Ainsi, en France, pour saisir la CEDH, il faut avoir saisi préalablement un tribunal en première instance, puis la cour d'appel et, enfin, la Cour de cassation. Il s'agit donc d'un vrai parcours du combattant, au long duquel il convient d'être patient : on constate que les procédures françaises peuvent parfois durer sept années, auxquelles il faut encore ajouter les années de procédure propres à la CEDH… La justice épuise souvent les nerfs des justiciables, et faire reconnaître ses droits demande beaucoup d'énergie et de patience. La deuxième condition est d'intenter le recours dans les six mois suivant la dernière décision de l'État contre lequel on souhaite agir. En France, il faut par conséquent saisir la CEDH dans les six mois de l'arrêt rendu par la Cour de cassation ou le Conseil d'État.

A été aménagé pour vous éviter un procès interminable un mécanisme : les articles de la Convention européenne des droits de l'homme peuvent être directement invoqués devant les tribunaux nationaux. Ainsi, il n'est pas rare que les avocats plaident à partir des lois françaises, mais également en arguant sur le fondement du texte même de cette convention. Il s'agit d'une mise en garde des magistrats, qui doivent se soumettre à la Convention européenne des droits de l'homme s'ils ne veulent pas que des parties jusqu'au-boutistes les fassent censurer par la CEDH.

Pour tout renseignement, il convient de contacter directement la Cour européenne des droits de l'homme au Conseil de l'Europe (67075 Strasbourg Cedex, et site internet officiel : `www.echr.coe.int`).

Comment faire exécuter les arrêts de la Cour européenne des droits de l'homme ?

La CEDH tente toujours de régler le différend de façon amiable avant de se prononcer. Il arrive parfois qu'elle refuse de se prononcer sur une affaire, considérant que celle-ci relève de la marge d'appréciation de l'État en cause. Ce fut le cas notamment de la question du « droit à la vie » de l'embryon dans le ventre de sa mère. Le médecin commet-il un homicide involontaire lorsqu'il contraint, par erreur médicale, une femme à avorter après six mois de grossesse ? La CEDH a sorti son joker en passant la main aux juridictions étatiques. Comme quoi il n'est pas toujours évident d'avoir une position commune sur certaines grandes polémiques de société. En l'occurrence, l'affaire est par trop épineuse.

Néanmoins, dans la majorité des cas, la CEDH tranche clairement les litiges. Lorsque la requête d'un citoyen est déclarée recevable, la Commission lui octroie ce que l'on nomme une *satisfaction équitable*. Il ne s'agit pas d'un beau diplôme orné d'un tampon « Opprimé par l'État » que l'on peut poser sur sa cheminée, mais d'une réelle indemnisation en espèces sonnantes et trébuchantes. Bien souvent, l'indemnisation est importante. La CEDH transmet sa décision au Conseil de l'Europe, qui « invite » l'État condamné à s'exécuter. La France a eu plus que sa part de ce genre d'injonction ces dernières années. Il existe un Service des exécutions qui peut aider le citoyen dans sa démarche. L'État qui ne s'exécute pas peut être condamné.

Quels sont les droits et libertés les plus invoqués devant la CEDH

Les droits revendiqués devant la CEDH concernent plusieurs domaines.

Les libertés physiques

Il s'agit en premier lieu du « droit à la vie ». Ainsi, la Turquie a été condamnée à de nombreuses reprises sur ce fondement, notamment en raison de la disparition de membres du Parti pour la démocratie kurde. Une autre de ces libertés physiques est l'interdiction de la torture ainsi que des peines ou traitements inhumains ou dégradants. Certaines gardes à vue effectuées dans les commissariats français ont ainsi été stigmatisées. L'interdiction de l'esclavage est encore au cœur de ces questions. Il y a enfin la sûreté, c'est-à-dire la sécurité physique, comme l'interdiction de la prison pour dettes.

Les libertés intellectuelles

Tout homme dispose d'un droit au respect de sa vie privée et d'un droit au mariage. Cet article est invoqué dans le cadre des discriminations liées au transsexualisme (refus d'un État de reconnaître l'identité sociale et professionnelle d'une personne en contravention avec son identité officielle civile, la contraignant à dévoiler son transsexualisme aux institutions, lors de voyages ou d'une recherche d'emploi par exemple), des discriminations liées aux couples homosexuels (le mariage entre deux personnes de même sexe, accepté dans certains pays d'Europe, comme la Belgique ou l'Espagne, et refusé dans d'autres pays, comme la France), des adoptions par des couples homosexuels ou des discriminations plus générales en matière de recherche d'emploi. Les libertés individuelles comprennent également la liberté d'expression et d'information, les libertés de pensée, de religion et d'association.

Les libertés économiques

Les libertés économiques regroupent le droit à la propriété et le droit à l'instruction. En découlent, à titre d'exemple, le principe d'indemnisation des victimes en cas d'expropriation ou encore le droit d'accès aux établissements scolaires.

La justice

Cette catégorie constitue le principal fondement des condamnations de la France ; il s'agit du droit à un procès équitable, à être jugé dans un délai raisonnable et non de croupir en prison pendant des années avant d'être jugé.

Enfin, sachez que la base de données Hudoc (accessible sur le site Internet `www.echr.coe.int`) contient un important recueil de jurisprudences avec toutes les décisions de la CEDH. Son accès est gratuit et riche en enseignements.

La France, mouton noir de l'Europe ?

La « patrie des droits de l'homme » mérite-t-elle toujours son titre ? Bien que la Cour européenne des droits de l'homme existe depuis 1958, ce n'est que seize années plus tard, en 1974, que la France a accepté d'y être soumise, faisant figure de mouton noir de l'Europe. Par ailleurs, la France est l'un des pays d'Europe les plus lourdement et souvent condamnés par la CEDH, même si – relativisons – elle reste loin derrière la Turquie par exemple, qui compte de très nombreuses condamnations à son actif. C'est la procédure pénale française, c'est-à-dire la manière dont l'État français traite ses prisonniers et ses suspects, qui est la plus sanctionnée. Ainsi, cette haute cour des droits fondamentaux considère principalement que la justice française est trop lente et que les conditions de détention dans nos prisons, voire dans nos commissariats lors des gardes à vue, portent atteinte à la dignité humaine. Ainsi, on assiste parfois à des condamnations surprenantes au XXIe siècle :

- **La France, État esclavagiste ?** L'affaire remonte à 2005 et non au XVIIIe siècle. La France a été condamnée pour ne pas avoir suffisamment indemnisé une jeune fille originaire du Togo victime d'esclavage domestique.
- **La France, État bourreau ?** En 1992, la France a été condamnée à indemniser un criminel à hauteur de 700 000 francs en raison de la trop longue durée de sa détention provisoire avant qu'il ait été jugé coupable. Situation ubuesque que celle d'un dangereux criminel indemnisé par l'État qui a trop tardé à le juger !
- **La France, État censeur ?** Deux journalistes du *Canard enchaîné* ont reçu des indemnités de l'État français en 1999. Celui-ci les avait condamnés pour avoir publié un article sur l'évolution des émoluments du président de Peugeot, qui refusait d'augmenter ses salariés.
- **La France, État expropriateur ?** En 2003, l'État français a été condamné à verser 3 286 765 euros aux héritiers d'une personne dont le terrain avait fait l'objet d'une expropriation par l'État à Saint-Denis de La Réunion. Cela faisait en effet dix-neuf années que cette propriété avait été enlevée de force à son propriétaire par l'État, puis laissée à l'abandon.
- **La France, État meurtrier ?** La France a été fustigée, en 2006, à la suite de la mort d'un prisonnier dans sa cellule..

L'utopie d'une justice universelle ?

Au-delà de l'Europe, des juridictions internationales ont été créées afin de juger les infractions commises par les gouvernements d'autres pays. Ces tribunaux ont vocation à abolir les frontières et à se placer au-dessus des juges nationaux. L'origine historique de ces tribunaux internationaux remonte aux lendemains de la Seconde Guerre mondiale, notamment avec la création des tribunaux de Nuremberg et de Tokyo.

Les tribunaux pénaux internationaux

Les *tribunaux pénaux internationaux* (*TPI*) sont des tribunaux dits *ad hoc*, créés spécialement à la suite de rapports de l'Organisation des Nations unies (ONU), d'organisations non gouvernementales, mais également d'instances privées, pour juger des actes graves commis par le gouvernement d'un pays à l'encontre d'un peuple. Ont été créés notamment le Tribunal pénal international pour l'ex-Yougoslavie en 1993, le Tribunal pénal pour le Rwanda en 1994 et le Tribunal pénal pour la Sierra Leone en 2002.

La légitimité de ces tribunaux est bien entendu fortement contestée par les personnes qui y sont jugées. Slobodan Milosevic a ainsi évoqué « la justice des vainqueurs contre les vaincus », faisant valoir que s'il avait gagné la guerre ce serait lui qui jugerait ses opposants. Les tribunaux pénaux internationaux ont aussi rencontré des problèmes de fonctionnement dus à leur encombrement et à la difficulté d'identifier l'intégralité des personnes responsables des génocides et des crimes contre l'humanité.

La procédure devant les TPI est assez complexe. Un procureur est désigné parmi les pays membres de l'ONU. Il ouvre une enquête « sur la foi des renseignements obtenus de toutes sources », lors de laquelle il entend les victimes, les suspects, les témoins, etc. Puis il peut décider d'engager des poursuites contre les suspects en transmettant un acte d'accusation au tribunal. Si celui-ci retient l'affaire, la personne poursuivie est arrêtée. Elle est défendue par un avocat lors de son procès. La décision des juges est rendue en audience publique.

George Bush a refusé de faire traduire les prisonniers d'Afghanistan devant un tribunal pénal international et a préféré les faire traduire devant un tribunal militaire à Guantanamo lui permettant d'appliquer ses propres règles et non les règles définies par la communauté internationale. Le président américain a justifié sa position en faisant valoir qu'il considérait que la destruction des « tours jumelles », le 11 septembre 2001, était un acte de guerre.

La Cour pénale internationale

Les membres de l'ONU, au-delà de la création de tribunaux spéciaux pour certains crimes contre l'humanité, ont souhaité mettre en place une véritable *Cour pénale internationale* (*CPI*) qui siégerait de manière permanente et serait amenée à recevoir les plaintes pénales pour crime contre l'humanité et génocide de n'importe quel État du monde contre un autre État.

Les statuts de cette cour ont été adoptés en 1998, mais elle n'a pu entrer en fonction qu'en 2002, après l'accord de 60 États. Elle ne peut être saisie que pour des crimes commis après 2002. Pour le moment, la Cour a été saisie par différents pays, notamment la République démocratique du Congo et la République centrafricaine. Elle s'intéresse également à la situation existant au Darfour. Les États-Unis refusent d'y souscrire, de peur que le processus ne soit dirigé contre leurs intérêts.

La CPI peut être saisie par tout État qui a adhéré à ses statuts et qui considère que des crimes ont été commis à l'encontre de son peuple. Cependant, le procureur et le Conseil de sécurité de l'ONU peuvent également le mettre en action. C'est le procureur qui mène alors l'enquête puis confirme ou non sa volonté de poursuivre. Le procès se déroule publiquement en présence des accusés. Il est intéressant de noter que la CPI peut juger tout crime d'agression et pas seulement les crimes contre l'humanité et les génocides. Enfin, la CPI a le mérite d'avoir mis en place un véritable statut pour les victimes, car elle ne se contente pas de condamner mais indemnise également. Les victimes participent donc pleinement à la procédure.

Ne pas confondre la Cour pénale internationale et la Cour internationale de justice

La *Cour internationale de justice* (*CIJ*) est également une émanation de l'ONU. Elle siège à La Haye, et ses deux langues officielles sont le français et l'anglais. Son rôle est de juger les litiges entre les États du monde, comme une contestation sur la délimitation de leurs frontières ou sur l'utilisation des mers pour la pêche. À qui appartient le poisson ? Grave question ! En revanche, la CIJ n'a pas de compétence pénale, cette dernière étant dévolue à la Cour pénale internationale. Les juges sont élus par le Conseil de sécurité de l'ONU et bénéficient d'une totale indépendance, car ils doivent statuer en toute impartialité. Ils disposent donc de l'immunité diplomatique. Seuls les États peuvent saisir la CIJ. Cette cour a été critiquée et son impartialité remise en cause lorsqu'elle a refusé de statuer sur les essais nucléaires de la France dans les eaux jouxtant l'Australie et la Nouvelle-Zélande.

Troisième partie

Les acteurs du grand théâtre de la justice

Dans cette partie…

Beaucoup de gens œuvrent au sein de la justice et vivent d'elle. En premier lieu, bien sûr, les « hommes en noir » : les magistrats et les avocats. Puis viennent d'autres professionnels de justice, au rang desquels figurent, pêle-mêle, la police, les huissiers, les notaires ou encore les experts. Bref, on se bouscule aux marches du palais ! Certains traînent pourtant des pieds pour s'y rendre, des jurés d'assises aux victimes, en passant par les témoins. Sans oublier l'univers dit « carcéral », où se côtoient ceux qui sont payés par la société et ceux qui paient pour les torts qu'ils lui ont causés.

Chapitre 8

Les hommes en noir

Dans ce chapitre :

- Les juges sous toutes les coutures
- Les avocats, aux manies si décriées

La justice est incarnée en premier lieu par ceux qu'on appelle les « hommes en noir ». Vêtus d'une robe noire satinée ornée d'hermine, les premiers d'entre eux sont les magistrats ; larges manches et « bavards », viennent ensuite les avocats.

Mesdames et messieurs, la cour ! Les magistrats

Leurs décisions alimentent les colonnes des journaux, mais qui sont vraiment les magistrats ? Quelles institutions et quelles règles régissent ces gens qui nous jugent ?

Fonctionnaires d'État, symboliquement chargés de « dire droit », ce sont là des hommes de grande vertu à l'éthique irréprochable. C'est pourquoi, admis sur concours puis formé pendant trente et un mois au sein de l'École nationale de la magistrature, le futur magistrat doit, avant d'entrer dans l'arène judiciaire, prêter serment devant ses pairs : « Je jure de bien et fidèlement remplir mes fonctions, de garder religieusement le secret des délibérations et de me conduire en tout comme un digne et loyal magistrat » (article 6 du Statut de la magistrature).

Deux grandes catégories doivent être distinguées parmi les magistrats : les magistrats « du siège » et ceux « du parquet ».

Les garanties d'une justice impartiale : le Conseil supérieur de la magistrature

C'est « au nom du peuple français » que le « digne et loyal magistrat [...] rendra la justice ». Et pour cause, le magistrat est tenu d'appliquer les règles de droit adoptées notamment par les députés, eux-mêmes désignés par le peuple français. L'importance de cette mission et des pouvoirs dont le magistrat dispose implique une indépendance renforcée, garante de l'impartialité de la justice.

Si la nomination et la discipline des magistrats étaient laissées à la discrétion du président de la République et/ou du garde des Sceaux, la justice serait rendue par des magistrats dépendants du pouvoir exécutif. Afin d'éviter cette confusion des pouvoirs, les magistrats sont nommés par un organe (plus ou moins) indépendant du pouvoir exécutif : le Conseil supérieur de la magistrature (CSM).

Le CSM a été créé par la Constitution du 27 octobre 1946. Il a été longtemps présidé par le président de la République, lequel était assisté du ministre de la Justice en qualité de vice-président. La loi constitutionnelle du 23 juillet 2008 a mis fin à la présidence du Conseil par le président de la République, tout en élargissant la composition du Conseil, au sein duquel les magistrats sont devenus minoritaires.

Ses membres sont chargés de la nomination des magistrats et de veiller à leur discipline.

Une partie de ces membres, dont la durée du mandat est de quatre ans, est répartie à parts égales dans deux formations : une formation dite *du siège*, responsable de la nomination et de la discipline des magistrats du siège, l'autre dite *du parquet*, responsable de la nomination et de la discipline des magistrats du parquet. (Une petite précision : le magistrat du siège tranche les litiges et rend un jugement, une décision ou un arrêt, quand le magistrat du parquet, lui, donne simplement son avis sur la décision qui doit être rendue par le magistrat du siège, sans pour autant lier celui-ci, pour protéger ou réparer au mieux les intérêts de la société.)

La formation du parquet est moins bien lotie que sa cousine du siège. En effet, la formation du parquet est seulement autorisée à émettre un avis sur les postes de magistrat du parquet proposés par le ministre de la Justice. Cet avis n'est pas nécessairement suivi par le Conseil des ministres, qui entérine librement les propositions du ministre de la Justice.

Le CSM s'occupe également de la discipline des magistrats. La faute disciplinaire est joliment définie par l'ordonnance du 22 décembre 1958 relative au statut de la magistrature comme tout « manquement par un magistrat aux devoirs de son état, à l'honneur, à la délicatesse ou à la dignité ». La formation du siège enquête et décide des sanctions disciplinaires à appliquer aux magistrats du siège. En revanche, c'est le ministre de la Justice qui est exclusivement compétent pour décider des sanctions disciplinaires devant être infligées aux magistrats du parquet. La formation du parquet émet à nouveau un avis qui ne lie pas le ministre.

Depuis 2008, un justiciable peut saisir directement le Conseil à titre disciplinaire.

Les magistrats du siège

Les *magistrats du siège* sont ceux qui sont chargés de rendre des décisions de justice, autrement dit ceux qu'on appelle communément les « juges ».

Leur nomination par le Conseil supérieur de la magistrature

C'est le Conseil supérieur de la magistrature qui nomme les magistrats. Celui-ci dispose à cet égard de deux types de pouvoir distincts. La *formation du siège* propose les nominations des magistrats du siège de la Cour de cassation, des premiers présidents de cours d'appel et des présidents de tribunaux de grande instance. Pour toutes les autres nominations de magistrats du siège, la formation dispose d'un pouvoir d'*avis conforme*. C'est le garde des Sceaux qui conserve l'initiative et propose les nominations. La formation étudie les dossiers des magistrats proposés, ceux des candidats qui n'ont pas été retenus par la Chancellerie et spécialement des magistrats qui ont formulé des observations sur les projets de nomination, puis elle donne un avis qui lie le garde des Sceaux.

Leurs attributions

Les magistrats du siège prononcent des jugements sur les litiges qui leur sont soumis par les parties ou par le parquet. Ils ont pour mission d'appliquer la loi et de dire le droit après avoir entendu les parties en litige, leurs représentants (c'est-à-dire leurs avocats) et le ministère public.

Les magistrats du siège exercent différentes fonctions, au sein de plusieurs juridictions. Seuls les magistrats officiant devant les juridictions civiles et pénales seront évoqués ici, les juridictions dites « spécialisées » étant détaillées dans le tableau reproduit ci-après.

Le *juge généraliste*, qui siège au tribunal de grande instance, tranche l'ensemble des litiges entre particuliers au civil. En matière pénale, il juge les auteurs de délits au tribunal correctionnel.

D'autres juges exercent devant le tribunal de grande instance des fonctions plus spécialisées. Le *juge aux affaires familiales* (dit aussi « JAF ») concilie, prend les mesures provisoires, prononce le divorce. Le *juge de la mise en état* veille au déroulement loyal de la procédure devant le tribunal, avant que l'affaire soit enfin plaidée pour être jugée. Le *juge des référés*, en tant que président du tribunal statuant en référé, peut prendre des décisions rapides en cas d'affaire simple ou de risque, pour l'une des parties, de subir un préjudice difficilement réparable. Le *juge de l'exécution* peut être saisi des problèmes relatifs à la mise en œuvre des décisions civiles. (On l'appelle aussi familièrement « JEX », comme le célèbre produit nettoyant…) Le *juge des libertés*, en sa qualité de gardien de la liberté individuelle, peut être saisi notamment en cas de détention arbitraire, d'atteinte à la liberté et d'aller et venir, ainsi que d'atteinte à la vie privée.

Les affaires pénales les plus complexes sont confiées au *juge d'instruction*. Les dossiers lui sont attribués par le président du tribunal. Son intervention n'est obligatoire qu'en matière criminelle, c'est-à-dire pour les infractions les plus graves. En matière délictuelle, le parquet apprécie l'opportunité d'ouvrir une *information*, en fonction de la complexité de l'affaire, des investigations nécessaires pour la mettre en état, ou des mesures provisoires utiles avant le jugement. De fait, à peine 10 % des affaires jugées sont d'abord portées devant le juge d'instruction. L'ouverture de l'information peut être aussi le fait de la victime en cas de constitution de partie civile.

Le juge d'instruction a pour mission d'instruire à charge et à décharge. Pour ce faire, il dirige les services de police ou de gendarmerie en déléguant certains de ses pouvoirs par *commission rogatoire*. Il est décisionnaire en matière de mandat d'arrêt et de placement en détention provisoire ou sous contrôle judiciaire. Chef d'orchestre de l'instruction, il dispose d'une panoplie d'actes divers : transport sur les lieux aux fins de reconstitutions, perquisitions, saisies, restitutions, interceptions de correspondances émises par la voie de télécommunications, auditions de témoins, interrogatoires et confrontations, délivrance de mandats de comparution, d'amener et d'arrêt, placement en détention ou sous contrôle judiciaire, délivrance de commissions rogatoires nationales ou internationales, ordonnance de désignation d'expert. Signalons que les parties (mis en examen et partie civile) peuvent soumettre une demande motivée d'acte au juge d'instruction par écrit. Ce dernier dispose d'un délai de trente jours pour rendre une ordonnance motivée.

Au terme de son enquête, il incombe au juge d'instruction de décider si l'affaire doit être soumise à la juridiction de jugement ou au contraire aboutir à une ordonnance de non-lieu. On comprend, au regard de l'importance des pouvoirs qui lui sont conférés, que revienne périodiquement la question des « abus de pouvoir » de ces juges dont l'opinion publique accepte mal les erreurs.

Le *juge de l'application des peines* (également dénommé « JAP ») est chargé du suivi des condamnés à l'intérieur et à l'extérieur de la prison. Il a pour rôle d'individualiser l'exécution des peines privatives et restrictives de liberté à proportion des efforts consentis par les condamnés. En milieu carcéral, il décide des principales modalités du traitement pénitentiaire en utilisant l'ensemble des mesures d'individualisation prévues par le Code de procédure pénale. Sauf urgence et après avis de la commission de l'application des peines, il décide des aménagements de peine des condamnés (permissions de sortie, placement à l'extérieur, semi-liberté, libération conditionnelle, etc.).

En milieu « libre » (à ne pas confondre avec le Milieu, souvent en liberté…), le juge de l'application des peines contrôle et suit les condamnés qui lui sont confiés par une décision judiciaire, en cas d'emprisonnement avec sursis et mise à l'épreuve, de travail d'intérêt général, de liberté conditionnelle, etc.

Les magistrats du parquet, procureurs ou substituts

Les *magistrats du parquet* ne tranchent pas de litiges, mais représentent les intérêts de la société. Cette deuxième catégorie rassemble ainsi les « grands manitous » de la procédure pénale et de l'enquête, dotés des pouvoirs les plus étendus.

Comment sont-ils nommés ?

La *formation du parquet* du Conseil supérieur de la magistrature est investie du pouvoir de nomination des magistrats du même nom. Elle dispose d'un pouvoir d'avis simple, qui ne lie donc pas le ministre de la Justice pour toutes les nominations à des postes du parquet proposées par ce dernier. Elle donne cet avis dans les mêmes conditions que la formation du siège, après examen des dossiers et rapport..

Comment les reconnaît-on ?

Le ministère public est appelé *parquet* en raison de la place qu'il occupait sur le parquet devant le trône royal lors des *lits de justice* (les séances du Parlement tenues en présence du roi sous l'Ancien Régime). Les magistrats du ministère public, appelés aussi *magistrature debout*, se lèvent quand ils s'adressent au tribunal ou à la cour. Devant le tribunal de grande instance, il s'agit du *procureur de la République* et des *substituts*. On le nomme *procureur général* devant la cour d'appel, *avocat général* ou *substitut du procureur général* devant la Cour de cassation, suivant son grade.

Que font-ils ?

Les missions du procureur de la République sont longuement définies par les articles 31 et suivants du Code de procédure pénale. Les textes nous enseignent qu'en théorie le procureur de la République et le procureur général défendent l'intérêt de la société (ou « intérêt public ») : le premier devant les tribunaux, le second au sein des cours d'appel et de la Cour de cassation. Ils sont assistés de substituts ou d'avocats généraux. Tous sont hiérarchisés et placés sous l'autorité du garde des Sceaux.

Dans la loi, cela est résumé ainsi : « Le ministère public exerce l'action publique et requiert l'application de la loi. [...] Il est représenté auprès de chaque juridiction répressive. Il assiste aux débats des juridictions de jugement ; toutes les décisions sont prononcées en sa présence. Il assure l'exécution des décisions de justice. » De plus, « il est tenu de prendre des réquisitions écrites conformes aux instructions qui lui sont données [...]. Il développe librement les observations orales qu'il croit convenables au bien de la justice ». En pratique, il requiert très souvent à charge...

Destinataires des plaintes et des procès-verbaux, les magistrats du parquet sont juges de l'opportunité des poursuites. Le cas échéant, ils ont en charge la direction des services de police et de gendarmerie lors des enquêtes judiciaires. Ils sont présents aux audiences et plaident dans l'intérêt public en requérant une peine. On les trouve ainsi à tous les stades du processus répressif : en amont, le procureur de la République dirige l'enquête diligentée par les officiers et les agents de police judiciaire, et, en aval, après la condamnation, il assure l'exécution de la peine.

Ainsi, le procureur général incarne le « Big Brother » de l'application de la loi pénale en cour d'appel et du bon fonctionnement des parquets de son ressort. Il est aussi le « Big Boss », puisqu'il anime et coordonne l'action des procureurs de la République ainsi que la conduite de la politique d'action publique par les parquets de son ressort. Sur demande du procureur général, le procureur de la République lui adresse un rapport annuel sur l'activité et la gestion de son parquet ainsi que sur l'application de la loi. Le procureur général a, dans l'exercice de ses fonctions, le droit de requérir directement la force publique. En clair, il a le pouvoir d'envoyer la maréchaussée à l'attaque ! Il n'est donc pas surprenant que les officiers et agents de police judiciaire soient placés sous sa surveillance. Le procureur général peut les charger de recueillir tous renseignements qu'il estime utiles à une bonne administration de la justice.

Le parquet n'est pas seulement présent en matière pénale. Il intervient également en matière civile, et plus particulièrement en ce qui concerne l'état des personnes : changement de nom, assistance éducative, tutelles, adoptions et problèmes de filiation. Le justiciable le retrouve également dans certaines procédures commerciales : il requiert devant le tribunal de commerce, et la loi lui donne le pouvoir de saisir d'office cette juridiction dans les cas d'entreprises en grande difficulté.

Le procureur de la République a encore d'autres fonctions d'importance. Il reçoit les plaintes et les dénonciations et apprécie la suite à leur donner. Toute autorité constituée, tout officier public ou fonctionnaire qui, dans l'exercice de ses fonctions, acquiert la connaissance d'un crime ou d'un délit est tenu d'en donner avis sans délai au procureur de la République et de transmettre à ce magistrat tous les renseignements, procès-verbaux et actes qui y sont relatifs. Il peut alors engager des poursuites ou bien classer sans suite la procédure dès lors que les circonstances particulières liées à la commission des faits le justifient (soit parce que le dossier ne tient effectivement pas la route, soit parce qu'il a d'autres chats à fouetter !).

Le procureur de la République informe les plaignants et les victimes si elles sont identifiées des poursuites ou des mesures alternatives aux poursuites qui ont été décidées à la suite de leur plainte ou de leur signalement. Lorsque l'auteur des faits est identifié mais que le procureur de la République choisit de classer sans suite la procédure, il avise également les plaignants et les victimes de sa décision en indiquant les raisons juridiques ou d'opportunité qui la justifient.

La joute peut se poursuivre pour éviter qu'un dossier ne soit enterré. Les textes disent : « Toute personne ayant dénoncé des faits au procureur de la République peut former un recours auprès du procureur général contre la décision de classement sans suite prise à la suite de cette dénonciation. Le procureur général peut [...] enjoindre au procureur de la République d'engager des poursuites. S'il estime le recours infondé, il en informe l'intéressé. »

Enfin, le procureur de la République contrôle les mesures de garde à vue. Il visite les locaux de garde à vue chaque fois qu'il l'estime nécessaire et au moins une fois par an.

LE SAVIEZ-VOUS ?

Les costumes judiciaires

Au XIIIe siècle, la robe des magistrats était composée d'une soutane noire et d'une robe rouge d'origine royale. On peut encore voir ce costume – aujourd'hui fondu en une seule pièce – sur le premier président et le procureur général. Sous l'Ancien Régime, la tradition voulait que les rois donnent des costumes identiques aux leurs aux magistrats des parlements. Il s'agissait du costume royal revêtu lors du sacre, de l'entrée du roi en ville et de son enterrement. Cette coutume signifiait que la justice était l'attribut essentiel des souverains. Le pouvoir de rendre la justice était délégué par le roi aux magistrats. Il était donc légitime que ceux-ci revêtent les mêmes habits que le souverain.

Après la Révolution, le Consulat et l'Empire réorganisèrent la magistrature. Plusieurs séries de costumes furent alors créées pour les trois catégories de juridictions : Cour de cassation, cours d'appel, tribunaux de première instance. Depuis l'arrêté du 23 décembre 1802 (ou 2 nivôse an XI) et le décret du 30 mars 1808, tous les magistrats et les greffiers doivent porter leur costume pendant l'audience. Un tableau des costumes judiciaires est annexé au Code de l'organisation judiciaire. Cela s'adresse aux magistrats de la Cour de cassation, du tribunal de grande instance, du tribunal d'instance, aux auditeurs de justice, aux membres du tribunal de commerce et, enfin, aux greffiers.

De nos jours, le costume judiciaire ne signe plus l'appartenance royale des magistrats, mais symbolise l'uniformité et l'égalité entre les magistrats des différentes juridictions. La robe est également un symbole d'intemporalité. La distinction entre les membres des diverses professions judiciaires est possible si l'on prend le temps d'examiner le *rabat* (tissu plissé et blanc porté au cou) et l'*épitoge* (bande de tissu portée sur l'épaule), qui varient d'une profession à l'autre.

Gare aux effets de manche : les avocats

Les avocats sont regroupés *en barreaux*, établis auprès de chaque tribunal de grande instance. Chaque barreau relève d'un conseil de l'ordre, lui-même présidé par un bâtonnier. Ce dernier est un avocat élu par ses confrères.

Par ailleurs, les avocats exercent généralement en profession libérale. Ils peuvent cependant parfois être salariés du cabinet au sein duquel ils pratiquent. Les *conseils juridiques* ont fusionné depuis le 1er janvier 1992 avec le corps des avocats.

L'accès à la profession

Pour être avocat, il faut d'abord être titulaire d'une maîtrise (désormais baptisée « master 1 ») en droit ou de l'un des diplômes reconnus comme équivalents par arrêté du ministre de la Justice, du ministre de l'Éducation nationale et du ministre des Universités, après avis du Conseil national des barreaux. Il faut ensuite réussir l'entrée à un centre régional de formation professionnelle des avocats (CRFPA), par le biais d'un examen organisé par les universités. Cette épreuve d'entrée ne peut être présentée que trois fois.

À l'issue de leur formation de dix-huit mois au CRFPA – dont six mois de stage en cabinet d'avocat – qui fera d'eux des « maîtres » en matière de procédure civile, pénale, commerciale, administrative ou prud'homale, de techniques contractuelles et de déontologie, les étudiants sont soumis à un nouvel examen de sortie, afin d'obtenir le certificat d'aptitude à la profession d'avocat (Capa). Dès l'obtention du Capa, les petits nouveaux peuvent solliciter leur inscription auprès du barreau de leur choix après avoir prêté serment. Depuis 2005, le régime du stage de deux années au terme duquel le stagiaire pouvait solliciter son inscription au Grand Tableau lui permettant de poser sa plaque a été abrogé : désormais, les jeunes diplômés peuvent, dès leur sortie de l'école, soit intégrer un cabinet en tant que collaborateur libéral ou salarié, soit exercer à titre individuel.

LE SAVIEZ-VOUS ?

Près de 50 % des 50 000 avocats français dépendent du seul barreau de Paris. Ce déséquilibre procède de l'inégalité de la répartition de la population (presque 20 % de la population française vit en Île-de-France) et des richesses (l'Île-de-France contribue à près de 30 % du produit intérieur brut national), chère à la France centralisée d'antan.

Avocat plaidant ou avocat-conseil

L'avocat représente et défend (ou parfois aussi assiste) devant un tribunal les particuliers ou les entreprises engagés dans un procès. On dit alors qu'il *postule* au nom de son client. En parallèle, en sa qualité de simple *conseil*, l'avocat peut également être amené à négocier et/ou à rédiger des contrats de tous types ou simplement à prodiguer ses avis en toutes matières juridiques.

Cependant, la plupart des avocats sont spécialisés dans un domaine du droit. Pour cette raison, un avocat peut ne jamais plaider et, par exemple, se consacrer exclusivement à de lucratives opérations de « fusé » (autrement dit de fusions-acquisitions d'entreprise) ou, à l'inverse, ne jamais rédiger de contrat et courir de gardes à vue en comparutions immédiates avant de plaider devant la cour d'assises, ou bien encore partager son activité entre le contentieux et le conseil à parts égales ; il n'en demeure pas moins un avocat.

La règle du jeu : la déontologie

L'avocat est tenu de respecter un ensemble de règles professionnelles et de devoirs. Les obligations essentielles sont contenues dans le serment qu'il prête lors de son entrée au barreau : « Je jure, comme avocat, d'exercer mes fonctions avec dignité, conscience, indépendance, probité et humanité. »

En cas de manquement, l'avocat peut être sanctionné par ses confrères siégeant en formation disciplinaire. Les sanctions pouvant être prononcées à l'encontre des avocats défaillants vont du simple blâme à l'interdiction d'exercice de la profession.

Combien ça coûte ?

La rémunération des avocats varie selon l'activité, la renommée et la localisation du cabinet. L'avocat perçoit des honoraires libres, fixés en accord avec son client. Le montant des honoraires peut faire l'objet d'un contrat écrit dès le premier entretien : il s'agit alors d'une *convention d'honoraires*.

Qu'ils soient horaires – facturés à l'heure – ou forfaitaires – facturés à la tâche –, les tarifs des avocats peuvent varier considérablement de l'un à l'autre… Le revenu mensuel moyen des avocats français s'élevait en 2005 à 3 700 euros.

LE SAVIEZ-VOUS ?

Les hommes politiques avocats

Tous les hommes politiques ne sortent pas de l'ENA ! Le nombre de « bavards » parmi les hommes politiques passés ou contemporains est pléthorique. Outre les plus connus (François Mitterrand ou, dans un autre genre, Gandhi) et les personnalités historiques telles que Robespierre, Marat ou Danton, ont également porté la robe Patrick Devedjian, Arnaud Montebourg, Nicolas Sarkozy, Roland Dumas, Edgar Faure, Gaston Monnerville, etc.

Les militants de choc issus des rangs des avocats méritent également d'être cités : Robert Badinter, qui s'est illustré dans son combat pour l'abolition de la peine de mort, Gisèle Halimi, pour son intervention en faveur de l'avortement, Henri Leclerc, en sa qualité de porte-parole de la défense des droits de l'homme.

Chapitre 9

Bien plus que des figurants : les auxiliaires de justice

Dans ce chapitre :

- Du beau linge : les commissaires-priseurs
- De la volaille : la police
- Quelques vautours : les huissiers
- De vieux hiboux : les notaires
- Des étourneaux : les experts judiciaires

Les *auxiliaires de justice* désignent les professionnels œuvrant pour le service public de la justice. Cette catégorie dépasse celle des fonctionnaires de la justice, puisqu'elle concerne tous les acteurs de la justice dont les professions sont strictement encadrées par la loi.

Qui dit mieux ? Les commissaires-priseurs

Le *commissaire-priseur judiciaire* est l'officier ministériel chargé de procéder à l'estimation et à la vente publique aux enchères des meubles et effets mobiliers corporels. Il est nommé par le garde des Sceaux et doit prêter serment devant le tribunal de grande instance dans le mois suivant sa nomination. La profession est représentée auprès du ministre de la Justice par la Chambre nationale des commissaires-priseurs judiciaires.

Depuis la réforme du 10 juillet 2000, le commissaire-priseur judiciaire a le monopole des ventes de meubles aux enchères publiques prescrites par la loi ou par décision de justice, ainsi que de leurs estimations ou « prisées ». En revanche, les ventes volontaires de meubles aux enchères publiques incombent désormais à des sociétés de forme commerciale : les sociétés de ventes volontaires agréées.

Mais que fait la police ?

Le mot « police » a une origine latine, *politia*, qui vient du grec *politeia*, soit l'« art de gouverner la cité ». En vieux français, *pollice* signifiait « gouvernement ». La signification de ce mot a ensuite évolué vers le sens de gestion d'une cité pour acquérir son sens actuel : celui d'organe, de règles et de missions permettant d'assurer le maintien et le rétablissement de l'ordre public.

Les missions de la police

La loi d'orientation et de programmation pour la sécurité intérieure d'août 2002 souligne que « la sécurité est un droit fondamental et l'une des conditions de l'exercice des libertés individuelles et collectives. L'État a le devoir d'assurer la sécurité en veillant sur l'ensemble du territoire de la République à la défense des institutions et des intérêts nationaux, au respect des lois, au maintien de la paix et de l'ordre public, à la protection des personnes et des biens ». Fortes de ces principes, ce sont plus de 145 000 personnes qui exercent au sein de la police nationale. Les missions leur incombant sont les suivantes :

- Assurer la sécurité des personnes, des biens et des institutions ;
- Maîtriser les flux migratoires et lutter contre l'immigration illégale ;
- Lutter contre la criminalité organisée, la grande délinquance et la drogue ;
- Protéger le pays contre la menace extérieure et le terrorisme ;
- Maintenir l'ordre public.

Attention aux bavures !

Les règles déontologiques régissant la police nationale ont été posées par le décret du 18 mars 1986, qui s'attache notamment à prévenir et à « guérir » les « bavures ». Ainsi, lorsqu'il est autorisé par la loi à utiliser la force et, en particulier, à se servir de ses armes, le fonctionnaire de police ne peut en faire qu'un usage strictement nécessaire et proportionné au but à atteindre. Par ailleurs, toute personne appréhendée et placée sous la responsabilité et la protection de la police ne doit subir, de la part des fonctionnaires de police ou de tiers, aucune violence ni aucun traitement inhumain ou dégradant.

Qui ne dit mot consent… Dès lors, le fonctionnaire de police qui serait témoin d'agissements prohibés engage sa responsabilité disciplinaire s'il n'entreprend rien pour les faire cesser ou néglige de les porter à la connaissance de l'autorité compétente.

Parmi les règles les plus surprenantes, nous apprenons que le policier reste en service même en dehors de ses heures de travail : « Le fonctionnaire de la police nationale est tenu, même lorsqu'il n'est pas en service, d'intervenir de sa propre initiative pour porter assistance à toute personne en danger, pour prévenir ou réprimer tout acte de nature à troubler l'ordre public et protéger l'individu et la collectivité contre les atteintes aux personnes et aux biens. »

Il était une fois les avoués

Jusqu'en 2012, les *avoués* orchestraient la procédure devant la cour d'appel. Professionnel du droit et officier ministériel, l'avoué était nommé par arrêté du garde des Sceaux après avoir réussi un examen professionnel et été admis par la cour d'appel auprès de laquelle il comptait exercer.

L'avoué était chargé de représenter les justiciables devant la cour d'appel. En amont de la procédure, il conseillait ses clients sur l'opportunité et les chances de succès d'un appel contre une décision de justice et accomplissait en leur nom et pour leur compte les actes nécessaires à la procédure. Le recours à un avoué était obligatoire dans la plupart des affaires civiles examinées par la cour d'appel. Ce recours était en revanche facultatif dans certaines matières, comme les prud'hommes, les affaires de sécurité sociale, la déclaration d'abandon d'enfant, les baux ruraux, les expropriations…

Toc toc ! Les huissiers

Ce sont les plus mal-aimés, les plus redoutés, mais aussi les plus méconnus des auxiliaires de justice. Pourtant, leur profession ne date pas d'hier. Un rapide rappel des origines du statut de l'huissier et de ses fonctions permet de l'envisager avec un peu plus d'humour qu'il n'en inspire à première vue.

Leur origine

Déjà sous l'Antiquité, les décisions des juges étaient appliquées par les ancêtres de nos actuels huissiers, les *officiales*. Ceux-ci portaient différents titres selon leurs fonctions : les plus remarqués étaient les *apparitores* et les *executores*. Les *apparitores* avertissaient le peuple pour le rassembler lors des jugements. Ils introduisaient les plaideurs et assuraient la « police » des audiences, c'est-à-dire qu'ils rétablissaient le silence lorsque les voix s'enflammaient. Les *executores* avaient pour tâche de s'emparer des biens des débiteurs récalcitrants (action de saisie) ou même de les conduire en prison.

Puis, la *Pax Romana* s'écroula sous le flot des nombreuses invasions barbares, et la justice privée réapparut… Ce ne fut qu'au Moyen Âge que, petit à petit, le royaume s'organisa autour d'un ensemble de hiérarchies qui établirent chacune sa propre organisation judiciaire. Pourtant, dans toutes ces différentes juridictions, une certaine unité permettait de représenter le pouvoir. Pour cela, il fallait des agents jouissant d'une autorité incontestée. Nos ex-*officiales* romains furent alors transformés en *bedeaux*, *serviens*, *semonceurs*, puis en *sergents* et en *huissiers*. L'huissier devint un des symboles de l'autorité royale.

La *verge* était la principale caractéristique de l'autorité de l'huissier. Il s'agissait d'une sorte de petite baguette ronde, en ébène, longue d'une trentaine de centimètres et garnie de cuivre ou d'ivoire. D'après un décret datant de 1568, les huissiers devaient toucher « ceux auxquels ils auront la charge de faire exploit de justice ». C'est d'ailleurs de là que vient le mot « exploit », transformé par la suite en acte. Dès que l'huissier avait touché quelqu'un de sa verge, celui-ci lui devait obéissance et soumission.

En janvier 1572, nos officiers perdirent l'obligation du port de leur costume, et leurs signes distinctifs se réduisirent à un écusson à trois fleurs de lys visible sur l'épaule ainsi que, toujours, la fameuse verge. Parallèlement, ils virent leurs attributions se compartimenter. Par exemple, à Paris, la juridiction du Châtelet comprenait six sortes d'huissier :

- Les huissiers audienciers pour les tribunaux ;
- Les huissiers à cheval pour les faubourgs et les campagnes ;
- Les huissiers à pied pour le centre de la ville ;
- Les huissiers priseurs (les commissaires-priseurs actuels) ;
- Les huissiers à la douzaine (les gardes du prévôt) ;
- Les quatre huissiers dits « fieffés », dépendant uniquement du Châtelet, et qui pouvaient exercer dans tout le royaume.

Au mois de février 1705, un édit réunit en un seul corps la communauté des huissiers. C'est ainsi qu'ils prirent tous le titre unique d'« huissier ». Cette unification s'accompagna d'une réglementation quant à leur nombre. Jusqu'à l'arrêt du 22 thermidor an VIII, soit en août 1800, chaque tribunal devait indiquer par un avis le nombre d'huissiers qui lui étaient nécessaires, permettant ainsi au pouvoir central de contrôler cette puissante catégorie professionnelle. Ainsi apparut une ébauche du statut de l'huissier, renforcée par un décret impérial datant du 14 juin 1813. Celui-ci reprenait d'ailleurs certains textes anciens pour déterminer, par exemple, le mode de nomination des huissiers et pour fixer les connaissances requises ainsi que les attributions exactes de ces officiers.

Les missions actuelles

Être officier ministériel implique de détenir le monopole de certains actes. C'est ainsi que l'huissier de justice est seul compétent pour signifier et exécuter les décisions rendues par les tribunaux et les cours. Le *constat* est l'acte le plus connu de l'huissier de justice, celui qu'on lui attribue le plus fréquemment. L'une de ses missions principales consiste aussi à rechercher des solutions aux litiges entre créanciers et débiteurs.

N'OUBLIEZ PAS !

L'huissier, en tant qu'auxiliaire de justice, se voit confier par la loi des missions essentielles. Il est par exemple seul à pouvoir exécuter les décisions d'un tribunal, à l'exception des peines d'emprisonnement, confiées à l'Administration pénitentiaire. C'est grâce à lui que les jugements rendus sont suivis d'effet et que le droit est respecté. Lui seul accomplit par ailleurs les formalités nécessaires au bon déroulement d'un procès. Il convoque à l'audience les personnes concernées ; si elles ne s'y rendent pas, c'est lui aussi qui leur fait part du jugement rendu. L'huissier de justice permet ainsi à chacun d'assurer sa défense en toute connaissance de cause. Enfin, les huissiers *audienciers* exercent dans les tribunaux pour signifier les actes entre avocats, mais aussi au cours des audiences pénales pour en assurer la police des débats sous le contrôle du président de la chambre.

Derrière la cravate, le notaire

Vous serez surpris par l'histoire de cette profession et la diversité des missions remplies par ses représentants contemporains.

Leur origine

Les notaires sont eux aussi apparus dès l'Antiquité, sous les traits des scribes égyptiens ou des tabellions romains. Au IIIe siècle avant notre ère, durant le Bas Empire romain, des fonctionnaires dont les attributions s'apparentent à celles des notaires authentifient déjà des contrats au nom de l'État. Dès la fin du XIIIe siècle, le rôle du notaire se développe, la fonction notariale s'étend à l'ensemble des domaines placés sous l'autorité du souverain. En 1539, par l'ordonnance de Villers-Cotterêts, François Ier esquisse ce que sera l'organisation de la profession de notaire : les actes devront être rédigés en français, leur existence sera consignée dans un répertoire, et ils seront protégés par le secret professionnel.

La loi du 25 ventôse an XI après la Révolution, soit en mars 1803, donne au notariat un statut dont les fondements et les grands principes n'ont pas été, pour l'essentiel, modifiés depuis. Les notaires du XIXe siècle sont comme aujourd'hui des officiers publics qui détiennent le sceau de l'État et assurent le service public de l'authenticité. Enfin, l'ordonnance du 25 novembre 1945 dote le notariat de structures institutionnelles et crée, en plus des chambres départementales, les conseils régionaux ainsi que le Conseil supérieur du notariat.

Leur statut

N'OUBLIEZ PAS !

L'ordonnance du 2 novembre 1945 dit : « Les notaires sont les officiers publics établis pour recevoir tous les actes et contrats auxquels les parties doivent ou veulent faire donner le caractère d'authenticité attaché aux actes d'autorité publique et pour en assurer la date, en conserver le dépôt, en délivrer les grosses et expéditions. » Le notaire a ainsi des rôles multiples :

- Authentifier les contrats, c'est-à-dire constater l'accord des parties, leur donner force probante et date certaine ;
- Conseiller les parties sur la portée des engagements qu'elles prennent ;
- Concilier et rapprocher les points de vue divergents pour aboutir à des conventions équilibrées, respectant les intérêts légitimes de chacun des cosignataires ;
- Effectuer pour les contrats qu'il établit toutes les formalités fiscales et juridiques nécessaires à la perfection du contrat et à la sécurité des tiers.

La discipline

Leur réputation est souvent malmenée, et l'expression « notaire véreux » est pratiquement entrée dans le langage courant. Pourtant, il est interdit aux notaires, soit par eux-mêmes, soit par personne interposée :

- de se livrer à aucune spéculation de Bourse ou opération de commerce, de banque, d'escompte et de courtage ;
- de s'immiscer dans l'administration d'aucune société ou entreprise de commerce ou d'industrie ;
- de faire des spéculations relatives à l'acquisition et à la revente des immeubles, à la cession des créances, droits successifs, actions industrielles et autres droits incorporels ;
- de s'intéresser dans aucune affaire pour laquelle ils prêtent leur ministère ;
- de recevoir ou de conserver des fonds, à charge d'en servir l'intérêt ;

- de se constituer garants ou cautions, à quelque titre que ce soit, des prêts à la négociation desquels ils auraient participé, comme aussi de ceux dont les actes seraient dressés par eux ou avec leur participation ;
- de se servir de prête-noms en aucune circonstance, même pour les actes autres que ceux désignés ci-dessus ;
- de consentir avec leurs deniers personnels des prêts qui ne seraient pas constatés par acte authentique ;
- de contracter pour leur propre compte aucun emprunt par souscription de billets sous seing privé ;
- d'employer, même temporairement, des sommes ou valeurs dont ils sont constitués détenteurs, à un titre quelconque, à un usage auquel elles ne seraient pas destinées, et notamment pour les placer en leur nom personnel ;
- de retenir, même en cas d'opposition, les sommes qui doivent être versées par eux à la Caisse des dépôts dans les cas prévus par les lois, décrets ou règlements ;
- de recevoir ou de conserver aucune somme en vue de son placement par prêt si celui-ci ne doit pas être constaté par acte authentique ;
- de négocier, de rédiger, de faire signer des billets ou reconnaissances sous seing privé et de s'immiscer de quelque manière que ce soit dans la négociation, l'établissement ou la prorogation de tels billets ou reconnaissances ;
- de négocier des prêts autres qu'en la forme authentique et qu'assortis d'une sûreté réelle ou de la caution d'un établissement financier ou bancaire ;
- de laisser intervenir leurs clercs sans un mandat écrit dans les actes qu'ils reçoivent.

Les maniements d'argent effectués par les notaires dans l'exercice de leur profession sont donc régis par un formalisme strict afin d'éloigner toute suspicion sur cette profession. Le cas échéant, le manque d'intégrité de ses membres est sanctionné par la loi, mais aussi par les notaires eux-mêmes, réunis en chambre de discipline, fonctionnement que l'on retrouve chez leurs cousins huissiers, magistrats et avocats.

Les experts judiciaires

Les experts judiciaires interviennent en tant qu'auxiliaires du juge, effectuant les différentes missions qui peuvent leur être confiées.

L'opportunité de l'expertise

Le serment prêté en cour d'appel par l'expert judiciaire est le suivant : « Je jure d'apporter mon concours à la justice, d'accomplir ma mission, de faire mon rapport et de donner mon avis en mon honneur et en ma conscience. » L'application pratique est sujette à beaucoup de nuances.

Les magistrats ne peuvent avoir des connaissances dans tous les domaines : médecine, économie, finance, psychologie, architecture… Or, pour rendre la justice, il est nécessaire d'avoir une bonne appréhension des divers éléments d'une affaire dans toutes ses dimensions. C'est pourquoi les magistrats sollicitent occasionnellement l'avis de professionnels compétents dans une technique ou une science spécifique (médecins, psychologues, architectes, ingénieurs, géomètres experts ou techniciens, etc.).

Parce qu'ils sont des acteurs récurrents de la justice, la loi prend soin de définir précisément leur intervention, de leur désignation jusqu'au jugement rendu sur la base de leurs observations. Ainsi, la loi prévoit que l'expertise peut être ordonnée dans le cas où une consultation ou des constatations ne pourraient suffire à éclairer le juge. Il n'est désigné qu'une seule personne à titre d'expert, à moins que le juge n'en décide autrement à titre exceptionnel.

Le pouvoir du juge

La décision qui ordonne l'expertise :

- expose les circonstances qui rendent nécessaires l'expertise et, s'il y a lieu, la nomination de plusieurs experts ;
- nomme l'expert ou les experts ;
- énonce les chefs de la mission de l'expert ;
- impartit le délai dans lequel l'expert devra donner son avis.

La décision qui ordonne l'expertise peut aussi fixer une date à laquelle l'expert et les parties se présenteront devant le juge qui l'a rendue ou devant le juge chargé du contrôle pour que soient précisés la mission et, s'il y a lieu, le calendrier des opérations.

Après le prononcé de la décision nommant l'expert, ce dernier fait connaître sans délai au juge son acceptation ; il doit commencer les opérations d'expertise dès qu'il est averti que les parties ont consigné la provision mise à leur charge, à moins que le juge ne lui enjoigne d'entreprendre immédiatement ses opérations. Le coût de l'expertise est à la charge du ou des parties qui en font la demande. Le coût généralement très élevé de l'expertise est souvent rédhibitoire pour les budgets les plus modestes.

Pourtant, l'expertise est souvent indispensable pour apporter la preuve de la défaillance de l'adversaire.

À défaut de consignation dans le délai défini et selon les modalités imparties, la désignation de l'expert est caduque, à moins que le juge, à la demande d'une des parties se prévalant d'un motif légitime, ne décide une prorogation du délai ou un relevé de la caducité.

La décision ordonnant l'expertise peut être frappée d'appel indépendamment du jugement statuant sur le fond du litige sur autorisation du premier président de la cour d'appel s'il est justifié d'un motif grave et légitime.

Le déroulement de l'expertise

L'expert doit informer le juge de l'avancement de ses opérations et des diligences accomplies par ses soins. Et pour cause, il est très rare que le juge assiste aux opérations d'expertise, bien que cela soit légalement possible.

L'expert doit prendre en considération les observations ou réclamations des parties lorsqu'elles sont présentées dans le délai imparti. À défaut de respecter la *deadline*, l'expert n'est pas tenu de prendre en compte les observations ou réclamations qui auraient été faites après l'expiration de ce délai, à moins qu'il n'existe une cause grave et dûment justifiée, auquel cas il en fait rapport au juge. Les observations des parties sont formulées dans des *dires*, c'est-à-dire dans des argumentaires écrits contradictoires : toute communication d'une partie avec l'expert doit être transmise à la partie adverse. Les règles du procès sont également applicables à l'expertise.

Il n'est pas exclu que l'expert recueille l'avis d'un autre technicien, mais seulement s'il exerce dans une spécialité distincte de la sienne. En cas de problème, si l'expert se heurte à des difficultés qui font obstacle à l'accomplissement de sa mission ou si une extension de celle-ci se révèle nécessaire – si les chefs de mission sont insuffisants –, il en informe le juge. Dans l'hypothèse d'un accord amiable intervenu entre les parties, l'expert informe le juge que sa mission est devenue sans objet. Les parties peuvent demander au juge de donner force exécutoire à leur accord : celui-ci est donc formalisé par un jugement.

Après le dépôt du rapport, le juge fixe la rémunération de l'expert en fonction notamment des diligences accomplies, du respect des délais impartis et de la qualité du travail fourni.

Les experts judiciaires habilités par la justice apportent donc dans ce cadre légal un éclairage sur certains aspects d'une affaire, pour permettre aux magistrats de prendre leur décision en connaissance de cause. Les experts établissent un rapport qu'ils remettent au magistrat, mais leur avis ne lie pas celui-ci, qui peut à tout moment ordonner une contre-expertise.

Chapitre 10

Victimes, jurés et témoins

Dans ce chapitre :

- Les citoyens devenus jurés
- La partie civile (autrement dit la victime)
- Les témoins, au regard parfois trouble

On n'intervient pas nécessairement à titre professionnel dans l'enceinte d'un tribunal. Plusieurs catégories de personnes gravitent autour des prétoires sans récompense financière : ils ont simplement eu la malchance d'être au mauvais endroit au mauvais moment. C'est notamment le cas des jurés, convoqués pour décider du sort d'un homme ou d'une femme comparaissant en cour d'assises. C'est également la meilleure définition des victimes d'infractions pénales (ou « parties civiles ») et des témoins.

Les jurés

Le Code de procédure pénale prévoit ceci : « Le jury de jugement est composé de six jurés lorsque la cour d'assises statue en premier ressort et de neuf jurés lorsqu'elle statue en appel. » Devenir juré de cour d'assises : cet accident n'arrive qu'aux autres, croit-on à tort…

LE SAVIEZ-VOUS ?

Le juré aussi prête serment

La mission de juré, parce qu'elle implique des conséquences humaines lourdes, nécessite elle aussi un serment particulièrement solennel. Le Code de procédure pénale indique : « Le président adresse aux jurés, debout et découverts, le discours suivant : "Vous jurez et promettez d'examiner avec l'attention la plus scrupuleuse les charges qui seront portées contre X, de ne trahir ni les intérêts de l'accusé, ni ceux de la société qui l'accuse, ni ceux de la victime ; de ne communiquer avec personne jusqu'après votre déclaration ; de n'écouter ni la haine ou la méchanceté, ni la crainte ou l'affection ; de vous rappeler que l'accusé est présumé innocent et que le doute doit lui profiter ; de vous décider d'après les charges et les moyens de défense, suivant votre conscience et votre intime conviction, avec l'impartialité et la fermeté qui conviennent à un homme probe et libre, et de conserver le secret des délibérations, même après la cessation de vos fonctions." Chacun des jurés, appelé individuellement par le président, répond en levant la main : "Je le jure." »

Qui sont-ils ?

N'OUBLIEZ PAS !

Chacun sait qu'il peut être désigné, mais tout le monde ignore pourquoi ou comment. Or, un homme averti en vaut deux. Le principe est posé par le Code de procédure pénale : peuvent seuls remplir les fonctions de jurés les citoyens de l'un ou de l'autre sexe, âgés de plus de 23 ans, sachant lire et écrire en français, jouissant des droits politiques, civils et de famille. Vous tremblez tant la définition du parfait juré vous ressemble ? Rassurez-vous, toute règle de droit a son lot d'exceptions. Le législateur épargne les mauvais élèves suivants :

- Les personnes dont le bulletin n° 1 du casier judiciaire mentionne une condamnation pour crime ou une condamnation pour délit à une peine égale ou supérieure à six mois d'emprisonnement ;
- Ceux qui sont en état d'accusation ou de contumace et ceux qui sont sous mandat de dépôt ou d'arrêt ;
- Les fonctionnaires et agents de l'État, des départements et des communes révoqués de leurs fonctions, les officiers ministériels destitués et les membres des ordres professionnels frappés d'une interdiction définitive d'exercer par une décision juridictionnelle ;
- Les personnes qui ont été déclarées en état de faillite et n'ont pas été réhabilitées ;
- Les personnes qui ont fait l'objet d'une condamnation pour non-présentation à une convocation de juré ou celles auxquelles les fonctions de juré sont interdites en vertu d'une interdiction des droits civiques, civils et de famille ;
- Les majeurs sous sauvegarde de justice, les majeurs en tutelle, les majeurs en curatelle et ceux qui sont placés dans un établissement d'aliénés.

LE SAVIEZ-VOUS ?

D'autres catégories de personnes sont également exclues, non pas en raison de leurs accidents de parcours ou de leur incapacité à assumer la responsabilité de juré, mais du fait de leur statut ou de leur profession. En effet, certaines fonctions et certains métiers du droit sont incompatibles avec les fonctions de juré :

- Les membres du gouvernement, du Parlement, du Conseil constitutionnel, du Conseil supérieur de la magistrature et du Conseil économique et social ;
- Les membres du Conseil d'État ou de la Cour des comptes, les magistrats de l'ordre judiciaire, ceux des tribunaux administratifs et des tribunaux de commerce, les assesseurs des tribunaux paritaires de baux ruraux et les conseillers prud'homaux ;
- Les secrétaires généraux du gouvernement ou d'un ministère, les directeurs de ministère, ainsi que les membres du corps préfectoral ;
- Les fonctionnaires des services de police ou de l'Administration pénitentiaire et les militaires de la gendarmerie en service.

Sont également épargnés ceux qui ont déjà rempli cette fonction dans le même département au cours des cinq dernières années. Sont enfin exemptés les parents de l'accusé ou des autres membres du jury, des magistrats membres de la cour, du procureur ou de l'un des avocats.

Des tirages au sort en pagaille...

Les jurés sont tirés au sort à partir de la liste électorale. Un processus particulièrement laborieux et régi strictement par la loi est mis en œuvre pour la sélection des 52 jurés (titulaires et suppléants) de chaque session d'assises, qui se fait en trois phases.

Une première liste préparatoire est établie dans chaque commune par un tirage au sort effectué sur les listes électorales sous l'autorité du maire. Ensuite, une liste annuelle des jurés est établie dans le ressort de chaque cour d'assises, c'est-à-dire dans chaque département, par un second tirage au sort, effectué à partir de la liste préparatoire. Enfin, trente jours au moins avant l'ouverture de la session de la cour d'assises, lors d'une audience ouverte au public, se réunit une commission sous la houlette du premier président de la cour d'appel ou du président du tribunal de grande instance dans lequel siège la cour d'assises. Après avoir éliminé les noms de tous les jurés qui ne remplissent pas les conditions prévues par la loi, la commission tire au sort le nom de 35 jurés titulaires qui formeront la liste de session.

Cette commission établit également, dans les mêmes conditions que la liste annuelle, une liste spéciale de dix jurés suppléants. Ces jurés, qui doivent tous résider dans la ville dans laquelle siège la cour d'assises, sont prévus pour remplacer l'absence des jurés de la liste de session, au cas où ceux-ci viendraient à être moins de 23, ou moins de 26 si la cour d'assises statue en appel. Ils assistent aux débats et remplacent, le cas échéant, un juré titulaire qui pourrait être empêché de siéger, par exemple pour raison de santé ou à la suite d'un malaise ; 23 ou 26, c'est le nombre minimal de jurés requis pour que puissent être valablement tirés au sort, pour chaque affaire, les six jurés de la cour d'assises statuant en premier ressort ou les neuf jurés de la cour d'assises statuant en appel.

En effet, pour faire partie du jury, il faut être désigné par un nouveau tirage au sort. Ce dernier est effectué par le président de la cour d'assises à l'ouverture de la session d'assises, en la présence des jurés présélectionnés, et pour chaque affaire. Si un nom sort de l'urne et qu'il n'est pas récusé par la défense ou l'avocat général, la cour d'assises dispose d'un juré titulaire. Le président procède aussi au tirage au sort de jurés supplémentaires pour chaque affaire.

En cas de tirage au sort, une convocation vous est notifiée soit à vous-même, soit à votre domicile par la gendarmerie ou un huissier de justice. Si elle n'a pu être remise en main propre, elle est aussitôt notifiée au maire de la commune, qui doit faire le nécessaire pour en donner connaissance.

LE SAVIEZ-VOUS ?

Si le sort s'est acharné contre vous au point de pointer votre nom à chacune des étapes précédentes, réjouissez-vous, il vous reste encore une chance de rentrer chez vous et de retourner à vos occupations : c'est le *droit de récusation*. Avant l'ouverture des débats, l'accusé ou son avocat puis le ministère public récusent les jurés qu'ils souhaitent, à mesure que leurs noms sortent de l'urne. Lorsque la cour d'assises statue en premier ressort, l'accusé ne peut récuser plus de cinq jurés, et le ministère public pas plus de quatre. Lorsque la cour d'assises statue en appel, le nombre de récusés est porté à six jurés au maximum pour l'accusé et à cinq pour le ministère public.

S'il y a plusieurs accusés, ils peuvent se concerter pour exercer leurs récusations ou les exercer séparément. Dans l'un et l'autre cas, ils ne peuvent excéder le nombre de récusations déterminé pour un seul accusé. Si les accusés ne se concertent pas pour récuser, le sort règle entre eux le rang dans lequel ils font les récusations. Dans ce cas, les jurés récusés par un seul, et dans cet ordre, le sont pour tous jusqu'à ce que le nombre des récusations soit épuisé.

Ce droit est totalement discrétionnaire : ni l'accusé ni le ministère public n'a à exposer les motifs de récusation de tel ou tel juré. Cela dit, un peu de bon sens suffit parfois à deviner leurs coupables pensées… En effet, le juré de couleur convoqué à une audience de crime à caractère raciste est à peu près sûr d'être évincé sans délai par l'accusé ou son avocat. Dans la même logique, le juré femme du même âge que la victime du crime à caractère sexuel est, elle aussi, assurée de pouvoir rentrer chez elle plus tôt que prévu. Ainsi, accusé et ministère public s'en donnent à cœur joie dans l'exercice de discriminations raciales, sexuelles, sociales et de faciès que constitue l'exercice de la récusation !

La loi ne fixe pas la durée des sessions. Celle-ci varie et dépend du nombre des affaires. Les sessions durent aussi longtemps que nécessaire pour qu'il soit procédé à l'examen de l'ensemble des affaires (soit en moyenne quinze jours).

Euh… non merci !

Peut-on refuser d'être juré ? Eh bien, non ! Il n'est pas possible de refuser d'être juré. Seule échappatoire, la dispense prévue par le Code de procédure pénale, soumise cependant à des conditions strictes : être âgé de plus de 70 ans, ne plus résider dans le département ou disposer d'un motif grave (maladie justifiée par un certificat médical, impératifs professionnels ou familiaux, etc.).

En cas d'absence d'un juré, la loi lui règle son compte : « La cour statue sur le cas des jurés absents. Tout juré qui, sans motif légitime, n'a pas déféré à la convocation qu'il a reçue peut être condamné par la cour à une amende de 3 750 euros. Le juré peut, dans les dix jours de la signification de cette condamnation faite à sa personne ou à son domicile, former opposition devant le tribunal correctionnel du siège de la cour d'assises. Les peines portées au présent article sont applicables à tout juré qui, même ayant déféré à la convocation, se retire avant l'expiration de ses fonctions, sans une excuse jugée valable par la cour. »

Les obligations du juré

Le Code de procédure pénale – toujours lui ! – prévoit que « les assesseurs et les jurés peuvent poser des questions aux accusés et aux témoins en demandant la parole au président. Ils ont le devoir de ne pas manifester leur opinion ». Pas question, donc, de bavarder avec ses voisins. L'article suivant impose que « le président invite l'accusé et les jurés à écouter avec attention la lecture de la décision de renvoi, ainsi que, lorsque la cour d'assises statue en appel, des questions posées à la cour d'assises ayant statué en premier ressort, des réponses faites aux questions, de la décision et de la condamnation prononcée. Il invite le greffier à procéder à cette lecture ». Et pour cause, la décision de renvoi comprend toutes les informations essentielles sur l'affaire dont les jurés auront à connaître. Pas question non plus de rester les mains dans les poches : « Pendant l'examen, les magistrats et les jurés peuvent prendre note de ce qui leur paraît important, soit dans les dépositions des témoins, soit dans la défense de l'accusé, pourvu que les débats ne soient pas interrompus. »

Les indemnités du juré

Les jurés ont droit à quatre sortes d'indemnité :

- Une indemnité journalière de session ;
- Une indemnité journalière de séjour ;
- Une indemnité de transport ;
- Une indemnité pour perte de revenu professionnel.

Ces indemnités ne sont pas versées d'office : elles doivent être réclamées au greffe du tribunal de la cour d'assises.

La partie civile

La *partie civile* est la personne qui s'estime victime d'une infraction et qui entend, à ce titre, obtenir une indemnisation de son préjudice. Une fois que la juridiction a statué au pénal sur la sanction due à la société, elle examine les demandes civiles de dommages et intérêts.

Un effort de considération de la victime a été fait en droit français : elle est désormais mieux informée de ses droits – de se constituer partie civile et d'obtenir réparation de son préjudice – par l'officier de police judiciaire qui reçoit sa plainte pour un crime ou un délit. Ainsi, la victime peut se constituer partie civile en citant directement l'auteur des faits devant la juridiction compétente ou en portant plainte devant le juge d'instruction si l'action publique est mise en mouvement par le parquet.

La constitution de partie civile est recevable jusqu'au moment des réquisitions du ministère public au cours du procès de l'auteur de l'infraction. À défaut de poursuite par le parquet, la victime a le pouvoir de contraindre ce dernier à poursuivre l'infraction commise à son préjudice en déposant une plainte avec constitution de partie civile. Ce passage en force a un prix, celui de la *consignation* que la partie civile est tenue de verser, et dont le montant est fixé arbitrairement par le juge d'instruction.

Les témoins

Un *témoin* est une personne qui atteste en justice – devant une juridiction de jugement ou devant un juge d'instruction – de ce qu'elle a vu ou entendu. Ne peuvent être considérés comme des témoins les magistrats, les jurés et la partie civile, même si celle-ci a voix au chapitre et est appelée à la barre pour livrer sa version des faits.

Les témoins prêtent serment, selon la formule consacrée, de « dire toute la vérité, rien que la vérité » et « de parler sans haine et sans crainte » devant la cour d'assises lors de leurs dépositions, sauf s'il s'agit :

- du père, de la mère ou de tout autre ascendant de l'accusé, ou de l'un des accusés présents et soumis au même débat ;
- de son fils, de sa fille ou de tout autre descendant ;
- de ses frères et sœurs ;
- de ses alliés aux mêmes degrés ;
- de son mari ou de sa femme (même après le divorce !) ;
- de la partie civile ;
- des enfants au-dessous de l'âge de 16 ans.

Dans le cadre d'une *information judiciaire*, préalable à la phase de jugement, les témoins sont convoqués par le juge d'instruction ou par un officier de police judiciaire, aux fins d'*audition* ou de *confrontation* avec la personne suspectée.

Si le témoin ne *peut* pas venir, il est possible de l'entendre dans le cadre d'une *commission rogatoire* : le juge d'instruction peut donner une sorte de lettre de mission à la police judiciaire lui demandant d'accomplir tel acte d'information qu'il estime nécessaire. Le témoin sera alors entendu par un officier ou un agent de police judiciaire. S'il ne *veut* pas venir, il y est contraint par la force ; et le juge d'instruction peut prononcer en cas de refus une peine d'amende.

Chapitre 11

Passer par la case prison

Dans ce chapitre :

- L'Administration pénitentiaire, son organisation et son « parc hôtelier »
- Tout sur les règles de la détention

Le sujet n'est pas anodin, puisqu'il concerne, au 1er mars 2012, 66 445 personnes détenues.

La prison a pour vocation d'écarter les individus dangereux de la société, mais aussi, bien que ce noble objectif reste dans la plupart des cas théorique, la réinsertion de ces mêmes personnes. Les polémiques récurrentes sur le taux de récidivistes démontrent que la réinsertion reste essentiellement une déclaration d'intention. En pratique, peu de mécanismes sont mis en place pour aider celui dont le CV présente un blanc de quelques années… Les professionnels accusent le manque de moyens et de personnels. Force est de constater que les pouvoirs publics ont très peu pris le temps de définir les missions de la prison, sujet peu porteur d'un point de vue électoral. La réinsertion reste donc le parent pauvre de la politique pénale.

La « Gardienne » : l'Administration pénitentiaire

Placée sous l'autorité du garde des Sceaux depuis 1911, l'administration pénitentiaire est l'une des cinq directions du ministère de la Justice (les autres directions étant celles des services judiciaires, des affaires civiles et du sceau, des affaires criminelles et des grâces et de la protection judiciaire de la jeunesse). Le directeur de la direction de l'administration pénitentiaire est nommé par décret du président de la République, sur proposition du garde des Sceaux. Cette direction comprend une administration centrale, des services déconcentrés, un service à compétence nationale (SEP) et un établissement public administratif chargé de la formation de tous les personnels pénitentiaires, l'École nationale d'administration pénitentiaire (Enap), située à Agen.

L'Administration pénitentiaire assume une double mission : la surveillance des personnes placées sous main de justice et la préparation de leur réinsertion. Au 1er janvier 2012, l'Administration pénitentiaire comptait (hors Enap) 35 420 agents (source : `www.justice.gouv.fr`). Le lecteur attentif ne manquera pas de remarquer que les détenus sont quasiment deux fois plus nombreux que le personnel de l'Administration pénitentiaire.

Les différents types d'établissements pénitentiaires

Le terme générique de « prison » recouvre une panoplie de différents établissements qui se distinguent par la longueur des peines qui y sont exécutées. On recense ainsi :

- **Les maisons d'arrêt :** destinées aux peines inférieures à deux ans et aux détentions provisoires (personnes dans l'attente d'être jugées), on en dénombre 99.
- **Les centres de détention :** destinés aux peines moyennes, aux détenus les plus jeunes et à ceux dont la réinsertion semble la plus favorable, ils sont au nombre de 25.
- **Les maisons centrales :** destinées aux peines les plus longues, elles sont au nombre de 6.
- **Les centres de semi-liberté autonomes :** ils sont destinés aux condamnés placés par le juge d'application des peines sous le régime de la semi-liberté (les détenus ont une activité généralement professionnelle hors de l'établissement le jour et doivent passer la nuit dans l'établissement).
- **Les centres pénitentiaires :** constitués de différents quartiers (par exemple, un quartier « maison d'arrêt » et un quartier « centre de détention »), ils sont au nombre de 43.

Un peu d'histoire : la Bastille

Destinée à défendre la porte Saint-Antoine, elle fut bâtie sous Charles V, de 1370 à 1383, par Hugues Aubriot. Elle fut utilisée comme coffre-fort et lieu de réception par François Ier, avant d'être transformée en prison d'État par le cardinal de Richelieu. La Bastille abrita entre autres Hugues Aubriot (son fondateur et prévôt de Paris, accusé en cette qualité d'impiété eu égard à une trop grande bienveillance pour les juifs), le mystérieux « Masque de fer », le marquis de Sade ou encore Voltaire. La chute de la Bastille est le symbole du début de la Révolution française : elle fut prise le 14 juillet 1789 par des révolutionnaires qui y cherchaient de la poudre. Dès le 16 juin 1792, il est décidé que l'emplacement de la Bastille formerait une place dite « de la Liberté », et qu'une colonne y serait élevée. Palloy fournit la première pierre, mais la construction en reste là. Une fontaine est installée en 1793. Napoléon, dans ses projets de réaménagement de Paris, projeta en 1808 d'y construire un monument en forme d'éléphant. Celui-ci devait mesurer 24 mètres de haut et être fondu avec le bronze des canons pris aux Espagnols. Louis-Philippe décida en 1833 de construire la « colonne de Juillet » envisagée en 1792. Elle fut inaugurée en 1840. Une grande partie des pierres de la Bastille ont servi à construire le pont de la Concorde. On peut encore voir des vestiges, sur le quai de la station de métro Bastille, de la tour de la Liberté, où fut enfermé Sade, ainsi que dans le square Henri-Galli, au départ du boulevard Henri-IV. Il est enfin possible de suivre sur le sol de la place le tracé des anciens murs d'enceinte et des tours.

Les règles de la détention

Les personnes placées en détention doivent obéir à un grand nombre de règles strictes.

L'argent

Dès son arrivée, au moment de sa mise sous écrou, le détenu doit remettre ses bijoux, ses papiers d'identité et son argent afin que ceux-ci soient déposés au coffre. Il ne peut désormais plus manier de moyen de paiement jusqu'à sa libération. Il n'est autorisé à garder que son alliance, sa montre, une chaîne avec une médaille religieuse de petite taille et des photographies de sa famille.

La comptabilité de l'établissement pénitentiaire ouvre un compte nominatif pour chaque détenu. Les entrées d'argent sont divisées en trois catégories :

- La part disponible ;
- Le pécule de libération en vue de sa réinsertion ;
- L'indemnisation des parties civiles.

Les 200 premiers euros perçus mensuellement par le détenu entrent dans la première catégorie. Il s'agit de la « pension alimentaire » mensuelle : ce qui lui permettra notamment de *cantiner*, c'est-à-dire d'acquérir des biens au sein de la prison (produits d'hygiène et d'entretien, tabac, journaux).

Si le détenu perçoit plus de 200 euros par mois, la comptabilité en prélève notamment un pourcentage variable en fonction de l'importance des ressources, qui est affecté au remboursement des parties civiles.

Enfin, si le détenu percevait le RSA avant son incarcération, celui-ci sera suspendu deux mois après.

Les loisirs et le travail

Le détenu peut participer aux activités sportives proposées par la prison. La télévision est en revanche payante : son prix est prélevé sur la part disponible du compte du détenu. La bibliothèque de la prison est accessible aux détenus qui le souhaitent. Ils peuvent notamment y trouver le Code pénal et le Code de procédure pénale… ce qui explique que les détenus soient souvent de fins juristes et d'excellents procéduriers !

Alors que l'enseignement et la formation sont obligatoires pour les mineurs de moins de 16 ans, les majeurs doivent faire une demande pour en bénéficier.

Les travaux proposés aux détenus sont de deux ordres : soit en atelier de production (en fonction des places disponibles), soit par affectation au service général de la prison (avec l'accord du magistrat). Les places disponibles sont attribuées en fonction de critères sociaux, mais aussi en considération de l'existence d'une obligation de réparation des victimes.

Bref, on est loin de l'image idyllique que certains ont parfois tendance à présenter de geôles de luxe équipées d'écrans plasma, de sofas et de parcs où s'ébattre…

Une journée ordinaire dans une maison d'arrêt

7 h 00-8 h 00 : Réveil, petit déjeuner, toilette, entretien de la cellule.

8 h 00-11 h 15 : Travail ou activités (sauf le week-end), promenade, loisirs (sport, bibliothèque, etc.) et parloirs (les horaires des parloirs varient d'un établissement à l'autre).

11 h 30-12 h 15 : Distribution du déjeuner.

13 h 00-14 h 00 : Promenade des détenus ayant un travail (service général ou autre).

14 h 00-17 h 00 : Travail, activités, promenade, loisirs, parloirs, douches.

17 h 00-17 h 45 : Douches pour les détenus qui travaillent (service général ou autres).

18 h 15-18 h 45 : Distribution du dîner.

18 h 45 : Fermeture des cellules.

(Source : www.justice.gouv.fr)

Les visites

Le règlement de chaque établissement détermine les jours et heures de *parloir*. Les prévenus et accusés (autrement dit, les personnes incarcérées mais non encore jugées) ont droit à un minimum de trois visites hebdomadaires, tandis que les condamnés ne bénéficient que d'une visite hebdomadaire.

Tout visiteur doit détenir un permis accordé par le juge d'instruction si le visité est prévenu ou par le chef de l'établissement s'il s'agit d'un condamné. Si le visiteur n'est pas un membre de la famille, la délivrance du permis est subordonnée au résultat d'une enquête menée par la police ou la gendarmerie.

Le déroulement du parloir est surveillé et strictement réglementé (interdiction de recevoir ou d'échanger des objets – par exemple du tabac, du papier, des magazines, des aliments, des boissons, etc. –, d'avoir des relations sexuelles, etc.). Le détenu est nécessairement fouillé avant et après le parloir, les visiteurs passant également par des portiques de sécurité dignes d'un aéroport en zone de menace terroriste.

Les unités de vie familiale

Le droit à la sexualité est resté longtemps un sujet controversé au sein de l'Administration pénitentiaire. La France a mis plus de temps que d'autres pays – tels que le Danemark, l'Écosse, la Finlande, les Pays-Bas, la Suisse, l'Espagne ou le Canada – à admettre la nécessité de dispositifs préservant la dignité et l'intimité des détenus et de leurs proches. Ce n'est qu'en 2003 que le ministre de la Justice a annoncé le lancement de l'expérimentation de dispositifs de « rencontres prolongées » entre des personnes incarcérées et leur famille. Les premières unités expérimentales ont été inaugurées dans trois sites pilotes à Rennes, Poissy et Saint-Martin-de-Ré. Ces appartements meublés sont réservés aux personnes condamnées à de longues peines ne disposant pas de permis de sortie. La durée des retrouvailles est comprise entre six et soixante-douze heures.

La santé

Rapidement après sa mise sous écrou, le détenu voit un médecin, qui procède notamment au dépistage de… la tuberculose. Une unité médicale rattachée à l'administration hospitalière prend en charge le suivi médical des détenus dans toutes les prisons. Par ailleurs, un personnel soignant est constamment présent, et un suivi personnalisé pour des problèmes physiques ou psychologiques peut être sollicité par le détenu ; son courrier est alors confidentiel. Le détenu ne peut ni stocker ni consommer de médicaments qui n'ont pas fait l'objet d'une prescription interne. Il est précisé que le détenu est affilié au régime général de la Sécurité sociale : sa famille a droit au remboursement des frais médicaux s'il est en situation régulière. Il faut encore noter que le détenu n'a droit qu'à trois douches par semaine… Enfin, la peine ne peut être suspendue pour raison médicale qu'à l'issue de deux expertises concordantes.

De Maurice Papon à Joëlle Aubron d'Action directe, la suspension de peine en question

La Ligue des droits de l'homme n'a pas manqué de s'insurger au lendemain du décès de Maurice Papon, « mort dans son lit à 96 ans », en 2007, alors qu'il avait été condamné à dix ans de réclusion criminelle le 2 avril 1998 pour complicité de crimes contre l'humanité. Le « pourvoyeur d'Auschwitz » avait en effet été libéré le 18 septembre 2002 au motif qu'il était atteint « d'une pathologie engageant le pronostic vital ». Il aura pourtant fallu cinq années à ladite pathologie pour venir à bout du nonagénaire, plutôt fringant à sa sortie de prison. La clémence dont a bénéficié Maurice Papon était plus difficile encore à accepter au regard du parcours du combattant qu'avait connu Joëlle Aubron, membre de l'ex-groupe terroriste Action directe. En effet, celle-ci est décédée le 1er mars 2006, à l'âge de 46 ans, deux ans seulement après avoir bénéficié d'une suspension de peine tardive pour raisons médicales, en juin 2004.

La discipline

La violation du règlement intérieur de la prison peut être sanctionnée en commission de discipline. Il est précisé que le détenu peut être entendu et assisté par son avocat ou un mandataire pendant l'audience disciplinaire. Les sanctions pouvant être infligées sont les suivantes :

- L'avertissement ;
- La privation de cantine pour deux mois au maximum ;
- La privation de subsides pour deux mois au maximum ;
- Le confinement en cellule seul jusqu'à quarante-cinq jours (limité à quinze jours pour les détenus âgés de 16 à 18 ans) ;
- Le placement en cellule disciplinaire jusqu'à quarante-cinq jours (limité à quinze jours pour les détenus âgés de 16 à 18 ans) ;
- Autres sanctions en rapport avec la faute commise (privation d'activités de formation, culturelles, sportives et de loisirs, travaux de réparation).

La sanction la plus lourde, le placement en cellule disciplinaire, est particulièrement pénalisante : le détenu est coupé de tout contact avec ses coreligionnaires et des activités (sport, promenade, télévision, parloir). Ses seuls contacts restent son avocat, l'agent d'insertion et l'aumônier (ou son équivalent selon la religion), qu'il peut demander à rencontrer, et ses seuls loisirs restent la lecture et l'écriture…

LE SAVIEZ-VOUS ?

Prisons de femmes

Les hommes et les femmes sont détenus dans des établissements ou des quartiers distincts. Les femmes ne sont en contact qu'avec des femmes, puisque le personnel de surveillance est alors exclusivement féminin, alors que celles-ci peuvent surveiller des détenus masculins.

La grande particularité est cependant ailleurs : il s'agit de la possibilité pour les mères détenues de garder auprès d'elle leur enfant de moins de 18 mois. Aucune autorisation n'est requise, c'est un droit que la femme reste libre d'exercer ou pas. Les décisions concernant l'enfant sont prises par la mère (sorties, soins, etc.). Le père pourra alors rendre visite à l'enfant en prison. À partir du dix-huitième mois de l'enfant, la mère peut demander de garder son enfant. Le directeur régional des services pénitentiaires statue après l'avis d'une commission qui entend l'avocat de la mère et le père. À la fin de son séjour, l'enfant pourra, sur requête de la mère adressée au chef de l'établissement, être autorisé à effectuer de bref séjour à ses côtés.

Quatrième partie

La jungle des lois

Dans cette partie...

Au début était la loi, expression de la vox populi relayée théoriquement par le Parlement. Les textes législatifs étaient simples, courts et assimilables à de véritables maximes. La lecture de la loi était proche de celle de l'almanach Vermot, et on laissait aux tribunaux et aux universitaires le soin de commenter la loi, de l'interpréter et de l'adapter à des domaines divers.

La tendance désormais consiste à légiférer à tout prix et à combler tout ce qui pourrait s'assimiler à un vide juridique. Les normes (lois, règlements, décrets, arrêtés...) pullulent et sont rédigées dans un jargon imbitable de technocrate. En comparaison, les modes d'emploi de matériels hi-fi asiatiques semblent d'une limpidité confondante. On légifère ainsi tous azimuts, quitte à faire un copier-coller avec des règles d'ores et déjà existantes.

Initialement, le droit est divisé en deux grandes catégories : le droit privé et le droit public. Schématiquement, le droit privé est celui qui concerne uniquement les rapports entre individus, et le droit public intervient lorsque l'État est impliqué. Sans exhaustivité, le droit privé comporte le droit civil, le droit pénal, le droit du travail, le droit commercial... Le droit public comprend notamment le droit administratif, le droit de la fonction publique, le droit électoral, le droit fiscal...

L'affluence de normes juridiques dans des domaines précis a donné naissance à des sous-catégories spécifiques à des secteurs particuliers : le droit des assurances (qui regroupe la législation régissant les rapports entre assureurs et assurés et définit les principes de gestion des risques...), le droit de la construction (qui traite des rapports entre les différents corps de métier dans la réalisation de travaux), le droit de la copropriété, le droit du sport, le droit de la santé...

Compte tenu de la diversité des lois et des réglementations en vigueur, il est difficile voire impossible de les envisager toutes exhaustivement. C'est donc en toute partialité qu'il a été décidé que certains domaines juridiques ne seraient pas abordés dans cet ouvrage. Les domaines traités sont des introductions apéritives, destinées à susciter la curiosité, laquelle n'est pas un vilain défaut pour des juristes

Chapitre 12

Tous à la même enseigne : le droit des particuliers

Dans ce chapitre :

- Les grandes étapes de la vie : le droit civil
- L'esprit de clan : le droit de la famille
- Au quotidien : le droit de la consommation

« C'est pas juste ! » « T'as pas le droit ! » Très tôt, les enfants ont le fort sentiment qu'ils évoluent dans un monde de règles (certes, en général, dictées et imposées par leurs parents). De fait, petits et grands sont assujettis dans leurs rapports à des règles juridiques à l'intérieur comme à l'extérieur du cocon familial.

Les grandes étapes de la vie : le droit civil

Le *droit civil* régit les rapports entre les personnes. Il s'intéresse à l'ensemble de nos actes de la vie quotidienne, de notre naissance à notre mort : il s'immisce dans l'intimité de notre cercle familial (filiation, union, succession), s'invite à notre domicile (relations entre propriétaires et locataires, copropriété, troubles du voisinage), nous apprend à cultiver notre jardin (« Tes arbrisseaux à plus de 2 mètres de ton voisin tu planteras »). Le droit civil guide encore la rédaction de tous les contrats (achat d'une maison, vente de pommes de terre, abonnements…). Il règle enfin l'indemnisation des victimes des accidents ordinaires et extraordinaires de la vie courante : de la brûlure d'un café trop chaud à l'accident de voiture, en passant par la morsure d'un chien.

Le droit civil s'adresse aux individus et est donc incontournable. Juridiquement, tout être humain devient tôt ou tard une personne sujet de droit civil, notamment à chacune des grandes étapes de sa vie.

L'individu comme sujet de droit est doté de caractéristiques qui lui sont propres : une identité, une apparence physique, une vie privée, un corps, des convictions morales ou religieuses, une orientation sexuelle… Autant de caractéristiques qui forment la personnalité et sont donc logiquement dénommées… les « droits de la personnalité ».

La naissance : un acte à part entière

Pour devenir une personne juridique dotée de droits mais également d'obligations, il faut être né et être *viable*. Scientifiquement, un enfant est considéré comme viable à compter de la vingtième semaine après sa conception ou s'il pèse au moins 500 grammes ! Les textes prévoient qu'un enfant doit être déclaré à l'état civil dès lors que la gestation a duré au moins cent quatre-vingts jours (soit vingt-trois semaines à compter de la conception). Pour les enfants mort-nés conçus depuis plus de cent quatre-vingts jours, une déclaration est effectuée avec la mention « enfant sans vie ».

La déclaration de naissance doit être effectuée auprès de l'état civil dans les trois jours suivant l'accouchement. Si les parents ne respectent pas ce délai, il leur faudra saisir le tribunal de l'arrondissement dans lequel l'enfant est né, étant précisé que l'absence de déclaration peut donner lieu à des sanctions pénales. Par ailleurs, qui doit déclarer la naissance ? Le Code civil donne ce rôle au père ou, à défaut, aux médecins, sages-femmes et autres personnes qui ont assisté à l'accouchement. La mère de l'enfant ne figurant pas dans cette liste, elle ne saurait encourir de sanctions en cas de non-déclaration.

La preuve définitive de la vie, et donc de la qualité de « personne juridique », est ainsi l'*acte de naissance*. Celui-ci comporte différentes indications : la date et le lieu de naissance, le sexe, les prénoms attribués à l'enfant, le nom de famille et les noms des parents lorsque ceux-ci reconnaissent l'enfant (voir plus bas la section sur la filiation).

Il ne faut pas en déduire que l'accomplissement de ces démarches conditionne de manière absolue le fait qu'un enfant ait des droits. En effet, une règle issue du droit romain accorde certaines prérogatives aux fœtus. Ainsi, dans son intérêt, l'enfant peut être réputé né au jour de sa conception. Cela permet qu'un enfant puisse hériter dès sa naissance, même s'il n'était pas né mais seulement conçu au jour de l'ouverture de la succession.

Le nom de famille : fixe… ou presque

Le *nom* est l'appellation par laquelle sont désignés les membres d'une même famille. Il s'acquiert et se transmet par la naissance, l'adoption ou le mariage. L'attribution d'un nom unique et immuable s'impose également pour des raisons de sécurité publique : il est indispensable que toute personne puisse être identifiable. Longtemps, le Code civil n'a connu que le nom dit « patronymique », c'est-à-dire le nom du père. Depuis une réforme législative intervenue en 2002, l'expression est bannie du Code pour être remplacée par le terme « nom de famille ». Le nom de famille est donc désormais soit celui du père, soit celui de la mère, soit les noms accolés des deux parents dans l'ordre qu'ils auront choisi. Le nom dévolu au premier enfant du couple devra être le même pour les autres enfants issus de cette union.

Depuis 2002, les parents d'enfants naturels (c'est-à-dire dont les géniteurs ne sont pas liés par le mariage) peuvent, pour leurs bambins mineurs et sur déclaration conjointe, choisir d'accoler au premier nom celui de l'autre parent. Si l'enfant a plus de 13 ans, il devra consentir expressément à cette démarche.

Une loi révolutionnaire toujours en vigueur à ce jour précise que le nom de famille est fixe et ne peut être modifié. Certaines dérogations légales existent cependant : ainsi, le mariage, le divorce ou l'adoption sont susceptibles de modifier le nom de famille. Certaines décisions administratives ou judiciaires admettent également la possibilité de procéder à un changement de nom sous certaines conditions. C'est le cas pour toute personne justifiant d'un intérêt légitime. La notion d'*intérêt légitime* n'est pas définie et laisse donc un très large pouvoir d'appréciation aux magistrats.

Ainsi, le changement de nom est possible lorsqu'il a vocation à permettre de faire revivre un nom de famille (le nom d'un des grands-parents par exemple) qui risque l'extinction faute de transmission à des descendants mâles directs. Les noms ridicules, déplaisants ou qui rendent difficile l'exercice d'une profession compte tenu des éventuels jeux de mots sont également des motifs légitimes de changement de nom. À titre d'exemple, un docteur Bobo ou un avocat nommé Véreux auraient intérêt à modifier leur patronyme... Les personnes portant le nom de personnages s'étant illustrés au cours de l'histoire par un comportement abominable justifient eux aussi d'un motif légitime à changer de nom de famille : aux oubliettes de l'état civil, les « Landru », les « Hitler » et les « Attila »...

Par ailleurs, un pseudonyme peut officiellement remplacer le nom de naissance si son titulaire justifie d'une notoriété certaine et d'un usage prolongé dudit pseudonyme. Une loi de 1972 permet également à toute personne qui acquiert ou recouvre la nationalité française de demander la francisation de ses nom et prénom ou de l'un des deux, lorsque leur apparence, leur consonance ou leur caractère étranger peut gêner l'intégration dans la communauté française.

En revanche, le changement de nom sera refusé à toute personne qui n'agit pas dans un intérêt familial, mais par vanité ou afin de tirer de ce changement un profit pécuniaire. La volonté d'adjoindre une particule au nom de famille n'est ainsi pas considérée comme un motif légitime, pas plus que le changement de nom destiné à faire oublier une condamnation pénale.

Le choix du prénom : Fetnat, Mickey et les autres

Il appartient aux parents d'attribuer à leur enfant un ou des prénom(s). En l'absence de parents ayant reconnu l'enfant, l'officier d'état civil en donne trois.

LE SAVIEZ-VOUS ?

Initialement, les prénoms choisis pour désigner un enfant devaient être trouvés parmi les noms en usage dans les calendriers ou parmi les personnages historiques. De longs débats judiciaires sont intervenus : ne devait-on prendre comme référence que le calendrier français ? Cette controverse a participé, pendant un temps, au début du XXe siècle, à la tentative d'éradication des prénoms bretons… On pouvait affubler son marmot d'un prénom comme « Cochon » présent dans le calendrier révolutionnaire, ou « Fetnat » pour les natifs du 14 juillet (!), mais certainement pas le prénommer « Corentin » ou « Gwenaëlle » !

Depuis 1993, le choix du prénom est libre. Cependant, un contrôle est effectué *a posteriori*. L'officier d'état civil ne peut faire de commentaires ou refuser d'inscrire les prénoms choisis par les parents. S'il lui semble que le choix du prénom va à l'encontre de l'intérêt public ou de celui de l'enfant, il doit le signaler au procureur de la République. La Cour de cassation a sagement considéré, dès 1990, que l'intérêt de l'enfant doit prévaloir sur le souci d'originalité des parents. Ainsi, des prénoms comme Assedic, Gloarnic, Cœur-Marie, Babar, Bâbord et Tribord (pour des jumeaux) ont été refusés.

Par ailleurs, le changement de prénom est justifié dans des conditions similaires à celles du changement de nom de famille.

Le transsexualisme : du chevalier d'Éon à Chouchou

La définition du sexe d'une personne peut être établie par différents moyens. On pourrait s'en tenir à l'aspect chromosomique : les hommes ont des chromosomes sexuels XY et les femmes des chromosomes sexuels XX. Il serait également possible de considérer l'aspect physiologique ou psychologique de la personne. Le plus souvent, ces trois facteurs d'identité sexuelle coïncident, mais pas toujours. Il existe des cas où, à la naissance, on ne peut physiologiquement déterminer si l'enfant est un garçon ou une fille. Médicalement, désormais, compte tenu de l'avancée de la science, des tests génétiques sont pratiqués, et une intervention de chirurgie plastique est menée pour que le bébé ait un physique concordant avec son identité chromosomique. Il est également possible que le sexe psychologique prime. Une personne aura les caractéristiques génétiques et physiques d'un genre, mais le comportement personnel, social et psychologique de l'autre genre ; il s'agit du syndrome dit « de transsexualisme ». Dans certaines conditions définies par les experts médicaux, une opération chirurgicale peut être réalisée pour que l'identité morphologique coïncide avec l'identité psychologique.

Pendant longtemps, la Cour de cassation a débouté les personnes transsexuelles sollicitant le changement de sexe au sein de leur état civil, aux motifs que « le transsexualisme, même lorsqu'il est médicalement reconnu, ne peut s'analyser en un véritable changement de sexe, le transsexuel, bien qu'ayant perdu certains caractères de son sexe d'origine, n'ayant pas pour autant acquis ceux du sexe opposé ». La Cour européenne des droits de l'homme a condamné la France pour avoir adopté de telles décisions, qui vont à l'encontre du respect de la vie privée de la personne ayant changé de sexe. Désormais, et sous l'influence de cette jurisprudence constante, le changement de sexe permet une rectification de l'état civil et autorise les modifications du sexe et du prénom dans les conditions suivantes :

- le syndrome de transsexualisme doit être reconnu à la suite d'une expertise médicale ;
- l'opération de changement de sexe doit avoir eu lieu avant la saisine du juge ;
- le ou la transsexuel(le) doit avoir l'apparence physique du sexe revendiqué.

Cette modification de l'état civil ne vaut que pour l'avenir, l'acte de naissance demeurant inchangé. Le mariage conclu avant l'opération n'est pas dissous pour autant. Cependant, le transsexualisme peut constituer une cause reconnue de divorce. La personne, sous sa nouvelle identité, pourra tout à fait conclure un nouveau mariage à l'avenir. Aucune objection de principe ne peut être à ce titre formulée. Les personnes ayant changé de sexe ont un droit reconnu à la vie familiale. Le parcours que leur inflige le droit français reste cependant très éprouvant et bien archaïque lorsqu'il est comparé à d'autres législations européennes.

Le domicile : home sweet home !

Parmi les autres facteurs identifiants indispensables, on compte le domicile. Celui-ci incarne étymologiquement le rattachement au foyer (le fameux *domus* latin). Il comporte une facette administrative permettant à son titulaire de percevoir des prestations sociales et de régler ses impôts. Le domicile est le siège de la famille, car les enfants mineurs y sont accueillis.

La nécessité d'avoir un unique domicile permet également de rattacher une personne à un lieu et de pouvoir, pour des raisons de sécurité publique, la retrouver. Bien entendu, on peut avoir plusieurs résidences, mais le « domicile », au sens juridique du terme, doit être unique. Le Code civil définit le domicile comme le lieu où la personne a son principal établissement. Pour déterminer le domicile d'une personne, il faut, d'une part, qu'elle réside sur le lieu en question, et, d'autre part, qu'elle ait l'intention d'y rester et de s'y établir. Le choix d'un domicile relève ainsi principalement d'une démarche volontaire. Le domicile peut toutefois être imposé pour différentes raisons : les époux s'installent dans le fameux « domicile conjugal », les enfants mineurs ou majeurs sous tutelle ont un domicile imposé, celui de leurs parents ou tuteurs.

La détermination d'un domicile est indispensable pour l'exercice des droits civils : droit de vote, perception d'allocations sociales, obligations fiscales… Cependant, le choix d'un domicile comme formalité administrative peut poser certaines difficultés pour les personnes qui décident ou sont contraintes de mener une vie nomade ou précaire. Il faut alors distinguer les gens du voyage des sans domicile fixe, qui ne relèvent pas du même régime juridique.

Les nomades désireux d'exercer une activité ambulante doivent être artificiellement rattachés à une commune et obtenir un titre de circulation délivré par la préfecture. Si une personne nomade exerce ainsi une activité ambulante sans titre de circulation, elle est susceptible d'encourir des sanctions pénales allant jusqu'à un an d'emprisonnement. Si cette personne souhaite être rattachée à une autre commune, elle doit alors remplir deux conditions : justifier être restée deux années au moins dans la commune de rattachement qu'elle souhaite quitter et démontrer l'existence d'attaches avec la ville qui l'« accueille ». On constate ici la discrimination qui existe avec les personnes sédentaires, qui peuvent changer de domicile sans motif particulier.

Une autre discrimination existe, entre nomades et SDF cette fois. Une loi de 1998 relative à la lutte contre les exclusions prévoit ainsi que les SDF peuvent justifier d'un domicile en produisant l'attestation d'une association ou d'un organisme d'accueil, alors qu'une circulaire du ministère de l'Intérieur interdit aux nomades de bénéficier de la « domiciliation associative »…

Le droit au logement

Le droit au logement est reconnu comme un principe à valeur constitutionnelle. Ainsi, la Déclaration universelle des droits de l'homme de 1948 reconnaît que « toute personne a droit à un niveau de vie suffisant pour assurer sa santé, son bien-être et ceux de sa famille, notamment pour l'alimentation, l'habillement, le logement, les soins médicaux ainsi que pour les services sociaux nécessaires ». Une loi de 1990 rappelle à ce titre que « garantir le droit au logement constitue un devoir de solidarité pour l'ensemble de la nation ».

Les manifestations de ce droit au logement sont diverses : il existe notamment des mesures administratives visant à garantir un taux minimal de logements sociaux par commune ou encore l'établissement de mesures préventives contre les expulsions ou de mesures judiciaires comme la condamnation des propriétaires qui ne mettent pas à disposition de leurs locataires des lieux décents. Le droit au logement a également permis la reconnaissance des droits des concubins (quel que soit leur sexe) à bénéficier du droit au bail lors du décès de leur conjoint. Enfin, à l'occasion de la campagne présidentielle de 2007 est apparue la notion de « droit opposable au logement », permettant à chacun de bénéficier d'un toit.

La mort : the end ?

Jusqu'en 1854, une personne pouvait être « condamnée à la mort civile », en général à la suite d'une condamnation pénale. Cette personne ne pouvait de ce fait bénéficier d'aucun droit, et ses biens étaient transmis à l'État. Désormais, seul le décès prouvé ou supposé emporte extinction des droits et obligations. À la mort de la personne, ses droits et certaines obligations sont transmis à ses héritiers (sous réserve de leur acceptation). Le décès est prononcé officiellement lorsque toute activité cérébrale a cessé.

La dépouille mortelle d'une personne n'est toutefois pas un objet dont tout un chacun peut disposer à sa guise. Le corps vivant ou mort doit être respecté et bénéficie donc de *droits résiduels*. À titre d'exemple, les dispositions du Code pénal sanctionnent toute atteinte à une sépulture ou au cadavre en lui-même. Une exception concerne toutefois les prélèvements d'organes, qui ne peuvent s'effectuer que dans des conditions rigoureuses (voir chapitre 17).

Le Code civil, à la suite de l'adoption des lois dites « bioéthiques », s'est attaqué au problème des exhumations de personnes décédées aux fins de procéder à des prélèvements génétiques. On se souvient de l'affaire médiatique qui avait entraîné l'exhumation des restes d'Yves Montand dans le but de déterminer par le biais de tests génétiques s'il était le père d'une jeune fille. Désormais, le Code interdit le prélèvement d'empreintes génétiques sur une personne décédée dans le cadre des procès en filiation, sauf si la personne avait manifesté de son vivant son accord à un tel examen.

Il existe des hypothèses où, même si aucun corps n'est retrouvé, tout laisse à penser que la personne est décédée. La mort doit dans ce cas être constatée par un juge.

L'absence et la disparition : le colonel Chabert

La mort peut être prononcée judiciairement en cas de disparition d'une personne. Cela recouvre différentes hypothèses : la personne dont on ne retrouve pas le corps à l'issue d'une catastrophe, celle qui s'envole du jour au lendemain sans laisser d'adresse, celle qui ne revient pas d'une guerre ou d'un long voyage. Ces hypothèses ont abondamment nourri les faits divers ainsi que notre littérature.

Le droit distingue deux hypothèses afin de permettre la gestion du patrimoine et des droits de l'absent ou du disparu. Juridiquement, l'absent est celui qui a cessé de paraître au lieu de son domicile ou de sa résidence sans que l'on en ait eu de nouvelles. Une procédure de *présomption d'absence* peut être diligentée auprès du juge des tutelles par toute personne qui y a un intérêt. La personne présumée absente est considérée comme une personne vivante ; ses biens seront donc gérés par un tuteur désigné par le juge. Cette mesure de protection peut être demandée pour les personnes disparues comme pour celles qui, par suite de l'éloignement, se trouvent malgré elles hors d'état de manifester leur volonté (qu'elles soient emprisonnées à l'étranger ou prises en otage…).

Avec le temps, si la personne disparue ne revient pas, sa mort devient des plus vraisemblables. Toute personne qui y a un intérêt peut donc, après un délai de dix années (porté à vingt années si la procédure de présomption d'absence n'a pas été effectuée), saisir le tribunal pour qu'un jugement de *déclaration d'absence* soit rendu. Cette décision de déclaration d'absence produira les mêmes effets que le décès naturellement intervenu. Cependant, il est possible – le colonel Chabert dépeint par Balzac en est un exemple – que l'absent réapparaisse. Les héritiers doivent alors lui restituer les biens qu'ils ont acquis dans le cadre de la succession. Ambiance garantie en famille ! Cependant, lorsque le mariage de l'absent a été dissous par le jugement d'absence, à son retour, le mariage demeure rompu : il appartient à l'absent de reconquérir le conjoint délaissé s'il veut à nouveau convoler. L'ex-absent pourra donc légalement épouser sa veuve !

Une autre procédure, celle de la *disparition*, plus souple, permet de prononcer judiciairement le décès d'une personne lorsque celle-ci a disparu dans des circonstances de nature à mettre sa vie en danger. Le jugement de disparition interviendra si l'on démontre par un faisceau d'indices que le décès est quasi certain. Il s'agit d'hypothèses de catastrophes naturelles ou accidentelles (naufrages, accidents d'avion, guerre…). Le décès sera dans cette seconde hypothèse consacré par décision judiciaire.

LE SAVIEZ-VOUS ?

Ces dispositions légales (procédures de disparition et d'absence) ont été créées dans le cadre du Code civil consécutivement aux campagnes napoléoniennes, car de nombreux soldats n'avaient pas réapparu à leur domicile.

Mineurs et majeurs sous tutelle : même pas cap !

Enfin, voici venu le tour des vieillards, des simples d'esprit et des orphelins… Le régime des « incapables » juridiques vise à protéger les plus faibles, qui, par leur immaturité ou leur sénilité, ne semblent pas ou plus aptes à gérer eux-mêmes leurs affaires. L'objectif est d'empêcher la personne de dilapider les biens qu'elle pourrait avoir ou de subir les influences néfastes de personnes qui abuseraient de son état de faiblesse.

Le Code civil propose plusieurs régimes plus ou moins intrusifs permettant d'assurer une certaine protection. Il y a d'abord les faibles par nature que sont les mineurs. Durant leur minorité, leurs parents exercent leurs droits en leurs lieu et place. Cela est justifié tant par l'immaturité de principe des enfants que par le rôle d'éducation et de protection auquel sont soumis les parents. Mais il se peut que des adultes majeurs puissent aussi être déclarés incapables : il s'agit des personnes dont les facultés de discernement sont altérées par la maladie ou par l'âge.

Mange ta soupe ! L'autorité parentale

Les enfants sont représentés légalement par leurs parents jusqu'à leurs 18 ans. Les géniteurs exercent l'autorité parentale sur leur enfant et administrent légalement ses biens. L'*autorité parentale* – anciennement dénommée « puissance paternelle » ! – concerne le pouvoir de décision des parents sur la vie de l'enfant, et ce dans son intérêt. Lorsque les deux parents sont vivants, ils exercent conjointement cette autorité parentale. Leur accord unanime est présumé pour les actes de la vie courante, alors que la décision doit être commune dans les grandes orientations de la vie de l'enfant (éducation, pratique d'une religion, traitement médical…).

La séparation des parents sera (sauf décision du juge) sans influence sur l'exercice de l'autorité parentale. Depuis l'année 2002, on ne donne plus la préférence au parent chez qui l'enfant réside au détriment de l'autre parent. En cas de désaccord profond sur l'exercice de l'autorité parentale, le juge aux affaires familiales tentera de concilier les positions ou, en dernier recours, devra arbitrer. Il prendra alors en considération les accords antérieurs prévus par les parents, les résultats des enquêtes sociales ainsi que les sentiments de l'enfant (s'il est suffisamment âgé pour s'exprimer).

L'autorité parentale impose également l'éducation, l'entretien et le soutien financier de l'enfant. Cette obligation de soutien financier ne s'éteint pas automatiquement à la majorité du chérubin si coûteux : les parents doivent continuer à assister leur enfant majeur, en fonction de leurs moyens, afin de permettre sa qualification professionnelle… et ce, quels que soient les éventuels conflits qui pourraient exister entre parents et enfants. Cette *obligation alimentaire* prolongée est réciproque, puisque tout majeur doit par la suite porter assistance (financièrement le cas échéant) à ses parents.

L'argent de poche sous surveillance : l'administration légale

L'*administration légale* consiste pour les parents à contrôler la gestion du patrimoine de leur progéniture. Ce patrimoine peut ne pas être seulement symbolique et limité à la gestion de l'argent de poche : un enfant peut devenir propriétaire d'une somme importante par succession ou entamer une carrière artistique lucrative. En cas de décès d'un des parents, le veuf ou la veuve exercera pleinement et exclusivement l'autorité parentale, alors que l'administration légale des biens sera exercée sous le contrôle du juge des tutelles et du conseil de famille.

Le *conseil de famille* est composé de quatre à six personnes désignées par le juge des tutelles. Le juge les choisit parmi la lignée tant paternelle que maternelle de l'orphelin. Le juge peut également y intégrer la famille de cœur (amis, parrains, voisins…) qui témoigne d'un intérêt pour l'enfant. Le conseil de famille a un rôle consultatif dans les décisions prises par le juge des tutelles.

Parce qu'il est immature, l'enfant doit être protégé contre lui-même. C'est la raison pour laquelle il ne peut gérer seul son patrimoine, ni s'engager juridiquement. Ainsi, un enfant ne peut conclure de contrat, souscrire un emprunt, accepter une succession ou agir en justice. Ces droits sont exercés par les parents en qualité de représentants légaux. Ceux-ci ne sont pas tenus à ce titre de consulter les enfants pour recueillir leur accord. Les engagements conclus par un mineur seul sans le consentement de ses parents seront donc susceptibles d'être annulés.

À titre anecdotique, c'est ainsi que le jeune Johnny Hallyday, alors mineur, a fait annuler en 1964 un contrat conclu quelques années plus tôt avec une maison de disques. Rappelons que, du temps des « yé-yé », la majorité était à 21 ans et que de nombreux chanteurs ont connu un succès retentissant alors qu'ils étaient mineurs (selon la loi de l'époque).

Certains actes de la vie courante effectués par l'enfant sont tout de même valables sous réserve de leur caractère raisonnable et s'ils ont été conclus à des conditions normales. L'achat d'une mobylette, de disques, de matériel informatique ou autres bibelots pourra être valable. Toutefois, l'enfant devra régler ses achats au comptant, car un crédit à la consommation ne saurait de toute évidence lui être accordé.

Quand l'oiseau quitte le nid : les ados

L'évolution des mœurs laisse cependant apparaître une certaine souplesse tendant à la reconnaissance aux adolescents d'une relative autonomie. Initialement, le Code civil rappelait avec sévérité que les enfants avaient un devoir d'obéissance envers leurs parents. Ces derniers, quant à eux, disposaient d'un « droit de correction » ! Les temps ont bien changé : la Convention internationale des droits de l'enfant ratifiée sous le patronage de l'ONU en 1989 rappelle que la participation des parents à l'éducation de l'enfant consiste non seulement à le protéger, mais également à permettre sa responsabilisation. Depuis l'année 2002, l'autorité parentale doit être exercée par les parents en associant l'enfant aux décisions le concernant selon son âge et son degré de maturité. Et l'enfant âgé de 16 ans peut être émancipé. Cependant, l'émancipation ne pourra être prononcée par le juge qu'à la demande des parents, une fois l'enfant entendu, et pour de justes motifs.

Forrest Gump et la vieille dame indigne : les majeurs incapables

Mais les mineurs n'ont pas le monopole de l'immaturité : certains adultes sont dans l'incapacité de gérer seuls leurs biens parce qu'ils sont malades, intellectuellement faibles ou très âgés. Ces adultes, tout comme les mineurs, doivent être protégés tant contre eux-mêmes que contre les autres, qui pourraient abuser de leur faiblesse.

Différents systèmes de protection plus ou moins lourds peuvent être mis en place sous l'égide du juge des tutelles, saisi par une famille inquiète ou à la suite d'un signalement de la part des autorités administratives ou des médecins. Ainsi, l'adulte peut être placé sous sauvegarde de la justice, sous *curatelle* ou sous *tutelle*. Le juge détermine la mesure la plus adaptée en fonction de la capacité et de l'autonomie du majeur qu'il faut protéger. Pour ce faire, la famille est entendue, des témoignages du corps médical et de psychologues sont versés au dossier.

La plus contraignante des mesures de protection est la mise sous tutelle : la personne à protéger ne peut plus effectuer seule aucun acte. Les décisions sont ainsi déléguées au tuteur désigné par le juge. Il peut s'agir d'un membre de la famille comme d'une personne extérieure. La curatelle est plus souple, puisque seuls les actes les plus graves (vente d'un immeuble par exemple) ne pourront être effectués par les personnes seules sans la cosignature du curateur. La curatelle permet ainsi aux adultes de conserver certaines de leurs prérogatives malgré leur état de faiblesse. Bien évidemment, tuteurs comme curateurs doivent rendre compte de leur mission auprès du juge des tutelles.

Sexe faible, faibles droits ?

Si la Déclaration des droits de l'homme proclame sous la Révolution que tous les hommes naissent libres et égaux en droits, cela ne vise réellement que les hommes, c'est-à-dire les citoyens mâles. La Constitution de 1793 limite le bénéfice du droit de vote aux seuls hommes. Les femmes ne peuvent ni voter, ni se présenter aux élections, ni porter les armes.

En 1801, un projet de loi propose, sous la plume de Sylvain Maréchal, de faire « défense aux femmes d'apprendre à lire ». Car jusqu'à la fin du XIXe siècle l'éducation des filles sera principalement dispensée par l'Église et avait vocation à leur apprendre à devenir de bonnes ménagères ou à se consacrer à des travaux d'aiguille. Le Code Napoléon de 1804 reconnaît l'incapacité juridique totale de la femme mariée. Une épouse ne peut alors effectuer aucun acte sans l'autorisation de son mari. Elle ne peut librement exercer une profession qu'avec son assentiment. Le mari perçoit le salaire gagné par son épouse, et tout contrat passé par une femme en l'absence de son mari est juridiquement nul. Contrairement aux idées reçues, son sort était plus enviable au Moyen Âge, où la femme mariée avait la possibilité de gérer son commerce seule sans l'intervention de son époux.

Il faut attendre 1907 pour que la femme puisse librement disposer de son salaire, et 1938 pour qu'elle ne soit plus considérée comme une incapable civile. Et c'est seulement à la Libération que le droit de vote est reconnu aux femmes. Le principe de l'égalité des droits entre l'homme et la femme apparaît dans le préambule de la Constitution de 1948. Enfin, la liberté d'exercice d'une profession est accordée aux femmes en… 1965.

L'esprit de clan : la famille

Juridiquement, la cellule fondamentale de la société est la *famille*, unité où sont – théoriquement – transmises des valeurs éducatives et civiques telles que le respect de l'autorité parentale, l'apprentissage de la vie en collectivité… La famille relève toutefois du domaine de la vie privée, et chacun est libre de donner à sa vie et à celle de ses enfants l'orientation qu'il souhaite. Cependant, du fait de son rôle social évident, le droit n'a pas vocation à s'arrêter aux portes du logement familial. En outre, par des mesures politiques et sociales, la vie de famille est encouragée (versement d'allocations familiales, régime d'imposition plus favorable…).

Le droit de la famille jongle donc entre intérêt social et liberté individuelle : entre une famille-institution qui doit comporter certaines normes et la liberté de tout un chacun de s'unir et de recueillir et d'élever des enfants au sein d'une cellule familiale privée et libre.

La cellule familiale au cours des siècles

Historiquement, la famille n'a pas toujours été composée d'un homme, d'une femme et de leur progéniture. Durant l'Antiquité, à Rome, la famille était uniquement concentrée autour du père, le *pater familias*. La famille était composée de tous les descendants mâles de ce père, qui étaient placés sous son autorité. Puis, avec l'essor du christianisme, la notion de *familias* apparaît : la *familias* est fondée sur une union consacrée religieusement, le mariage. Le mari et père demeure le chef de famille. Pendant ce temps-là, dans la pure tradition barbare (viking et autre), le mariage a lieu par rapt. Les Germains assouplissent cette règle, puisque les futures épouses sont achetées à leur père et soumises au pouvoir exclusif de leur mari. Quel progrès !

Avec le Moyen Âge, l'Église catholique acquiert un monopole sur le mariage et la filiation. Seule la famille légitime, c'est-à-dire issue du sacrement du mariage, est reconnue. Le père demeure le chef de famille, cependant son autorité est amoindrie, car il doit exercer ses prérogatives « dans le respect et l'amour ». À partir du XVIe siècle, la monarchie prend le contrôle du mariage en le soumettant peu à peu à sa compétence législative et judiciaire. L'Église catholique abandonne ainsi certaines de ses prérogatives au profit de l'État. En 1787, les protestants acquièrent le droit d'enregistrer leur mariage à l'état civil. Puis, sous l'influence de la Révolution, la liberté et l'égalité gagnent les foyers. L'État s'affranchit complètement de l'autorité de l'Église sur la célébration des mariages.

Ainsi, seule l'union civilement célébrée est génératrice de droits et d'obligations. Les époux sont libres de faire sacraliser leur union par la religion qui leur plaît ; cependant, il s'agit dès lors d'une célébration qui relève de l'initiative privée. Cette célébration religieuse ne peut précéder la célébration civile. Tout ministre du culte qui ne respecterait pas cette obligation s'expose à des sanctions pénales. (Cette règle est toujours en vigueur.) Le mariage est ainsi totalement laïcisé.

La Révolution reconnaît ainsi la liberté de s'unir comme de se séparer. Le divorce par consentement mutuel ou pour incompatibilité d'humeur est consacré par les textes. L'égalité entre les enfants légitimes et naturels (c'est-à-dire conçus de parents non mariés) est établie… Mais ce vent révolutionnaire n'a qu'un temps. En effet, sous Bonaparte, une régression du droit se fait sentir : retour de l'inégalité entre enfants légitimes et naturels, interdiction pour l'épouse de travailler ou de disposer de ses biens sans l'autorisation de son mari… Selon le Code civil, dans sa rédaction napoléonienne, « le mari doit protection à sa femme et la femme obéissance au mari », le mari étant le « seigneur et maître de la communauté ».

Seul le droit de divorcer est maintenu par Napoléon Bonaparte, vraisemblablement pour des raisons personnelles ! En effet, l'Empereur a eu l'occasion d'en bénéficier afin de se séparer d'une Joséphine qui ne pouvait lui donner de descendants… Avec la chute de l'Empire, le divorce sera à nouveau interdit en 1816, avant d'être rétabli en 1884.

Différentes réformes législatives interviennent au XXe siècle permettant la construction d'un droit de la famille adapté aux évolutions sociologiques, marquant l'égalité des époux dans la gestion de leurs biens, l'égalité entre enfants naturels, légitimes et adultérins (en 1972) et l'assouplissement des cas de divorces (en 1975 et 2004)…

Devant le maire : le mariage

Le mariage est un droit fondamental. La Convention universelle des droits de l'homme énonce ainsi : « À partir de l'âge nubile, l'homme et la femme sans aucune restriction, ont le droit de se marier et de fonder une famille. » Exercice d'une liberté, le mariage ne peut donc être forcé et ressort de l'accord personnel de volonté de chacun des époux. Le consentement des époux, condition *sine qua non*, n'est cependant pas suffisant pour caractériser le mariage. Il est non seulement un contrat manifestant la volonté de deux individus, mais également une institution sociale.

Les fiançailles : attention aux bijoux de famille !

Aujourd'hui, les fiançailles ne sont plus soumises à une législation particulière. Il s'agit d'une sorte de période de réflexion précontractuelle, vestige d'une tradition sociale désormais ignorée par les textes législatifs. Dans l'ancien droit, cette « période de réflexion » devait être exclusivement platonique : en effet, les relations charnelles des fiancés convertissaient les fiançailles en mariage ! De plus, les « promis » pouvaient difficilement se dédire de leur volonté de s'unir.

Grâce au concile de Trente, les mariages forcés des fiancés peu convaincus sont devenus lettre morte. De nos jours, on peut donc rompre à tout moment ses fiançailles. Cependant, les tribunaux ont eu l'occasion de se prononcer sur certains cas relatifs à la rupture fautive et notamment à la délicate question des restitutions des cadeaux de fiançailles. Ces présents ayant été échangés entre fiancés sous condition de mariage, l'annulation de l'intention matrimoniale implique leur restitution. La bague fait toutefois exception ! La fiancée peut la conserver, sauf si elle a fautivement rompu les fiançailles ; étant précisé que le fiancé, fautif ou non, pourra se voir restituer la bague de fiançailles s'il s'agit d'un bijou de famille…

N'OUBLIEZ PAS !

Hormis la restitution des cadeaux de fiançailles, le (ou la) promis(e) délaissé(e) pourra être indemnisé(e) si il (elle) parvient à démontrer la réalité des fiançailles, le caractère fautif de la rupture et le préjudice subi. Le (ou la) fiancé(e) rompant les fiançailles doit prouver que la rupture relève d'un motif légitime – on n'est pas loin du régime du licenciement en droit du travail… Plus la rupture est brusque, sans cause sérieuse et proche de la date du mariage projeté, plus elle est fautive et susceptible de donner lieu à une indemnisation au bénéfice du (de la) fiancé(e) éconduit(e). Ce préjudice peut être constitué du dommage moral lié à la rupture comme du préjudice matériel (remboursement des frais engagés dans les préparatifs du mariage). Cependant, on ne saurait indemniser le (ou la) fiancé(e) éconduit(e) de la perte de l'espoir d'une ascension sociale et du confort de vie qu'aurait pu constituer l'alliance avec un bon parti !

Le physique de l'emploi : les conditions physiologiques du mariage

Le mariage ne peut être célébré que sous réserve de certaines conditions tenant à la physiologie des époux. Le premier critère concerne l'âge des futurs époux. Initialement, une différence majeure existait : les filles pouvaient convoler à 15 ans, et les garçons à 18 ans. Désormais, depuis une réforme législative intervenue en 2006, filles et garçons ne peuvent se marier qu'à compter de leurs 18 ans. Le procureur de la République peut toutefois autoriser des mariages de mineurs uniquement pour des motifs graves, par exemple si le couple attend un enfant. Si un âge minimal est requis, la loi ne fixe évidemment pas de date limite de célébration pour le mariage.

La seconde condition, qui n'est pas expressément prévue par les textes légaux relatifs au mariage, tient à la différence de sexe entre les futurs époux. Initialement, les époux n'étaient pas égaux au sein du couple : la femme était hiérarchiquement soumise à l'autorité de son mari. L'évolution législative de la seconde moitié du XXe siècle a permis la consécration de l'égalité des époux au sein du couple et de la famille. C'est la raison pour laquelle les réformes législatives en matière de droit de la famille comme de l'état des personnes ont vu la disparition de toute terminologie visant à masculiniser la loi.

Ainsi, on ne parle plus de « puissance paternelle » mais d'« autorité parentale », on supprime la référence au mari et à la femme pour les remplacer par le terme d'« époux », le « nom patrimonial » devient le « nom de famille »... La terminologie juridique en la matière tend vers un droit asexué de la famille. Cependant, l'absence de référence au sexe des futurs époux n'a pas permis pour l'heure d'autoriser l'union par le mariage de personnes du même sexe. En 2012, la différence de sexe est une condition de fond de la célébration du mariage.

Pour établir la « différence de sexe », on s'en tient exclusivement aux mentions figurant dans l'état civil des personnes, et non au sexe génétiquement déterminé. C'est la raison pour laquelle les personnes qui ont changé de sexe et d'état civil à la suite d'une opération peuvent se marier avec une personne qui génétiquement sera du même sexe, mais qui civilement sera d'un sexe différent (voir plus haut l'encadré sur le transsexualisme).

Les officiers d'état civil et les tribunaux ne sont, pour l'heure, pas favorables à l'imprécision des dispositions du Code civil et à l'extension au profit des personnes du même sexe du droit de se marier. Certains de nos voisins européens ont légalement autorisé les mariages entre personnes du même sexe (par exemple, la Hollande depuis une loi de 2000, et la Belgique depuis 2003). Il faudra attendre en France une intervention législative, promise notamment à l'occasion des élections de 2007 par plusieurs partis politiques, pour permettre des mariages entre personnes du même sexe, auxquels semblent favorables une majorité de citoyens.

Une dernière condition physique du mariage tient aux relations familiales : les futurs époux ne doivent pas être d'ores et déjà liés par les liens du sang. N'en déplaise au papa de Peau d'Âne, il ne peut épouser sa fille. Les unions « pharaoniques » entre frères et sœurs n'ont pas davantage droit de cité en droit français. Cette interdiction des mariages consanguins peut toutefois être levée par le président de la République pour certains rapprochements matrimoniaux projetés entre cousins.

Oui ! Le consentement au mariage

Le fameux « oui » prononcé par les époux devant le maire manifeste le consentement des époux au mariage. Mais ces trois lettres magiques doivent être le signe d'une intention réelle de s'engager. Chaque époux doit non seulement consentir aux droits et aux obligations découlant du mariage en tant qu'institution, mais également être informé sur la personne qu'il ou elle épouse.

Le consentement doit ainsi être parfaitement libre et éclairé sur la personne avec laquelle on va se marier. Dans les jeux de la séduction, il est de bonne guerre de se présenter sous un jour favorable et de dissimuler à l'élu de son cœur ses casseroles les plus gênantes. Il n'en demeure pas moins qu'une certaine transparence est recommandée. En effet, un mariage peut être annulé pour une « erreur grave » portant par exemple sur les qualités essentielles du conjoint, une donnée qui n'aurait pas permis le mariage si elle avait été connue avant la célébration.

Lorsque la jurisprudence évoque les « qualités essentielles » du conjoint, il ne faut pas entendre par là que le comportement d'un fiancé prodigue qui deviendrait pingre une fois passée la bague au doigt permet d'annuler un mariage. Les critères retenus par la jurisprudence tiennent, par exemple, à la dissimulation d'un lourd passé pénal, à l'existence d'une famille cachée, à une situation professionnelle usurpée… La preuve en est délicate. Le recours à la procédure de pure annulation de mariage est rare, puisque les époux peuvent plus aisément choisir une procédure de divorce pour dissoudre le mariage.

Salle des fêtes, écharpe tricolore : les conditions de forme du mariage

Le mariage à la sauvette n'est pas possible. Roméo et Juliette ne pourraient donc aujourd'hui légalement célébrer leur union dans le secret d'une crypte et sans témoins. La version contemporaine de Las Vegas n'est pas plus envisageable en droit français.

Le mariage, en tant qu'institution génératrice de droits et d'obligations, doit être public. Et la publicité du mariage s'effectue par trois moyens. Il existe, d'une part, la *publication des bans*, c'est-à-dire l'annonce par voie d'affichage en mairie du projet de mariage des futurs époux. Cet affichage doit avoir lieu au minimum pendant une période ininterrompue de dix jours précédant la célébration de l'union. D'autre part, la célébration en elle-même est publique et doit avoir lieu en mairie, portes ouvertes, afin que tout un chacun puisse y assister. À défaut, le mariage peut être déclaré nul. Cela implique que, théoriquement, toute personne pourrait assister aux mariages des célébrités… La pratique visant à accorder le monopole photographique de l'événement à un magazine people met à mal cette règle de droit…

Rendre un mariage public *via* les bans et le libre accès à la mairie permet à toute personne qui aurait un intérêt sérieux et légitime de s'opposer à l'union projetée d'intervenir. Mais que le public ne s'attende pas à un coup de théâtre : le « Si quelqu'un a un motif pour s'opposer au mariage, qu'il le dise maintenant ou se taise à jamais » n'est prononcé que sur les plateaux de cinéma, ou si le mariage est célébré à Las Vegas ! Enfin, le mariage doit être célébré en présence d'au moins deux témoins officiels (quatre au plus).

Une autre condition indispensable pour se marier tient à l'accomplissement d'une visite médicale destinée à l'établissement d'un *certificat prénuptial*. Cet examen doit être effectué deux mois avant la célébration. Ce certificat relève du secret médical absolu et se borne à consigner le fait que chacun des futurs époux a consulté un médecin. Celui-ci ne peut révéler à quiconque les résultats des examens effectués et doit inciter son patient à informer son futur conjoint de son état de santé, notamment dans le cas de maladies graves.

L'examen médical est donc une pure formalité : un praticien ne peut s'opposer au mariage de son patient pour des raisons de santé. De même, l'éventuelle stérilité d'un des époux ne peut entraîner l'irrégularité du mariage. La procréation est en effet une des conséquences possibles du mariage, cependant elle n'est pas une condition indispensable à la validité de l'union. Le droit français ne reconnaît pas à un époux le droit de répudier son conjoint pour une impossibilité médicalement constatée de procréer.

Une fois ces conditions réunies, l'officier d'état civil (le maire ou l'un de ses adjoints) peut procéder à la célébration du mariage. Lors de celle-ci et avant que chacun des futurs époux donne son consentement en prononçant le fameux « oui » (et en signant ensuite les registres d'état civil), l'officier d'état civil lit à haute voix certains articles de loi afin de rappeler aux époux leurs futurs droits et obligations.

Une sélection dans les textes choisis est effectuée : certains alinéas concernant la mésentente entre époux sont pudiquement tus pendant cette lecture pour ne pas gâcher la fête…

Mariage : mode d'emploi à l'usage du maire

- Ne pas oublier de revêtir son écharpe tricolore d'officier d'état civil.
- Vérifier que le dossier des futurs époux est complet (actes de naissance, publication des bans, certificat médical).
- Lire le texte suivant :
  - Article 212 du Code civil – Les époux se doivent mutuellement respect, fidélité, secours, assistance.
  - Article 213 – Les époux assurent ensemble la direction morale et matérielle de la famille. Ils pourvoient à l'éducation des enfants et préparent leur avenir.
  - Article 214 alinéa 1 – Si les conventions matrimoniales ne règlent pas la contribution des époux aux charges du mariage, ils y contribuent à proportion de leurs facultés respectives.
  - Article 215 alinéa 1 – Les époux s'obligent mutuellement à une communauté de vie.
- Demander à chacun des époux s'il consent au mariage.
- Une fois les consentements échangés, faire signer les registres aux époux et à leurs témoins.
- Établir l'acte d'état civil du mariage et le relire à voix haute.

L'union des personnes : un toit, un lit, une pouponnière

Le mariage a une nature mi-contractuelle, mi-institutionnelle. Les époux peuvent en aménager certaines règles par contrat. Cependant, tout n'est pas modulable, la loi veillant au respect de l'égalité et d'un standard minimal de protection de chacun des époux. Le mariage implique ainsi l'union des personnes comme la fusion de leurs patrimoines.

Le mariage impose aux époux une *communauté de vie*. Cette communauté oblige les époux à choisir un logement familial. Chacun d'entre eux peut avoir une résidence séparée, notamment pour des raisons professionnelles ; toutefois, le logement familial doit être déterminé, car il sert de port d'attache à chacun des époux. Le logement familial dispose d'un statut juridique particulier qui implique que chacun des époux peut y résider sans que le conjoint puisse en refuser l'accès à l'autre en cas de mésentente (sauf en cas de violences conjugales, le juge aux affaires familiales pouvant alors interdire à l'époux violent l'accès au logement familial).

Cette communauté de vie implique également la communauté… de lit. Le droit canon faisait ainsi référence au « devoir conjugal ». Pudiquement, le Code civil se contente d'imposer aux époux un devoir de fidélité. La loi n'exige pas que les époux entretiennent des relations sexuelles prouvées. Les rapports les plus intimes entre époux ne seront envisagés devant le juge qu'en cas de demande de divorce, lorsque l'absence ou la violence des rapprochements corporels est la cause du divorce.

Si le consentement des époux à entretenir des relations sexuelles est « présumé », un époux peut toutefois être pénalement condamné pour viol dans le cas où son conjoint démontre que les rapports étaient forcés. Bref, il faut savoir osciller entre devoir conjugal et risque de viol !

Les époux mariés sont susceptibles d'accueillir des enfants. Ceux qui sont issus de l'union d'un couple marié seront dits « enfants légitimes ». Les époux assurent conjointement l'autorité parentale et déterminent ensemble les grandes orientations de la vie de leur enfant mineur (voir plus haut l'autorité parentale).

L'union des patrimoines : les cordons de la bourse

L'union des personnes ainsi que la communauté de vie et l'éventuelle naissance d'enfants impliquent des dépenses communes qui n'auraient pas lieu d'être si chacun était demeuré célibataire. La vie commune entraîne une modification du mode de vie et donc des frais quotidiens. Le mariage nécessite également parfois une modification des revenus, surtout si l'un des époux quitte sa profession pour s'occuper des enfants.

Afin de protéger l'époux le plus patrimonialement faible, la loi impose que chacun contribue aux charges du mariage en fonction de ses possibilités ou dans des proportions déterminées par contrat. Ce *devoir de secours* a également pour conséquence qu'en cas de séparation on ne peut laisser son conjoint dans le dénuement.

L'union des patrimoines existe tant entre les époux qu'à l'égard du monde extérieur. Ainsi, les dettes du ménage devront être payées par n'importe lequel des époux, qu'il soit ou non à l'origine de la dépense. Il s'agit de la *solidarité des dettes* entre époux.

En parallèle du devoir de secours et d'assistance, les époux peuvent aménager la question de la gestion de leur patrimoine en choisissant par contrat un régime matrimonial. À défaut de contrat, le Code civil détermine un régime de base : la *communauté réduite aux acquêts*. Ce régime vise les biens des époux dans un ordre chronologique : ce qui était à toi avant le mariage est à toi, ce qui était à moi avant le mariage est à moi, ce qui est acquis après le mariage est à nous. Cela implique que les deux conjoints sont également tenus de payer les dettes contractées postérieurement au mariage… Si l'un des époux créé ou exploite son entreprise (société, commerce ou exercice libéral de sa profession) pendant son mariage, et si l'affaire périclite, les créanciers pourront ainsi saisir tous les biens de la communauté. Par mesure de protection des époux, d'autres régimes matrimoniaux peuvent donc être conclus devant notaire. Les époux possèdent ainsi la faculté de choisir en fonction de leur activité professionnelle ou de leur âge un régime plus ou moins communautaire.

Le régime de la *séparation de biens* peut être résumé comme suit : ce qui est payé par moi est à moi, ce qui est payé par toi est à toi, ce qui est payé par nous est à nous. On détermine la propriété non par rapport à la date du mariage, mais d'après l'origine des fonds qui ont permis l'acquisition. Il en est de même des dettes : un époux ne pourra être tenu responsable des dettes contractées par son conjoint (à l'exception des dettes dites « ménagères », c'est-à-dire contractées pour assurer l'entretien du ménage – des courses hebdomadaires au crédit destiné à payer le canapé en cuir ou l'écran plasma).

On peut, vers la fin de sa vie, préférer choisir le régime de la *communauté universelle* : tous les biens appartiennent alors conjointement aux époux, quelles que soient les dates d'acquisition et l'identité de celui qui a versé les fonds. Ce choix est surtout déterminé afin de protéger le conjoint survivant en cas de décès.

Il est toujours possible de changer de régime matrimonial au cours du mariage. La procédure s'effectue devant le juge, qui doit veiller au respect des droits de chacun et notamment des enfants, pour que leurs intérêts soient sauvegardés dans l'opération. Le choix de conclure un contrat de mariage n'est donc pas une décision cynique, mais est motivé par le souci de protection du conjoint.

Le concubinage : une union véritablement libre ?

Le mariage célébré en bonne et due forme n'est pas une étape obligée pour fonder une famille : d'autres schémas d'union plus ou moins formalistes existent également. Les conséquences légales du mariage font suite à la cérémonie officialisée par le maire : c'est de la célébration que naissent les droits et les obligations des époux. Le *concubinage* (ou « union libre »), pour sa part, s'affranchit de tout formalisme ; c'est pourtant une situation de fait qui peut entraîner différentes conséquences juridiques.

LE SAVIEZ-VOUS ?

Historiquement, le concubinage a été interdit pendant longtemps ; les personnes vivant « dans le péché » pouvaient être forcées de se séparer. Tant les couples que leurs éventuels enfants, dits « naturels », étaient mis au ban de la société, juridiquement et socialement. Puis, sous le régime napoléonien, si l'interdiction du concubinage a disparu, la loi a ignoré cette situation de fait. « Puisque les concubins se passent de la loi, la loi se désintéresse d'eux ! » aurait déclaré Bonaparte. Le concubinage a donc vécu dans un no man's land juridique pendant de nombreuses années.

Mais, si la loi a longtemps été muette sur le sort des concubins, il n'en demeure pas moins que l'union de fait de deux personnes a souvent été envisagée par les tribunaux. On peut ainsi citer les cas d'indemnisations des concubins en cas de décès accidentel de leur conjoint.

La reconnaissance juridique des concubins s'est également effectuée grâce à leurs enfants. Bâtards jadis, ces rejetons dits « naturels » se sont vu reconnaître, en 1972, un statut juridique identique à celui des bambins nés de parents mariés. La reconnaissance d'un statut aux unions libres a également été ouverte à la suite d'initiatives privées (certains comités d'entreprise ont, par exemple, permis aux époux comme aux concubins de leurs salariés de bénéficier d'avantages identiques) ou de « retouches législatives » ponctuelles. Ainsi, depuis 1989, en cas de décès ou de départ de l'un des concubins, le droit au bail est transféré au bénéfice du conjoint survivant, qu'il soit marié ou non.

Toutefois, pendant longtemps, l'union libre n'était reconnue implicitement comme génératrice de droits qu'au profit de couples *susceptibles de se marier* ; en clair, les tribunaux refusaient de transposer les règles du concubinage aux couples composés de deux personnes du même sexe. Ce n'est qu'en 1999, alors que les débats parlementaires font rage à propos du Pacs, que le Sénat, fortement hostile à ce projet de loi, légifère en matière de concubinage. Depuis cette date, le concubinage obtient pour la première fois dans l'histoire du droit une consécration législative. Selon le Code civil, « le concubinage est une union de fait caractérisée par une vie commune présentant un caractère de stabilité et de continuité, entre deux personnes de sexes différents ou de même sexe, qui vivent en couple ». L'égalité de droits entre concubins hétérosexuels et homosexuels est ainsi reconnue.

Le concubinage demeurant une union libre, aucune des obligations du mariage ne lui est transposable : pas d'obligation de fidélité, pas d'obligation d'assistance ou encore de communauté de vie. Cette liberté a pour prix une certaine insécurité au détriment du concubin le plus faible économiquement. Ainsi, les concubins sont libres de se séparer comme ils l'entendent sans reverser d'argent à leur conjoint (ils devront toutefois veiller à poursuivre l'entretien des enfants par le versement d'une pension alimentaire).

Concernant le patrimoine des couples vivant en union libre, chacun est propriétaire des biens qu'il a achetés. En cas d'acquisition commune, la propriété le sera aussi et sera donc régie par le système de l'indivision. Enfin, chacun sera seul responsable de ses dettes.

Une communauté juridique : l'indivision

L'*indivision* est un système juridique permettant à plusieurs personnes copropriétaires de gérer un même bien. Chaque personne sera copropriétaire à proportion de son apport initial. Tous les actes de gestion courante peuvent être accomplis par l'un des copropriétaires. Pour les actes graves, comme la vente du bien, il faudra l'unanimité des copropriétaires pour emporter la décision. L'indivision se rencontre dans différents cas de figure : entre cohéritiers avant le partage successoral, dans l'achat en commun d'un bien par des concubins, dans la gestion des parties communes d'un immeuble... En cas de mésentente ou de crise entre les co-indivisaires, le juge peut trancher. Nul n'est contraint de rester dans l'indivision, et il peut être demandé que l'indivision cesse par le partage du bien.

N'OUBLIEZ PAS !

En cas de décès d'un des concubins, contrairement à ce qui se passe entre époux, le survivant n'a pas vocation à hériter. Le logement de la famille n'est pas protégé, et, si l'un des concubins est propriétaire du logement, celui-ci peut mettre à la porte son partenaire du jour au lendemain.

Les tribunaux se sont émus de ces situations extrêmes, et des recours judiciaires sont possibles en cas de séparation. Il appartient alors au concubin de démontrer que la rupture a été fautive, brusque, et qu'elle est la source d'un préjudice. Le régime de l'indemnisation est, dans ce cas, proche de celui qui gère la rupture des fiançailles (voir plus haut).

LE SAVIEZ-VOUS ?

En cas de fin du concubinage, les cadeaux échangés durant la communauté de vie ne donneront pas lieu à restitution. Il y a quelques années encore, les dons effectués aux concubins pouvaient être annulés, surtout pour cause d'immoralité, principalement lorsque le concubinage était adultérin. L'annulation était justifiée, en droit, par le fait que les dons étaient effectués en vue de permettre la poursuite de relations adultérines ! Désormais, les « libéralités entre concubins » sont systématiquement validées par la Cour de cassation (depuis un revirement de jurisprudence intervenu en 1999), et ce même lorsque l'un des concubins est marié.

Le pacte civil de solidarité

Le *pacte civil de solidarité* (*Pacs*) est né de l'adoption de la loi du 15 novembre 1999. Le vote de ce texte a entraîné des débats houleux à l'Assemblée nationale et au Sénat. L'objectif est de permettre aux concubins de même sexe de pouvoir bénéficier d'un statut juridique. En effet, le mariage leur étant interdit, la jurisprudence et l'Administration refusaient jusque-là d'accorder aux concubins homosexuels des avantages identiques à ceux des concubins hétérosexuels. Le concubinage entre personnes du même sexe était certes une union libre, mais elle était surtout source d'inégalités.

C'est ainsi que, après les tentatives infructueuses de faire voter une loi sur le pacte d'intérêts communs (PAC) et le contrat d'union sociale (CUS), est né le pacte civil de solidarité (Pacs). Celui-ci est un contrat conclu entre deux personnes physiques majeures, de sexes différents ou de même sexe, destiné à formaliser leur vie commune.

Si les articles du Code civil sont peu nombreux pour organiser les conditions, effets et conséquences du Pacs, de nombreuses dispositions satellitaires ont été prises en matière administrative ou fiscale au bénéfice des couples pacsés. Ainsi, les mutations du personnel de l'Éducation nationale sont facilitées et ouvertes dans des conditions identiques pour les couples mariés et pour les partenaires pacsés.

Depuis 2005, les couples pacsés peuvent effectuer une imposition commune dès la première année de conclusion du Pacs, ce qui aligne ainsi le régime fiscal des couples pacsés sur celui des couples mariés (cette imposition commune ne pouvait auparavant être accordée aux partenaires de Pacs qu'à compter de la quatrième année suivant la conclusion du pacte).

Statistiquement, le nombre de couples concluant des Pacs n'a fait qu'augmenter depuis l'année 1999. Après la promulgation de la loi, 6 000 couples ont conclu ce contrat entre novembre et décembre 1999 ; puis, dans les premières années d'application de ce nouveau statut, une moyenne de 20 000 couples par an ont décidé de conclure un tel contrat. L'année 2005, vraisemblablement sous l'impulsion des nouvelles mesures fiscales, a vu la conclusion de plus de 60 000 Pacs. En 2010, le nombre de Pacs conclus dans l'année se montait à plus de 203 000… pour 34 000 dissolutions.

Le Pacs est un contrat conclu entre deux personnes majeures. Les seuls empêchements concernent les personnes d'une même famille, ainsi que ceux qui seraient d'ores et déjà mariés ou… pacsés par ailleurs. Ni polyandrie ni polygamie ne sont tolérées en la matière !

Le Pacs est un contrat conclu entre deux personnes majeures. Les seuls empêchements concernent les personnes d'une même famille, ainsi que ceux qui seraient d'ores et déjà mariés ou… pacsés. Ni polyandrie, ni polygamie ne sont tolérées en la matière!

Les partenaires sont libres de la forme de ce contrat. Il n'y a aucune obligation particulière quant à son contenu. Il ne s'agit donc pas d'un formulaire à remplir, mais d'un contrat à élaborer d'un commun accord. L'assistance d'un professionnel du droit (avocat ou notaire) est cependant conseillée afin que chacune des parties soit informée exactement de l'étendue de l'engagement souscrit.

Les partenaires doivent définir un lieu de résidence commune. Cependant, la cohabitation n'est pas une condition impérative de la vie des partenaires.

Le « s » de l'acronyme « Pacs » renvoie à la « solidarité ». Ce terme juridique implique que chacun des partenaires sera personnellement responsable du paiement des dettes contractées par l'autre partenaire et relatives aux besoins de la vie courante ou au logement. Les futurs pacsés doivent également régler dans le contrat les modalités matérielles de la vie commune et le sort des biens acquis pendant la durée du Pacs. En l'absence de clause particulière, ces derniers seront réputés être en indivision, c'est-à-dire appartenir conjointement et à parts égales à chacun des partenaires. Le Pacs n'a aucune incidence sur les enfants du couple ; ceux-ci devront faire l'objet d'une reconnaissance officielle par chacun des partenaires.

La conclusion d'un Pacs se fait dans une certaine confidentialité. Le contrat, une fois conclu entre les partenaires, est soumis au greffier en chef du tribunal d'instance du lieu de résidence commune du couple. Le greffier tamponne les deux exemplaires du contrat par une jolie Marianne, officialisant le passage devant le tribunal. Il délivre ensuite un certificat aux deux partenaires établissant l'enregistrement du Pacs. Depuis septembre 2012, le Pacs peut être conclu chez un notaire.

Le contenu même du contrat ne fait l'objet d'aucune conservation par l'Administration. Ce document reste uniquement en possession des partenaires (ou de leur notaire). La conclusion d'un Pacs est toutefois, depuis le 1er janvier 2007, inscrite en marge de l'acte de naissance des partenaires.

Le Pacs prend fin d'un commun accord (c'est le cas de 80 % des Pacs), du fait du mariage de l'un ou des deux partenaires, du décès de l'un d'entre eux, ou encore par décision unilatérale de l'un des partenaires. La rupture n'a pas à être motivée : elle sera – à défaut d'accord entre les parties – signifiée à l'autre partenaire par voie d'huissier ! En cas de rupture du Pacs, comme en matière de concubinage, si des différends naissent dans le partage des biens communs ou si l'un des partenaires justifie d'un préjudice particulier lié à la rupture, le juge devra trancher et allouer le cas échéant des dommages et intérêts.

Devant le juge : le divorce

Historiquement, l'existence même du droit de divorcer a subi de nombreuses péripéties législatives. L'interdiction du divorce était surtout une mesure prise lorsque le droit canon était la source principale d'inspiration du législateur. La religion catholique interdisant le divorce, il était logique que la loi en fasse autant. Le droit au divorce a été définitivement reconnu par une loi intervenue en 1884. Les cas d'ouverture du divorce ont cependant, au fil du temps et de l'évolution des mœurs, été élargis à différentes situations. La dernière refonte du divorce est intervenue par une loi de 2004, qui est entrée en vigueur à compter du 1er janvier 2005.

Cette nouvelle loi tend à favoriser l'accord des époux sur le divorce et à alléger la procédure. L'esprit du texte est de simplifier et de dépassionner les procédures de divorce autant que faire se peut. On tend ainsi vers une déconflictualisation. Désormais, le divorce est ouvert dans quatre cas de figure : le divorce par consentement mutuel, le divorce accepté, le divorce pour altération définitive du lien conjugal et le divorce pour faute.

Le *divorce par consentement mutuel* est prononcé lorsque les époux, assistés d'un ou de deux avocats (en clair : le même ou chacun le sien), s'accordent sur le principe et les effets du divorce : le sort du nom de famille, la garde des enfants, le bénéfice du logement familial, la liquidation des biens communs, la détermination de l'éventuelle prestation compensatoire au profit d'un des époux et de la pension alimentaire des enfants… Une convention de divorce est ainsi rédigée. Elle est homologuée par le juge aux affaires familiales. Le juge peut toutefois refuser de l'homologuer s'il lui semble que la convention est susceptible de léser un des époux.

Avant l'intervention de la loi de 2004, le divorce par consentement mutuel existait déjà ; cependant, la procédure était plus lourde. Une première requête devait être introduite, suivie d'une audience préliminaire devant le juge aux affaires familiales. Ensuite, les époux devaient réitérer leur vœu commun de divorcer dans un délai minimum de six mois suivant l'introduction de la requête et repasser au tribunal. Désormais, ce délai de réflexion de six mois a disparu, et une unique audience permet au juge d'homologuer la convention établie par les parties et de prononcer le divorce.

Le divorce par consentement mutuel est le seul divorce amiable, car non contentieux. Les autres cas de divorce suivent une procédure peu ou prou similaire, mais impliquent un désaccord des époux sur le principe et/ou sur les conséquences du divorce qu'il appartient au juge de trancher.

Lorsque les époux acceptent le principe du divorce mais n'ont pu s'accorder sur les conséquences de celui-ci, une procédure de *divorce accepté* peut être mise en œuvre. Une fois que le principe du divorce est accepté officiellement devant le juge aux affaires familiales par l'époux non demandeur, il ne peut plus revenir sur sa décision. Le juge devra alors statuer sur les conséquences de la rupture du mariage. Ce type de divorce se retrouvait auparavant surtout au sein de couples dont l'un des membres répugnait, pour des raisons religieuses notamment, à se présenter comme demandeur du divorce.

Le troisième cas de figure est le *divorce pour altération définitive du lien conjugal*. Le divorce est alors ouvert aux époux qui ont cessé toute vie commune depuis plus de deux années. Avant 2004, il fallait attendre six ans ; de quoi avoir perdu l'adresse de son ex ou oublier qu'on était encore mariés !

Le quatrième cas de divorce concerne le *divorce pour faute*. Il est prononcé à la demande de l'un des époux lorsque sont caractérisés des faits constitutifs d'une violation particulièrement grave ou renouvelée des devoirs et des obligations du mariage qui rendent intolérable le maintien de la vie commune. La faute doit être intentionnelle. On peut ainsi citer la violence physique ou morale exercée par l'un des époux, l'infidélité, la non-consommation du mariage, le défaut de soins à un mari ou à une épouse tétraplégique à la suite d'un accident… Sont également considérés comme des fautes les comportements à l'encontre de l'époux caractérisant une atteinte injurieuse à l'honneur et aux sentiments. Ainsi, une attitude hostile et franchement grossière à l'égard de ses beaux-parents peut être une cause de divorce pour faute !

À tout stade de la procédure contentieuse, les époux peuvent s'accorder et convertir une demande de divorce contentieuse en une procédure de divorce par consentement mutuel. Le juge aux affaires familiales pourra également suggérer aux parties d'accepter une médiation familiale. Le médiateur (dont les frais parfois élevés doivent être pris en charge par les parties) tentera de concilier les époux tant sur le principe que sur les conséquences du divorce. La loi de 2004 cherche à favoriser l'accord des parties même dans les cas de divorces contentieux, en tentant d'amener les parties à régler elles-mêmes et conventionnellement (avec l'aide, le cas échéant, des avocats et notaires) la liquidation des biens de la communauté.

LE SAVIEZ-VOUS ?

Bien que l'expression soit ancrée dans le langage courant, l'époux n'a pas le droit à l'issue de la procédure de divorce à une « pension alimentaire », mais à une *prestation compensatoire*. Celle-ci est destinée à compenser la disparité que la rupture crée dans les conditions de vie respectives. L'allocation de cette prestation permet que l'un des époux, une fois divorcé, ne soit pas dans le dénuement le plus complet. Cette prestation doit être envisagée quelle que soit la cause du divorce (contentieux ou amiable). La fixation de son montant nécessite l'examen des conditions de vie des époux, et non des griefs que l'un pourrait nourrir à l'encontre de l'autre. L'allocation d'une prestation compensatoire est donc théoriquement détachée de tout examen de l'éventuelle faute de l'un des époux. Toutefois, en cas de divorce pour faute, le bénéfice de la prestation compensatoire ne peut être accordé au profit de l'époux aux torts exclusifs duquel le divorce a été prononcé.

La prestation compensatoire a une nature forfaitaire. Elle peut être versée sous forme d'un capital ou d'une rente d'une durée déterminée par le juge. Avant l'intervention de la loi de 2004, le paiement de la prestation compensatoire était transmis aux héritiers en cas de décès, et ce quelles qu'aient été leurs ressources. Désormais, le versement de la prestation compensatoire en cas de décès est limité à l'actif successoral. Les héritiers ne sont plus personnellement et financièrement obligés de payer sur leurs propres revenus les rentes de leur ancienne marâtre…

La filiation

La filiation est ce qui rapproche un enfant de sa famille ; elle génère différentes conséquences juridiques tenant à l'attribution du nom de famille, à l'autorité parentale, au devoir d'entretien des parents, au bénéfice des droits successoraux et à la nationalité.

L'évolution du régime juridique de la filiation

Le régime juridique de la filiation s'est, lui aussi, adapté à l'évolution des mœurs. Sous l'ancien droit, seuls étaient dignes les enfants légitimes, c'est-à-dire nés de parents mariés. Point de droits pour les bâtards, pudiquement appelés par l'état civil « enfants naturels ». Les enfants naturels étaient ceux dont les parents n'étaient pas mariés, soit par choix (enfant naturel simple), soit par impossibilité, car l'un des géniteurs était marié à une tierce personne (enfant naturel adultérin), soit parce qu'issu d'une relation incestueuse (enfant naturel incestueux).

La distinction sociale et morale a longtemps pesé sur ces enfants compte tenu de leur origine et des conditions dans lesquelles ils avaient été conçus. C'est la raison pour laquelle il n'existait pas de traitement juridique identique entre les enfants légitimes et les enfants naturels, notamment en matière de succession.

Une loi de 1972 a reconnu l'égalité entre enfants naturels et enfants légitimes, afin que ceux-ci bénéficient des mêmes droits et devoirs. Si l'égalité était ainsi proclamée, seuls restaient en marge les enfants issus d'une relation incestueuse. De plus, quand bien même l'ensemble du régime juridique de la filiation tendait vers un même objectif égalitaire, les chemins et procédures n'étaient pas identiques selon que l'on était né dans le cadre ou en dehors d'un mariage.

Un toilettage du régime juridique de la filiation est ainsi intervenu par une ordonnance de 2005, laquelle est entrée en vigueur au 1er juillet 2006. Ce texte a supprimé les termes d'« enfants légitimes » et « enfants naturels » pour s'attacher dans les deux cas à l'établissement de la filiation par rapport au père et à la mère, quels que soient les liens qui les unissent ou non (à l'exception des enfants incestueux, qui sont contraints à ne pouvoir établir leur parenté à l'égard des deux géniteurs…). L'ordonnance de 2005 a également opéré un véritable lifting des dispositions antérieures en simplifiant et en harmonisant les cas d'ouverture des procédures judiciaires relatives à la reconnaissance ou à la contestation de la filiation. La filiation est caractérisée par la loi, par la reconnaissance volontaire d'un ou des deux parents ou par la possession d'état.

La filiation : maternelle ou paternelle ?

Pour la mère de l'enfant, l'ordonnance de 2005 précise que la *filiation maternelle* est établie par la désignation de celle-ci dans l'acte de naissance. Le régime antérieur déterminait différemment la filiation selon que la mère était ou non mariée.

L'accouchement sous X

Le choix pour une mère d'accoucher dans le secret et l'anonymat n'est pas un droit récemment acquis. Il est d'ailleurs de plus en plus remis en cause. Ce droit remonte au XVIe siècle et a originellement été accordé aux femmes dans un souci de santé publique, afin de diminuer les cas d'infanticides. L'Hôtel-Dieu a ainsi accueilli pendant des siècles des femmes qui venaient secrètement mettre au monde des enfants. Pourtant, ce droit au secret entre en conflit avec le droit pour l'enfant de connaître ses origines. La Convention de New York sur les droits de l'enfant reconnaît que « l'enfant a le droit [...] dans la mesure du possible de connaître ses parents et d'être élevé par eux ». Une première réforme législative est intervenue en 2002 pour tenter de concilier le droit à l'anonymat de la mère avec celui de l'enfant, qui doit pouvoir connaître ses origines.

La *filiation paternelle* peut être établie soit par la présomption légale selon laquelle le mari de la mère est présumé être le père des enfants conçus ou nés pendant le mariage, soit par la reconnaissance de l'enfant. Cette reconnaissance est un acte volontaire par lequel le parent déclare qu'il est le géniteur de l'enfant et s'engage à se comporter comme un parent envers l'enfant dans l'ensemble des droits et devoirs que cela implique.

La filiation peut également être établie par la *possession d'état*. Cette expression étrange n'a aucun rapport avec *L'Exorciste*. La possession d'état permet à la qualité de père d'être reconnue lorsque trois éléments sont retenus : si le père a donné son nom à l'enfant, s'il le traite comme son enfant et si la parenté est notoirement établie par le témoignage de proches (famille, voisins...). Cette possession d'état doit être constatée devant notaire et être « paisible » (c'est-à-dire non contestée), continue, publique et non équivoque.

La filiation peut découler d'une décision de justice. Il s'agit alors de l'aboutissement d'une *action en recherche de maternité ou paternité*. La démarche est ouverte uniquement au profit de l'enfant. Cette action pourra, toutefois, être exercée pendant la minorité de l'enfant par l'un des parents agissant en son nom et pour son compte. La simplification des actions en recherche de parentalité vient également du fait que, avec le progrès de la science et les analyses génétiques, on peut désormais acquérir la certitude scientifique de la filiation. C'est la raison pour laquelle la preuve de la filiation est libre : les parties peuvent ainsi se livrer à des analyses génétiques pour prouver l'identité du père ou de la mère potentielle.

Cependant, cette action en recherche de paternité ou de maternité ne pourra avoir lieu quand l'enfant est incestueux ou dans le cas où la mère a choisi d'accoucher dans l'anonymat. Si les différentes réformes du droit de la famille ont toutes tendu à la parité et à l'égalité entre les hommes et les femmes, il n'en demeure pas moins qu'une femme peut garder, quelles que soient les circonstances, l'anonymat sur sa maternité, alors qu'un homme qui refuserait de reconnaître un enfant peut y être forcé par la justice.

La remise en cause de la paternité

Il peut exister des cas où un père découvre, à la suite d'une confidence de la mère (dans le cadre d'une séparation) ou dans d'autres circonstances, qu'il n'est pas le géniteur de l'enfant qu'il croyait le sien. Des procédures de contestation de paternité existent. Toutefois, ces procédures sont strictement encadrées, car la paix des familles doit régner ; même après qu'une formule du type « Et en plus, il n'est pas de toi ! » aura été balancée à travers la cuisine, à l'instar de la porcelaine familiale…

Seuls peuvent exercer ces actions l'enfant, l'un de ses parents ou celui qui se prétend le parent véritable. La contestation de la paternité ou de la maternité (il s'agit du cas très romanesque d'échange de bébés à la naissance) ne peut s'exercer que dans un délai de cinq années. Précisons que, si l'enfant introduit cette procédure, il peut le faire par l'intermédiaire d'un de ses parents pendant toute sa minorité, puis seul de 18 à 23 ans.

L'action peut également être engagée par le parquet si la reconnaissance effectuée par l'un des parents s'apparente à une fraude à la loi et est manifestement impossible. Le parquet a eu ainsi l'occasion de s'opposer en 2005 à une reconnaissance paternelle provenant d'une personne transsexuelle née de sexe féminin.

Faire payer l'abandon : l'action à fins de subsides

Au-delà de ces procédures, l'enfant qui n'a pas de filiation paternelle établie peut effectuer une *action à fins de subsides*. Cette action a uniquement pour but de condamner le père potentiel, qui n'a pas reconnu l'enfant, à lui verser une pension alimentaire. Le père désigné pourra s'opposer au versement de cette pension s'il prouve par tous moyens qu'il ne peut être le géniteur de l'enfant, en ayant recours notamment à une expertise.

La filiation du cœur : l'adoption

La filiation n'est pas seulement un lien biologique entre personnes d'une même famille de sang : elle peut être volontaire, comme dans le cas de l'adoption. Cette procédure, si elle est administrativement complexe et longue, est juridiquement simple.

Deux systèmes existent : l'adoption *simple* et l'adoption *plénière*. Par l'adoption simple, l'enfant adopté conserve ses liens de filiation d'origine. Il bénéficie ainsi d'une double filiation biologique et volontaire. L'adoption plénière vise, quant à elle, les cas où la filiation adoptive remplace et annule la filiation d'origine.

L'adoption étant un acte volontaire, il s'agit d'un acte de reconnaissance irrévocable. Les parents adoptifs doivent être responsables, et l'adoption ne suit pas les mêmes règles que l'acquisition d'un bien de consommation, où un délai de rétractation est possible. Le « satisfait ou remboursé » n'a donc pas cours en matière d'adoption.

N'OUBLIEZ PAS !

L'adoption est ouverte aux couples mariés ou aux personnes seules. Les partenaires de Pacs comme les concubins ne peuvent être conjointement candidats à l'adoption ; il leur faut donc passer devant le maire pour pouvoir adopter ensemble… Une différence d'âge doit également être constatée entre adoptant et adopté. Elle doit être au minimum de quinze ans (ou de dix ans si l'enfant adopté est celui du conjoint).

L'objectif de l'adoption est de créer un véritable lien de filiation. L'adoption ne peut donc valablement être instaurée entre personnes qui n'auraient pas pour vocation d'entretenir des relations parents-enfants. Longtemps, l'adoption avait été le moyen trouvé par des personnes ne pouvant se marier (parce que de même sexe par exemple) et justifiant d'une différence d'âge suffisante de bénéficier d'une protection juridique et notamment de droits successoraux en cas de décès de l'un d'entre eux. Cependant, de telles procédures risquent, si les candidats ne sont pas bons comédiens, d'être annulées par le parquet, là encore pour fraude à la loi.

Au quotidien, le droit de la consommation

Acheter une baguette de pain, téléphoner, louer ou acheter un appartement, tous ces actes de la vie quotidienne représentent des contrats passés avec des professionnels. Le droit civil contient des dispositions légales assez générales régissant les contrats. Un célèbre adage – les juristes en sont friands – précise : « Qui dit contractuel dit juste. » Ainsi, selon l'esprit du Code civil version Napoléon, tout contrat est la rencontre de deux volontés libres : celle de celui qui propose et celle de celui qui accepte. C'est la loi de l'offre et de la demande. Une fois ces volontés rencontrées, le contrat signé fait la loi des parties.

Or, ces dispositions propres au droit civil se révèlent insuffisantes, car les rapports entre professionnels et particuliers ne sont pas égaux : le *droit de la consommation* a donc émergé afin de protéger le plus faible, autrement dit le consommateur. Ce dernier est, en effet, à la merci d'un professionnel aux méthodes commerciales peu scrupuleuses ou de la puissance économique d'une multinationale qui impose des contrats types sur des imprimés non négociables, contenant des clauses particulièrement contraignantes en caractères minuscules.

Le droit de la consommation a donc peu à peu émergé, à partir des années 1960, pendant les « trente glorieuses », face à l'avènement d'un consumérisme accru. En 1962, le président Kennedy avait d'ailleurs déclaré dans un discours que les consommateurs étaient le groupe social le plus important et le moins écouté. Divers lois ou règlements ont été votés au fil des années afin de rééquilibrer les rapports entre les professionnels et les consommateurs.

Un florilège de textes législatifs

Le droit de la consommation a donc pour objectif de protéger les consommateurs et de rééquilibrer leurs rapports avec les professionnels. Afin d'assurer la protection des « oies blanches », cette branche du droit comprend différentes règles proches d'autres branches : certaines dispositions sont ainsi identiques à celles du droit civil (action pour vice caché, responsabilité du fait des produits défectueux, nullité des contrats conclus pour erreur ou dol…).

Or, pour modifier les pratiques commerciales d'une entreprise dotée d'une forte puissance économique, les sanctions civiles sont parfois inefficaces. Le remboursement d'un bien accompagné d'une faible indemnisation ne parviendra pas à faire réellement changer le comportement d'une société. Celle-ci fera un rapide calcul : compte tenu du nombre réduit des réclamations de consommateurs, il serait plus coûteux pour l'entreprise de modifier ses pratiques commerciales que d'indemniser les quelques protestataires qui se manifesteront. C'est la raison pour laquelle des sanctions pénales plus dissuasives assortissent certaines dispositions du droit de la consommation.

LE SAVIEZ-VOUS ?

D'autres réglementations spéciales ont été établies au fil des années. La majeure partie des textes législatifs a été adoptée en la matière à partir des années 1970. En pratique, ces lois portent souvent le nom des ministres de la Consommation qui les ont proposées. On peut citer ainsi les lois Scrivener, sur le crédit à la consommation et la répression des clauses abusives, la loi Mermaz, portant modification des rapports entre bailleurs et locataires, la loi Neiertz, relative au surendettement des particuliers… Voilà un ministère qui permet au moins de rentrer dans l'histoire… du droit !

Cette multitude de textes épars a fait l'objet d'une codification en 1993. Elle s'est effectuée à droit constant, ce qui implique qu'aucune réforme législative n'est intervenue. Les règles sont restées les mêmes, le Code s'est contenté d'ordonner et de numéroter les lois en vigueur. Le Code de la consommation s'articule ainsi autour de cinq parties :

- L'information des consommateurs et la formation des contrats ;
- Les règles de conformité et de sécurité des produits et services ;
- L'endettement des particuliers ;
- Les associations de consommateurs ;
- Les institutions du droit de la consommation

Le phénomène de codification des lois

Les multitudes de lois propres à des secteurs particuliers donnent parfois l'idée à des éditeurs de les regrouper formellement dans de petits livres rouges ou bleus que l'on retrouve rapidement sous les bras des juristes de tout poil. C'est le phénomène de *codification des lois*. Cette codification peut parfois être faite juridiquement par l'adoption d'une loi qui réorganise les dispositions éparses existantes et propres à certains secteurs d'activité. Cette codification est réalisée à droit constant dans la majorité des cas : seul l'ordre des textes est modifié et numéroté, le contenu des dispositions légales demeurant intact. Si un époussetage des dispositions d'un précédent code est effectué (les dispositions napoléoniennes deviennent parfois obsolètes avec le temps…), le document s'intitule « Nouveau Code », et le terme subsiste des années après son adoption. Ainsi, le Nouveau Code de procédure civile a été adopté en 1975, le Nouveau Code pénal en 1992, et le Nouveau Code de commerce en 2000 !

Un droit soufflé par l'Union européenne

Le droit de la consommation est un domaine législatif où l'Union européenne intervient de manière fréquente par voie de *directives*. Celles-ci conduisent à l'adoption de lois françaises afin de mettre en conformité le droit national et le droit européen.

En effet, dès 1975, le Conseil des ministres de la Communauté européenne a défini les droits fondamentaux des consommateurs :

- Le droit à la protection de la santé et à la sécurité ;
- Le droit à la protection de ses intérêts économiques ;

- Le droit à la réparation des dommages ;
- Le droit à l'information et à l'éducation ;
- Le droit à la représentation

Et, depuis le traité d'Amsterdam, en 1997, la protection des consommateurs est partie intégrante du traité sur l'Union européenne. L'objectif est d'harmoniser les dispositions des États membres en la matière. L'uniformisation doit cependant s'effectuer « par le haut », c'est-à-dire par l'adoption des dispositions les plus favorables aux consommateurs.

Les sujets du droit de la consommation

Le droit de la consommation est un droit particulier, en marge des autres domaines du droit, et qui n'a vocation à s'appliquer qu'aux relations entretenues entre un professionnel et un consommateur. Une particularité du droit français de la consommation est qu'il n'y a aucune définition législative ni du « professionnel » ni du « consommateur ».

En règle générale, la notion de professionnel n'est pas limitée au commerçant : sont en effet également considérés comme professionnels, donc sujets aux obligations prévues par le droit de la consommation, les prestataires de services (du maçon à l'avocat) et les entreprises de service public à vocation industrielle et commerciale (EDF, hôpitaux publics, SNCF…). Le consommateur est celui qui acquiert un bien ou sollicite un service pour son usage personnel et privé. C'est le dernier maillon de la chaîne de production d'un bien ou l'utilisateur final d'un service.

Comme les notions de professionnels et de consommateurs ne sont pas définies, la *doctrine* (on désigne ainsi le travail des commentateurs des gazettes juridiques et les auteurs de manuels de droit) et la jurisprudence se sont penchées sur le point de savoir si certains cas limites pouvaient bénéficier des règles protectrices du droit de la consommation.

Qu'en est-il du professionnel qui agit hors du cadre de sa compétence ? Ainsi, un vétérinaire achetant du matériel informatique peut-il bénéficier de la législation protectrice du droit de la consommation ? Qu'en est-il de l'avocat s'équipant d'un ordinateur portable qui sera utilisé tant à titre professionnel que pour son usage privé ? Agit-il ou non comme un consommateur ? Le dernier état de la jurisprudence est assez sévère et adopte une position très restrictive en refusant à ces deux professionnels le bénéfice du droit de la consommation. Ces professionnels devront donc, pour conclure de tels contrats, se limiter aux dispositions du droit civil et commercial. Il en est de même pour les ventes et les prestations de services entre particuliers : l'achat d'une lampe dans un vide-greniers ou les ventes de particulier à particulier ne sont pas soumis au droit de la consommation, ni protégés par lui.

Les acteurs du droit de la consommation

La consommation étant un phénomène de masse, l'intérêt général des consommateurs doit être protégé. Différents organismes revêtent ainsi leurs habits de justiciers pour défendre les faibles (les consommateurs) face aux méchantes multinationales du commerce.

Les institutions étatiques

L'État s'inscrit au premier rang d'entre eux, puisque les gouvernements comptent systématiquement depuis près de trente années un secrétariat d'État ou un ministère chargé des questions de consommation. D'autres institutions administratives, indépendantes des aléas gouvernementaux, interviennent également pour protéger les consommateurs. On peut ainsi citer la Direction générale de la concurrence, de la consommation et de la répression des fraudes (DGCCRF) ou encore d'autres entités telles que les services d'inspection de la santé, le service vétérinaire…

Ces institutions sont doublées en parallèle d'organes de concertation qui comprennent des représentants des consommateurs et des professionnels. Ces organes, tels que les conseils nationaux et départementaux de la consommation, sont consultés avant l'adoption par les pouvoirs publics des mesures législatives et réglementaires en la matière. D'autres ont des missions plus ciblées : c'est ainsi le cas de la Commission des clauses abusives, qui a pour objet de recommander la suppression des dispositions de certains contrats-cadres proposés par de grandes entreprises. Les engagements préimprimés de prestataires d'accès à Internet, de téléphonie mobile, d'agences de voyages et autres formulaires d'abonnement en font régulièrement les frais.

Des services semi-publics

L'Institut national de la consommation (INC) est un établissement public industriel et commercial. Il s'agit d'une entreprise créée par une loi de 1966 et dont le financement est semi-public. La nature hybride de l'INC lui confère des missions de service public en matière de consommation comme de prestations de services à caractère commercial.

L'INC a pour objet de fournir un appui aux organisations de consommateurs par la réalisation d'études juridiques et techniques. Cet institut effectue des analyses et des essais comparatifs, notamment dans le cadre de la publication du magazine périodique *60 millions de consommateurs*. Enfin, l'INC accomplit des actions de formation et d'éducation sur les questions de consommation.

Le Laboratoire national d'essai est également, à l'instar de l'INC, une entreprise semi-publique, créée en 1978, dont l'objet est d'effectuer tous travaux techniques de recherche, de consultation, d'expertise et d'essai et toutes prestations d'assistance utiles à la protection et à l'information des consommateurs.

Les initiatives privées

La protection des consommateurs ne relève pas uniquement de l'action monopolistique de l'État. La modification du comportement des entreprises passe également par l'intervention des associations de consommateurs, qui agissent autant comme des lobbyistes (pour faire voter des lois) que comme de véritables acteurs judiciaires pouvant assigner les entreprises devant les tribunaux.

Les associations jouent un rôle manifeste dans la protection des consommateurs. On peut ainsi citer l'Union fédérale des consommateurs, fondée en 1951, et qui publie notamment le magazine *Que choisir*. De multiples autres associations de consommateurs existent, émanant parfois de syndicats ou de catégories socioprofessionnelles particulières.

Certains privilèges sont accordés aux associations les plus représentatives. Celles-ci peuvent ainsi représenter officiellement les consommateurs auprès des instances publiques et agir en justice au nom et pour le compte de l'intérêt collectif des consommateurs. Ces prérogatives sont accordées aux associations agréées, c'est-à-dire à celles qui justifient des qualités suivantes :

- Exister depuis plus d'une année ;
- Comprendre plus de 10 000 membres ;
- Démontrer une activité réelle et publique ;
- Être indépendante à l'égard de toute activité professionnelle.

Chapitre 13

Au boulot ! Le droit du travail

Dans ce chapitre :

- Travailleurs, travailleuses : le droit social
- Ma petite entreprise : le droit des sociétés

La vie professionnelle d'un grand nombre d'entre nous est principalement régie par deux matières juridiques : le droit du travail, pour ceux qui ont la chance d'être salariés, et le droit des sociétés, pour ceux qui sont à la tête d'une entreprise, qu'elle soit petite ou non !

Travailleurs, travailleuses : le droit social

LE SAVIEZ-VOUS ?

Le professeur Jean-Maurice Verdier définit le travail comme « l'activité consciente et volontaire, naturelle mais pénible, en ce qu'elle comporte un effort, appliquée à l'élaboration d'une œuvre utile, matérielle ou immatérielle ». L'origine étymologique est plus rude encore, puisque le mot « travail » viendrait de *tripalium*, un instrument de torture en vigueur chez les Romains et au Moyen Âge ! Ainsi, la notion de travail est associée à la violence et à la souffrance… Mais pas forcément dans le sens où on l'imagine : en effet, ce serait le travailleur qui ferait violence à la matière, en la manipulant, en la transformant. Ce concept peut se comprendre aisément pour le travailleur manuel. Quant au travailleur intellectuel, peut-être est-ce sa matière grise qu'il manipule et torture afin de parvenir à un résultat satisfaisant ?

De nos jours, le travail, c'est avant tout un contrat, presque vécu comme le sésame de l'insertion dans la société (plus ou moins efficace selon qu'il s'agit d'un contrat à durée indéterminée ou déterminée, etc.). Le *droit du travail* se consacre pour l'essentiel aux règles encadrant la rupture du contrat de travail, notamment le licenciement. Il organise également les relations entre chaque salarié et l'entreprise pour laquelle il travaille, ainsi que les relations plus globales entre un ensemble de salariés et les employeurs de ceux-ci, par l'intermédiaire des syndicats, des conventions collectives, etc.

Le contrat de travail : Sésame, ouvre-toi

À quoi reconnaît-on un *contrat de travail* ? Il n'y en a pas de définition dans le Code du travail. Ce serait trop simple… Les juges ont donc dégagé trois éléments caractéristiques : le contrat prévoit une prestation de travail, en contrepartie d'une rémunération, avec un lien de subordination (juridique) entre les contractants.

Une trilogie à succès

Des trois éléments composant le contrat de travail, les deux premiers relèvent de l'évidence : sans prestation de travail, il s'agirait d'un contrat de flemme et, sans rémunération, d'un contrat d'esclavage ! Ainsi, l'élément le plus caractéristique en ce qui concerne le droit, c'est bien le lien de subordination juridique : l'employeur détient l'autorité et exerce un contrôle de l'activité du travailleur en lui imposant, par exemple, un lieu et des horaires de travail. En clair, il y a un contrat de travail dès lors qu'il y a un chef ! Cependant, depuis une loi de 1992, est inscrit dans le Code du travail un principe selon lequel, *in fine*, la subordination du salarié doit être limitée au strict nécessaire. Nous voilà rassurés…

Bermuda et liberté

Le pouvoir de direction de l'employeur doit se limiter au strict nécessaire, comme cela a été rappelé par une loi de 1992. Qu'en est-il en matière de tenue de travail ? L'employeur peut imposer des contraintes vestimentaires dans l'entreprise, à condition qu'elles soient justifiées par la nature de la tâche à accomplir et proportionnées au but recherché. Le juge contrôle la légitimité de la décision de l'employeur au regard de la bonne marche de l'entreprise.

La Cour de cassation a ainsi estimé que l'employeur peut interdire à une salariée d'une agence immobilière de porter un survêtement alors qu'elle est en contact avec la clientèle. Les magistrats ont considéré qu'une telle tenue portait atteinte à la réputation de l'entreprise.

Il a également été jugé que la liberté de se vêtir ne fait pas partie des libertés fondamentales protégées par le Code du travail. Un salarié a de fait été licencié parce qu'il était venu travailler en bermuda à plusieurs reprises, malgré les demandes faites par sa direction pour qu'il mette un pantalon. L'employé a saisi la justice afin qu'elle analyse son licenciement comme nul, ce qui nécessitait pour lui la démonstration d'une discrimination ou de la violation d'une liberté fondamentale. Le salarié a argumenté que son licenciement était discriminatoire, les femmes n'ayant pas l'interdiction de venir travailler en jupe, et violait une liberté fondamentale, celle de s'habiller comme on l'entend. La Cour de cassation a rejeté sa demande et n'a donc pas annulé le licenciement.

Nul ne peut y échapper

La véritable qualification du contrat de travail est dite d'*ordre public*. Cela signifie que, quelle que soit la volonté des parties, quel que soit le nom qu'elles ont donné au contrat qu'elles ont conclu, un juge qui constate que les trois éléments du contrat de travail existent a l'obligation de requalifier l'accord en contrat de travail. Pour mémoire, le juge compétent en la matière est en fait plus exactement un conseiller, membre du conseil de prud'hommes, juridiction spécialisée qui ne traite que des questions de droit du travail (voir chapitre 5).

Par exemple, il a été jugé que le contrat de participation à un jeu de téléréalité était en fait, vu les conditions de déroulement de ce jeu, un contrat de travail. Pour rendre leur jugement, les magistrats ont examiné très concrètement la situation des participants à l'émission, et leur soumission, voire leur sujétion, aux organisateurs a été analysée comme un lien de subordination juridique.

Très souvent, les juridictions prud'homales ont à se prononcer sur la situation d'un travailleur en apparence indépendant et extérieur à une société, mais qui, en réalité, ne travaille qu'avec cette seule société, dans des conditions fixées par celle-ci, avec un volume de prestations constant et régulier, à l'instar de la rémunération. Dans une telle situation, il sera jugé qu'il existe un contrat de travail.

Ô droit, protège-moi : l'intérêt du contrat de travail

Mais quel est donc l'intérêt de la qualification en contrat de travail ? Si le contrat de travail, c'est essentiellement la subordination, soit, concrètement, avoir un chef, pourquoi rechercher un tel statut ? Il ne faut pas oublier que le droit du travail, d'une manière générale, tient compte du déséquilibre existant entre l'employeur et le travailleur, avec l'objectif de protéger ce dernier. La législation française du travail est même estimée par certains trop protectrice à l'égard des travailleurs.

Concrètement, un statut de travailleur salarié est plus protecteur qu'un statut de travailleur indépendant, notamment pour ce qui concerne la rupture du contrat : le salarié bénéficie des règles qui encadrent le licenciement (si le contrat de travail est à durée indéterminée), alors que le travailleur indépendant peut se voir signifier la fin de sa mission sans trop de formalités.

Jean Jaurès, le champion de la classe ouvrière

Quel rôle exact a donc joué ce Jean Jaurès (1859-1914) pour donner son nom à tant de rues, d'avenues, de boulevards ou encore d'écoles ? Même une station du métro parisien et une chanson de Brel rendent hommage à celui qui a su utiliser le vote de nouvelles lois au nombre de ses armes politiques. Auguste Marie Joseph Jean Léon Jaurès est d'abord un étudiant brillant de l'École normale supérieure, où il obtient l'agrégation de philosophie en 1881. Tout en enseignant à Toulouse, il est élu député républicain du Tarn en 1885, à 25 ans. À l'Assemblée, où il fait preuve d'une grande éloquence, il défend les premières lois sociales du régime, comme la liberté syndicale, la protection des délégués, etc. Aux élections législatives de 1889, il est battu dans sa circonscription et fait un retour à la philosophie, qu'il enseigne à nouveau à Toulouse.

En 1892 éclate la grande grève des mineurs de Carmaux. À l'origine, les salariés de la mine cessent leur travail pour défendre un des leurs, le maire de la commune, licencié pour avoir exercé ses obligations municipales pendant ses heures de travail. Le conflit prend de l'ampleur. Le gouvernement envoie l'armée pour mater les grévistes. Jaurès décide alors de soutenir les grévistes contre l'État, trop capitaliste à son goût. Il fait plier le dirigeant de la mine et s'engage dans la défense de la classe ouvrière, dont il devient le champion. La révolution lui semble inéluctable. Il consacre une large partie de son action politique à rassembler la gauche pour combattre le capitalisme régnant.

Il use de son talent oratoire, et certaines de ses formules sont restées célèbres, comme : « Le courage, c'est de chercher la vérité et de la dire… » Socialiste, il fonde en 1904 le journal *L'Humanité* et ouvre ses colonnes notamment aux soutiens du capitaine Dreyfus. Quelque temps avant la Première Guerre mondiale, il appelle à une grève générale et s'insurge contre la guerre qui menace la France. Le 31 juillet 1914, il est assassiné par un certain Raoul Villain, nationaliste convaincu, dans un bistrot parisien, le Café du Croissant, rue Montmartre. L'assassin est jugé cinq années plus tard, après la guerre, et est acquitté.

Une grande variété : les différents contrats de travail

Le modèle classique est le *contrat de travail à durée indéterminée* (*CDI*), regardé de nos jours comme la Rolls des contrats de travail. Cependant, les types de contrat se multiplient, du contrat de travail à durée déterminée au contrat de travail temporaire, en passant par le contrat « nouvelle embauche ». Ces contrats de travail se distinguent par une plus grande précarité que le contrat de travail à durée indéterminée et un statut moins protecteur, puisque les règles relatives au licenciement ne s'appliquent pas. Dans son souci de protection du travailleur, la loi encadre néanmoins fermement la faculté de conclure de tels contrats.

Le *contrat à durée déterminée* (*CDD*) doit impérativement faire l'objet d'un écrit précisant un certain nombre de mentions obligatoires, comme le motif du recours à un contrat à durée déterminée, le nom du salarié remplacé s'il s'agit d'un remplacement, ainsi que la durée de l'engagement. La durée maximale du CDD est sévèrement réglementée et ne doit pas dépasser dix-huit mois. L'idée protectrice du législateur est que, si le CDD est trop long, c'est que l'employeur aurait dû recruter par un CDI. CQFD ! Le contrat à durée déterminée ne peut être renouvelé qu'une fois, sans dépasser la durée maximale. Il n'est pas non plus possible que se succèdent sans discontinuer à un même poste dans l'entreprise des salariés employés pour une durée déterminée.

Les motifs de recours à un contrat à durée déterminée sont limités. Il y en a principalement quatre :

- L'entreprise veut remplacer un salarié absent ou malade, dont le poste va être supprimé ou dont le poste est dans l'attente de l'arrivée d'un salarié recruté en contrat à durée indéterminée. Il faut reconnaître que le CDD joue alors un peu un rôle de bouche-trou !
- L'entreprise connaît un accroissement temporaire d'activité (en raison d'une commande exceptionnelle par exemple).
- Les travaux concernés sont saisonniers ou temporaires, selon un usage constant.
- Il s'agit de travaux de sécurité urgents.

S'ajoutent trois cas visant à favoriser l'insertion et la formation, plus rares dans la pratique.

CV « arrangé » : le droit au mensonge

Une personne adresse un curriculum vitae mentionnant un diplôme qu'elle n'a pas. Intéressée, une entreprise l'appelle pour un entretien. Le candidat continue à mentir lors de l'entretien d'embauche en confirmant qu'il est titulaire de ce fameux diplôme. Convaincu, le chef d'entreprise l'embauche. Plus tard, à l'occasion d'un conflit avec ce salarié, le chef d'entreprise découvre le pot aux roses. Il demande l'annulation du contrat de travail en raison du *dol*, c'est-à-dire de la tromperie fautive commise par le salarié.

Or, pour le juge, c'est à l'employeur de vérifier la véracité des renseignements figurant sur le CV et de demander au candidat de présenter les diplômes dont il se prévaut, avant de procéder à l'embauche. Le CV truqué n'est qu'un mensonge aisément décelable, et le juge refuse d'annuler un contrat de travail de ce seul fait. Les tribunaux n'annulent pas davantage le contrat de travail d'un salarié qui transforme sur son CV un stage en un premier emploi ou d'un salarié qui fait rédiger sa lettre de motivation par sa femme, pour bénéficier d'une expertise graphologique favorable. On peut ainsi parler d'un « droit au mensonge », ou d'un droit à la mauvaise foi pour le salarié lors de l'embauche. À l'employeur d'être vigilant !

Je t'aime, moi non plus : le licenciement et la démission

Le licenciement est l'un des modes de rupture du contrat de travail à durée indéterminée, mais il en existe d'autres. Tout dépend de la personne qui prend l'initiative de la rupture. Lorsque, par exemple, c'est le salarié qui décide de quitter son emploi de son plein gré, il s'agit d'une *démission*. Celle-ci n'est pas réglementée par le Code du travail, même si elle est surveillée par les juges.

En revanche, si c'est l'employeur qui fait le choix de rompre le contrat, le droit qualifie cette mesure de *licenciement*. C'est là qu'intervient véritablement le Code du travail, toujours selon cet objectif de protection du salarié. En effet, la faculté dont dispose l'employeur de licencier quelqu'un illustre le déséquilibre de la relation de travail (il est présumé plus facile pour l'employeur de remplacer un salarié que pour le salarié de retrouver un emploi équivalent). Le licenciement est donc très strictement encadré. Il y a tellement de règles, de plus en plus complexes, qu'il s'agit presque d'une matière à part entière : on parle ainsi de « droit du licenciement », au sein duquel on distingue d'abord la forme et le fond, la procédure de licenciement et son motif.

Enfin, depuis la loi du 25 juin 2008, il existe une possibilité de *rupture conventionnelle*. C'est un divorce à l'amiable : le salarié veut partir sans démissionner, et le patron veut le renvoyer sans risquer les prud'hommes…

La procédure de licenciement

Tout licenciement doit être précédé d'un entretien préalable avec la personne concernée. L'objectif est que le salarié soit informé de ce que l'employeur entend faire et qu'il puisse s'expliquer quant aux griefs qui lui sont exposés. Théoriquement, l'entretien doit permettre une conciliation. Cependant, dans la majorité des cas, l'entretien préalable débouche sur un licenciement.

Une procédure de licenciement est par ailleurs affaire de courriers et de délais. Le salarié doit d'abord être convoqué à l'entretien par lettre recommandée ou remise en main propre contre décharge (car rien n'oblige le salarié à accepter la remise en main propre). Cette convocation doit préciser que l'entretien a pour objet un licenciement, mais que, à ce stade, le licenciement est seulement *envisagé*. En effet, la convocation ne peut pas prononcer par avance le licenciement. Enfin, il est obligatoire que la convocation rappelle la possibilité pour le salarié de se faire assister par la personne de son choix.

Ensuite, un délai de cinq jours ouvrables doit être respecté entre la réception de la convocation et l'entretien (notez que le jour de la réception ne compte pas). Depuis 2004, l'entretien préalable peut avoir lieu en dehors du temps de travail ; toutefois, dans ce cas, le temps de l'entretien doit être compté dans le temps de travail. Autrement dit, le salarié est payé pendant qu'il s'entend dire qu'il risque fortement d'être viré !

Deuxième courrier de la procédure (mauvais signe pour le salarié…) : la lettre de notification du licenciement, toujours en recommandé. Ce courrier doit énoncer les motifs de la décision. Ce point est capital, car, en cas de contestation de la part du salarié, l'employeur ne pourra pas invoquer des griefs qui n'auraient pas été indiqués dans la lettre de notification. Dans le jargon des avocats, la lettre de notification fixe les *limites du litige*, ce qu'on pourrait résumer ainsi : toute la lettre, mais rien que la lettre. Par exemple, si un salarié est licencié pour insuffisance de résultats et qu'il conteste cette insuffisance devant le conseil de prud'hommes, l'employeur ne pourra pas ajouter qu'il reproche aussi au salarié des absences injustifiées ou un vol pour essayer de justifier le bien-fondé de la rupture du contrat de travail.

Par ailleurs, l'employeur doit attendre deux jours ouvrables après l'entretien préalable pour envoyer la lettre de notification. Normalement, ce délai est censé permettre à l'employeur de réfléchir et de prendre sa décision. Ainsi, en théorie, le licenciement ne doit pas être décidé lors de l'entretien. Dans les faits, il ne doit en tout cas pas être annoncé à ce moment-là.

Le moindre manquement à la procédure – en dehors même du bien-fondé ou non du motif du licenciement – rend le licenciement injustifié. Il faut reconnaître que, pour quiconque n'est pas bien au fait du droit, par exemple dans une petite entreprise, l'ensemble des formalités et obligations pesant sur l'employeur s'apparente à un parcours semé de pièges. Néanmoins, les sanctions sont limitées.

Le salarié dont le licenciement est irrégulier peut saisir le conseil de prud'hommes pour obtenir, s'il a plus de deux ans d'ancienneté et si son ex-entreprise plus de onze salariés, une indemnité d'un montant maximal de un mois de salaire brut. Si le salarié a moins de deux ans d'ancienneté ou si son ex-entreprise compte moins de onze salariés, l'indemnité sera fonction du préjudice effectivement démontré. Et, depuis 2002, la Cour de cassation accepte que l'indemnité versée au salarié ne soit que symbolique (1 euro). Les temps sont durs !

Le motif du licenciement

Tout licenciement doit avoir une *cause réelle et sérieuse*, ce que le juge a l'obligation de vérifier. Le conseil de prud'hommes examinera donc la situation afin de s'assurer que le motif reproché au salarié dans la lettre de notification (et pas un autre !) existe objectivement et est exact, c'est-à-dire vérifiable. En ce cas, il y a une cause réelle. Le juge vérifiera également que les faits reprochés sont graves, de sorte que le licenciement soit nécessaire pour assurer la bonne marche de l'entreprise. En ce cas, la cause est sérieuse. En résumé, il n'est plus possible, depuis 1973, de licencier quelqu'un pour des raisons subjectives, autrement dit pour « délit de sale gueule »...

En cas de licenciement sans cause réelle sérieuse, le salarié de plus de deux ans d'ancienneté dont l'entreprise compte plus de onze salariés a droit à une indemnité de six mois de salaire brut au minimum, et peut obtenir plus s'il démontre un préjudice particulier (âge avancé ou très longue période de chômage, par exemple). Si l'employeur est d'accord, le salarié peut même être réintégré dans l'entreprise. Cette dernière option est facultative et, surtout, très rarement mise en pratique... Les organismes d'assurance sociale (Assedic) exigent pour leur part le remboursement des sommes versées au salarié après le licenciement, c'est-à-dire jusqu'à six mois d'indemnités de chômage. Bref, c'est parfois le jackpot pour le salarié, et souvent une addition salée pour l'entreprise !

Dans le cas où le salarié a moins de deux ans d'ancienneté ou si l'entreprise compte moins de onze salariés, les indemnités sont moindres, calculées en fonction du préjudice effectivement subi, sans ce plancher de six mois de salaire. D'où l'intérêt de rester au moins deux ans dans sa boîte avant de se mettre ses patrons à dos !

C'est la crise : le licenciement économique

Le motif du licenciement peut ne pas tenir à la personne du salarié, mais aux difficultés économiques rencontrées par l'employeur. Il ne s'agit donc pas de licenciement pour motif inhérent au salarié, mais d'un licenciement pour motif extérieur à la personne du salarié. Un salarié peut ainsi donner parfaite satisfaction, mais l'entreprise décider de s'en séparer parce qu'elle va mal. L'employeur doit alors indiquer les difficultés économiques rencontrées et les conséquences (négatives, on s'en doute...) de ces difficultés sur le poste du salarié. Dans ce cas également, la lettre de licenciement doit être très précisément rédigée... Impossible de se contenter d'écrire : « Les résultats ont baissé, nous sommes au regret de nous séparer de vous. »

En matière de licenciements économiques, la loi veille en outre à ce qu'un ordre des licenciements soit respecté. Cet ordre prend en compte l'ancienneté du salarié dans l'entreprise, son âge, sa charge de famille... En clair, le petit jeune récemment embauché part avant l'employé qui a 50 ans, dix ans de maison et trois enfants.

Si plusieurs salariés sont licenciés en même temps – ces fameuses et tristes « charrettes » dans le langage courant –, l'employeur devra élaborer un plan social prenant en compte l'ordre des licenciements, et proposer des solutions de reclassement au sein de l'entreprise, voire aider les salariés à trouver un autre travail.

La rupture conventionnelle : la fin du grand amour

La loi du 25 juin 2008 a instauré le dispositif dit de *rupture conventionnelle* du contrat de travail.

Les démarches sont strictement encadrées. Il est prévu un entretien entre les salariés et l'employeur, la signature d'une convention qui nécessite une homologation, etc.

Il n'est pas possible d'y recourir pour un salarié inapte, arrêté pour cause de maladie professionnelle ou d'accident du travail, ou encore en CDD.

L'indemnité est négociée entre les parties mais ne peut être inférieure soit au montant de l'indemnité légale de licenciement, soit au montant de l'indemnité conventionnelle de licenciement, s'il est plus favorable que l'indemnité légale.

Le salarié peut bénéficier de l'allocation d'assurance chômage.

Ma petite entreprise : le droit des sociétés

L'article 1832 du Code civil définit ainsi la société : « La société est instituée par deux ou plusieurs personnes qui conviennent par un contrat d'affecter à une entreprise commune des biens ou leur industrie en vue de partager le bénéfice ou de profiter de l'économie qui pourra en résulter. Elle peut être instituée [...] par l'acte de volonté d'une seule personne. Les associés s'engagent à contribuer aux pertes. »

LE SAVIEZ-VOUS ?

La société est ainsi une *personne morale* ; non pas qu'elle se distingue forcément par un haut degré de moralité, mais par opposition à la *personne physique*, l'individu. Comme toute personne juridique, la société dispose de droits et est soumise à des obligations. Mais il s'agit d'une personne « théorique », d'où l'expression « personne morale », issue du jargon des juristes.

La société dispose de biens et de ressources qui lui sont propres et qui constituent son patrimoine, comme chaque individu dispose d'un patrimoine personnel composé des biens qui lui appartiennent. Là est d'ailleurs pour un entrepreneur le principal intérêt de constituer une société, notamment en choisissant une forme de société dite à responsabilité limitée. Le patrimoine de la société est alors distinct du patrimoine personnel de son dirigeant et/ou de ses propriétaires. Les biens personnels de ces derniers ne sont donc, en principe, pas soumis aux aléas économiques. Et en cas de faillite, l'entrepreneur ne se retrouve pas pour autant à la rue ! La société *à responsabilité limitée*, ou SARL, est d'ailleurs le type de société le plus répandu en France. En 2004, on en dénombrait plus de 1 million.

La comparaison entre une personne et une société peut être poursuivie, car, comme chaque individu, une société naît, vit et disparaît.

La naissance de la société

Le *contrat de société* constitue l'acte de naissance de la personne morale. Par cet acte, plusieurs personnes décident de s'associer en vue d'exercer une activité économique sous la forme d'une société. Ce contrat précise l'objet de la société, c'est-à-dire le type de l'activité concrètement exercée. La description de l'objet social est un élément très important du contrat de société ou, en pratique, de ce qui va être dénommé les *statuts* de la société. La description ne doit être ni trop générale ni trop détaillée. En cas de changement radical d'activité, les statuts devront être modifiés.

Les apports

Chaque associé doit faire un *apport* à la société. L'apport est un bien ou une valeur que l'associé transfère à la société ; en échange, il reçoit des parts ou des actions de la société.

L'apport peut prendre trois formes :

- **L'apport en numéraire** : il revient à verser une somme d'argent mise à la disposition de la société. Cette méthode est la plus courante.
- **L'apport en industrie** : il se traduit par le fait de mettre sa force de travail, son savoir ou ses relations à la disposition de la société. L'apporteur en industrie doit rendre à la société les services promis, c'est-à-dire travailler pour elle et lui verser tous les gains qu'il a réalisés par l'activité faisant l'objet de son apport.
- **L'apport en nature** : il ne consiste pas à faire don de son corps à la société, mais à placer un bien à la disposition de la société. Celui-ci peut être un bien meuble (une machine, une voiture), immeuble (un hangar, des bureaux) ou incorporel (une marque, un brevet). Le bien peut être apporté *en pleine propriété* à la société (un peu comme s'il lui était vendu) ou *en jouissance*, ce qui signifie que la société ne devient pas propriétaire du bien (un peu comme s'il ne lui était que loué).

Le capital social

Le capital social est la somme des valeurs apportées à la société. Les apports en industrie ne sont néanmoins pas comptabilisés. Si l'apport en numéraire est facile à évaluer d'un point de vue financier, l'opération est plus difficile pour les apports en nature. Les associés de la société doivent pour ce faire recourir à un *commissaire aux apports* (en pratique, un commissaire aux comptes ou un expert). Néanmoins, si l'apport en nature ne dépasse pas une certaine valeur, les associés peuvent décider à l'unanimité de ne pas faire appel à un commissaire aux apports, ce qui, dans certaines conditions, engage leur responsabilité.

Seul et fauché, mais à la tête d'une société !

L'exigence d'un capital social minimal dans les sociétés à responsabilité limitée (SARL) a été supprimée par la loi pour l'initiative économique, dite « loi Dutreil », du nom du ministre à l'origine de son adoption, en date du 1er août 2003. Avant, il fallait 7 500 euros (anciennement 50 000 francs) pour fonder une SARL. Depuis la loi Dutreil, il n'est plus nécessaire de réunir cette somme pour constituer le capital social de sa SARL. Comme, par ailleurs, il est également possible, depuis 1985, de créer des *sociétés unipersonnelles* – c'est-à-dire qui ne comptent qu'un seul associé –, telles que l'entreprise unipersonnelle à responsabilité limitée (EURL), on peut ne pas être très argenté, ne pas trouver de personnes prêtes à s'associer à son projet, mais fonder quand même une société.

Certains esprits (chagrins ?) font cependant remarquer qu'une société à responsabilité dotée d'un capital social de quelques milliers d'euros inspire plus confiance à ses éventuels partenaires qu'une entreprise unipersonnelle avec un capital social de 1 euro… C'est l'éternel adage : « Il vaut mieux être riche et bien portant que pauvre et malade » adapté au droit des sociétés !

La participation aux résultats sociaux

La participation aux résultats sociaux est l'élément caractéristique de la société, et la participation aux bénéfices son objectif principal. La société a en effet un but lucratif, à la différence, par exemple, de l'association loi 1901. Les juges ont donné, dans une célèbre décision remontant à 1914, cette définition du bénéfice : « Tout gain pécuniaire ou gain matériel qui ajouterait à la fortune des associés. » Malheureusement pour eux, dans certains cas, les associés ne participent qu'aux pertes. En effet, en contrepartie de la participation aux bénéfices, chaque associé s'engage à contribuer aux pertes lors de la liquidation de la société, proportionnellement à la part de capital social qu'il détient dans la société.

La prohibition des clauses léonines

Les associés doivent recevoir des bénéfices de manière proportionnelle à leur apport dans la société. Un seul associé ne peut s'arroger l'intégralité des bénéfices. Et la clause qui prévoirait ainsi qu'un associé se taille la part du lion dans les bénéfices, dite *clause léonine*, est nulle. Est également une clause léonine, donc interdite, la clause qui prévoirait qu'un seul associé doit faire face à la totalité des pertes. Il doit régner une certaine égalité entre les associés, au moins en apparence ! Cette égalité peut ne pas être parfaite, puisque les bénéfices d'un associé peuvent ne pas être nécessairement équivalents aux apports et aux parts sociales de cet associé... Les affaires restent les affaires !

L'affectio societatis

L'*affectio societatis* n'est pas une maladie, mais l'« intention de s'associer ». Pas formellement exigée par la loi, elle constitue pourtant une condition essentielle du contrat de société. Les associés doivent avoir la volonté de vraiment collaborer ensemble, sur un pied d'égalité, à la réussite de l'entreprise commune. Cette notion permet de mettre à l'écart les sociétés fictives, dans lesquelles les associés ne sont que des prête-noms dont le consentement à la société n'est pas réel parce qu'ils ne sont pas animés, justement, par cet *affectio societatis*.

La vie de la société

Une fois les statuts définis et l'activité mise en route, le droit impose encore des règles de fonctionnement à la société.

L'information et le droit de vote des associés

Tout au long de la vie de la société, les associés ont, par vocation, le droit d'être informés sur le fonctionnement de la société. Les sociétés ont, en premier lieu, l'obligation de rendre publics, par un dépôt au greffe du tribunal de commerce, les comptes sociaux, soit les comptes annuels, le rapport de gestion et les rapports des commissaires aux comptes (s'il en existe). Cette information s'adresse à tous mais intéresse bien évidemment les associés au premier chef.

Ces associés ont en outre un droit à l'information. Tout associé peut obtenir communication des documents sociaux, de manière permanente et, ponctuellement, avant la tenue des assemblées réunissant les associés (les modalités de cette communication varient selon le type de société). En outre, tout associé peut poser des questions écrites sur la gestion de la société, auxquelles les dirigeants sont tenus de répondre. Enfin, d'après le Code civil,

« tout associé a le droit de participer aux décisions collectives » concernant le fonctionnement de la société ; ce qui signifie que chaque associé a le droit de participer et le droit de voter lors des assemblées regroupant les associés.

Les dirigeants sociaux et leurs responsabilités

Le dirigeant d'une société a tout pouvoir pour… diriger la société, dans le respect de l'intérêt de celle-ci, de son objet (défini dans ses statuts), du pouvoir des autres organes (par exemple, le conseil d'administration dans une société anonyme).

Le patron d'une société qui outrepasse ses pouvoirs peut voir engager sa responsabilité civile à l'égard des associés et de la société. Il risque également d'engager sa responsabilité pénale ; notamment pour les infractions dont il doit répondre en qualité de chef d'entreprise dans les domaines de la réglementation du travail, de l'hygiène et de la sécurité, de la réglementation des prix, de la concurrence ou de la consommation, etc. Mais le dirigeant d'une société peut choisir de faire peser cette responsabilité sur un autre que lui en accordant une délégation de pouvoir à une personne ayant la compétence, l'autorité et les moyens nécessaires. Par exemple, dans une entreprise de travaux publics, le dirigeant accordera une délégation de pouvoir au chef de chantier pour le respect des règles de sécurité sur le chantier.

Le patron d'une entreprise peut en outre être poursuivi pour les infractions qu'il pourrait commettre personnellement dans le cadre du fonctionnement de la société. Ces infractions peuvent relever du droit commun, comme l'escroquerie, l'abus de confiance, etc., mais il peut également s'agir d'infractions spécifiques au droit des sociétés, comme la présentation de bilan inexacte ou le délit d'abus de biens sociaux.

Dans le cas d'un redressement ou d'une liquidation judiciaire (la « mort » de la société – voir plus loin), s'il y a trop peu d'actifs pour rembourser tous les créanciers, le tribunal peut décider que les dettes de la société seront supportées par le ou les dirigeants, quand ils ont commis des fautes de gestion à l'origine de cette insuffisance de fonds. C'est ce qui est appelé l'*action en comblement de passif.*

L'ABS : de la voiture à l'infraction

Le délit d'abus de biens sociaux (dit « ABS » par les pros) consiste, pour un dirigeant, à faire, de mauvaise foi, un usage des biens ou du crédit de la société, en sachant que cet usage est contraire à l'intérêt de la société, réalisé à des fins personnelles ou pour favoriser une autre société dans laquelle il est intéressé directement ou indirectement. Un abus de biens sociaux peut être constitué par le dirigeant qui se verse une rémunération excessive, celui qui finance son personnel de maison ou la piscine de sa résidence secondaire sur les fonds de la société, etc.

La transformation de la société

Il y a *transformation* d'une société lorsqu'elle change de forme sociale tout en continuant d'exister et en conservant donc sa personnalité morale. Il peut s'agir, par exemple, d'une SARL qui est transformée en SA, afin de permettre la cotation des titres de la société (introduction en Bourse). Du fait que la société conserve sa personnalité morale, il y a un transfert des droits et des obligations qui pesaient sur l'ancienne société vers la nouvelle.

Les différentes sociétés

On distingue les *sociétés à risque limité* des *sociétés à risque illimité*. Dans les sociétés à risque limité se trouve en premier lieu, et comme son nom l'indique, la société à responsabilité limitée. Il faut y ajouter la société anonyme, dans laquelle la responsabilité est également limitée aux apports. Dans ces deux types de société, sauf faute particulière de gestion, l'entrepreneur ne peut pas perdre plus que ce qu'il a investi dans la société.

Dans les sociétés à risque illimité se rangent la société en nom collectif, la société en commandite simple ou la société civile. Dans ces sociétés-là, il y a une responsabilité solidaire et indéfinie des associés. La *responsabilité solidaire* signifie que l'on peut exiger d'un des associés qu'il rembourse l'ensemble de la dette, à charge pour lui ensuite, après avoir tout payé, de se retourner vers les autres associés pour qu'ils participent en payant leur part. La *responsabilité indéfinie* signifie que les associés peuvent être poursuivis sur l'intégralité de leur patrimoine et non seulement sur ce qu'ils ont investi dans la société.

La disparition de la société : dissolution et liquidation

Une société peut prendre fin, « mourir », pour plusieurs raisons. Cette ultime étape dans la vie de la société est appelée *dissolution*. Le droit prévoit plusieurs cas de dissolution, ayant tous pour conséquence la liquidation de la société.

Les causes de dissolution

La loi prévoit plusieurs causes de dissolution de la société :

- La société prend fin à l'expiration de la durée pour laquelle elle a été constituée, comme cela peut résulter des statuts.

- La société prend fin par la réalisation ou l'extinction de son objet, c'est-à-dire que l'activité définie dans les statuts est définitivement terminée ou devenue impossible. En pratique, cette cause de dissolution est rare, la définition de l'objet social dans les statuts étant en général le plus large possible de façon que l'objet de la société ne soit ni réalisé ni éteint.
- Le contrat de société peut être annulé pour violation de la loi quand, par exemple, l'objet social est illicite, ce qui entraîne la dissolution de la société.
- Les associés peuvent décider de mettre fin à la société de manière anticipée par rapport à la durée prévue dans les statuts.
- L'un des associés peut demander en justice la dissolution de la société pour justes motifs. Le cas le plus fréquent est une mésentente entre les associés qui paralyse le fonctionnement de la société.
- Lorsque toutes les parts ou actions sont réunies en une seule main, la société est dissoute – sauf pour les sociétés à responsabilité limitée et les sociétés par actions simplifiées, qui peuvent être des sociétés unipersonnelles, avec un seul associé.
- Les statuts de la société peuvent prévoir d'autres causes de dissolution que celles qui figurent dans la loi.
- Dans le cadre du droit des faillites, le jugement qui ordonne la liquidation judiciaire de la société entraîne la dissolution de celle-ci.
- Un tribunal peut prononcer la dissolution d'une société à titre de sanction pénale, lorsque la société a été utilisée pour commettre une infraction.

Les effets de la dissolution

La dissolution de la société doit être portée à la connaissance du public. Elle doit donc faire l'objet d'une publication au Registre du commerce et des sociétés (RCS), au Bulletin officiel des annonces civiles et commerciales (Bodacc) et dans un journal d'annonces légales. La décision de dissolution doit également être déposée au greffe du tribunal de commerce du siège de la société. En outre, la dénomination de la société doit mentionner sur tous les documents « société en liquidation ».

La dissolution de la société entraîne la liquidation de celle-ci et, éventuellement, le partage des actifs restants.

La liquidation

N'OUBLIEZ PAS !

La liquidation est l'ensemble des opérations qui, après la dissolution de la société, ont pour objet la vente des actifs de la société afin de payer les créanciers et, si c'est possible, de rembourser les associés des apports qu'ils ont effectués.

Chapitre 14

Oups ! Aïe ! Le droit pénal

Dans ce chapitre :

- Le principe de la légalité pénale
- Le principe d'interprétation stricte de la loi pénale
- Le principe de non-rétroactivité de la loi pénale
- La classification tripartite des infractions
- Les éléments constitutifs de l'infraction
- La tentative

Il suffit d'ouvrir un quotidien à la page des faits divers ou de regarder certaines séries policières pour se faire une première idée de ce que recouvre le droit pénal. Cependant, les journalistes n'expliquent pas nécessairement tous les détails, et les fictions télévisées sont souvent américaines. Ce qui entraîne des approximations, voire une image erronée… Pour les juristes, le droit pénal se définit comme « l'ensemble des règles juridiques qui organisent la réaction de l'État vis-à-vis des infractions et des délinquants ». Il a donc pour objectif de punir les comportements qui portent atteinte à la société. Vaste programme !

Cette ambition se retrouve dans le Code pénal, dont la majeure partie consiste à énumérer les différentes infractions existantes. Cette longue liste de turpitudes (plus de 12 000) est organisée par un certain nombre de grandes dispositions qui régissent plus globalement le droit pénal ; ce sont le principe dit « de la légalité » et ses conséquences (en particulier, l'interprétation stricte ainsi que la non-rétroactivité de la loi pénale), la classification des infractions ou encore les éléments constitutifs de l'infraction.

Pas d'infraction sans texte : le principe de la légalité pénale

Le principe de la légalité pénale a été consacré par la Déclaration des droits de l'homme et du citoyen de 1789, qui prévoit notamment que « nul homme ne peut être arrêté ni détenu que dans les cas déterminés par la loi ». Ce principe signifie que, pour qu'il y ait une infraction, il faut qu'il existe une loi définissant le comportement punissable et prévoyant la sanction pénale applicable. On dit généralement : « Pas d'infraction sans texte. »

Cette notion peut paraître simple ou évidente. Mais, historiquement, il s'agit d'un grand progrès face à l'arbitraire de la justice. En effet, avant la Révolution française, les juges occupaient une place prépondérante dans le système pénal et pouvaient condamner quelqu'un pour des agissements dont, pourtant, aucun texte ne disait qu'ils étaient répréhensibles ! Le principe de la légalité figure aujourd'hui au sein du Code pénal, qui dispose que « nul ne peut être puni pour un crime ou pour un délit dont les éléments ne sont pas définis par la loi ».

Aujourd'hui, à la différence de ce qui se passait sous l'Ancien Régime, un acte qui n'est pas sanctionné par un texte ne peut donner lieu à une condamnation en justice. Un exemple précis puisé dans la jurisprudence suffit à se convaincre de la portée d'un tel principe : le 8 mai 1971, un automobiliste est jugé par le tribunal de Melun parce qu'il n'a pas payé le péage sur l'autoroute Paris-Lyon. A-t-il brisé la barrière du péage ? S'est-il faufilé derrière le véhicule précédent ? L'histoire judiciaire ne le dit pas. Toujours est-il que le juge réalise qu'à cette date, en 1971, le fait de ne pas payer le péage n'est puni par aucun texte ! À contrecœur, probablement, tant il est vrai que ce comportement paraît aller à l'encontre du profil de « bon citoyen », le juge est obligé de relaxer l'automobiliste récalcitrant. (La relaxe ou l'acquittement est une décision de non-condamnation, de la part d'un tribunal de police, d'un tribunal correctionnel ou d'une cour d'assises.) Pour éviter qu'une telle mésaventure ne se reproduise, le Code de la route a été complété, en 1972, d'un nouveau texte réprimant le fait de ne pas payer le péage sur une autoroute.

Hommes et femmes sont-ils égaux dans le crime ?

Des recherches ont été menées afin de savoir si les hommes commettaient autant d'infractions au droit pénal que les femmes. Les résultats mettent en évidence deux tendances : la délinquance de l'homme est plus importante en nombre que celle de la femme, mais la délinquance féminine est en augmentation.

Quelles que soient les infractions, elles sont presque toujours majoritairement commises par des hommes. Il est cependant intéressant de relever que la proportion de femmes commettant des escroqueries et des infractions économiques est bien supérieure à la proportion des femmes coupables d'entorses à la législation sur les stupéfiants. Les femmes seraient-elles vénales ?

Il a été historiquement remarqué que le nombre de femmes violant le Code pénal est plus important chez celles qui travaillent (par opposition aux femmes « au foyer »). Il est effectivement plus facile de détourner les actifs d'une entreprise en y étant employée ou en la dirigeant qu'en restant chez soi ! En revanche, l'idée que la femme commettrait moins d'infractions parce qu'elle serait d'une force physique inférieure à l'homme, un temps évoquée, a été abandonnée par les criminologues. En effet, pas besoin de gros bras pour voler de l'argent aujourd'hui : avec un certain savoir-faire, quelques clics sur Internet suffisent... En fait, il semblerait que la délinquance augmente avec l'émancipation, ce qui expliquerait, à la fois, que la délinquance masculine soit (encore) plus nombreuse et que la délinquance féminine augmente – et ait, dans certains domaines, rejoint voire dépassé la délinquance des hommes.

Un juge ne peut ajouter à la loi : le principe d'interprétation stricte de la loi pénale

Le Code pénal précise encore que la loi pénale est d'*interprétation stricte*. Il s'agit d'une conséquence du principe de la légalité. En effet, seule la loi peut limiter la liberté des individus en désignant certains comportements comme des infractions. De sorte que le juge ne peut, sous prétexte d'interpréter la loi, sanctionner des agissements que la loi n'aurait pas expressément prévu de réprimer.

La Cour de cassation a ainsi jugé qu'« il n'appartient pas au juge, en raisonnant par voie d'analogie, de suppléer au silence de la loi et de prononcer des peines en dehors des cas limitativement prévus par le législateur ». Il est utile de rappeler que la Cour de cassation est la plus haute juridiction de France. Unique, elle se situe en haut de l'organisation pyramidale de la justice française, au-dessus des tribunaux et des cours d'appel. Le législateur, quant à lui, est l'organe qui fait les lois, c'est-à-dire le Parlement, composé de l'Assemblée nationale et du Sénat (voir chapitre 4).

La question de l'interprétation de la loi s'est posée au XIXe siècle à propos de ce qu'on appelle la « filouterie d'aliments » ou « délit de grivèlerie », soit le comportement de l'individu qui entre dans un restaurant, se fait servir un (copieux) repas tout en sachant qu'il n'a pas les moyens de le payer et s'enfuit à la fin du repas. Comment sanctionner un tel comportement ? Le juge pouvait-il considérer cela comme un vol ? La réponse est négative, parce que la loi définit le vol comme « la soustraction frauduleuse de la chose d'autrui » et qu'il faut l'interpréter strictement. Or, ce n'est pas comme si le « filou » dérobait de la nourriture en cuisine, auquel cas il y aurait vol, car « soustraction frauduleuse ». Là, c'est volontairement et de son plein gré que le restaurateur sert le « filou », berné par son audace et son aplomb. Il n'y a donc pas de soustraction frauduleuse. Les conditions légales de l'escroquerie et de l'abus de confiance ne sont pas non plus remplies, ce qui rendait les tribunaux démunis. En 1873, une loi spéciale a donc été votée pour sanctionner ce type de comportement.

LE SAVIEZ-VOUS ?

En fait, le législateur a l'obligation de suivre l'évolution des mœurs et des techniques, ainsi que de s'adapter à l'imagination toujours fertile des délinquants et criminels, pour voter des lois punissant les infractions au fur et à mesure de leur apparition… Comme dans une sorte de course-poursuite ! Dans les années 1980, il en a encore été ainsi pour punir la fabrication de « décodeurs pirates » aux fins de regarder à l'œil les programmes de Canal +.En effet, quand ce type de comportement malhonnête est apparu, à la suite de la création de cette nouvelle chaîne de télévision, aucun texte n'en prévoyait la sanction… Les pirates ne risquaient rien ! Le législateur a bien évidemment réagi, et, depuis le 10 juillet 1987, une loi réprime « la fabrication de matériels destinés à capter frauduleusement des programmes télédiffusés cryptés » – le langage des lois n'est jamais simple !

Les juges disposent néanmoins d'une certaine marge de manœuvre, surtout lorsque le texte à appliquer contient une erreur. Il existait par exemple un règlement de la police des chemins de fer de 1917 prohibant « de descendre ailleurs que dans les gares et lorsque le train est complètement arrêté ». Autant, il semble normal d'interdire de descendre d'un train ailleurs que dans une gare, autant il paraît délicat d'interdire de descendre lorsque le train est arrêté… Cela reviendrait à n'autoriser de descendre d'un train que lorsqu'il roule ! Un homme ayant sauté en route d'un train a cru pouvoir bénéficier de la coquille contenue dans ce règlement pour prétendre qu'il était dans son bon droit. Le tribunal n'a pas été de cet avis, les juges ayant considéré que l'objectif du règlement, en toute logique (et en toute sécurité !), était d'interdire « de descendre […] lorsque le train n'est pas complètement arrêté ».

Impossible de revenir en arrière : le principe de non-rétroactivité de la loi pénale

Autre conséquence de la légalité pénale, le principe de non-rétroactivité de la loi pénale est exprimé, là encore, au cœur du Code pénal : « Seuls sont punissables les faits constitutifs d'une infraction à la date où ils ont été commis. » Une loi pénale qui crée et définit une nouvelle infraction ne peut pas être appliquée à des faits commis avant son entrée en vigueur. Certains spécialistes expliquent que la loi pénale peut être comparée à un fouet muni d'un sifflet : avant de frapper, la loi doit prévenir !

Quand le Code de la route a été complété, en 1972, de la nouvelle infraction constituée par le fait de ne pas payer le péage sur une autoroute – comme on l'a vu précédemment –, il n'a pas été possible d'appliquer ce texte à des automobilistes ayant commis cette indélicatesse en 1971, par exemple. En revanche, il est traditionnellement évoqué l'exception historique à ce principe que constituent les crimes contre l'humanité : ces crimes ont été définis après avoir été commis. Et il a été estimé que leur gravité justifiait qu'ils soient réprimés sur le fondement d'une loi postérieure.

Entre zéro, un et le maximum : le principe d'individualisation des peines

On a pu lire dans la presse et jusque sur les murs du métro que la contrefaçon est un délit puni de cinq ans d'emprisonnement et de 500 000 euros d'amende. Il faut cependant relativiser, comme pour tous les crimes ou délits : ces chiffres représentent la peine maximale. Et il n'y a rien d'automatique dans le prononcé de la sanction.

Lors d'un procès, si les magistrats en arrivent à retenir la culpabilité de la personne poursuivie, ils ont ensuite toute latitude pour fixer la peine entre le quasi-symbole et le maximum encouru. Lorsque la personne est reconnue coupable, les juges ne peuvent, en principe, fixer la peine à zéro ! Selon le Code pénal, la juridiction fixe les peines en fonction des circonstances de l'infraction et de la personnalité du délinquant. C'est pour cette raison que la vie et le passé de la personne poursuivie sont étudiés dans le détail par le tribunal. La personne dont c'est la première condamnation sera en principe condamnée moins sévèrement que le multirécidiviste.

Le cas particulier en vertu duquel le tribunal constate la culpabilité mais ne condamne pas est baptisé *dispense de peine* et s'applique « lorsqu'il apparaît que le reclassement du [délinquant] est acquis, que le dommage causé est réparé et que le trouble résultant de l'infraction a cessé », selon les termes du Code pénal. La situation est en pratique assez rare.

De l'excès de vitesse à l'assassinat en passant par le vol : la classification tripartite des infractions

Toutes les infractions n'ont pas la même gravité. Elles sont donc classées en trois catégories : selon la gravité, on parle de « contraventions », de « délits » ou de « crimes ». Bien entendu, le crime est plus grave que le délit, qui est plus grave que la contravention. C'est la classification tripartite des infractions. Cette distinction innerve tout le droit pénal, jusqu'au vocabulaire. Ainsi, de quelqu'un condamné pour un crime, on dira qu'il purge une peine de réclusion criminelle, alors qu'à propos d'un individu sanctionné pour un délit on dira qu'il purge une peine d'emprisonnement délictuel, souvent abrégé en « emprisonnement ». En droit, être reclus n'a donc pas la même signification qu'être emprisonné !

Mais cette différence a surtout des conséquences de principe et de procédure. Pour ce qui est des principes, la *tentative* de crime est toujours punissable, la tentative de délit ne l'étant que dans certains cas prévus par la loi ; quant à la tentative de contravention, elle ne peut jamais être poursuivie. En clair, la tentative de meurtre est réprimée, mais pas la tentative d'excès de vitesse… Sur le plan procédural, les crimes sont jugés par la cour d'assises, les délits par le tribunal correctionnel et les contraventions par le tribunal de police.

De même, cette classification tripartite a des conséquences en matière de *prescription* (délai au terme duquel une poursuite pénale devient impossible). La prescription de l'action publique est (en général) d'une durée de dix ans à compter des faits pour un crime, de trois ans pour un délit et de un an pour une contravention. Une année après avoir commis un tapage nocturne, le fêtard est tranquille, il ne risque plus rien s'il n'a pas été poursuivi. L'auteur d'un vol devra patienter trois fois plus longtemps avant de pouvoir dormir sur ses deux oreilles !

LE SAVIEZ-VOUS ?

Le *happy slapping* rend complice

Chacun a entendu parler de ce phénomène consistant, spécialement chez les jeunes, à « immortaliser » avec son téléphone portable une scène de violence, de la simple gifle à la grosse bagarre. La cour d'appel de Versailles a rendu le 24 octobre 2006 une décision assez sévère en la matière. En effet, quel délit commet la personne qui filme un de ses camarades en train d'en frapper un autre ? Il est possible de songer, par exemple, à l'anciennement dénommée « non-assistance à personne en danger », désormais rebaptisée « omission de porter secours ». Les juges de Versailles sont allés plus loin et ont jugé, compte tenu des circonstances, que celui qui filme se rend complice de l'agresseur, donc complice de violences volontaires ! Dans cette affaire, l'élève avait eu connaissance du projet d'agression, avait attendu la victime avec l'agresseur à la sortie des classes, s'était rendu avec eux dans un bois. En outre, les magistrats ont estimé qu'en filmant la scène, l'élève avait donné plus d'écho à cette manifestation de supériorité physique et avait invité l'agresseur à faire étalage de sa force, ce qui s'analyse comme une « aide morale volontaire », ayant facilité la commission de l'infraction. Celui qui a filmé a donc été jugé complice de violences volontaires, ce qui lui fait encourir la même peine que celui qui a porté les coups… En 2007, une loi a repris cette solution des juges versaillais faisant un complice de celui qui filme, dans un objectif de lutter contre le développement de ces pratiques.

Les éléments constitutifs de l'infraction

En dépit de leur grande variété, les infractions partagent un dénominateur commun : selon la théorie pénale, tous les crimes et délits se composent d'un « élément matériel » et d'un « élément moral ». En revanche, les contraventions, la plupart du temps, se réduisent à un élément matériel.

L'élément matériel

Le droit pénal ne sanctionne pas la simple intention de commettre une infraction : il faut que cette intention se concrétise pour que la sanction pénale soit encourue. L'action matérialisant l'intention délictuelle constitue ce que l'on appelle l'*élément matériel* de l'infraction. C'est par exemple le coup de poing porté à autrui (qui devient alors l'élément matériel du délit de violences volontaires). En revanche, si l'envie de gifler un collègue en reste au stade de l'envie, cela ne relève pas du domaine du droit pénal (éventuellement de celui du confessionnal)… La justification de cette règle est que la très forte envie de gifler quelqu'un, tant qu'il n'y a pas de passage à l'acte, ne trouble pas l'ordre social. Le droit se montre plus pragmatique que la morale !

Il faut préciser que l'élément matériel peut consister en une action ou, plus rarement, en une omission. Les délits plus courants sont les *délits d'action*, qui consistent à effectuer un acte prohibé par la loi (escroquer, blesser, etc.), mais il existe aussi des *délits d'omission*, qui consistent en un acte « négatif », là où la loi commandait au contraire d'agir dans l'intérêt général (il peut s'agit notamment du fait de ne pas porter secours à une personne en péril, de ne pas dénoncer un crime dont il est encore possible de limiter les effets...). Parfois, ne rien faire expose à la sanction pénale !

Du radeau de la *Méduse* aux faucheurs volontaires : l'état de nécessité

Le cas est célèbre, dans les annales judiciaires, du « bon juge de Château-Thierry ». En 1898, une mère et son enfant n'ont pas mangé depuis plusieurs jours ; la mère vole un pain dans une boulangerie pour nourrir son enfant. Dans un jugement qui dessine les contours de la notion d'« état de nécessité », le magistrat de Château-Thierry décide de ne pas condamner la mère pour vol.

L'état de nécessité résulte ainsi de la situation d'une personne qui commet une infraction pour éviter un mal plus grand (voler un pain pour ne pas mourir de faim). Dans ce cas, elle n'est pas condamnée. Les tribunaux examinent évidemment très précisément la situation, et l'état de nécessité n'est pas souvent reconnu. Il exige la réunion de quatre conditions :

- la personne doit être confrontée à un danger imminent ;
- la personne ne doit pas avoir commis de faute antérieure qui aurait entraîné ce danger ;
- l'acte accompli doit être nécessaire, c'est-à-dire qu'il doit être l'unique moyen d'éviter le danger ;
- l'acte accompli doit être proportionné à la gravité du danger.

En remontant plus loin dans l'histoire, on considère que les passagers du radeau de la *Méduse* qui ont tué certains de leurs compagnons d'infortune et les ont dévorés pour survivre se trouvaient dans un état de nécessité.

De nos jours, l'état de nécessité est souvent invoqué mais n'est reconnu qu'exceptionnellement par les tribunaux : en 2005, le tribunal correctionnel d'Orléans a relaxé 49 faucheurs volontaires de maïs génétiquement modifié sur le fondement de l'état de nécessité. Mais la cour d'appel n'a pas partagé cette analyse et les a condamnés, estimant que les conditions de l'état de nécessité n'étaient pas remplies. De même, les chômeurs dérobant de la nourriture dans les supermarchés ou les personnes démunies voyageant régulièrement sans titre de transport ne bénéficient guère de l'« état de nécessité ».

L'élément moral

Pour qu'il y ait une infraction, il faut que l'élément matériel résulte de la volonté de son auteur, que l'acte soit volontaire. C'est ce que l'on appelle l'*élément moral* de l'infraction. Le Code pénal est très clair : « Il n'y a pas de crime ou de délit sans intention de le commettre. »

Mais alors, en quoi consiste la volonté dans un crime dit « involontaire » ? On parle ainsi d'*homicide involontaire*, alors qu'il s'agit en général d'un homicide par imprudence. L'élément intentionnel réside justement dans l'acte d'imprudence en question. En fait, la volonté est toujours présente dans un crime ou un délit, mais elle peut être plus ou moins décelable. Quelquefois, la volonté porte sur l'acte *et* sur ses conséquences, c'est-à-dire que la personne a voulu les dits acte *et* conséquences ; il s'agit des infractions qualifiées de « volontaires », comme le meurtre, synonyme d'homicide, ou le vol. Dans d'autres cas, la volonté ne porte que sur l'acte, c'est-à-dire que la personne a voulu commettre le fait, l'acte, mais sans en rechercher toutes les conséquences ; il s'agit des infractions abusivement qualifiées – même par les juristes ! – d'« involontaires », comme l'homicide ou les blessures par imprudence.

Caramba ! Encore raté : la tentative

L'activité criminelle est souvent décrite comme un chemin comprenant trois étapes. Le premier stade est psychologique : c'est l'idée du crime. La deuxième marche, matérielle, prend forme dans les actes de préparation (l'étude des lieux avant un vol, par exemple). La troisième phase, matérielle également, c'est l'exécution, le passage à l'acte. La question est de savoir à partir de quelle étape il peut y avoir sanction pénale. En fait, la sanction peut intervenir à la frontière des deux dernières étapes, par la répression de la « simple » tentative. La loi précise que le commencement d'exécution ou une exécution interrompue de façon involontaire constituent une *tentative* punissable.

Le commencement d'exécution n'est évidemment pas la simple idée du crime. Encore une fois, le droit pénal ne réprime pas les idées ou les intentions, à la différence de la morale. Le commencement d'exécution se situe même un peu plus loin sur le chemin du crime que les simples actes préparatoires : l'acte préparatoire n'est en effet pas sanctionné. L'ex-futur braqueur de banque qui se sera contenté d'aller faire un repérage des lieux sans finalement passer à l'acte ne pourra pas être sanctionné. En revanche, les tribunaux ont par exemple décidé que la personne qui s'introduit par effraction dans une voiture en stationnement et se fait attraper avant d'avoir pu la démarrer est coupable d'une tentative de vol.

Reste l'interruption involontaire de l'exécution, ou *désistement involontaire*. Reprenons l'exemple de notre malfaiteur : en chemin pour commettre une attaque de banque, armé, il réfléchit aux graves conséquences de son acte futur et décide de faire demi-tour sur le trottoir à 10 mètres de la banque. Le désistement est volontaire, il n'y a pas de tentative. En revanche, si le malfaiteur en route pour commettre son forfait se fait neutraliser par la police, le désistement est involontaire, la tentative est constituée et notre malfaiteur encourt les mêmes peines que s'il avait effectivement pillé cette banque. Selon le Code pénal, la tentative est punissable quand le désistement résulte de « circonstances indépendantes de la volonté » du délinquant. Précisons – au cas où le message ne serait pas déjà passé chez le lecteur ! – que la tentative est en théorie punie aussi sévèrement que si l'infraction avait été réalisée…

Tuer un mort ou l'infraction impossible

Il est des cas où le criminel cherche un résultat tout simplement impossible à atteindre, par exemple donner la mort à quelqu'un qui est déjà décédé. Si la situation peut servir de base à un scénario de polar, comment est-elle traitée en droit ? Il existe un *délit impossible*, qui n'est pas réprimé, en matière d'empoisonnement : la personne cherchant à empoisonner quelqu'un avec ce qu'elle croit être du cyanure, mais qui n'est que du sucre, ne peut en principe pas être condamnée. En effet, le Code pénal exige que la substance soit « de nature à entraîner la mort » pour qu'il y ait empoisonnement. Mais, en dehors de ce cas précis traité par la loi, la situation du délit ou du crime impossible a varié avec le temps.

Au XIXe siècle, les tribunaux décidaient que, le crime étant impossible, la tentative l'était aussi. Il n'y avait donc pas de sanction… possible. Mais, au XXe siècle, la répression de l'infraction impossible est apparue : les juridictions assimilent l'infraction impossible à une infraction tentée (tel un commencement d'exécution ou un désistement volontaire). En 1986, un individu a ainsi été condamné pour tentative de meurtre, parce qu'il avait commis des violences dans l'intention de donner la mort, sans se rendre compte que sa victime était déjà passée de vie à trépas. Il a en effet été jugé que le décès de la victime antérieurement aux violences était une circonstance indépendante de la volonté de l'accusé. Les juges ont donc estimé que porter des coups à ce qu'on ignore être un cadavre est une tentative de meurtre.

Chapitre 15

Entrée des artistes : le droit de la propriété intellectuelle et le droit de la communication

Dans ce chapitre :

- Le droit de la propriété intellectuelle
- Le droit de la communication

Les arts et les créations en tous genres sont des domaines réglementés par la loi. Le droit protège les auteurs et les créateurs en leur accordant des privilèges pour qu'ils puissent vivre de leur art. La loi, cependant, contrôle aussi le contenu des œuvres, puisque la justice peut, par une censure déguisée, imposer aux écrivains et aux journalistes de taire certains propos, ou d'ajouter des feuilles de vigne pour cacher une nudité qui pourrait choquer le public… En matière de création, la loi manie donc cumulativement la carotte et le bâton.

Le droit de la propriété intellectuelle

Le droit de la *propriété intellectuelle* protège l'« ingéniosité » au sens le plus large du terme. Il s'agit, pour la loi, de prendre soin des créateurs. La Révolution a abandonné les privilèges, notamment les privilèges attribués aux éditeurs/imprimeurs, et a proclamé la liberté la plus large : liberté de création comme liberté du commerce et de l'industrie. Par ailleurs, en plein siècle des Lumières, il était nécessaire de faire avancer le progrès et de développer la pensée et les arts. L'émulation ne pouvait se faire qu'en récompensant les fins esprits ; il était donc indispensable de leur allouer des avantages. La récompense accordée au créateur est un droit de propriété intellectuelle. Ce droit s'est construit grâce à une accumulation de lois et de décrets qui ont abouti en 1992 à la mise en place du Code de la propriété intellectuelle, véritable compilation des règles de droit existant jusqu'alors.

La propriété intellectuelle comporte différents pans, en particulier le droit des brevets, celui des marques, celui des dessins et modèles et enfin le droit d'auteur. Les brevets, marques, dessins et modèles protégés font partie de la branche du droit de la propriété intellectuelle, baptisée *droits de propriété industrielle*. Leur particularité consiste dans le fait que ces privilèges sont octroyés par une décision administrative dont le monopole est confié pour la France à l'Institut national de la propriété industrielle.

Tirer Lépine du pied : le droit des brevets

Les innovations témoignant d'une activité inventive et susceptibles d'une application industrielle peuvent être protégées par un brevet. Celui-ci peut être octroyé par l'Institut national de la propriété industrielle après une lourde procédure d'examen. Si l'invention est brevetable, son descriptif est publié pour être connu de tous. La contrepartie pour l'inventeur est que toute personne qui souhaite utiliser son invention doit pendant une période déterminée lui verser une redevance.

Les brevets ont une durée de validité de vingt années non renouvelables. Une fois ce délai passé, l'invention tombe dans le *domaine public*, ce qui veut dire que tout un chacun peut librement l'exploiter et l'améliorer. Par ailleurs, le système du droit des brevets permet de stimuler la recherche en octroyant à l'inventeur un monopole. La contrepartie consiste à ce que l'ensemble de la communauté scientifique pourra – à terme – s'appuyer librement sur cette invention pour la faire progresser.

Toutes griffes dehors : le droit des marques

Un monopole similaire résulte du droit des marques. Une marque permet au public d'identifier des produits et des services du monde du commerce. Il s'agit pour la société ou la personne physique qui dépose une marque de choisir un signe suffisamment arbitraire pour que le consommateur, en entendant le nom, fasse immédiatement le rapprochement avec le produit ou le service qu'il désigne.

La marque est donc un binôme nom-produit : elle n'est, par conséquent, valable que par référence aux produits qu'elle désigne. C'est la raison pour laquelle des marques aux noms identiques telles que « Mont Blanc » peuvent librement coexister pour désigner, l'une des crèmes dessert, et l'autre des briquets et des stylos.

Une marque n'est valable que pendant dix années ; mais, contrairement au brevet, elle peut être indéfiniment renouvelée. Toutefois, une marque étant un privilège accordé par l'Administration, elle doit être exploitée pour les produits et services qu'elle désigne. Un privilège, ça se mérite ! C'est la raison pour laquelle, si le titulaire de la marque la met en jachère – en clair, ne l'exploite pas – pendant plus de cinq années, le titre est susceptible d'être annulé.

Dessine-moi un sac à main : les dessins et modèles

L'Institut national de la propriété industrielle accorde également des titres de propriété intellectuelle en matière de dessins et modèles. Il s'agit des fameux *modèles déposés*. Ce droit est accordé en fonction de l'aspect d'un objet industriel ou artisanal nouveau qui se distingue sensiblement dans son apparence de ce qui existait auparavant. On peut donc trouver, au rang des dessins et modèles, certaines créations de mode, les conditionnements de certains produits, des gadgets... Le monopole accordé est d'une durée de cinq années, renouvelables pour une durée maximale de vingt-cinq années.

La chevalerie des arts et lettres : le droit d'auteur

Parallèlement à ces créations à vocation industrielle et commerciale, la loi protège également les belles-lettres et les beaux-arts : il s'agit du *droit d'auteur*, aussi dénommé en jargon juridique *droit de la propriété littéraire et artistique*.

Les origines du droit d'auteur

LE SAVIEZ-VOUS ?

Sous l'Ancien Régime, auteurs et artistes vivaient du mécénat, et leurs œuvres étaient rémunérées une fois pour toutes par leurs commanditaires. Les seuls monopoles accordés par le roi bénéficiaient à certains libraires et, ponctuellement, à des descendants de créateur. Cependant, les philosophes et autres personnalités des Lumières se sont émus de la situation des auteurs et ont prôné, à la veille de la Révolution, un système leur permettant de vivre de leur art. Il s'agissait de pouvoir bénéficier d'un monopole à vie. C'est ainsi que Beaumarchais a créé, dès 1777, la Société des auteurs et compositeurs dramatiques (SACD), destinée à défendre et à protéger les auteurs. La SACD existe toujours et continue d'avoir un rôle prépondérant en matière de gestion collective des droits d'auteur.

Le droit d'auteur a été consacré législativement par deux lois de 1791 et 1793, qui ont été en vigueur pendant de nombreuses années, et sur les principes desquelles notre législation actuelle s'appuie encore. Cependant, ces dispositions législatives n'ont pu être conservées intactes, compte tenu de l'émergence de modes et de procédés nouveaux de communication, tels que la photographie, le cinéma, la télévision, Internet… De grandes refontes du droit de la propriété intellectuelle ont été effectuées en 1957 et en 1985 pour tenir compte de l'arrivée de ces nouveaux médias. Depuis les années 1990, les réformes intervenues en la matière ont été dictées par l'Union européenne afin d'harmoniser les législations des différents États membres. Toutefois, les débats parlementaires ont également été l'occasion pour certaines corporations de tenter d'imposer un toilettage de certaines dispositions estimées obsolètes, ou de gratter un petit monopole complémentaire.

Que protège le droit d'auteur ?

Le droit d'auteur protège les créations de l'esprit *originales*, c'est-à-dire témoignant de l'empreinte de la personnalité de leur auteur. En bref, les simples idées générales et qui ne sont pas fixées sur un support de quelque nature qu'il soit sont dites *de libre parcours* et peuvent être exploitées par tout un chacun. Ainsi, écrire une saynète sur un mari trompé qui découvrirait l'amant de sa femme dans un placard ne donne pas lieu à monopole compte tenu de la banalité de cette thématique dans l'histoire des arts et des lettres.

Toutes sortes de créations artistiques sont susceptibles d'être protégées : les écrits, les œuvres d'arts graphiques et plastiques, les photographies, les films, les performances artistiques, les numéros de cirque, les pages d'accueil des sites internet…

La protection par le droit d'auteur s'acquiert sans formalité : ni dépôt ni enregistrement ne sont exigés. Aucune administration ni académie n'est donc susceptible de définir *a priori* ce qui relève ou non des beaux-arts et de la protection par le droit d'auteur. Cette tâche appartiendra, le cas échéant, au tribunal qui pourrait, dans le cadre d'une affaire qui lui serait soumise, refuser à l'artiste autoproclamé la protection légale du droit d'auteur sur une pseudo-création qui serait d'une banalité affligeante. La détermination des œuvres susceptibles de bénéficier de la protection par le droit d'auteur fait donc l'objet d'un véritable… flou artistique, qui évolue en fonction de la sensibilité du juge à qui le dossier est soumis. Mais partons du postulat que l'œuvre est originale, donc digne de protection : l'auteur pourra bénéficier de deux types de prérogative sur cette œuvre, des droits dits « patrimoniaux » et des droits « moraux ».

« Pour pouvoir créer, encore faut-il pouvoir manger » (Beaumarchais) : les droits patrimoniaux

Le *droit patrimonial* permet à l'auteur d'autoriser ou d'interdire la reproduction, la représentation et la communication au public de son œuvre. Il s'agit également, pour l'auteur, du droit de bénéficier, en contrepartie de l'exploitation de sa création, d'une juste rémunération. Celle-ci doit être proportionnelle aux recettes d'exploitation de l'œuvre. L'auteur est ainsi directement associé à son succès commercial.

Le droit patrimonial a la particularité d'être temporaire. Il est accordé à l'auteur pour sa vie durant, ainsi que pour ses héritiers pendant soixante-dix ans. Une fois les droits patrimoniaux éteints, les œuvres tombent dans le domaine public et peuvent être reproduites et exploitées par tous sans qu'il y ait à demander un accord et, *a fortiori*, à verser la moindre rémunération.

Le fleuron du droit d'auteur à la française : le droit moral

Le *droit moral* est d'une autre nature. Il comporte d'ailleurs différents attributs, en particulier le droit à la *paternité* et le droit à l'*intégrité*. La paternité, c'est le fait que toute œuvre doit être signée pour que le public puisse en identifier l'auteur. Le droit moral permet également à un auteur de s'opposer à ce que l'on porte atteinte à l'intégrité de son œuvre, c'est-à-dire concrètement qu'on la détruise ou plus simplement qu'on la modifie.

Le droit moral, contrairement aux droits patrimoniaux, est perpétuel. Il est exercé par l'auteur sa vie durant, puis par ses héritiers sans limitation de durée. Ce droit ne peut être cédé par contrat. Le droit moral marque ainsi la particularité du droit français, puisque l'auteur a seul la faculté, de son vivant, de brandir arbitrairement son droit moral, sans que l'on puisse s'y opposer. Les héritiers de l'auteur doivent l'exercer en fonction des volontés exprimées par l'auteur de son vivant. Le droit moral est donc parfois considéré comme un superjoker, permettant à l'auteur de s'opposer à toute exploitation de son œuvre qui serait effectuée dans des conditions morales qui ne le satisferaient pas.

Les pays de tradition anglo-saxonne ne connaissent pas ce droit, puisque la propriété littéraire et artistique s'intitule pour eux *copyright*, c'est-à-dire « droit de copier ». Dans le système du copyright, l'auteur perd complètement la maîtrise de la vie de son œuvre une fois qu'elle est cédée à un producteur ou à un éditeur. C'est la raison pour laquelle l'harmonisation européenne en la matière est particulièrement délicate, car les pays de tradition anglo-saxonne craignent par-dessus tout qu'on leur impose d'intégrer le droit moral dans leur arsenal juridique. Réciproquement, la France et les autres pays de tradition juridique latine refusent d'abdiquer et de renoncer à cette prérogative d'importance.

La contrefaçon : gare aux bulldozers !

Toute reproduction, tout achat ou toute vente d'un produit couvert par un brevet, une marque, un dessin et modèle ou un droit d'auteur, sans l'autorisation de son propriétaire et sans rémunération, constitue une contrefaçon. Et cet acte est une infraction pénale. Tout contrefacteur s'expose non seulement à une peine de prison, mais également à la confiscation de la marchandise, au paiement d'amendes et au versement de lourds dommages et intérêts.

C'est sur le fondement de ces dispositions législatives que les grandes marques de l'industrie du luxe ont pu procéder publiquement à la destruction par bulldozer, et sous les caméras, de stocks de montres saisies en douanes. Les règles relatives à la contrefaçon permettent également d'interpeller les touristes de retour d'Asie qui reviennent avec dans leurs valises des montres Cratier, des sacs Crada ou des foulards Vritton achetés à petit prix sur les marchés…

Hum hum : le droit de la communication

Le droit de la communication est en plein essor. Une chambre spécialisée a été créée au sein du tribunal de grande instance de Paris : elle ne traite que des affaires de droit de la communication. Par commodité et raccourci, on l'appelle la « chambre de la presse ». Mais le droit de la communication ne concerne pas que la presse : il s'applique aux films, aux livres, aux affiches, aux tracts, aux textes de rap, etc.

Restons polis ! L'injure et la diffamation

Le droit de la presse est principalement régi par une loi, la *loi sur la liberté de la presse* – ce qui, au premier abord, est plutôt rassurant (malgré le nombre important d'infractions qui y sont définies…). Que cette loi date du 29 juillet 1881 l'est moins ! Toutefois, ce texte a été adapté afin de tenir compte de l'apparition et du développement de nouveaux médias : en 1982 et en 1986 pour s'adapter à l'apparition de l'audiovisuel et en 2004 avec l'essor d'Internet. Mais les principaux mécanismes ont été définis en 1881 et sont inchangés depuis. Il en va ainsi de l'injure et de la diffamation, qui sont les principaux délits prévus par la loi du 29 juillet 1881.

Il est assez simple de s'imaginer ce qu'est l'*injure* : ici, la signification est à peu près la même en droit et dans le langage courant. Néanmoins, il peut falloir une longue procédure judiciaire pour arriver à la conclusion que traiter quelqu'un de « nabot » est une injure ! Au-delà de l'insulte en tant que telle, les tribunaux considèrent comme une injure toute « invective », tout « terme de mépris ou d'outrage ». Il s'agit donc de faire attention à ses propos lorsqu'on est invité au journal de 20 heures ou éliminé du « Maillon faible » !

Quant à l'interdiction de *diffamation*, elle est un mécanisme principalement destiné à encadrer le travail des journalistes. Fondamentalement, le délit de diffamation est supposé représenter un garde-fou qui vise à sanctionner les accusations qui ne peuvent pas être prouvées. En effet, le journaliste ayant la malchance d'être poursuivi en diffamation à cause d'un article qu'il a rédigé dispose, comme premier moyen de défense, de la faculté de prouver que ce qu'il a écrit est vrai. Ainsi, le journaliste qui a écrit un papier dans lequel il accuse telle usine de polluer la rivière qui coule à proximité sur la base d'une copie du résultat d'analyses chimiques montrant que les flots sont saturés d'un produit toxique utilisé par l'industriel ne sera pas condamné pour diffamation. En revanche, si le journaliste ne dispose que du témoignage d'un agriculteur qui affirme que les vaches de son troupeau refusent de s'abreuver dans la rivière comme elles le faisaient auparavant, son sort devant le tribunal est plus incertain !

Le deuxième moyen d'éviter d'être condamné pour diffamation est de prouver sa *bonne foi*. Cette notion a été créée puis théorisée par les tribunaux au cours de la première moitié du XXe siècle. Pour prouver sa bonne foi, le journaliste doit démontrer plusieurs éléments : notamment qu'il s'est livré à une enquête sérieuse, et aussi qu'il est resté prudent et mesuré dans son expression. L'enquête sérieuse repose sur la qualité des sources d'information du journaliste. Un tribunal a ainsi pu décider que le journaliste qui avait écrit un article au vitriol sur une entreprise à partir du témoignage d'un seul salarié récemment licencié n'avait pas effectué une enquête sérieuse (il est en effet permis de douter de l'objectivité de l'ex-employé tout juste arrivé à la case Pôle emploi...).

Blog et diffamation

La loi de 1881 ne s'applique pas qu'aux journalistes. Elle s'applique, sous certaines conditions, à Internet et donc aux blogs. Le tribunal de grande instance de Paris a rendu, le 17 mars 2006, un jugement concernant un blog. Les magistrats ont considéré que la personne qui tient un blog à titre purement privé et bénévole n'est pas obligée de se livrer à une enquête et à une vérification de ses sources aussi pointilleuses que celles qui incombent à un journaliste professionnel. Concrètement, le tribunal a jugé que le responsable du blog pouvait citer des extraits d'un article paru dans un quotidien régional « sans avoir à vérifier le bien-fondé des informations » contenues dans cet article. Autrement dit, le tribunal a appliqué les règles de la loi de 1881, mais avec plus d'indulgence vis-à-vis de l'amateur que du professionnel. Attention toutefois : cette décision favorable au « blogueur » n'est pas définitive, un appel étant en cours. Un peu de prudence, donc, malgré tout.

Les accusations qui seront sanctionnées si le journaliste ne peut les prouver sont très vastes : la loi de 1881 parle d'« atteinte à l'honneur et à la considération ». Ainsi, toute remise en cause de la moralité ou de la réputation d'un individu est susceptible d'être diffamatoire. Ce qui fait parfois dire que le juge de la diffamation est le juge « des ego des plaignants »... En outre, la sanction peut tomber malgré certaines précautions de style. Les juges estiment qu'il est diffamatoire de titrer « Le comptable se servait dans la caisse », mais aussi de mettre en une « Le comptable se serait-il servi dans la caisse ? ». La règle peut paraître sévère... C'est ici le formidable pouvoir évocateur des médias qui est pris en compte par les magistrats.

N'OUBLIEZ PAS !

La sanction n'est pas la même selon que les propos ou écrits sont publics ou non. La diffamation et l'injure non publiques sont des contraventions beaucoup moins sévèrement sanctionnées que les délits de diffamation et d'injure publiques. Il est donc moins risqué de dire ses quatre vérités au voisin qu'on ne supporte plus dans un courrier privé qu'en pleine rue devant de nombreux témoins !

La notion de publicité n'est parfois pas évidente à cerner. Il est incontestable que l'article d'un quotidien ou le reportage d'une émission télévisée sont publics. Mais le nombre ne fait pas le public. Ainsi, les propos ou les écrits diffusés à tous les salariés d'une entreprise, mais uniquement à ceux-ci, sont *a priori* considérés par les juges comme non publics… Il existe de nombreuses décisions de justice aux termes desquelles les propos du syndicaliste tenus lors d'une réunion, peu amènes voire très virulents à l'égard de la direction, ou une harangue affichée dans les couloirs de l'entreprise sont non publics. Le dirigeant susceptible et/ou le syndicaliste excessif sont alors amenés à s'expliquer devant un tribunal de police et non devant un tribunal correctionnel – et le syndicaliste qui a dérapé risque financièrement environ 300 fois moins que s'il avait rédigé un article dans un journal externe à la société qu'il critique !

LE SAVIEZ-VOUS ?

La loi du 29 juillet 1881

La censure a toujours été très présente en France. Jusqu'en 1728, le délit de publication sans autorisation était sanctionné de la peine de mort. En 1791, le délit d'opinion est puni de mort. Il faut donc attendre 1881 pour que la censure et la répression cèdent la place à la liberté d'expression. Néanmoins, la loi sur la liberté de la presse de 1881 est aujourd'hui un catalogue d'interdictions, malgré son intitulé ! En cela, ce texte traduit le principe posé par l'article 11 de la Déclaration des droits de l'homme et du citoyen : « La libre communication des pensées et des opinions est un des droits les plus précieux de l'homme. Tout citoyen peut donc parler, écrire, imprimer librement, sauf à répondre de l'abus de cette liberté dans les cas déterminés par la loi. » Ainsi, la presse est libre, dans le cadre de toutes les interdictions auxquelles elle est soumise…

La loi de 1881 réprime aujourd'hui le racisme, le révisionnisme, le sexisme et l'homophobie (depuis le 30 décembre 2004), mais aussi l'offense au président de la République. Cette loi interdit aussi tout texte ou illustration concernant le suicide de mineurs de moins de 18 ans, ainsi que tout texte ou illustration concernant l'identité et la personnalité des mineurs de moins de 18 ans qui ont quitté leurs parents, leur tuteur, la personne ou l'institution qui était chargée de leur garde…

Chacun reste chez soi : le respect de la vie privée

L'article 9 du Code civil prévoit que « chacun a droit au respect de sa vie privée ». Cependant, la loi ne donne pas de définition de la « vie privée ». Ce sont donc les tribunaux qui ont eu la tâche de préciser les contours de cette notion. Généralement, les juges utilisent la formule suivante : « Le droit à la vie privée, c'est le droit à une vie retirée et anonyme à l'abri des regards indiscrets, le droit de mener son existence comme on l'entend, sans ingérences extérieures. » Le principe est qu'une information qui relève de la sphère de la vie privée d'un individu ne peut être révélée sans son consentement.

Au fur et à mesure des différentes décisions de justice, il est possible d'établir une liste indicative de ce qui relève de la vie privée : la vie sentimentale, l'orientation sexuelle, les opinions politiques, l'appartenance religieuse, l'état de santé, etc. Révéler l'homosexualité de quelqu'un contre son gré (la pratique de l'outing) est une atteinte à sa vie privée. Il en va encore de même de l'appartenance à la franc-maçonnerie, les tribunaux rangeant cette adhésion sous la bannière des « convictions philosophiques ».

Néanmoins, le principe de respect de la vie privée doit être mis en balance avec le principe de la liberté d'expression et son corollaire, la liberté d'information. Dans certains cas, il est donc possible de révéler un élément appartenant à la vie privée de quelqu'un. Il est ainsi permis de faire une révélation concernant la vie privée de quelqu'un lorsqu'il s'agit d'une information du public légitime. En général, l'information est légitime lorsqu'elle concerne l'actualité.

Par ailleurs, avec l'accord de la personne intéressée, il est évidemment possible d'évoquer sa vie privée. La personnalité médiatique qui vient de son plein gré se confier sur ses difficultés conjugales afin de se faire un peu de publicité dans la presse people peut difficilement se plaindre par la suite d'une atteinte à sa vie privée… Une fois que la personnalité s'est « confessée » dans un magazine en vue, elle a du mal à empêcher que les informations qu'elle a révélées soient reprises par un journal concurrent.

Enfin, notons que la Cour de cassation a jugé qu'il est possible de révéler un élément appartenant à la vie privée de quelqu'un si cet élément est anodin. Ainsi, le journal qui a révélé que deux époux en instance de divorce, personnalités connues d'une famille princière, se sont retrouvés pour déjeuner ensemble dans un restaurant à la mode ne commet pas d'atteinte à leur vie privée.

L'argent et la vie privée

Dans les années 1960, les tribunaux décidaient que le niveau de fortune, les ressources appartenaient à la sphère de la vie privée. Il n'était pas possible de les révéler, sauf accord de la personne concernée. Avec l'évolution de la société et notamment sous l'influence américaine, la position des juges a évolué. Il est désormais possible de révéler des informations sur les ressources de certaines personnalités, à condition de s'en tenir à des éléments d'ordre strictement financier, sans déborder sur des appréciations concernant le mode de vie. C'est ainsi que sont désormais publiées des enquêtes telles que « L'acteur de cinéma le mieux payé de l'année » ou « Les 100 premières fortunes de France ».

Miroir, mon beau miroir : le droit à l'image

Le *droit à l'image* a été créé par les tribunaux. En effet, à la différence de la vie privée, aucune loi ne dit explicitement que chacun a droit au respect de son image. L'un des raisonnements récurrents des juges est le suivant : la loi protège la vie privée ; l'image appartient à la vie privée. Donc, l'image est protégée. Le principe est ainsi le même qu'en matière de vie privée : l'image d'une personne ne peut être diffusée sans son consentement. Avec l'accord de la personne concernée, il est possible de montrer son image. Mais l'autorisation doit porter sur l'exploitation et non sur la seule prise de vue. Une personne peut accepter de se faire photographier, mais selon que le cliché finira dans un album de famille ou à la une d'un magazine, la situation n'est évidemment pas la même.

Il est toutefois des cas où la photographie d'un individu peut être diffusée même sans son accord. C'est le cas de l'image d'un individu ayant participé à un événement d'actualité. Des quotidiens d'information générale, comme *Libération* ou *Le Parisien*, peuvent, en principe, reproduire la photographie représentant un participant à la manifestation de la veille sans avoir à recueillir son accord. Il en va de même au journal télévisé.

LE SAVIEZ-VOUS ?

De plus en plus, la tendance des tribunaux est de permettre la diffusion de l'image d'une personne sans son consentement. Ainsi, la liste des justifications à la publication même sans l'accord de la personne concernée ne cesse de s'allonger. Au-delà du fait d'actualité, donc récent, est admis l'événement historique. Les tribunaux ont ainsi jugé qu'une manifestante, devenue l'icône de mai 1968, ne pouvait s'opposer à la diffusion d'une photographie la représentant, juchée sur les épaules d'un autre manifestant et brandissant un drapeau vietnamien.

La circonstance justifiant la diffusion de l'image peut aussi relever de l'histoire des grandes affaires criminelles. Il a été parfois jugé que la personne mêlée à un grand procès ayant défrayé la chronique ne pouvait s'opposer à la diffusion d'une photographie, prise à l'époque de ce procès, sur laquelle elle apparaît. L'acte justifiant la diffusion de l'image peut également appartenir au domaine sportif. Christophe Dominici, par exemple, ne peut s'opposer à l'utilisation d'une photographie de lui, prise lors de la Coupe du monde de rugby, en couverture d'un ouvrage technique consacré à ce sport.

Circulez, y'a rien à voir

Il existe deux limites infranchissables en matière de diffusion d'images. La Cour de cassation a jugé que l'exploitation d'une photographie portant atteinte à la dignité humaine n'était pas possible, quelles que soient les circonstances. C'est pour cette raison que le cliché du corps sanguinolent du préfet Érignac, victime d'un assassinat, a été interdit. En mars 2007, c'est la photographie d'un célèbre acteur français, allongé sur une civière entre la vie et la mort après une attaque cérébrale, qui a été jugée attentatoire à la dignité humaine. L'atteinte à la dignité humaine est ainsi souvent invoquée devant les tribunaux pour contester la publication d'une photographie (et obtenir des dommages et intérêts). Mais il est rare que les juges concluent que cette atteinte est constituée.

La deuxième limite consiste en l'interdiction de publier une photographie montrant une personne menottée ou lors de sa détention provisoire (c'est-à-dire emprisonnée mais pas encore jugée). Ces prohibitions résultent d'une loi de 2000 visant à renforcer la protection de la présomption d'innocence. Un hebdomadaire a ainsi été condamné pour avoir publié une photographie d'un protagoniste de l'affaire Elf dans la cour de la prison de la Santé, alors qu'il n'avait pas encore été jugé.

Chapitre 16

Les géants en action : le droit administratif

Dans ce chapitre :

- Le principe de légalité
- La notion de service public
- La responsabilité administrative

Aux États-Unis et au Royaume-Uni, l'Administration est régie par les mêmes règles que celles qui sont applicables aux citoyens. En France, ce n'est pas le cas. L'Administration y est soumise à un ensemble de règles particulières qui forme ce qu'on appelle le *droit administratif.* L'application de ces règles est contrôlée par un magistrat spécifique spécial, dénommé *juge administratif.*

Ainsi, le tribunal jugeant l'Administration n'est pas le même que celui des autres justiciables. Pour un problème de trouble du voisinage, si la haie de votre voisin place votre terrasse irrémédiablement à l'ombre, il faut saisir le tribunal de grande instance, juridiction civile. Mais, en cas de litige avec une administration, il faut saisir un tribunal administratif, puis, le cas échéant, une cour administrative d'appel et, enfin, en ultime recours, le Conseil d'État, qui sont ce qu'on appelle les *juridictions administratives.*

L'une des justifications de cette situation est que les individus agissent dans un but d'intérêt particulier, alors que l'Administration poursuit un but d'intérêt public, d'intérêt général ; ce qui nécessite qu'elle soit soumise à des règles différentes.

Le principe de légalité

L'Administration n'a pas un pouvoir illimité. Elle doit, heureusement, agir en respectant la loi ; c'est ce qu'on appelle le *principe de légalité.*

Les sources écrites de la légalité

L'Administration doit respecter la loi, et plus généralement toutes les règles de droit. Car il n'y a pas que la loi qui fixe ces règles, mais une multitude de textes. Pour y voir clair et pour que tout cela fonctionne, le juriste – dont c'est une manie ! – a classé les textes créateurs de droit et, surtout, les a hiérarchisés. C'est ce qu'on appelle la *hiérarchie des normes* : concrètement, un texte inférieur dans la hiérarchie peut fixer une règle à condition de respecter les textes supérieurs.

Au sommet de cette hiérarchie se trouve la Constitution de la Ve République, rédigée en 1958. C'est la règle suprême. Toutes les autres règles édictées en France doivent respecter la Constitution. En dessous de la Constitution viennent les traités internationaux ratifiés par la France, qui ont une valeur supérieure à la loi. Ensuite, il y a la loi. Puis, après la loi s'inscrivent les règlements, c'est-à-dire les textes édictés par l'Administration. Ils sont de valeur plus ou moins grande selon leur auteur. Par ordre décroissant d'importance, il est possible de recenser les textes du Premier ministre, ceux des ministres, ceux des préfets et ceux des maires.

L'Union européenne est également source de légalité. On distingue les règlements communautaires, directement applicables en droit français sans qu'il soit nécessaire que le législateur adopte un texte à cet effet, et les directives européennes, qui ne sont, elles, pas directement applicables : il est indispensable que le Parlement vote une loi afin de transposer la directive dans notre droit.

La Constitution n'est pas seule ! Le bloc de constitutionnalité

Le préambule de la Constitution de 1958 fait référence au préambule de la Constitution de 1946 (IVe République) ainsi qu'à la Déclaration des droits de l'homme et du citoyen de 1789 (voir chapitre 1). En conséquence, le préambule de la Constitution de 1946 et la Déclaration des droits de l'homme et du citoyen de 1789 ont également une valeur constitutionnelle. On parle donc d'un *bloc de constitutionnalité*, qui comprend non seulement la Constitution de 1958, mais aussi les deux textes visés dans son préambule. Ainsi, une loi ou un règlement, pour être constitutionnels, c'est-à-dire réguliers, doivent être conformes à l'ensemble du bloc de constitutionnalité.

Les principes généraux du droit

Les *principes généraux du droit* sont une catégorie à part parmi les sources de la légalité administrative, appliqués pour la première fois par le Conseil d'État en 1945. Selon de Laubadère, « on appelle ainsi un certain nombre de principes qui ne figurent pas dans les textes, mais que les tribunaux reconnaissent comme devant être respectés par l'Administration ; leur violation constitue une illégalité ». Les juges peuvent créer un principe général du droit en généralisant un principe formulé dans un texte précis, en déduisant un tel principe de l'esprit d'un texte ou plus généralement en se fondant sur des considérations d'éthique politique et sociale.

Pas de discrimination à l'ENA !

L'affaire Barel, en 1954, est un exemple éloquent de création d'un principe général du droit. La présidence du Conseil avait refusé la candidature au concours de l'ENA de plusieurs personnes, dont M. Barel. Il se disait dans la presse que l'accès au concours avait arbitrairement été refusé à des individus parce qu'ils étaient communistes, donc mal vus en cette époque de guerre froide, ce que le ministère niait farouchement. Les candidats exclus formèrent un recours devant le Conseil d'État. La juridiction administrative demanda au ministère d'expliquer les raisons qui avaient motivé une telle exclusion. Le ministère ne fournit aucune explication. Dès lors, le Conseil d'État annula la décision en estimant que le gouvernement, qui avait écarté un candidat en se fondant sur ses opinions politiques, n'avait pas respecté le principe d'égalité de tous les Français aux emplois et fonctions publics, principe général du droit créé pour la circonstance.

La jurisprudence

LE SAVIEZ-VOUS ?

La jurisprudence, c'est-à-dire l'ensemble des jugements rendus par les tribunaux, joue un grand rôle en droit administratif. C'est elle qui construit peu à peu la matière. Par la suite, l'Administration, quand elle agit, doit tenir compte des jugements rendus par les tribunaux, pour éviter de prendre des mesures qui seraient illégales, car contraires à des jugements déjà prononcés. Même si, en principe, le juge ne peut prendre des « arrêts de règlement », qui auraient une vocation générale.

Le service public

La notion de *service public* est la cheville ouvrière du droit administratif, certains commentateurs allant jusqu'à dire que le droit administratif est le droit des services publics. Le service public peut être défini comme l'activité assurée par une entité publique en vue de satisfaire un besoin d'intérêt général.

Service public administratif et service public industriel et commercial

Le service public administratif est l'activité administrative par essence. Il est soumis au droit administratif. Le service public industriel et commercial, comme son nom l'indique, se rapproche plus d'une entreprise ordinaire, qui poursuit néanmoins un but d'intérêt général. Ce service public est soumis pour partie au droit public et pour partie au droit privé.

Les principes fondamentaux du service public

Dans la mesure où c'est l'intérêt général qui est recherché, le service public est soumis à de grands principes qui régissent son activité :

- Le service public doit fonctionner sans interruption, en vertu du principe de continuité (ce qui n'empêche pas la grève).
- Par application du principe d'adaptation du service public, celui-ci s'adaptera aux changements exigés par l'évolution de l'intérêt général.
- Les citoyens sont égaux, tant devant les avantages que pour les charges du service public. On parle d'« égalité devant le service public ».
- Le principe de gratuité du service public ne s'applique qu'aux services publics administratifs imposés aux usagers.

La responsabilité administrative

À l'origine, l'État ne pouvait voir sa responsabilité mise en cause, en vertu de l'adage selon lequel « le roi ne peut mal faire ». En 1873, l'arrêt Blanco consacre le principe de responsabilité de l'État, tout en affirmant que celle-ci n'est pas soumise aux règles de droit commun prévues par le Code civil.

La responsabilité du fonctionnaire

Il faut distinguer la faute de service, qui entraîne la responsabilité de l'Administration et qui est jugée par le tribunal administratif, de la faute personnelle du fonctionnaire, qui peut engager sa propre responsabilité et relève des tribunaux judiciaires. Ainsi, le militaire qui cause un accident pendant ses congés peut voir sa propre responsabilité mise en cause, car la faute éventuellement commise n'a aucun lien avec le service public auquel il participe en tant que militaire.

Dans certains cas, la faute peut être commise à l'occasion de l'exercice du service public, mais être considérée comme détachable de celui-ci, parce qu'elle est particulièrement grave ou qu'elle résulte d'une malveillance. Dans ce cas, elle entraîne la responsabilité personnelle du fonctionnaire. Par exemple, le maire qui emploie des termes diffamatoires dans un communiqué engage sa propre responsabilité, car il a fait preuve de malveillance. Il a aussi été jugé en 2004 que le préfet qui donne l'ordre de détruire des paillotes construites sans autorisation sur le domaine public commet une faute détachable du service public, du fait de sa gravité.

Il peut aussi se présenter ce qu'on appelle un *cumul de responsabilité* entre le fonctionnaire et l'Administration. Il suffit que la faute personnelle du fonctionnaire ait été commise pendant le service pour que la responsabilité de l'Administration puisse aussi être mise en jeu. Dans ce cas, la victime peut demander au juge judiciaire de condamner le fonctionnaire et au juge administratif de condamner l'Administration. En revanche, la victime ne peut être indemnisée qu'une fois. Le plus souvent, la victime agit contre l'Administration, plus solvable, qui éventuellement, par la suite, se retourne contre le fonctionnaire.

Faute personnelle et faute de service : l'affaire Papon

Maurice Papon a été condamné par la cour d'assises de la Gironde, à Bordeaux (juridiction judiciaire), à une peine de réclusion criminelle, au plan pénal, et à plusieurs millions de francs de dommages et intérêts, au plan civil, du fait de sa responsabilité dans la déportation de familles juives alors qu'il était fonctionnaire à Bordeaux pendant la Seconde Guerre mondiale. Le juge judiciaire a ainsi estimé qu'il y avait une faute personnelle de l'intéressé, entraînant sa propre responsabilité. Maurice Papon considérait, lui, qu'il y avait aussi une faute de service, entraînant la responsabilité de l'Administration. Il s'est donc retourné contre l'État devant les juridictions administratives. Le juge administratif a pris en compte une ordonnance du 9 août 1944 qui a expressément constaté la nullité des actes du gouvernement de Vichy. Ce faisant, selon le juge, le gouvernement de 1944 a admis que les agissements du régime de Vichy avaient un caractère fautif. Le Conseil d'État a donc conclu à l'existence d'une faute de service, entraînant un partage de responsabilité entre Maurice Papon et l'Administration.

La responsabilité de l'Administration

En principe, la responsabilité de l'Administration est engagée en cas de *faute de service*. La faute de service peut être un mauvais fonctionnement, un retard ou une inaction de la part d'un service, ou bien encore une action illégale. Dans la plupart des cas, une faute simple suffit à engager la responsabilité de l'État. Mais, lorsque le service est difficile à gérer (services de police ou services de lutte contre l'incendie, par exemple), une faute lourde est nécessaire pour justifier des poursuites. Cependant, les domaines où une faute lourde est exigée tendent à se raréfier avec le temps.

Sauf cas particuliers, c'est à la victime de prouver la faute qu'elle reproche à l'Administration, conformément à un adage plus général en droit, selon lequel « la charge de la preuve incombe au demandeur » dans le procès.

Par exception, la responsabilité de l'Administration peut être engagée même en l'absence de faute de celle-ci. Il s'agit par exemple de la responsabilité fondée sur le risque créé : il a ainsi été jugé en 1919 que l'explosion d'un dépôt de grenades engage la responsabilité de l'Administration en dehors de toute faute.

Le préjudice, pour être réparable, doit être « certain » et « direct ». Le caractère *certain* du préjudice signifie que ce dernier est bien survenu ; à défaut, il s'agit d'un « préjudice éventuel », qui n'est pas réparable. Le caractère *direct* signifie qu'il doit exister un lien de causalité direct entre la faute de l'Administration et le préjudice subi. Néanmoins, les tribunaux rendent des décisions parfois surprenantes concernant la causalité directe ; il a par exemple été jugé que la responsabilité d'un hôpital était engagée à la suite de la transmission d'une séropositivité par une infirmière à son mari au cours de relations sexuelles, l'infirmière ayant été contaminée par un malade ayant volontairement renversé du sang sur elle.

Enfin, le préjudice peut être matériel ou moral. En effet, depuis 1961, le préjudice moral est indemnisable en droit administratif.

Et l'erreur judiciaire ?

La responsabilité de l'État peut être engagée du fait des dysfonctionnements de la justice. Il existe en effet un système de responsabilité du fait du service public de la justice organisé par plusieurs lois. Une loi du 2 juin 1895 organise l'indemnisation d'un condamné dont l'innocence a été reconnue. Une loi du 17 juillet 1970 ouvre la possibilité d'une indemnisation en cas de détention provisoire ayant causé un préjudice anormal et spécialement grave. Enfin, une loi du 5 juillet 1972 prévoit que l'État doit réparer le dommage résultant du fonctionnement défectueux de la justice en cas de faute lourde du service et aussi en cas de faute personnelle.

Chapitre 17

Les nouvelles frontières du droit : la bioéthique et l'environnement

Dans ce chapitre :

- Les questions soulevées par les progrès de la recherche médicale
- La traduction juridique du souci de l'environnement

Parmi les lieux communs en matière de recherche scientifique, on a l'habitude de citer Rabelais : « Science sans conscience n'est que ruine de l'âme. » La loi a donc vocation à supplanter la conscience des scientifiques pour réglementer tant l'activité des chercheurs que les conséquences néfastes de certaines de leurs découvertes. Ainsi, les lois bioéthiques viennent brider la créativité des savants fous qui, sans scrupule, manipulent à tout va le corps humain. Par ailleurs, les avancées de l'industrialisation menacent la planète, et le droit tente d'en réparer les conséquences.

Savants fous et vrais chercheurs : la bioéthique

La législation intervient généralement *a posteriori* à la suite d'un fait divers, d'un débat de société, de la communication au public d'un progrès scientifique ou technique. Les progrès de la science soulèvent aujourd'hui des questions qui étaient inimaginables il y a deux cents ans, lors de la création des Codes napoléoniens. Les lois peuvent donc vite sembler obsolètes face à la vitesse à laquelle le progrès scientifique avance.

On se souvient d'Amandine, premier « bébé éprouvette » français, de l'exhumation d'un acteur décédé aux fins de pratiquer des tests génétiques, de Dolly la brebis clonée, de la greffe de visage effectuée en 2005… C'est ainsi qu'ont émergé, depuis 1994, différentes lois dites *bioéthiques*, chargées d'encadrer les sciences de la vie dans des domaines tels que l'expérimentation sur l'homme, le don et l'utilisation d'organes et de produits du corps humain, la procréation médicalement assistée, la manipulation génétique…

Un lifting imposé tous les cinq ans (ou presque)

Les domaines d'intervention des lois sur la bioéthique sont sensibles, car touchant au respect de la vie et du corps humain. Les parlementaires ont légiféré avec une grande prudence en prévoyant un toilettage régulier obligatoire de ces lois. Ainsi, afin de conserver toute leur actualité, les lois bioéthiques de 1994 devaient faire l'objet d'une révision au bout de cinq années, révision qui est en définitive intervenue… en 2004. Cette dernière loi fera également l'objet d'un nouvel examen d'ensemble par le Parlement dans un délai de cinq années à compter de son entrée en vigueur, soit – en théorie – avant août 2009. La bioéthique est donc un droit voué à subir les mutations du temps et du progrès scientifique, en sus de la lenteur et des caprices du législateur.

Le noyau central des lois dites « bioéthiques » est relatif à la création de la vie (procréation médicalement assistée, clonage…) et à l'ingérence scientifique ou médicale sur le corps humain (expérimentation, stérilisation, don d'organes…). Le respect de la vie et du corps humain est une liberté fondamentale qui doit être protégée contre toute atteinte venant d'un tiers. Le Code civil précise ainsi : « Chacun a droit au respect de son corps. Le corps humain est inviolable. Le corps humain, ses éléments et ses produits ne peuvent faire l'objet d'un droit patrimonial. »

Toute personne a la maîtrise exclusive de son propre corps

N'OUBLIEZ PAS !

Entretenir des relations sexuelles (entre adultes consentants) de façon gratuite ou monnayée est permis. La prostitution n'est pas réprimandée par la loi ; seules les conditions dans lesquelles elle est parfois susceptible d'être exercée l'est – le racolage, par exemple. Le racolage consiste à avoir un comportement public (même dans une attitude passive) destiné à inciter autrui à des relations sexuelles en échange d'une rémunération ou d'une promesse de rémunération. Des pratiques comme le sadomasochisme sont également admises, toujours compte tenu du principe de la liberté de disposer de son corps – sous réserve qu'elles n'entraînent pas des blessures graves.

Cette maîtrise exclusive du corps implique qu'une personne peut refuser tout traitement médical. Le Code de la santé publique prévoit qu'aucun acte médical ni traitement ne peut être pratiqué sans le consentement libre et éclairé de la personne, et ce consentement peut être retiré à tout moment. Le corollaire de ce principe est l'obligation pour le médecin de donner les informations indispensables afin que le patient puisse avoir conscience des conséquences de l'acceptation ou du refus du traitement.

Le Code civil poursuit en précisant : « Il ne peut être porté atteinte à l'intégrité du corps humain qu'en cas de nécessité médicale pour la personne. Le consentement de l'intéressé doit être recueilli préalablement hors le cas où son état rend nécessaire une intervention thérapeutique à laquelle il n'est pas à même de consentir. »

Cette rédaction est issue d'une loi adoptée en 1999. Auparavant, l'atteinte à l'intégrité physique devait être justifiée par une « nécessité thérapeutique », donc par le besoin de soigner un mal. Cela impliquait l'illégalité de mesures de stérilisation par ligature des trompes de Fallope (intervention médicale irréversible) pratiquées à des fins strictement contraceptives, notamment sur des personnes handicapées. Désormais, le terme « thérapeutique » a été remplacé par celui de « médical ». Cette nouvelle rédaction permet ainsi de justifier les mesures de stérilisation contraceptive des handicapés mentaux ; mesures qui ne sont pas prises à la légère, mais au terme d'une procédure administrative lourde et sous le contrôle de collèges de médecins et d'experts.

Survient ensuite la question de la vaccination obligatoire. La Cour européenne des droits de l'homme a considéré qu'un tel acte constitue une ingérence dans le droit au respect de la vie privée, alors que le Conseil d'État estime que la vaccination obligatoire obéit à un objectif de santé publique qui, au-dessus d'un refus individuel, est justifié par l'intérêt public.

LE SAVIEZ-VOUS ?

Ces dispositions légales permettent également de refuser de subir une opération ou une transfusion. Ainsi, l'obligation pour le médecin de sauver la vie ne saurait prévaloir de façon générale sur celle de respecter la volonté du malade.

L'embryon est-il une personne ?

La libre disposition du corps implique parfois, par voie de conséquence, la procréation. La liberté de procréer comporte désormais également celle de refuser la procréation naturelle. En vertu d'une loi de 1967, les produits contraceptifs sont en vente libre dans les pharmacies (sur ordonnance médicale pour ceux qui seraient susceptibles de présenter un danger pour la santé). Et, depuis 1975, les femmes peuvent décider d'avorter. Rappelons qu'il s'agissait d'un crime jusqu'en 1923, puis d'un délit entraînant des sanctions pénales. L'avortement continue de susciter des débats passionnés où s'affrontent partisans d'un supposé « respect de la vie » et apôtres du droit pour les femmes de disposer librement de leur corps. Ce droit est tellement polémique qu'il a été nécessaire pour le défendre d'instituer en 1993 un délit d'« obstacle à l'avortement ».

Sur la question de savoir si l'embryon est une personne, différentes conceptions s'opposent : certains considèrent que l'embryon n'est qu'un amas de cellules, d'autres qu'un embryon est, dès sa conception, un être humain à part entière…

Le droit prône une solution médiane en considérant que l'embryon est une « personne potentielle ».

C'est la raison pour laquelle l'interruption volontaire de grossesse (IVG) est admise en début de grossesse (dans les dix premières semaines avant une loi de 2001, dans un délai de douze semaines depuis). L'embryon n'est pas viable à ce stade de développement, la viabilité étant atteinte entre la vingtième et la vingt-deuxième semaine de grossesse. La loi ne considère cependant pas que l'IVG doive être un moyen usuel de contraception, puisque ce droit est réservé à toute femme enceinte qui s'estime en situation de détresse. Depuis la réforme de 2001, une personne mineure souhaitant interrompre sa grossesse n'est plus obligée d'en informer ses parents et d'obtenir leur autorisation. Le médecin doit toutefois s'efforcer de convaincre la jeune fille de consulter ses parents. En cas de refus des parents, ou si la jeune fille souhaite leur taire l'intervention, le médecin peut toutefois pratiquer l'IVG.

Le droit à l'IVG est entouré de différentes consultations qui doivent être effectuées afin que la personne soit consciente des risques médicaux et de l'existence d'alternatives à l'avortement (aides sociales…). La « patiente » dispose alors d'un délai de réflexion d'une semaine au terme duquel elle doit confirmer par écrit son intention de mettre un terme à sa grossesse. Après avoir pris cette décision, une femme peut choisir que l'embryon sera utilisé à des fins diagnostiques, scientifiques ou thérapeutiques. Elle doit y consentir par écrit après avoir été informée de la finalité du prélèvement effectué sur l'embryon.

Le médecin et tout personnel médical de soin peuvent toutefois exercer leur « clause de confiance » et refuser de pratiquer un avortement. L'article L. 2212-8 du Code de la santé publique précise que, en cas de refus, la patiente ne peut être abandonnée et doit être dirigée vers un service hospitalier qui acceptera de pratiquer l'avortement.

Sauver la mère ou l'enfant ? L'avortement thérapeutique

Au-delà des douze premières semaines, la grossesse peut être interrompue pour raisons thérapeutiques. L'interruption médicale intervient lorsque la poursuite de la grossesse met gravement en péril la santé de la femme ou lorsqu'il existe une forte probabilité que l'enfant à naître soit atteint d'une affection incurable. Ces conditions scientifiques de péril grave de la santé de la mère ou d'affection incurable de l'enfant doivent être attestées par deux avis médicaux spécialisés. La décision ultime est toutefois laissée à la femme.

Un enfant autrement ? La procréation médicalement assistée

Le droit de ne pas avoir d'enfants est reconnu… tout comme celui d'en concevoir par assistance médicale. La procréation médicalement assistée est susceptible de recouvrir différentes hypothèses :

- L'enfant est conçu par fécondation *in vitro* ; les embryons conçus à partir des ovules et du sperme des parents sont implantés dans l'utérus de la mère.
- Les gamètes (cellules reproductives) proviennent d'une personne extérieure au couple et sont implantés dans l'utérus de la mère.
- L'embryon conçu *in vitro* est implanté dans l'utérus d'une autre femme (c'est le cas dit « des mères porteuses »).

L'assistance médicale à la procréation doit être justifiée par l'infertilité du couple ou pour éviter la transmission à l'enfant d'une maladie d'une particulière gravité. Cette assistance à la procréation ne bénéficie qu'aux couples stables (mariés ou justifiant d'une vie commune de plus de deux années), de sexes différents, en âge de procréer. Toute séparation de la vie commune et tout décès de l'un des époux empêche la procréation médicalement assistée

L'aide d'un *tiers donneur* (qui offre son sperme ou son ovule) ne peut intervenir que si les techniques d'assistance à la procréation au sein du couple ont échoué. Les cellules reproductives sont le reflet du patrimoine génétique et donc des caractéristiques forgeant l'identité des personnes. Le don de gamètes obéit à des conditions particulières. Avant l'intervention de la loi de 2004 sur la bioéthique, le donneur devait vivre en couple, et le nombre d'enfants qui pouvaient naître de ce don était limité à cinq. Ces conditions ont été supprimées. Les seules conditions désormais requises sont d'avoir déjà procréé, de donner son consentement écrit, ainsi que celui de son conjoint si le donneur vit en couple. Le nombre d'enfants à naître de ce don est désormais limité à dix.

Afin d'éviter les pratiques constatées outre-Atlantique (où des catalogues de mères porteuses ou de donneurs ou donneuses étudiant dans les plus grandes universités sont proposés moyennant finances), le don de gamètes est, par principe, gratuit. Toute contrepartie financière est illicite. Il en est de même de la « location » de son utérus.

Des traitements de maladies (comme certains types de cancer) ont pour effets secondaires des probabilités élevées de stérilité chez le patient. Désormais, depuis la loi bioéthique de 2004, toute personne qui risque de voir sa fertilité altérée dans le cadre du traitement d'une maladie peut faire recueillir et conserver ses gamètes avant le traitement, en vue de bénéficier d'une aide médicalisée à la procréation une fois sa santé recouvrée.

Hibernatus junior : la cryoconservation

Souvent, la procréation médicalement assistée par fécondation *in vitro* est effectuée sur de nombreux embryons, dont la totalité ne sera pas forcément implantée dans le corps de la mère. Que fait-on de ces « personnes potentielles » surnuméraires congelées ? La loi bioéthique de 2004 prévoit le sort de ces embryons « cryoconservés ». Chaque année, le couple doit être informé du devenir de ces embryons et est consulté sur la volonté de maintenir un projet parental. Si le couple persiste dans son intention, la totalité des embryons sera réimplantée. Si, au contraire, il renonce, l'embryon pourra être accueilli par un autre couple (par transplantation dans l'utérus) ; il s'agit d'une sorte d'adoption intra-utérine. Les embryons n'ayant pas trouvé de port d'accueil dans un délai de cinq années sont toutefois détruits. À l'issue de ce délai de cinq années, le couple doit décider soit de détruire les embryons, soit de les mettre à la disposition de la recherche.

L'expérimentation scientifique portant sur les embryons humains conservés *in vitro* reste interdite. Une exception existe cependant concernant les recherches qui ne portent pas atteinte à l'intégrité de l'embryon. La loi bioéthique de 2004 prévoit une période test de cinq années pendant laquelle peuvent être menées des recherches sur des cellules souches embryonnaires (cellules polyvalentes, qui, en se développant, peuvent se transformer en différentes sortes de cellules, donc d'un potentiel curatif et scientifique important). L'utilisation de ces embryons doit en outre être effectuée dans le cadre de recherches scientifiques autorisées par l'Agence de la biomédecine.

Et le clonage ?

La reproduction par fécondation n'est désormais plus la seule scientifiquement envisageable pour créer des êtres vivants. Des brebis, des chats, des chiens sont issus du clonage. Cependant, outre le débat éthique entourant ce mode de conception, on ignore pour l'heure la véritable viabilité de ces créatures. Les adeptes de Raël prônent le clonage et semblent en expérimenter les techniques, sans succès pour l'heure malgré les effets d'annonce.

Jouer les apprentis sorciers coûte cher : le clonage à vocation reproductive est sanctionné notamment par une amende de 7 500 000 euros et une peine de trente années d'emprisonnement ! Et le clonage reproductif en bande organisée encourt la perpétuité. L'action en justice peut être exercée dans un délai de trente années à compter de la majorité du clone, si les manipulations aboutissent à une naissance. Est également interdit le clonage thérapeutique, c'est-à-dire la conception d'un embryon par clonage afin de le soumettre à des expérimentations médicales et scientifiques. Les peines sont alors plus légères (sept ans de prison et 100 000 euros d'amende).

Hommes en kit : le prélèvement et le don d'organes

Disposer librement de son corps permet également d'en faire profiter les autres. La politique actuelle – liée notamment au nombre d'accidents mortels de la circulation – consiste à promouvoir activement le don d'organes, objectif élevé au rang de priorité nationale. Compte tenu de la pénurie que subissent les banques d'organes, la loi bioéthique de 2004 a assoupli et élargi les conditions d'accès aux greffes d'organes. La règle est : « Qui ne dit mot consent ! » Sauf opposition expressément manifestée par le patient, les organes prélevés à l'occasion d'une intervention chirurgicale pratiquée dans l'intérêt de la personne opérée peuvent être réutilisés à des fins scientifiques ou thérapeutiques. Il en est de même pour les tissus, cellules et produits du corps humain.

Par ailleurs, tout le monde est, depuis 1976, présumé avoir consenti à ce que ses organes fassent l'objet de prélèvements à vocation thérapeutique ou scientifique en cas de décès. Afin d'éviter que les organes du donneur ne soient utilisés dans le cadre des bizutages de carabins, les prélèvements à vocation scientifique ne peuvent intervenir que dans le cadre de projets de recherche scientifique avalisés par l'Agence de la biomédecine. En cas de décès du donneur, les médecins doivent toutefois interroger ses proches afin de connaître l'éventuelle opposition que celui-ci aurait manifestée de son vivant au sujet du don d'organes.

On peut aussi donner ses organes de son vivant : le prélèvement d'organes pratiqué sur une personne vivante dans l'intérêt direct du receveur est effectué au sein de sa famille de sang ou sur « toute personne apportant la preuve d'une vie commune d'au moins deux ans avec le receveur ». Le don d'organes est désormais ouvert aux couples homosexuels. Il existe cependant une interdiction de principe concernant les cas où les donneurs seraient mineurs ou incapables juridiquement (sous tutelle, curatelle ou protection de la justice). Le consentement du donneur doit être exprimé devant le président du tribunal de grande instance, après autorisation d'un comité d'experts scientifiques.

Un bug dans le génome : les maladies génétiques héréditaires

La bioéthique fait la part belle à l'information du patient et à la solidarité familiale. C'est ainsi que, lorsqu'une maladie génétique grave est diagnostiquée, le médecin, après avoir révélé cette information au patient, doit l'inviter à alerter sa famille. Le praticien doit délivrer par écrit l'information relative à la maladie génétique en cause. Soit le patient décide d'informer personnellement sa famille, soit il confie à son médecin les noms et adresses de l'ensemble des parents concernés en précisant le lien les unissant. Le médecin transmet ces informations à l'Agence de la biomédecine, qui indique aux membres de la famille la possibilité qui leur est offerte d'accéder à une information médicale susceptible de les concerner.

La planète porte plainte : le droit de l'environnement

Tchernobyl, les marées noires, les gaz à effet de serre, la protection de la couche d'ozone, la pollution atmosphérique, le désamiantage sont des sujets récurrents de l'actualité qui ont fait de la protection de l'environnement et de la planète une nécessité. L'industrialisation, le confort et les progrès techniques doivent être strictement encadrés afin qu'un bénéfice à court terme ne contribue pas à une catastrophe écologique à long terme. C'est la raison pour laquelle ont émergé depuis près d'une cinquantaine d'années des réflexions ainsi que des interventions législatives internationales et nationales afin d'assurer la protection de notre planète.

Un mille-feuille de règles locales et internationales

Le droit de l'environnement s'est peu à peu construit sous diverses influences, des plus locales aux presque mondiales. Ainsi, dans chaque commune, le maire est en charge de la salubrité publique et de la lutte contre les pollutions de toutes natures. Dans chaque département, le préfet contrôle notamment l'exercice de la chasse, de la pêche, et la protection des espaces naturels. Le préfet peut également mettre en place des plans de sauvegarde et de sécurité en cas de catastrophe naturelle (les fameux « plans rouges » ou les plans d'organisation des secours, dits « plans Orsec »). Le ministre chargé des questions environnementales intervient au niveau national, assisté par de nombreux conseils consultatifs, établissements publics et autorités administratives indépendantes.

Peuvent ainsi être mentionnés, parmi ces organes, le Conseil pour les générations futures (présidé initialement par le commandant Cousteau), le Comité national de l'eau, le Conseil supérieur des installations classées, de la sûreté et de l'information nucléaire, l'Office national de la chasse et de la faune sauvage, le Conseil supérieur de la pêche, le Conservatoire de l'espace littoral et des rivages lacustres, l'Autorité de contrôle des nuisances sonores aéroportuaires, l'Agence nationale pour la gestion des déchets radioactifs… On en passe et des plus catastrophistes ! Bref, il existe pléthore d'entités qui ont leur mot à dire en matière d'environnement. Cependant, leur avis est simplement consultatif compte tenu de leurs compétences techniques dans leurs domaines d'intervention : elles ne sont dotées d'aucun pouvoir réglementaire.

Il ne faut pas non plus négliger le rôle important joué par les différentes associations de protection de l'environnement. Certaines associations agréées peuvent se porter partie civile devant les juridictions pénales lorsque l'intérêt collectif est menacé du fait d'une atteinte à l'environnement. Ces organisations permettent également de construire la jurisprudence en saisissant le Conseil d'État contre des mesures prises par l'État ou les collectivités locales, et qui auraient pour conséquence de nuire à l'environnement.

À titre d'exemple, l'action des associations a permis le rapatriement de l'ex-porte-avions *Clemenceau*, afin que le désamiantage de sa coque soit effectué en toute sécurité sur le territoire national, et non en Inde dans des conditions financières imbattables mais sanitairement déplorables. La motivation de cette décision était l'interdiction légale du principe d'exportation de déchets destinés à être éliminés. Celle-ci n'est tolérée que vers des États dont le développement et la législation garantissent le respect de normes environnementales et sanitaires minimales (c'est-à-dire notamment les États membres de l'Association européenne de libre-échange ou de l'OCDE, dont l'Inde ne fait pas partie…).

Puisqu'on évoque l'Europe : et l'Union européenne dans tout ça ? Elle a pour objectif de préserver, de protéger et d'améliorer la qualité de l'environnement (dixit l'Acte unique européen). Ce qui implique l'adoption d'une profusion de directives communautaires dans ce domaine, auxquelles la France doit se conformer en adaptant sa législation nationale.

Au-delà de l'Europe, les grandes organisations internationales (l'ONU, par exemple) ont également vocation à intervenir en matière d'environnement. Des conférences internationales sont régulièrement organisées à ce sujet. Les problèmes d'environnement sont souvent l'affaire de tous et peuvent mettre en conflit les intérêts de plusieurs États (naufrages de pétroliers, accident de Tchernobyl…) ; d'où l'intérêt d'adopter des normes et des pratiques de droit international communes.

La Charte de l'environnement

LE SAVIEZ-VOUS ?

L'influence des conférences internationales, relayées par les institutions européennes, a permis l'adoption en 2004 de la Charte de l'environnement. Ce texte a acquis, par une loi de 2005, une valeur constitutionnelle en France, ce qui implique que tout texte de droit qui serait contraire à ses dispositions pourrait être annulé.

Cette charte consacre les grands principes du droit de l'environnement :

- Le développement durable ;
- Le principe de prévention ;
- Le principe de précaution ;
- Le principe du « pollueur-payeur ».

Le préambule de la Charte de l'environnement comporte des déclarations d'intention visant à rappeler l'objectif du texte : reconnaître à l'homme le droit à un environnement sain, et mettre en œuvre les moyens pour y parvenir, dont le développement durable.

L'environnement est un patrimoine commun à l'humanité. La Charte érige en droit fondamental celui d'avoir un environnement sain. Cette notion ne milite pas pour le rejet de tout progrès et le retour au monde primitif ! Au contraire, l'être humain est au centre de la notion, puisque la sauvegarde de l'environnement est préconisée dans un objectif de santé publique : il est plus sain – paraît-il ! – de respirer de l'air pur que des gaz d'échappement.

Santé publique et politique environnementale sont donc étroitement liées : l'utilisation de l'amiante a été interdite car cancérigène, les peintures au plomb ne sont plus utilisées afin d'éviter le saturnisme, la circulation alternée en cas de pics de pollution est justifiée par les difficultés respiratoires consécutives…

Ce droit doit être pris en considération par les pouvoirs publics : il doit guider la main du législateur et des autorités publiques lors de la rédaction d'un texte de loi ou d'un texte réglementaire. Ce droit peut également être invoqué judiciairement par tout citoyen dans le cadre d'actions judiciaires (ce qui a été le cas pour le fauchage d'OGM – voir encadré plus bas).

Oui à l'écosystème, non à l'egosystème : le développement durable

Le *développement durable* est une notion à la mode : le ministère de l'Environnement a pu être ainsi rebaptisé « ministère de l'Écologie et du Développement durable » ; une semaine lui est même consacrée chaque année entre le Festival de Cannes et la Fête du cinéma…

Mais, au fait, qu'est-ce que c'est, le développement durable ? Ce concept n'est pas nouveau, puisque, dès 1987, un rapport de l'ONU mettait en relief la nécessité que les États s'efforcent dans le cadre de leur développement économique de « répondre aux besoins du présent sans compromettre la capacité des générations futures à satisfaire les leurs ». Ce principe onusien a ensuite été intégré en 1995… au Code rural.

Ainsi, les facteurs économiques, sociaux et environnementaux doivent être combinés pour permettre le développement durable. En économie, la croissance doit être favorisée. Socialement, cette croissance ne doit pas se faire au détriment des plus pauvres. Écologiquement, les effets de la croissance doivent permettre la valorisation et la sauvegarde de l'écosystème. L'essor économique doit donc prendre en compte tant les générations futures que nos voisins les plus pauvres. Le développement durable met ainsi en jeu une double solidarité, spatiale et temporelle. L'émergence de produits du commerce équitable (c'est-à-dire des produits garantissant le respect des conditions économiques dans lesquelles travaillent les producteurs et les artisans) en est un exemple concret.

Le développement durable peut également avoir vocation à s'illustrer dans le cadre des grands principes érigés par la Charte de l'environnement, à savoir le principe de prévention, le principe de précaution et le principe du pollueur-payeur.

Mieux vaut prévenir que guérir : le principe de prévention

Le principe de *prévention* préexistait à la Charte de l'environnement. On le retrouve au sein du Code de l'environnement. Il s'agit d'une « action préventive et de correction, par priorité à la source, des atteintes à l'environnement, en utilisant les meilleures techniques disponibles à un coût économiquement acceptable ». Concrètement, l'action préventive impose la réalisation d'études techniques préalables à la mise en place de projets industriels ou urbanistiques susceptibles d'avoir une influence sur l'environnement et la santé publique. Des études d'impact doivent ainsi être réalisées afin d'évaluer les conséquences sur l'écologie et la santé à court, moyen et long termes. Des autorisations administratives préalables sont également sollicitées avant la réalisation d'installations susceptibles d'avoir des conséquences nuisibles sur l'environnement. La correction « à la source » vise à imposer à l'entité responsable initialement de l'acte nuisible de procéder à une modification de ses pratiques pour réduire les risques sur l'environnement.

Marchons sur des œufs : le principe de précaution

Ce principe de prudence a reçu une consécration législative dès l'année 1995, dans le cadre d'une loi sur le renforcement de la protection de l'environnement. Il y est défini comme celui « selon lequel l'absence de certitudes, compte tenu des connaissances scientifiques et techniques du moment, ne doit pas retarder l'adoption de mesures techniques et proportionnées visant à prévenir un risque de dommages graves et irréversibles à l'environnement et à un coût économique acceptable ». Ainsi, dans le cadre d'une situation où l'état de la science ne permet pas de garantir la sécurité de l'environnement ni le respect de la santé publique, il convient d'adopter des mesures nécessaires et raisonnables afin d'empêcher la réalisation de dommages éventuels.

Les exemples de mise en application de ce principe sont fréquents : l'abattage d'élevages lors de l'épidémie de la vache folle, les mesures de cantonnement des volatiles lors de la grippe aviaire, l'interdiction de pesticides nuisibles pour les gentilles abeilles qui font du bon miel…

Ce principe n'est pas uniquement invoqué par les pouvoirs publics mais a eu l'occasion d'être soulevé devant les tribunaux civils par des citoyens mis en examen, laissant ainsi la possibilité d'entrevoir une légitimation de la « désobéissance civile ».

Le glaive et la faucille : le fauchage des champs d'OGM

Des personnalités publiques ont été traduites devant les tribunaux après avoir fauché des champs dans lesquels les propriétaires faisaient pousser des plantes génétiquement modifiées (les fameux « OGM »). Certains faucheurs ont encouru des amendes, d'autres des peines de prison. Il n'était alors pas admissible pour les tribunaux de permettre la destruction de la propriété d'autrui.

Depuis l'adoption de la Charte de l'environnement, érigeant le principe de précaution en principe à valeur constitutionnelle, le tribunal correctionnel d'Orléans a relaxé, fin 2005, des faucheurs d'OGM. Les juges ont motivé leur décision au nom du principe à valeur constitutionnelle du droit à un environnement sain et du principe de précaution. La culture de plans de maïs génétiquement modifiés était réalisée à titre expérimental à l'air libre sur des parcelles de champs. Il existait un risque de dissémination des cultures, susceptible donc de contaminer des cultures voisines ne recourant pas à ce type d'agriculture artificielle. Les risques liés à la diffusion de gènes modifiés (comme d'éventuels effets perturbants sur la chaîne alimentaire) étant inconnus à long terme, les magistrats ont légitimé la pratique du fauchage au nom du principe de précaution.

Cette décision est pour l'instant isolée et ne doit pas être considérée comme un blanc-seing permettant à tout un chacun de prendre sa faux pour saccager tout lopin de terre suspect ! Pour preuve, les magistrats de la cour d'appel ont infirmé cette décision et ont condamné les faucheurs. La balle (de maïs) est désormais dans le camp de la Cour de cassation.

Rappelons qu'en 1961 une personne avait été pénalement condamnée après avoir détruit les ruches de son voisin pour se mettre à l'abri des hypothétiques piqûres que les abeilles auraient pu lui infliger. Le principe de précaution doit donc être exercé avec… prudence.

Tu pues, tu paies ! Le pollueur-payeur

Le principe du *pollueur-payeur* s'est construit au cours des années 1970 à l'OCDE. Le Code de l'environnement, relayé par la Charte de l'environnement, indique que « les frais résultant des mesures de prévention, de réduction de la pollution et de lutte contre celle-ci sont supportés par le pollueur ». Ce principe trouve son application dans différentes mesures coercitives ou incitatives. Ainsi, les seuils de nuisance tolérables sont fixés par les lois et règlements. Des dispositions fiscales incitatives sont également mises en œuvre, accordant des crédits d'impôt aux personnes qui modifient leurs comportements quotidiens. Par exemple, des crédits d'impôt ont été accordés aux travaux visant à installer des systèmes de chauffage à économie d'énergie, aux acquéreurs de voitures fonctionnant au GPL ou à l'énergie électrique… En parallèle, des taxes sont appliquées sur les activités et les produits polluants, comme la taxe d'importation des produits pétroliers, la taxe générale des activités polluantes (TGAP)…

La TGAP, instituée par une loi de 1999, a vocation à s'appliquer :

- au stockage et à l'élimination de déchets ;
- à l'émission dans l'atmosphère de substances polluantes ;
- au décollage d'avions sur les aéroports accueillant le public ;
- aux huiles usagées ;
- aux lessives et produits adoucissants et assouplissants pour le linge ;
- aux matériaux d'extraction (pour promouvoir le recyclage des matériaux de construction au détriment de nouvelles extractions) ;
- aux produits antiparasitaires à usage agricole ;
- aux établissements industriels et commerciaux qui présentent des risques particuliers pour l'environnement.

Les dépenses publiques liées à l'assainissement du territoire sont donc en partie supportées par les personnes responsables des nuisances.

Le texte de la Charte de l'environnement

« Le peuple français,

Considérant :

Que les ressources et les équilibres naturels ont conditionné l'émergence de l'humanité ;

Que l'avenir et l'existence même de l'humanité sont indissociables de son milieu naturel ;

Que l'environnement est le patrimoine commun des êtres humains ;

Que l'homme exerce une influence croissante sur les conditions de la vie et sur sa propre évolution ;

Que la diversité biologique, l'épanouissement de la personne et le progrès des sociétés humaines sont affectés par certains modes de consommation ou de production et par l'exploitation excessive des ressources naturelles ;

Que la préservation de l'environnement doit être recherchée au même titre que les autres intérêts fondamentaux de la Nation ;

Qu'afin d'assurer un développement durable, les choix destinés à répondre aux besoins du présent ne doivent pas compromettre la capacité des générations futures et des autres peuples à satisfaire leurs propres besoins.

Proclame :

Article 1er – Chacun a le droit de vivre dans un environnement équilibré et respectueux de la santé.

Article 2 – Toute personne a le devoir de prendre part à la préservation et à l'amélioration de l'environnement.

Article 3 – Toute personne doit, dans les conditions définies par la loi, prévenir les atteintes qu'elle est susceptible de porter à l'environnement ou, à défaut, en limiter les conséquences.

Article 4 – Toute personne doit contribuer à la réparation des dommages qu'elle cause à l'environnement, dans les conditions définies par la loi.

Article 5 – Lorsque la réalisation d'un dommage, bien qu'incertaine en l'état des connaissances scientifiques, pourrait affecter de manière grave et irréversible l'environnement, les autorités publiques veillent, par application du principe de précaution et dans leurs domaines d'attribution, à la mise en œuvre de procédures d'évaluation des risques et à l'adoption de mesures provisoires et proportionnées afin de parer à la réalisation du dommage.

Article 6 – Les politiques publiques doivent promouvoir un développement durable. À cet effet, elles concilient la protection et la mise en valeur de l'environnement, le développement économique et le progrès social.

Article 7 – Toute personne a le droit, dans les conditions et les limites définies par la loi, d'accéder aux informations relatives à l'environnement détenues par les autorités publiques et de participer à l'élaboration des décisions publiques ayant une incidence sur l'environnement.

Article 8 – L'éducation et la formation à l'environnement doivent contribuer à l'exercice des droits et devoirs définis par la présente Charte.

Article 9 – La recherche et l'innovation doivent apporter leur concours à la préservation et à la mise en valeur de l'environnement.

Article 10 – La présente Charte inspire l'action européenne et internationale de la France. »

Cinquième partie

La partie des Dix

Dans cette partie...

Nous allons passer en revue une dizaine de personnalités qui ont façonné le droit, des souverains aux rédacteurs de grands textes, des avocats aux législateurs illustres. Puis, vous assisterez à une dizaine de procès parmi les plus célèbres de l'histoire de l'humanité, avant de voir défiler dix grandes erreurs judiciaires ou affaires considérées comme telles. Enfin, nous découvrirons dix grandes œuvres ayant la justice pour cadre.

Chapitre 18

Dix personnalités marquantes

Dans ce chapitre :

- Les fondateurs du droit français
- Les pionniers des grandes causes
- Quelques textes fondamentaux

Nombreuses sont les personnalités du monde de la justice qui ont marqué leur temps. Parmi elles, bien sûr, des juristes, des magistrats ou des avocats dont la mémoire honore toujours le barreau, mais aussi, de façon plus inattendue, un roi, des penseurs ou des philosophes. Voici un rappel de leurs parcours éclectiques.

Saint Louis (1214-1270)

Saint Louis n'est pas seulement l'homme qu'on représente tranquillement assis sous son chêne, à Vincennes… Au-delà de cette image d'Épinal, il est le premier roi de France à rendre la justice lui-même et laisse une empreinte à la fois de législateur et de justicier.

Louis IX n'a que 12 ans quand il accède au trône, en 1226 ; le roi réside alors au château de Vincennes (localisation qui explique aujourd'hui le nom de la désormais célèbre « Foire du Trône »). Très pieux, il participe à plusieurs croisades et dirige la France, qui se trouve alors sous l'empire des grands seigneurs, avec une autorité morale sans précédent ; ces seigneurs sont de véritables rois au sein de leurs terres et disposent de pouvoirs arbitraires sur leurs vassaux et leurs serfs.

Une fois n'est pas coutume, Saint Louis est le premier roi de France à faire preuve d'une grande piété. Il introduit dans la politique, jusqu'alors régie par la force, le sens de l'équité et de la justice. Profondément attaché à établir un équilibre judiciaire, il fait prévaloir une justice royale en créant des « cas royaux », offrant aux justiciables la possibilité de saisir le roi pour juger une affaire (voir chapitre 1). Au lieu de s'en remettre au seul jugement de Dieu,

Saint Louis impose la recherche de preuves par des enquêtes et des témoignages. Il rend d'ailleurs lui-même la justice afin de montrer l'exemple. Dans la foulée, il impose un droit d'appel devant les tribunaux royaux pour les sentences rendues par les justices seigneuriales, souvent très subjectives. Il interdit également la pratique du duel, qui se substituait auparavant à un procès équitable.

Saint Louis a aussi marqué son temps par sa grande charité envers les pauvres et les malades. Sur le plan des institutions, il crée une Commission judiciaire, ancêtre du Parlement, et forme des spécialistes qui veillent à l'application des mesures instituées au sein des différentes provinces et des seigneuries.

Saint Louis fut canonisé en 1297, vingt-sept ans après sa mort. Il a laissé un édifice remarquable, la Sainte-Chapelle, qu'il fit construire entre 1245 et 1248. Avis aux amateurs de pur style gothique et de vitraux ! La Sainte-Chapelle est située au cœur de l'actuel Palais de justice de Paris, sur l'île de la Cité. On accède à ce monument par la même entrée que les justiciables et les prévenus… Attention donc aux sacs à main pour ceux qui viennent admirer les splendides vitraux !

Montesquieu (1689-1755)

Écrivain, historien et sociologue français, Charles Louis de Secondat, baron de Montesquieu, est l'un des plus éminents représentants du siècle des Lumières ; son œuvre a influencé l'ensemble des réflexions politiques.

Après des études de droit à Paris, il entame une carrière de magistrat au parlement de Bordeaux puis, sa fortune acquise, il se consacre notamment à l'étude des sciences politiques et à l'histoire. Bien entendu, tout le monde a en mémoire *Les Lettres persanes*, qui est son premier ouvrage, publié en 1721 dans l'anonymat le plus complet. Cette satire spirituelle de la société parisienne obtient un franc succès. Montesquieu fait également preuve d'un courage exemplaire en luttant contre la torture, l'esclavage et toute forme d'intolérance.

Dans un autre registre, il fait éditer, en 1748, sous son nom cette fois-ci, *De l'esprit des lois*, qui lui vaut une reconnaissance universelle. Montesquieu consacre à cet ouvrage plus de vingt ans de travail sur l'étude des différentes législations. À cette fin, il parcourt l'Europe pendant plusieurs années, notamment l'Italie et l'Angleterre. Cette œuvre essentielle est une réflexion sur la sociologie et sur les principes d'organisation politique et sociale, inspirant fortement les fondements de nos démocraties actuelles. Montesquieu y livre ses théories personnelles sur la raison d'être des lois et sur les rapports entre celles-ci et les peuples.

Trois types de régimes politiques sont ainsi passés au crible : la république, la monarchie et le régime despotique. Montesquieu analyse leurs principes, leurs vertus et leurs dérives. C'est ainsi qu'il préconise la *distribution des pouvoirs* à l'intérieur d'un gouvernement, concept aujourd'hui communément désigné par l'expression « séparation des pouvoirs ». Il s'agit donc de séparer véritablement les trois composantes du pouvoir – les pouvoirs exécutif, législatif et judiciaire – afin de créer un équilibre et d'offrir plus de garanties aux citoyens. En effet, d'une part chacun des trois pouvoirs a vocation à statuer dans le cadre de ses prérogatives, d'autre part chaque pouvoir a la faculté d'empêcher les excès des autres. En évitant la concentration de tous les pouvoirs en une seule main, le risque des dérives despotiques devrait être écarté.

De l'esprit des lois marque d'une profonde influence la société française. Certaines réflexions vont en particulier inspirer la Révolution française quelques décennies plus tard. De même, l'influence de Montesquieu s'est propagée à l'étranger, surtout aux États-Unis, puisque les auteurs de la Constitution des États-Unis d'Amérique ont puisé, en 1787, leur inspiration dans cet ouvrage. À cette date, Montesquieu était décédé depuis quelques décennies déjà et n'a donc jamais pu attaquer les Américains pour plagiat !

Les rédacteurs de la Déclaration des droits de l'homme et du citoyen (1789)

Au début de la Révolution française, l'Assemblée nationale constituante, réunie à Versailles, vote le 26 août 1789 une déclaration générale reconnaissant des droits fondamentaux et imprescriptibles à tout homme.

Cinq hommes bien inspirés en sont les principaux rédacteurs : La Fayette, Condorcet, Mirabeau, Mounier et Sieyès. Le texte, d'une portée universelle, s'inspire des travaux des philosophes du XVIIIe siècle, comme Montesquieu, Voltaire ou Rousseau, mais aussi de la Déclaration d'indépendance des États-Unis d'Amérique, adoptée en 1776, et de l'*Habeas Corpus Act* en vigueur en Angleterre (voir chapitre 3). Le texte est rédigé autour de trois fils conducteurs : liberté, égalité et fraternité.

La Déclaration des droits de l'homme et du citoyen du 26 août 1789

« Les représentants du peuple français, constitués en Assemblée nationale, considérant que l'ignorance, l'oubli ou le mépris des droits de l'homme sont les seules causes des malheurs publics et de la corruption des gouvernements, ont résolu d'exposer, dans une déclaration solennelle, les droits naturels, inaliénables et sacrés de l'homme, afin que cette déclaration, constamment présente à tous les membres du corps social, leur rappelle sans cesse leurs droits et leurs devoirs ; afin que les actes du pouvoir législatif et ceux du pouvoir exécutif, pouvant être à chaque instant comparés avec le but de toute institution politique, en soient plus respectés ; afin que les réclamations des citoyens, fondées désormais sur des principes simples et incontestables, tournent toujours au maintien de la Constitution et au bonheur de tous.

En conséquence, l'Assemblée nationale reconnaît et déclare, en présence et sous les auspices de l'Être suprême, les droits suivants de l'homme et du citoyen :

Article 1er – Les hommes naissent et demeurent libres et égaux en droits. Les distinctions sociales ne peuvent être fondées que sur l'utilité commune.

Article 2 – Le but de toute association politique est la conservation des droits naturels et imprescriptibles de l'homme. Ces droits sont la liberté, la propriété, la sûreté et la résistance à l'oppression.

Article 3 – Le principe de toute souveraineté réside essentiellement dans la Nation. Nul corps, nul individu ne peut exercer d'autorité qui n'en émane expressément.

Article 4 – La liberté consiste à pouvoir faire tout ce qui ne nuit pas à autrui : ainsi, l'exercice des droits naturels de chaque homme n'a de bornes que celles qui assurent aux autres membres de la société la jouissance de ces mêmes droits. Ces bornes ne peuvent être déterminées que par la loi.

Article 5 – La loi n'a le droit de défendre que les actions nuisibles à la société. Tout ce qui n'est pas défendu par la loi ne peut être empêché, et nul ne peut être contraint à faire ce qu'elle n'ordonne pas.

Article 6 – La loi est l'expression de la volonté générale. Tous les citoyens ont droit de concourir personnellement ou par leurs représentants à sa formation. Elle doit être la même pour tous, soit qu'elle protège, soit qu'elle punisse. Tous les citoyens, étant égaux à ses yeux, sont également admissibles à toutes dignités, places et emplois publics, selon leur capacité et sans autre distinction que celle de leurs vertus et de leurs talents.

Article 7 – Nul homme ne peut être accusé, arrêté ou détenu que dans les cas déterminés par la loi et selon les formes qu'elle a prescrites. Ceux qui sollicitent, expédient, exécutent ou font exécuter des ordres arbitraires doivent être punis ; mais tout citoyen appelé ou saisi en vertu de la loi doit obéir à l'instant ; il se rend coupable par la résistance.

Article 8 – La loi ne doit établir que des peines strictement et évidemment nécessaires, et nul ne peut être puni qu'en vertu d'une loi établie et promulguée antérieurement au délit, et légalement appliquée.

Article 9 – Tout homme étant présumé innocent jusqu'à ce qu'il ait été déclaré coupable, s'il est jugé indispensable de l'arrêter, toute rigueur qui ne serait pas nécessaire pour s'assurer de sa personne doit être sévèrement réprimée par la loi.

Article 10 – Nul ne doit être inquiété pour ses opinions, mêmes religieuses, pourvu que leur manifestation ne trouble pas l'ordre public établi par la loi.

Article 11 – La libre communication des pensées et des opinions est un des droits les plus précieux de l'homme ; tout citoyen peut donc parler, écrire, imprimer librement, sauf à répondre de l'abus de cette liberté dans les cas déterminés par la loi.

Article 12 – La garantie des droits de l'homme et du citoyen nécessite une force publique ; cette force est donc instituée pour l'avantage de tous, et non pour l'utilité particulière de ceux à qui elle est confiée.

Article 13 – Pour l'entretien de la force publique, et pour les dépenses d'administration, une contribution commune est indispensable ; elle doit être également répartie entre les citoyens, en raison de leurs facultés.

Article 14 – Les citoyens ont le droit de constater, par eux-mêmes ou par leurs représentants, la nécessité de la contribution publique, de la consentir librement, d'en suivre l'emploi, et d'en déterminer la quotité, l'assiette, le recouvrement et la durée.

Article 15 – La société a le droit de demander compte à tout agent public de son administration.

Article 16 – Toute société dans laquelle la garantie des droits n'est pas assurée ni la séparation des pouvoirs déterminée, n'a point de Constitution.

Article 17 – La propriété étant un droit inviolable et sacré, nul ne peut en être privé, si ce n'est lorsque la nécessité publique, légalement constatée, l'exige évidemment, et sous la condition d'une juste et préalable indemnité. »

Les rédacteurs du Code civil (1804)

Difficile mission que celle de rédiger un texte de droit destiné à régir l'ensemble des relations privées entre les Français. C'est pourtant ce qu'ont réussi quatre juristes bien inspirés, sous la houlette de Napoléon Ier.

Après la Révolution, la France est influencée par trois sources de droit différentes : le *droit naturel*, qui est diffusé par les philosophes des Lumières, le *droit romain*, hérité de nos célèbres envahisseurs, qui est un droit écrit, dominant la région méridionale, et enfin le *droit coutumier*, c'est-à-dire oral, inspiré des régions anglo-saxonnes et du nord de la Loire. C'est ainsi qu'un Toulousain et un Normand ne disposent pas des mêmes règles de droit civil. L'objectif d'une France « une et indivisible » passe par une uniformisation des règles de droit applicables à tous les Français. La tâche est ardue : le texte unique doit établir un compromis entre les lois et les coutumes de l'ensemble des régions de France.

Dès 1793, la Convention ordonne à Cambacérès, député, d'établir un projet de Code civil. Trois projets sont présentés aux dirigeants de l'époque. Mais les vicissitudes politiques ne permettent pas à Cambacérès de voir aboutir ses travaux. Le projet définitif est initié par Bonaparte, Premier consul à cette époque, avec l'aide de Cambacérès, devenu second consul.

En 1800, dès le début du Consulat, Bonaparte et Cambacérès désignent quatre juristes de renom qui ont pour mission de rédiger le Code civil. Dans un souci de conciliation des traditions du nord et du sud de la France, deux rédacteurs du Nord et deux du Midi sont choisis. Côté nordiste, Tronchet, bâtonnier des avocats de Paris, défenseur de Louis XVI devant la Convention, travaille avec Bigot de Préameneu, avocat parisien également. Sur le front sudiste, influencé par le droit romain, se trouvent Maleville, avocat au parlement de Bordeaux, et Portalis, avocat au parlement d'Aix.

Quatre mois leur suffisent pour rédiger leurs travaux. Ensuite, les textes sont discutés entre juillet 1801 et mars 1804 devant le Conseil d'État, présidé tour à tour par Cambacérès et Bonaparte. Le Code civil des Français est promulgué par la loi du 30 ventôse an XII (soit le 21 mars 1804). Le Code rassemble 2 281 articles répartis en trois livres : *Des personnes, Des biens* et *Des différentes manières dont on acquiert la propriété*.

Le texte traite de l'ensemble des rapports sociaux tels que le droit de la famille, les successions ou encore le régime des responsabilités. Une dose de laïcité est introduite, par l'absence de toute référence à la religion et à la politique. Les textes ayant vocation à s'appliquer à tous les Français et dans la plupart des situations, la loi a été rédigée de façon impersonnelle et générale ; à charge pour les juges d'appliquer ces principes de droit à chaque cas particulier.

En 1807, Bonaparte, devenu empereur, rebaptise le Code civil « Code Napoléon ». Il y insère sa touche personnelle en introduisant le divorce.

Marié à Joséphine de Beauharnais, qui ne peut lui donner d'héritier, Napoléon souhaite se remarier sans pour autant infliger à Joséphine une répudiation. Les juristes ont donc élaboré le système du divorce, inauguré en pratique par Napoléon lui-même.

Le Code civil s'applique quotidiennement en France. Il a su s'adapter à d'autres situations et reflète (peu ou prou) l'évolution des mœurs, avec, par exemple, l'adjonction récente du Pacs. À l'inverse, près d'une moitié des articles sont restés inchangés. C'est ainsi que des réminiscences du XIXe siècle restent encore applicables aujourd'hui, comme l'article 524 traitant des « immeubles par destination » et énumérant : « Les animaux attachés à la culture, les ustensiles aratoires, les semences données aux fermiers ou colons partiaires, les pigeons des colombiers, les lapins des garennes, les ruches à miel… »

Victor Schœlcher (1804-1893)

Cet homme au nom difficile à prononcer et encore injustement méconnu a pourtant libéré 250 000 esclaves aux Antilles, à La Réunion ou encore au Sénégal.

Le statut juridique des esclaves est défini notamment par le Code noir, datant de 1685. Un esclave est assimilé à une marchandise dont le prix est fixé en fonction de ses capacités de travail et de sa force physique. Considérés comme des biens meubles, les esclaves n'ont pas la capacité juridique de posséder quoi que ce soit. Ils se voient imposer la religion catholique, et leurs maîtres ont quasiment toute latitude pour les punir sévèrement en cas de « faute ». Les maîtres peuvent, à leur gré, enchaîner leurs esclaves ou les battre en fonction de la gravité des faits. Une autre punition consiste à marquer au fer une fleur de lys sur leur épaule.

En 1848, riche héritier d'une entreprise de porcelaine alsacienne, Victor Schœlcher use de son pouvoir de persuasion auprès d'Arago, ministre de la Marine et des Colonies, pour accélérer l'éradication de l'esclavage. Celui-ci a déjà été aboli une première fois par l'abbé Henri Grégoire pendant la Révolution française, mais Napoléon l'a rétabli, en 1802, sous la pression notamment de sa première femme, Joséphine de Beauharnais, originaire de la Martinique, où de nombreux esclaves étaient exploités dans des plantations.

Une Commission de rédaction du décret d'abolition est créée sous l'impulsion déterminante de Schœlcher. Il se bat au sein de cette commission pour éviter qu'un homme puisse être considéré comme une marchandise sur laquelle un colon disposerait d'un droit de propriété. Il s'insurge également contre les membres de la Commission qui proposent d'octroyer une indemnité aux colons, en réparation de la perte de leur personnel si économique. Poursuivant son combat politique, Schœlcher s'oppose farouchement à certains colons désireux de remplacer l'esclavage par… une « obligation de travailler ». Tenace, Schœlcher fait voter l'abolition de l'esclavage dans les colonies françaises quinze ans après l'application de cette mesure dans les colonies britanniques. Ce grand philanthrope a bien mérité la place qu'il occupe au Panthéon.

Décret du 27 avril 1848 : l'abolition définitive de l'esclavage dans les colonies françaises

« Au nom du peuple français, le gouvernement provisoire considérant que l'esclavage est un attentat contre la dignité humaine ;

Qu'en détruisant le libre arbitre de l'homme, il supprime le principe naturel du droit et du devoir ;

Qu'il est une violation flagrante du dogme républicain : Liberté, Égalité, Fraternité, décrète :

Article 1er – L'esclavage est entièrement aboli dans toutes les colonies et possessions françaises.

Article 2 – Le système d'engagement à temps établi au Sénégal est supprimé.

Article 3 – Les gouverneurs et commissaires généraux de la République sont chargés d'appliquer l'ensemble des mesures propres à assurer la liberté à la Martinique, à la Guadeloupe et dépendances, à l'île de La Réunion, à la Guyane, au Sénégal et autres établissements français de la côte occidentale d'Afrique, à l'île Mayotte et dépendances et en Algérie.

Article 4 – Sont amnistiés les anciens esclaves condamnés à des peines afflictives ou correctionnelles pour des faits qui, imputés à des hommes libres, n'auraient point entraîné ce châtiment. Sont rappelés les individus déportés par mesure administrative.

Article 5 – L'Assemblée nationale réglera la quotité de l'indemnité qui devra être accordée aux colons.

Article 6 – Les colonies purifiées de la servitude et les possessions de l'Inde seront représentées à l'Assemblée nationale.

Article 7 – Le principe que le sol de la France affranchit l'esclave qui le touche est appliqué aux colonies et possessions de la République.

Article 8 – À l'avenir, même en pays étranger, il est interdit à tout Français de posséder, d'acheter ou de vendre des esclaves, et de participer, soit directement, soit indirectement, à tout trafic ou exploitation de ce genre. Toute infraction à ces dispositions, entraînera la perte de la qualité de citoyen français. Néanmoins, les Français qui se trouveront atteints par ces prohibitions, au moment de la promulgation du présent décret, auront un délai de trois ans pour s'y conformer. Ceux qui deviendront possesseurs d'esclaves en pays étrangers, par héritage, don ou mariage, devront, sous la même peine, les affranchir ou les aliéner dans le même délai, à partir du jour où leur possession aura commencé.

Article 9 – Le ministre de la Marine et des Colonies et le ministre de la Guerre sont chargés, chacun en ce qui le concerne, de l'exécution du présent décret. »

Léon Gambetta (1838-1882)

Gambetta fait partie des nombreux hommes de loi devenus des hommes politiques français incontournables dans la seconde partie du XIXe siècle. Il débute sa carrière en tant qu'avocat sous le second Empire. Républicain convaincu, il profite de quelques célèbres procès pour se positionner comme opposant au régime impérial. En 1869, il se présente aux élections législatives dans deux villes : d'une part à Paris, où il a comme adversaire Carnot, et d'autre part à Marseille, où il s'oppose à Thiers. Il annonce ses intentions dans un discours mémorable à Paris, qui est appelé « programme de Belleville ». Il est élu à Paris et à Marseille !

Partisan d'une gauche républicaine et radicale, il défend notamment la liberté de la presse ou encore la séparation de l'Église et de l'État. Ces deux thèmes feront l'objet de grandes lois : en 1881, la loi sur la presse est votée, et, en 1905, la loi sur la séparation des Églises et de l'État est promulguée. Il prône également la mise en place d'un impôt sur le revenu, l'école gratuite et laïque ainsi que le suffrage universel.

Léon Gambetta se lance parallèlement dans le journalisme et, à ce titre, fonde avec deux acolytes La *Revue politique* en 1869. Farouche défenseur de la république et des valeurs démocratiques, il entre au gouvernement provisoire et participe à la fondation de la IIIe République en destituant l'empereur Napoléon III au cours de la journée révolutionnaire du 4 septembre 1870. Le gouvernement le charge, quelques semaines plus tard, de la défense du pays envahi par l'armée prussienne. C'est ainsi que, le 7 octobre 1870, il quitte Paris en ballon pour organiser une riposte. Las, la libération de Paris n'a pas lieu. Gambetta s'entête à combattre l'ennemi et prône la poursuite de la guerre, ce qui lui vaut d'être traité de « fou furieux » par Adolphe Thiers. L'armistice est inéluctable, et Gambetta s'y résout.

En tant que chef de l'Union républicaine, il est président de la Chambre des députés (ancêtre de l'Assemblée nationale) en 1879. À l'apogée de sa carrière, il est nommé président du Conseil et ministre des Affaires étrangères, en novembre 1881 – avant d'être destitué… dès janvier 1882.

Jacques Isorni (1911-1995)

Grande figure du barreau de Paris, Jacques Isorni exerce la profession d'avocat pendant près de quarante ans en mettant son talent et son éloquence extraordinaire au service des personnes qu'il défend dans les prétoires.

Isorni se décrit lui-même comme l'avocat des « prisonniers », quel que soit leur camp. C'est ainsi qu'il assure à la Libération, en 1945, la défense de Brasillach et du maréchal Pétain, tous deux poursuivis pour collaboration avec l'ennemi, alors même qu'il s'est imposé comme résistant pendant la Seconde Guerre mondiale.

Tout au long de sa carrière, il ne cessa de défendre Pétain en multipliant les demandes en révision du procès. L'avocat consacre aussi des ouvrages à cette affaire. En juillet 1984, il publie dans les colonnes du quotidien *Le Monde* un article intitulé « Français, vous avez la mémoire courte », prenant à nouveau la défense de l'ancien chef d'État. Cet article lui vaut d'être poursuivi sur le fondement de l'« apologie des crimes ou délits en collaboration avec l'ennemi ». Après une bataille judiciaire de près de dix ans, l'article d'Isorni est considéré comme relevant de la liberté d'expression par la Cour européenne des droits de l'homme.

En 1963, il prend la défense de l'un des principaux responsables de l'attentat du Petit-Clamart, perpétré contre le général de Gaulle. Le procès se déroule devant la Cour militaire de justice, devant des magistrats militaires. Isorni dénonce certaines pratiques de violation des droits de la défense. Cela lui vaudra la suspension de ses fonctions pendant trois ans.

Élu député à l'Assemblée nationale en 1951, il est un des premiers avocats à militer en faveur d'une plus grande sécurité en matière de droits de la défense et prône notamment l'abolition de la peine de mort et le vote d'une loi protégeant la présomption d'innocence.

Michel Debré (1912-1996)

Les Debré sont une illustre famille française. Parmi ses membres célèbres, d'abord Robert, professeur en médecine, qui a été à l'origine de la pédiatrie moderne. L'un de ses fils, Michel, a choisi la politique comme terrain de conquête. Michel Debré est aussi le père de Bernard, médecin, et de Jean-Louis, homme politique tour à tour ministre, président de l'Assemblée nationale et président du Conseil constitutionnel.

Jeune diplômé en droit, Michel Debré entre au Conseil d'État en 1934. Pendant la Seconde Guerre mondiale, il est nommé maître des requêtes. Parallèlement, il s'engage dans la Résistance, où il participe activement à la libération de la France, jusqu'à être contraint à la clandestinité totale. Il prend alors le nom de « Jacquier ». À la Libération, il est choisi par le général de Gaulle pour mener à bien une réforme administrative de l'État. C'est grâce à lui que la fameuse École nationale d'administration (ENA) voit le jour, en novembre 1945.

En mai 1958, il est l'homme de la situation lorsque le général de Gaulle revient au pouvoir. Nommé garde des Sceaux, Michel Debré a la mission cruciale de concevoir et de rédiger la Constitution fondant la Ve République. De 1959 à 1962, Michel Debré inaugure le système de cette nouvelle Constitution en tant que Premier ministre sous la présidence du général de Gaulle.

Jusqu'en 1973, après avoir eu en charge divers ministères au sein de plusieurs gouvernements, il se consacre à son mandat de député de La Réunion en siégeant à l'Assemblée nationale et à ses tâches de maire de la ville d'Amboise.

Après avoir occupé de hautes fonctions politiques, il ne restait qu'à conquérir la culture. C'est chose faite le 24 mars 1988, alors qu'il est élu à l'Académie française, au premier fauteuil, succédant au prince Louis de Broglie.

Gisèle Halimi (née en 1927)

Enfin une femme ! Gisèle Halimi, à la fois avocate et écrivain, est depuis plusieurs décennies l'incontournable porte-parole de la cause des femmes en France. Elle participe ainsi aux grandes batailles des années 1970, menées par des personnalités telles que Lucien Neuwirth ou Simone Veil, aux fins notamment de légaliser l'avortement. Elle fonde en 1971 avec Simone de Beauvoir le mouvement dénommé « Choisir la cause des femmes ».

En avril 1971, alors que l'avortement reste un délit puni et réprimé par la loi française, elle participe au « manifeste des 343 », illustre cas de désobéissance civile. Il s'agit d'une pétition en faveur du droit des femmes à disposer de leur corps, signée par 343 femmes célèbres qui déclarent toutes avoir avorté. Elles réclament la légalisation de l'avortement et le libre accès aux moyens contraceptifs.

Parallèlement, Gisèle Halimi prend régulièrement la défense de jeunes femmes, voire de jeunes filles, poursuivies pour avortement clandestin. Lors du célèbre procès dit « de Bobigny », en 1973, Gisèle Halimi plaide en faveur d'une jeune fille de 16 ans, accusée, avec sa mère, d'avoir avorté clandestinement. Le combat est couronné de succès, puisqu'en 1975 l'Assemblée nationale adopte la loi sur l'interruption volontaire de grossesse, soutenue par Simone Veil, alors ministre de la Santé, mettant ainsi fin aux poursuites pénales à l'encontre des femmes avortées.

Le manifeste des 343

Dans son édition du 5 avril 1971, le magazine *Le Nouvel Observateur* publie la liste de 343 femmes célèbres déclarant avoir subi une interruption volontaire de grossesse (IVG). Par la suite, cette pétition sera désignée, par provocation, « manifeste des 343 salopes ».

« Un million de femmes se font avorter chaque année en France. Elles le font dans des conditions dangereuses en raison de la clandestinité à laquelle elles sont condamnées alors que cette opération, pratiquée sous contrôle médical, est des plus simples. On fait le silence sur ces millions de femmes. Je déclare que je suis l'une d'elles. Je déclare avoir avorté. De même que nous réclamons le libre accès aux moyens anticonceptionnels, nous réclamons l'avortement libre. »

Signataires : Catherine Arditi, Stéphane Audran, Simone de Beauvoir, Marguerite Duras, Catherine Deneuve, Françoise Fabian, Judith Magre, Jeanne Moreau, Marie-France Pisier, Olga Poliakoff, Micheline Presle, Françoise Sagan, Nadine Trintignant, Agnès Varda, Marina Vlady…

Robert Badinter (né en 1928)

Sus au bourreau ! Avocat au barreau de Paris, professeur de droit et homme politique, Robert Badinter est, pour l'ensemble des Français, celui qui s'est brillamment battu pour l'abolition de la peine de mort. À l'époque où la peine capitale était encore encourue, il s'illustre dans la défense des intérêts des accusés risquant un tel châtiment en plaidant ardemment. En 1976, il prend notamment la défense de Patrick Henry, âgé d'une vingtaine d'années, qui risque la peine capitale pour l'enlèvement et le meurtre d'un enfant. Pour l'avocat, ce procès est également celui de la peine de mort, dans une France qui, majoritairement, cautionne un tel châtiment. Sa plaidoirie est entendue, puisque le verdict prononce « seulement » une peine de réclusion criminelle à perpétuité. Pour l'avocat, le combat continue.

Militant des droits de l'homme, il entre au Parti socialiste en 1971. Nommé garde des Sceaux et ministre de la Justice (1981-1986) durant le premier septennat de Mitterrand, il fait voter par l'Assemblée nationale l'abolition de la peine de mort le 9 octobre 1981. Ce combat politique, d'abord comme avocat puis comme ministre, est relaté par Robert Badinter dans deux ouvrages de référence, *L'Abolition* et *L'Exécution*.

Discours à l'Assemblée nationale

« [...] J'ai l'honneur, au nom du gouvernement de la République, de demander à l'Assemblée nationale l'abolition de la peine de mort en France. [...] Le débat qui est ouvert devant vous est d'abord un débat de conscience [...]. En fait, ceux qui croient à la valeur dissuasive de la peine de mort méconnaissent la vérité humaine. La passion criminelle n'est pas plus arrêtée par la peur de la mort que d'autres passions ne le sont qui, celles-là, sont nobles. Et si la peur de la mort arrêtait les hommes, vous n'auriez ni grands soldats, ni grands sportifs. Nous les admirons, mais ils n'hésitent pas devant la mort. D'autres, emportés par d'autres passions, n'hésitent pas non plus. C'est seulement pour la peine de mort qu'on invente l'idée que la peur de la mort retient l'homme dans ses passions extrêmes. Ce n'est pas exact. [...] Voici la première évidence : dans les pays de liberté, l'abolition est presque partout la règle ; dans les pays où règne la dictature, la peine de mort est partout pratiquée. Ce partage du monde ne résulte pas d'une simple coïncidence, mais exprime une corrélation. La vraie signification politique de la peine de mort, c'est bien qu'elle procède de l'idée que l'État a le droit de disposer du citoyen jusqu'à lui retirer la vie. C'est par là que la peine de mort s'inscrit dans les systèmes totalitaires. [...] Dans la réalité judiciaire, qu'est-ce que la peine de mort ? Ce sont douze hommes et femmes, deux jours d'audience, l'impossibilité d'aller jusqu'au fond des choses et le droit, ou le devoir, terrible, de trancher, en quelques quarts d'heure, parfois quelques minutes, le problème si difficile de la culpabilité, et, au-delà, de décider de la vie ou de la mort d'un autre être. Douze personnes, dans une démocratie, qui ont le droit de dire : celui-là doit vivre, celui-là doit mourir ! Je le dis : cette conception de la justice ne peut être celle des pays de liberté, précisément pour ce qu'elle comporte de signification totalitaire. »

Robert Badinter, Extrait d'un discours à l'Assemblée nationale, 17 septembre 1981

Il est également à l'origine d'autres mesures telles que la dépénalisation de l'homosexualité, la suppression des juridictions d'exception (la Cour de sûreté de l'État et les tribunaux permanents des forces armées en temps de paix), l'élargissement du droit d'action des associations pour la poursuite des crimes contre l'humanité et des infractions racistes… De 1986 à 1995, il préside le Conseil constitutionnel, et il est élu, en 1995, au siège de sénateur des Hauts-de-Seine.

Chapitre 19

Dix grands procès

Dans ce chapitre :

- Des figures de sages : Salomon et Socrate
- Le monstre Landru et l'énigme Besnard
- De grandes affaires nationales et internationales
- La littérature dans le prétoire

Du jugement de Salomon à l'« affaire du sang contaminé », les grands procès ont toujours défrayé la chronique. Qu'il s'agisse de censure ou de la vie d'un homme, voici dans ce chapitre le court récit d'affaires devenues mythiques et de litiges emblématiques.

Le jugement de Salomon (972-931 av. J.-C.)

Bien sûr, il pourrait s'agir des îles du Pacifique ou de la célèbre marque d'équipements de ski... Mais Salomon est, d'abord et avant tout, un roi d'Israël, célèbre pour avoir rendu un jugement habile. Poussin, Mantegna et bien d'autres artistes ont immortalisé cette scène biblique, relatée dans le Livre des Rois de l'Ancien Testament.

Le conflit oppose deux « femmes de mauvaise vie » habitant dans la même maison. Chacune d'elles donne naissance, à quelques jours d'intervalle, à un fils. Mais l'un des deux nouveau-nés meurt subitement. Les deux mères se disputent farouchement l'enfant survivant. Le roi Salomon les convoque pour résoudre le litige. Il s'agit de déterminer qui est la mère de l'enfant survivant. Salomon use alors d'un subterfuge pour obtenir la vérité : il ordonne de trancher le nourrisson en deux avec un glaive, de façon que les deux requérantes en obtiennent une moitié chacune.

La réaction des deux mères ne se fait pas attendre : l'une d'elles accepte la proposition, tandis que l'autre préfère refuser sa « moitié » au profit de sa rivale, de façon à épargner l'enfant. Faisant preuve d'une perspicacité incontestable, Salomon considère que la vraie mère ne peut être que celle qui s'est opposée au sacrifice de l'enfant, et il lui attribue l'objet du litige en chair et en os. Le glaive n'a donc servi qu'à trancher le différend !

Le procès de Socrate (399 av. J.-C.)

Suspecter un philosophe d'être nuisible, alors qu'il n'a jamais écrit une ligne... Voilà une accusation qui ne pourrait aujourd'hui trouver son fondement dans notre Code pénal. C'est pourtant ce que les Athéniens ont reproché, en 339 av. J.-C., à Socrate, célèbre philosophe grec qui n'a cessé de prêcher la maxime aujourd'hui fameuse « Connais-toi toi-même », et ce après avoir été proclamé « le plus sage des humains » par l'oracle de Delphes.

Bien qu'il n'ait pas laissé d'écrits, Socrate s'est imposé dans l'histoire comme le philosophe par excellence. Toujours à la recherche de la sagesse, il prétend ne savoir qu'une seule chose : qu'il ne sait rien... Il forme de nombreux disciples, dont Platon, Alcibiade ou Euclide, et exerce à Athènes le métier d'« accoucheur des esprits », grâce à ses interrogations permanentes.

Rançon du succès : Socrate s'attire de nombreux ennemis. En particulier, trois aristocrates affirment voir en lui un être pervertissant les valeurs morales traditionnelles et le considèrent comme un danger pour l'ordre social. Anytos, membre éminent du parti démocratique, Melitos, connu pour sa poésie, et Lycon, orateur public, accusent ainsi Socrate d'impiété envers les dieux – il ne reconnaît pas ceux de la cité et introduit des divinités nouvelles – et de corruption de la jeunesse. Le peuple athénien, convaincu de la culpabilité du penseur, retient ces deux chefs d'accusation.

Socrate refuse de se défendre. Il est reconnu coupable par le tribunal populaire d'Athènes à une faible majorité parmi près de 500 juges. L'un des accusateurs propose alors l'application de la peine de mort. Ce à quoi Socrate répond qu'il serait plus juste pour lui d'être hébergé au Prytanée, lieu d'accueil des hôtes publics et notamment des vainqueurs olympiques ! Cette solution n'est pas retenue par les juges, et Socrate est condamné à boire la ciguë, le 7 mai 399 av. J.-C. Convaincus de l'innocence du philosophe, certains de ses amis lui proposent leur aide pour s'évader. Néanmoins, Socrate refuse de s'enfuir de sa prison et ingurgite la ciguë.

Jeanne d'Arc au bûcher (1431)

Jeanne d'Arc, dite « la Pucelle d'Orléans », est un véritable symbole d'héroïsme national, notamment pour ses exploits guerriers durant la guerre de Cent Ans. L'histoire de France officielle la présente comme une jeune chrétienne qui, à 13 ans, affirme avoir entendu des voix surnaturelles lui réclamant d'être pieuse, de libérer le royaume de l'envahisseur et de conduire le Dauphin, le futur Charles VII, sur le trône. Semant le doute au sein des autorités, Jeanne est interrogée par les ecclésiastiques et examinée pour constater sa virginité. Vérifications faites, elle est autorisée, dès 1429, à mener les troupes françaises pour libérer Orléans des envahisseurs anglais. Poursuivant son épopée, cette cheftaine de guerre parvient à atteindre la ville de Reims pour assister au sacre de Charles VII. Puis, tandis qu'elle tente de libérer la ville de Compiègne, assiégée par les Bourguignons, Jeanne d'Arc est capturée et emprisonnée le 23 mai 1430. Otage de valeur, elle est tout simplement vendue aux Anglais pour 10 000 livres.

Malgré ses actes de bravoure, Jeanne d'Arc est accusée d'hérésie, c'est-à-dire d'avoir une opinion contraire à la morale établie, à savoir la doctrine catholique de l'époque. On lui fait subir des interrogatoires musclés avant de l'emprisonner dans un donjon.

Le procès débute le 21 février 1431 devant le tribunal ecclésiastique, présidé par l'évêque de Beauvais Pierre Cauchon, qui prend soin de faire siéger au tribunal des juges hostiles à l'accusée. Curieusement, elle est fustigée par l'Église de France mais reste néanmoins emprisonnée au sein des prisons anglaises, réputées pour leurs mauvais traitements. Sous les ordres de l'évêque de Beauvais, les enquêteurs peinent à établir un acte d'accusation cohérent. Jeanne apparaît comme une jeune fille honnête, pieuse et convaincue de sa mission. C'est alors que le tribunal lui reproche de porter des habits d'homme et d'avoir quitté ses parents sans permission ! Un autre grief tient à son refus de soumission à l'Église. En réalité, les ecclésiastiques sont troublés par les voix célestes que Jeanne prétend entendre : ces visions ne peuvent, selon les juges, qu'être une forme de sorcellerie.

À l'issue de la phase d'enquête, les maîtres de l'université de Paris rendent leur avis et déclarent Jeanne coupable d'avoir abandonné la religion ou, à tout le moins, de la diviser, d'être menteuse, hérétique, errante en la foi, blasphématrice… Face à ce déferlement d'accusations, Jeanne sollicite l'avis du pape. Mais sa demande ne sera jamais transmise par ses juges au souverain pontife.

Décidés à obtenir des aveux, les juges pressent Jeanne de reconnaître ses fautes. Ils vont même jusqu'à procéder au chantage : si elle avoue l'ensemble des faits qui lui sont reprochés, les juges promettent oralement à Jeanne de l'incarcérer dans une prison de l'Église. Jeanne reconnaît avoir menti et signe d'une croix le papier où elle abjure ses fautes. Néanmoins, trahison suprême de ses juges, ils la renvoient à ses geôliers anglais. C'est alors que Jeanne rétracte ses aveux. Elle est condamnée au bûcher non pas pour avoir menti, mais pour être retombée dans ses erreurs passées. Le lendemain, le 30 mai 1434, Jeanne d'Arc est brûlée vive à Rouen.

À la demande de la mère de Jeanne d'Arc, l'Église casse en 1456 le premier jugement, pour corruption, calomnie, iniquité, fraude et malice, erreur de fait et de droit de la part des premiers juges. Après un réexamen des témoignages, le premier procès est déclaré nul et sans effet. Jeanne est réhabilitée entièrement, et sa famille anoblie.

Le procès de Galilée (1633)

Génie italien, Galilée est à la fois physicien, astronome et philosophe. Autant de fonctions dont l'exercice ne pourrait plus tenir en trente-neuf, voire trente-cinq heures de travail hebdomadaires ! Il enseigne la physique à Pise, puis à Padoue. Mais son heure de gloire sonne lorsqu'il est nommé à la cour de Florence mathématicien et philosophe du grand-duc.

Il fabrique une lunette astronomique et observe les planètes et les étoiles. Il conclut de ses découvertes que la Terre tournerait autour du Soleil, seul élément fixe. Il s'oppose donc radicalement aux croyances de l'époque, et notamment au système aristotélicien, selon lequel la Terre serait immobile au centre de l'Univers… Quelle révolution (dans tous les sens du terme) ! Il fait partager ses observations à ses pairs, les défend avec vigueur, tout en s'appuyant sur les travaux de Copernic. La communauté ecclésiastique rejette de telles évidences, qui seraient de nature à contredire certains passages bibliques. Dès 1616, Galilée est sommé de venir s'expliquer à Rome sur ses recherches. Malgré la rigueur scientifique de sa thèse, les religieux la condamnent : elle ne pourra être ni enseignée ni publiée.

Après quelques années de réflexion et l'élection d'un nouveau pape, Urbain VIII, Galilée ne s'avoue pas vaincu. Il décide d'exposer ses opinions de façon détaillée, en 1632, dans le *Dialogue sur les deux principaux systèmes du monde*. L'ouvrage connaît un vif succès. Hélas, cette idée de mouvement de la Terre ne plaît guère au pape ; Galilée est à nouveau convoqué à Rome en 1633 devant la congrégation du Saint-Office pour répondre de ses écrits. L'ouvrage de Galilée n'est qu'un prétexte.

Il est d'abord reproché au scientifique d'avoir violé le décret de 1616 interdisant toute diffusion de ses idées, considérées comme hérétiques. Galilée fait l'objet d'un interrogatoire sévère. Le savant, âgé de 70 ans, tente de se défendre en réaffirmant sa foi. Le pape n'en est pas convaincu pour autant. Le 22 juin 1633, le tribunal de l'Inquisition prononce l'interdiction du livre de Galilée. Le savant doit également abjurer pour échapper au bourreau. Il renonce à sa théorie du mouvement de la Terre devant ses juges, lançant tout de même sous cape la célèbre phrase : « *Eppur', si muove !* » (« Et pourtant, elle se meut ! »).

Mieux vaut tard que jamais : ce n'est que dans les années 1990, au cours d'un hommage rendu à Galilée, que le pape Jean-Paul II a reconnu les erreurs des théologiens de l'époque.

Le procès des Fleurs du mal (1857)

Le 25 juin 1857, les éditeurs Auguste Poulet-Malassis et Eugène de Broise publient l'édition originale des *Fleurs du mal*, de Charles Baudelaire. Près d'une moitié des poèmes sont des inédits ; les autres ont déjà été publiés dans différentes revues.

L'ouvrage n'est pas vraiment encensé par la critique établie. En particulier, un journaliste du *Figaro* signe un papier dévastateur, quelques jours après la sortie du livre, n'hésitant pas à qualifier cette poésie d'« odieuse » et d'« ignoble ». La lecture des *Fleurs du mal* n'échappe pas à Pinard, procureur de l'Empire, qui poursuit l'auteur et ses éditeurs pour immoralité. Ce magistrat n'en est pas à son premier essai : six mois avant Baudelaire, Pinard a déjà poursuivi Flaubert sur le même fondement pour sa *Madame Bovary*. Flaubert a écopé d'un simple « blâme », le 20 janvier 1857.

Baudelaire n'aura pas cette chance. Le jugement tombe le 20 août 1857 : l'« offense à la morale religieuse » est écartée, mais l'offense « à la morale publique et aux bonnes mœurs » est retenue par les juges. Ces derniers considèrent en effet : « L'erreur du poète dans le but qu'il voulait atteindre et dans la route qu'il a suivie, quelque effort de style qu'il ait pu faire, quel que soit le blâme qui précède ou suit ses peintures, ne saurait détruire l'effet funeste des tableaux qu'il présente aux lecteurs et qui, dans les pièces incriminées, conduisent nécessairement à l'excitation des sens par un réalisme grossier et offensant pour la pudeur. »

C'est ainsi que les magistrats ordonnent l'interdiction de six poèmes : *Lesbos*, *Femmes damnées*, *Le Léthé*, *À celle qui est trop gaie*, *Les Bijoux* et *Les Métamorphoses du vampire*. En outre, l'auteur est condamné à une amende de 300 francs, et ses éditeurs à une amende de 100 francs. Le milieu littéraire s'émeut d'une telle décision. Les écrivains contemporains, tels Flaubert et Victor Hugo, n'hésitent pas à soutenir le poète.

Si les six poèmes interdits ne sont plus publiés en France, Baudelaire et l'un de ses éditeurs, Poulet-Malassis, les rééditent vers 1866 en Belgique. Un exemplaire est envoyé par le poète au procureur Pinard… Cette réédition donne lieu à une nouvelle condamnation en mai 1868, un an après la mort du poète.

Le 12 septembre 1946, sur l'initiative de la Société des gens de lettres, une loi est votée afin de permettre de réviser les condamnations prononcées contre les ouvrages littéraires d'ores et déjà réhabilités par l'opinion publique. C'est sur ce nouveau fondement que la Cour de cassation, saisie dans le cadre d'une demande de révision, autorise, le 31 mai 1949, la publication des six poèmes interdits depuis plus de quatre-vingts ans.

L'affaire Landru (1921)

Père de quatre enfants et marié à sa cousine, Henri Désiré Landru pratique toutes sortes de métiers : comptable, cartographe, employé dans une étude d'architecture, jusqu'au jour où il fonde une fabrique de bicyclettes à pétrole. C'est alors le début d'une longue série d'escroqueries et de larcins en tout genre… Entre 1900 et 1912, il est condamné à sept reprises à des peines d'emprisonnement ou d'amende selon le degré de gravité des infractions commises. Il s'arrange souvent pour écourter ses séjours en prison en manipulant les experts, qui déclarent son état mental « maladif ».

Parmi ses escroqueries célèbres, celle qui concerne Mme Izoret est rocambolesque : à la suite d'une annonce matrimoniale, il rencontre cette dernière et fête avec elle leurs fiançailles… avant de disparaître avec la fortune de la fiancée. Après quelques mois de prison, il fait l'acquisition d'un garage qu'il revend immédiatement sans avoir payé le premier propriétaire. Identifié par les services de police, il prend la fuite.

Vers 1915, Landru doit subvenir aux besoins de sa famille et décide de poursuivre ses escroqueries, mais en toute discrétion. Sa stratégie est simple : il se fait passer pour un veuf aisé à la recherche d'une épouse, riche si possible. Afin d'être plus crédible aux yeux de ses victimes, il loue de belles propriétés, d'abord à Vernouillet, puis à Gambais, dans les Yvelines. Les femmes qu'il rencontre sont séduites et acceptent d'épouser Landru, en prenant soin de le mandater pour gérer leurs comptes bancaires…

C'est ainsi que onze personnes disparaissent après leur séjour chez Landru. Il ne sera jamais établi avec certitude si Landru les a tuées et comment. Les enquêteurs, après quelques découvertes macabres, ont cependant présumé qu'il avait fait disparaître les corps de ses conquêtes en les incinérant dans le fourneau de sa maison. Certes, les voisins sont alertés par l'odeur nauséabonde – le barbecue n'est pas encore à la mode – qui s'échappe de la cheminée, surtout en été, quand le chauffage n'est pas indispensable ; mais Landru n'est en rien soupçonné.

En revanche, les proches des victimes s'inquiètent et écrivent au maire de la commune de Gambais, pour demander des nouvelles du jeune couple installé dans la villa des environs. C'est ainsi que l'élu municipal s'étonne qu'un certain « M. Dupont » ou encore un « M. Fremyet », apparemment mariés avec plusieurs femmes, résident à la même adresse. Alerté par ces indices troublants, le maire met en relation les différentes familles. Malgré les multiples identités adoptées par Landru, deux familles établissent un lien et portent plainte. Entre-temps, Landru s'est installé à Paris sous le pseudonyme de « M. Guillet » ; il est arrêté le 12 avril 1919.

Il est inculpé, au départ, pour des escroqueries diverses et variées. Puis, l'enquête permet de découvrir, dans un garage, des meubles, des vêtements et les papiers d'identité de dix femmes déclarées disparues ! Enfin, la maison de Gambais est perquisitionnée ; les policiers restent perplexes devant les tuyaux très usagés de la cuisinière, et des fragments d'os humains sont retrouvés dans un hangar…

Le procès de Landru s'ouvre en novembre 1921 devant la cour d'assises de Versailles. Le public, nombreux, se compose notamment de Mistinguett, de Raimu ou encore de Colette. Landru est poursuivi pour le meurtre de onze personnes, dont dix femmes. Toutefois, les enquêteurs n'ont jamais pu retrouver les corps des victimes. Le dossier d'accusation repose donc sur de simples indices et des « commencements de preuve ». C e qui fera dire à Landru au président de la cour : « Montrez-moi les cadavres ! » Très cynique, Landru aurait eu d'autres répliques célèbres au cours des débats, comme : « Si les femmes que j'ai connues ont quelque chose à me reprocher, elles n'ont qu'à déposer plainte ! » Le 30 novembre 1921, il est condamné à mort. Il dépose un recours en grâce devant le président de la République, Alexandre Millerand, qui lui sera refusé le 23 février 1922. Deux jours plus tard, Landru est guillotiné dans la cour de la prison de Versailles.

Quant à la cuisinière de la maison de Gambais, elle a été acquise par un collectionneur américain !

Le tribunal de Nuremberg (1946)

Qui n'a pas gardé en mémoire la photo de Roosevelt, Staline et Churchill posant en 1945 pendant les accords de Yalta ? Sujet classique du baccalauréat… Ces célèbres figures ont pris alors une décision inédite dans l'histoire du droit : à la fin de la Seconde Guerre mondiale, les puissances alliées envisagent de juger les chefs du régime nazi devant une instance créée à cette occasion. Le Tribunal militaire international, première juridiction internationale de l'histoire, est ainsi mis en place. Ses statuts sont décrits en annexe des accords de Londres, signés le 6 août 1945.

Les vaincus étant jugés par les vainqueurs, les magistrats sont tous des représentants des principales nations victorieuses : l'URSS, les États-Unis, la France et le Royaume-Uni. Quant au lieu où se déroule le procès, les Alliés choisissent la ville de Nuremberg, non seulement parce que son palais de justice a été épargné par les bombardements, mais aussi, symboliquement, parce que cette ville était le haut lieu des parades annuelles nazies sous le IIIe Reich.

Du 20 novembre 1945 au 1er octobre 1946, vingt-deux accusés sont jugés, dont des proches de Hitler, comme Göring et Hess, des généraux, des diplomates, mais également des économistes et des intellectuels qui ont participé à l'élaboration de l'idéologie nazie. Quatre chefs d'inculpation sont retenus : crimes contre la paix, crimes de guerre, crimes contre l'humanité et complot en vue de commettre l'un de ces trois crimes. À l'issue du procès, les magistrats alliés prononcent douze condamnations à mort. D'autres criminels écopent de la peine d'emprisonnement à vie, et certains sont condamnés à des peines d'emprisonnement allant jusqu'à vingt ans. Trois ont obtenu l'acquittement. Par ailleurs, les entités militaires sont poursuivies, dont le parti nazi, la SS, la Gestapo, la SA ou le haut commandement de l'armée. Toutes sont déclarées « organisations criminelles ».

Dans les statuts du Tribunal militaire international, les Alliés définissent pour la première fois les infractions de « crimes de guerre » et de « crimes contre l'humanité ». Pour ce qui est des crimes de guerre, il s'agit notamment de l'assassinat, des mauvais traitements ou de la déportation pour travaux forcés ou dans tout autre but des populations civiles dans les territoires occupés, l'assassinat ou les mauvais traitements des prisonniers de guerre ou des personnes en mer, l'exécution des otages, le pillage des biens publics ou privés, la destruction sans motif des villes et des villages ou la dévastation que ne justifient pas les exigences militaires. Les crimes contre l'humanité comprennent l'assassinat, l'extermination, la réduction en esclavage, la déportation et tout acte inhumain commis contre toutes les populations civiles, avant ou pendant la guerre, ou bien les persécutions pour des motifs politiques, raciaux ou religieux. Quant aux crimes de paix, ce sont la direction, la préparation, le déclenchement ou la poursuite d'une guerre d'agression ou d'une guerre de violation des traités, d'assurances ou d'accords internationaux.

Les définitions des crimes de guerre et des crimes contre l'humanité ont été reprises par la législation française ; ils sont ainsi prévus et réprimés par le Code pénal. Depuis 1964, le crime contre l'humanité est la seule infraction pénale en France qui soit imprescriptible. Quant aux crimes de guerre, ces infractions se prescrivent par trente ans. Certaines poursuites récentes se sont fondées sur ces incriminations ; en particulier, les procès retentissants de Touvier, Barbie ou Papon.

Le procès de Marie Besnard (1961)

Quoi de plus simple qu'un empoisonnement à l'arsenic, substance réputée ne laisser aucune trace… Voilà l'idée qui aurait traversé l'esprit de Marie Besnard ; du moins est-ce qu'a prétendu la justice pendant près de dix années, son cas restant toujours une étonnante énigme.

L'affaire Marie Besnard défraie la chronique judiciaire en France à partir des années 1950. Tout commence par la mort de Léon Besnard, mari de Marie, en octobre 1947 à Loudun, dans la Vienne. La mort serait due à une crise de foie. Après l'enterrement, Mme Pintou, voisine des époux Besnard, annonce que Léon Besnard lui aurait confié avoir été empoisonné par sa propre épouse au moyen d'un liquide ajouté dans son bol de soupe.

Alerté par ces rumeurs, le ministère public ouvre une enquête policière, et le corps de Léon Besnard est exhumé en mai 1949. Les experts décèlent de l'arsenic dans le corps, sans en trouver pourtant, le détail a son importance, ni dans le bois du cercueil ni dans la terre du caveau. Parallèlement, la justice s'interroge sur les nombreux décès inexpliqués survenus dans l'entourage de Marie Besnard : douze macchabées sont répertoriés entre 1927 et 1945, dont les parents de Marie Besnard, son premier mari, des amis ou ses beaux-parents. À leur tour, les douze cadavres (ou squelettes…) sont exhumés, puis expertisés. Des doses d'arsenic sont décelées dans tous les corps.

Comme Marie Besnard a directement ou indirectement perçu les héritages de chacune de ces personnes, elle est poursuivie et incarcérée, en juillet 1949, pour empoisonnement avec les circonstances aggravantes de parricide et de matricide. Les expertises se succèdent. Les nombreux toxicologues appelés à témoigner concluent tous à une présence élevée d'arsenic dans les corps pouvant être à l'origine de la mort des 13 victimes. Mais des analyses au cimetière de Loudun, là où tous les corps avaient été enterrés, révèlent finalement la présence d'arsenic dans la terre, liée au sulfate contenu dans les fleurs ou dans le zinc des ornements funéraires. La France reste donc suspendue à ces interrogations : Marie Besnard est-elle l'empoisonneuse de Loudun ou une innocente enfermée injustement ? D'où provient l'arsenic trouvé dans les corps : empoisonnement, ou engrais chimique propagé dans la terre du cimetière ? Après plus d'une centaine d'expériences et d'analyses, aucune certitude ne peut être retenue.

Faute de preuve certaine, Marie Besnard est finalement acquittée par la cour d'assises de la Gironde en décembre 1961. Après ce tourbillon judiciaire, Marie Besnard rentre à Loudun ; elle y décède en 1980. Elle aurait même pardonné à Mme Pintou, la voisine par qui le scandale était arrivé…

L'affaire Sade (1957)

Si les œuvres du marquis de Sade, tels *La Philosophie dans le boudoir*, *Les Cent Vingt Journées de Sodome*, *Les Crimes de l'amour*, *Dialogue entre un prêtre et un moribond*, *Histoire de Juliette*, *Justine ou les malheurs de la vertu*, sont aujourd'hui présentes dans la plupart des librairies et bibliothèques, tel n'a pas toujours été le cas, loin de là ! La plupart de ces ouvrages ont été cantonnés pendant longtemps à des éditions clandestines et donc très chères, réservées aux personnes fortunées.

Animé par une volonté de lutter contre la censure littéraire, bien arbitraire à son goût, Jean-Jacques Pauvert défend le droit du public à lire des ouvrages régulièrement interdits. C'est en 1947 que ce jeune éditeur parisien se lance dans l'aventure et ose publier les œuvres complètes de Sade. Pour la première fois, les livres du « divin marquis » sont publiés avec le nom d'un éditeur sur la couverture. Après la sortie des premiers volumes d'*Histoire de Juliette*, fin 1947,

Jean-Jacques Pauvert est convoqué par la brigade des mœurs. Malgré l'intervention des pouvoirs publics aux fins de censurer ses ouvrages, Jean-Jacques Pauvert poursuit la diffusion des œuvres complètes de Sade. Un exemplaire de chaque œuvre est confié au service de police par l'éditeur lui-même… exemplaires qui auront disparu au jour du procès ! C'est le début de neuf années de procédure et de débats à propos de la censure littéraire.

Jean-Jacques Pauvert est brillamment défendu par l'avocat Maurice Garçon, habile plaideur et habitué du milieu littéraire parisien. Après plusieurs années d'enquête et d'instruction, le procès a lieu le 15 décembre 1956 devant la chambre correctionnelle de Paris. L'éditeur est poursuivi pour avoir publié *Juliette ou la prospérité du vice*, *La Nouvelle Justine ou les malheurs de la vertu*, *La Philosophie dans le boudoir* et *Les Cent Vingt Journées de Sodome*, ouvrages réputés contraires aux bonnes mœurs. Lors de l'audience, des écrivains célèbres défilent à la barre pour témoigner en faveur de l'éditeur poursuivi ; Georges Bataille ou André Breton viennent ainsi exprimer leur indignation. Pourtant, le 10 janvier 1957, le tribunal reconnaît Jean-Jacques Pauvert coupable du délit d'outrage aux bonnes mœurs et le condamne à 200 000 francs d'amende. Pire encore, la confiscation et la destruction des ouvrages sont ordonnées.

L'éditeur interjette appel de la décision et s'emploie, avec son avocat, à démontrer que Sade devrait être considéré comme un auteur classique, intéressant le milieu intellectuel ; ce qui justifie la publication de ses œuvres. La cour d'appel, sensible à cette argumentation, supprime la peine d'amende et la destruction des ouvrages. Depuis, les œuvres de Sade côtoient les grands ouvrages classiques dans les rayons de littérature française. Pauvert est devenu le champion du combat contre la censure, qu'il n'a cessé de mener tout au long de sa carrière, entre provocations et contentieux.

L'affaire du sang contaminé (1991-1993)

Cette affaire retentissante débute dans les années 1980. Le sida est une maladie encore méconnue du grand public. Dès 1983, le ministère de la Santé, alerté sur les effets et les modes de contamination du virus, incite à éviter les prélèvements sanguins sur les donneurs présentant un risque de contamination particulièrement élevé à l'époque, à savoir les toxicomanes et les homosexuels. Une circulaire émanant de la Direction générale de la santé est prise en ce sens le 20 juin 1983, non sans polémique.

En 1985, le président du Centre national de transfusion sanguine annonce qu'une partie des stocks de prélèvements sanguins est contaminée. Il invite les pouvoirs publics à prendre une décision quant au sort desdits stocks. En parallèle, l'avancée des recherches scientifiques permet de dépister le virus dans les prélèvements. Une solution pour éradiquer le virus est même proposée par un système de « chauffage » des produits sanguins. Le 1er août

1985, le dépistage systématique des collectes de sang est instauré. Mais les stocks de sang non chauffé, présentant donc un risque, ne sont retirés de la circulation que le 1er octobre 1985. Entre ces deux mois, des produits sanguins contaminés sont distribués pour des transfusions, notamment à des personnes atteintes d'hémophilie.

Les premières plaintes des personnes contaminées à la suite d'une transfusion sont déposées en 1988. Très vite, des associations de défense se créent. L'affaire fait l'objet d'une couverture médiatique impressionnante. En avril 1991, la presse révèle que le Centre national de transfusion sanguine aurait sciemment distribué des produits sanguins contaminés jusqu'en octobre 1985, date où tous les stocks atteints par le virus du sida furent enfin retirés. Toutefois, si le Centre national de transfusion sanguine n'a pas interrompu la distribution plus tôt, c'est qu'il attendait la décision des pouvoirs publics sur cette affaire. L'opinion publique réclame la condamnation des personnes responsables de cette catastrophe, considérées *in fine* comme coupables de meurtres avec préméditation. La difficulté est de savoir qui a tardé à prendre la décision d'interdire l'utilisation des produits contaminés.

Les poursuites sont d'abord dirigées contre des médecins, en particulier Michel Garretta et Jean-Pierre Allain, du Centre national de transfusion sanguine, inculpés, en octobre 1991, de « tromperie sur les qualités substantielles d'un produit ». Lors des débats, les parties civiles sollicitent la requalification des faits en crime d'empoisonnement, passible de la cour d'assises. En juillet 1993, Michel Garretta est condamné à quatre ans de prison ferme, tandis que son comparse écope de deux ans de prison ferme et de deux ans de prison avec sursis. L'instruction de cette affaire fait couler beaucoup d'encre et met sur la sellette le gouvernement de Laurent Fabius, en place en 1985. Interrogée sur le sujet, Georgina Dufoix, ministre des Affaires sociales de l'époque, n'hésite pas à résumer les faits par une formule qui met le feu aux poudres : « Responsables, mais pas coupables. »

Parallèlement au procès des quatre médecins, on exige que les responsables politiques en charge de ce dossier soient également poursuivis. En septembre 1994, la Cour de justice de la République, compétente pour juger les ministres pour des actes commis dans l'exercice de leurs fonctions, est saisie. Laurent Fabius, Georgina Dufoix et Edmond Hervé, secrétaire d'état à la Santé au sein du même gouvernement, sont mis en examen pour complicité d'empoisonnement. Au terme de longs débats, Georgina Dufoix et Laurent Fabius seront relaxés. Edmond Hervé est reconnu coupable de plusieurs contaminations tout en étant dispensé de peine.

L'affaire n'est pas terminée pour autant. Une trentaine d'autres personnes, conseillers ministériels et médecins, sont poursuivies pour empoisonnement, complicité d'empoisonnement, homicide involontaire ou non-assistance à personne en péril. Cependant, le crime d'empoisonnement n'est pas retenu, dans la mesure où l'intention de tuer n'a pas été prouvée. Parallèlement, un fonds d'indemnisation a été mis en place au profit des victimes.

Chapitre 20

Dix erreurs judiciaires

Dans ce chapitre :

- L'affaire Dreyfus
- « Omar m'a tuer »
- Outreau : « l'horreur judiciaire »

« Mieux vaut dix coupables en liberté qu'un innocent en prison », entend-on dans la plupart des prétoires. Et pour cause, même si la justice est rendue par des hommes susceptibles de commettre une erreur, punir un innocent reste un traumatisme terrifiant. La justice française aurait commis quelques-unes de ces « horreurs judiciaires » dans des circonstances diverses.

De nombreuses autres affaires ne sont pas officiellement des erreurs judiciaires ; mais de forts doutes subsistent dans la mémoire collective quant à la culpabilité des personnes condamnées. Tour d'horizon des dix dossiers qui ont le plus défrayé la chronique.

L'affaire Calas (1762)

L'affaire Calas débute au XVIIIe siècle. Même ancien, ce dossier reste aujourd'hui emblématique, en raison surtout de l'intervention de Voltaire. Jean Calas, riche négociant, est installé à Toulouse avec sa femme et ses six enfants : Marc-Antoine, Pierre, Louis, Donat, Anne et Anne-Rose. La famille est protestante. Le 15 octobre 1761, Marc-Antoine, âgé d'une vingtaine d'années, se suicide par pendaison dans la maison familiale. Préférant éviter l'infamie réservée aux personnes se donnant la mort, la famille dissimule les circonstances exactes de la mort de Marc-Antoine, en indiquant avoir retrouvé le corps de ce dernier portant des traces de strangulation. Rapidement, la rumeur accuse le père, Jean Calas, âgé de plus de 60 ans, d'avoir assassiné son fils afin qu'il ne se convertisse pas au catholicisme.

L'affaire tourne à la guerre de religion. Marc-Antoine s'intéressait en effet à la religion catholique quelques années avant son décès. Il est déclaré martyr et enterré selon le rite catholique. L'opinion publique réclame une condamnation exemplaire pour le père de famille, considéré comme un hérétique. Les enquêteurs, influencés par la rumeur, poursuivent la thèse de l'infanticide. C'est ainsi que Jean Calas, sa femme et l'un de leurs autres fils, Pierre, sont interrogés. Jean Calas est même soumis à la torture. Le système pénal de l'époque, marqué par un fort caractère inquisitoire (voir chapitre 1), n'offre pas autant de garanties aux droits de la défense qu'aujourd'hui : une poignée d'indices suffisent à établir une culpabilité. Un mois plus tard, Jean Calas est donc déclaré coupable du meurtre de son fils Marc-Antoine. Même sous la torture, il clame son innocence. Il est étranglé puis brûlé vif publiquement. Sa femme est acquittée. Quant à Pierre, son fils, défendu par Loyseau de Mauléon, avocat au parlement de Paris et proche de Rousseau, il est « simplement » banni du territoire français.

La veuve de Jean Calas et ses enfants se battent alors pour réhabiliter la mémoire du *pater familias*. Voltaire est informé de l'affaire. Intrigué par l'absence d'enquête sérieuse et la place prépondérante laissée à la rumeur, il décide de clarifier ce dossier en reprenant lui-même certaines pistes. Il rencontre notamment Pierre et Donat Calas, deux des fils de Jean. Quelques mois d'investigation suffisent au philosophe pour se convaincre de l'innocence de Calas. Voltaire porte alors sa vision de l'affaire sur la place publique, en formant des comités d'enquête chargés de rechercher des éléments de preuve. En parallèle, il publie de nombreux mémoires, parfois sous couvert d'anonymat, afin de justifier méticuleusement l'innocence de Calas. L'un de ses ouvrages, *Traité sur la tolérance à l'occasion de la mort de Jean Calas*, publié en 1763, est frappé par la censure et interdit. Comme la plupart des écrits prohibés, ce traité provoque un fort retentissement sur l'opinion publique.

Une requête est finalement déposée en haut lieu. Avec l'appui de Voltaire, la veuve se rend à la Cour pour supplier Louis XV d'activer le processus de révision du procès. En 1765, la Cour de cassation prononce enfin la réhabilitation de Jean Calas.

L'affaire du courrier de Lyon (1796)

En avril 1796, une voiture attelée effectue le trajet de Paris à Lyon. Cette malle-poste est chargée de caisses contenant une petite fortune de lettres de change et de monnaie destinées à l'armée de Bonaparte en Italie. L'attelage est attaqué par des brigands dans la région de Melun. Les deux conducteurs sont retrouvés morts. Les enquêteurs sont sur la piste de quatre hommes déjà connus des services de police pour leurs actes de banditisme, dont un certain Couriol. Ils sont identifiés par le tenancier de l'auberge de Montgeron, où la bande s'est réunie la veille du forfait. Ces mêmes témoins évoquent aussi la présence de deux autres hommes, arrivés par la suite à l'auberge.

Couriol est arrêté à Château-Thierry en possession d'assignats provenant de la malle-poste, ainsi que ses trois complices : Bernard, Bruer et Richard. La police en profite pour vérifier l'identité d'un autre homme se trouvant dans les parages ; il s'agit d'un nommé Guénot. Les enquêteurs le laissent libre mais lui confisquent ses papiers ; il doit venir au Palais de justice, à Paris, pour les récupérer.

Un mois plus tard, Guénot se rend chez le juge chargé de l'« affaire du courrier de Lyon », afin de reprendre ses documents. Un de ses amis, Lesurques, ancien soldat devenu rentier, l'accompagne. Les deux hommes sont pères de famille et décrits comme d'honnêtes gens. Ils attendent dans l'antichambre du cabinet du juge Daubenton, en charge de l'affaire. Dans la même pièce, deux servantes de l'auberge de Montgeron attendent également leur audition par le juge afin d'apporter leur témoignage. Pétrifiées, les deux femmes affirment devant le juge que les deux hommes aperçus dans l'antichambre se trouvaient également dans l'auberge la veille de l'attaque. Lesurques et Guénot sont arrêtés. Le premier est confronté aux autres inculpés. Il reconnaît Couriol, qu'il a rencontré fortuitement lors d'un dîner chez un ami, mais déclare être totalement étranger à l'attaque de la malle-poste.

Le procès des six accusés s'ouvre au mois d'août 1796. La plupart des témoins oculaires sont formels, Lesurques était bien à l'auberge de Montgeron la veille de l'attaque, avec les autres brigands. Il tente vainement de soutenir qu'il se trouvait chez un bijoutier au moment des faits. Pas de chance, son alibi n'a pas pu être confirmé. Il est condamné à la peine de mort, tout comme Couriol et Bernard. Le quatrième compère de Couriol, Richard, écope de vingt-quatre ans de fers. Quant à Guénot et Bruer, ils sont acquittés.

Le 30 octobre 1796, sur le chemin de l'échafaud, Couriol ne cesse de crier l'innocence de Lesurques et de Bernard. Bernard n'aurait fait que prêter des chevaux, et Lesurques n'aurait jamais pris part à l'attaque. Mieux (ou pire encore !), Couriol dénonce un autre complice, un certain Duboscq. Malgré ces déclarations, les trois condamnés sont exécutés.

L'affaire est pourtant loin d'être close, puisque Duboscq est arrêté à son tour. Au cours de son procès, le juge Daubenton suggère que Duboscq soit coiffé d'une perruque blonde. En effet, Lesurques était blond. Si Duboscq, brun, s'était coiffé d'une perruque blonde, il aurait pu être confondu avec Lesurques. Les mêmes témoins qui ont accusé Lesurques sont à nouveau convoqués au procès de Duboscq. La ressemblance est frappante entre les deux hommes. Duboscq est condamné à la peine de mort, tout comme son sosie quelques mois plus tôt, pour complicité de meurtre dans l'attaque de la malle-poste. Pour autant, Lesurques ne sera pas réhabilité malgré plus d'une dizaine de requêtes en révision.

L'affaire Dreyfus (1894-1906)

Une des plus célèbres erreurs judiciaires de l'histoire de France reste bien évidemment celle qui a brisé la vie du capitaine Dreyfus. Affaire militaire au départ, le procès de Dreyfus est médiatisé par des personnalités et des hommes politiques, de sorte que la France entière est finalement divisée entre les « dreyfusards » et les « antidreyfusards » pendant une douzaine d'années !

Octobre 1894 : une femme de ménage de l'ambassade d'Allemagne – et agent de renseignements des services secrets français ! – découvre, dans une poubelle, un bordereau compromettant sur lequel figurent des renseignements relatifs au canon de 120, arme utilisée par l'armée française. Il y aurait donc un traître au sein de l'état-major français qui renseignerait les Allemands… L'information est rapportée au ministère de la Guerre. Après une rapide « instruction », l'écriture figurant sur le bordereau litigieux est attribuée à un jeune capitaine de l'armée française, Alfred Dreyfus, qui achève un stage à l'état-major général. Il est ainsi accusé, par le commandant Armand du Paty de Clam, d'espionnage pour le compte d'une puissance ennemie, est immédiatement arrêté, le 15 octobre 1894, et écroué à la prison du Cherche-Midi, puis à celle de la Santé.

Convaincus par le général Mercier, ministre de la Guerre, les membres du gouvernement poursuivent le capitaine Dreyfus devant le Conseil de guerre, sorte de tribunal militaire, à Paris. Le procès a lieu du 19 au 22 décembre 1894. Un dossier d'instruction secret accablant l'accusé est transmis aux jurés militaires, mais ni à l'accusé ni à ses avocats. La défense n'a donc pas accès aux éléments qui pèsent sur l'officier…

Dreyfus est reconnu coupable de haute trahison et condamné à la déportation perpétuelle dans l'enceinte fortifiée de l'île du Diable, au large de la Guyane, où il reste plus de quatre ans. Non seulement le capitaine Dreyfus est condamné, mais il est aussi dégradé par l'armée française, qui, pour l'occasion, organise même une cérémonie à l'École militaire, le 5 janvier 1895.

Ne se résignant pas à la culpabilité de Dreyfus, ses proches recherchent des éléments de preuve afin de l'innocenter. Un certain lieutenant-colonel Picquart, chef du service des renseignements de l'armée, découvre, en 1896, que l'écriture sur le fameux bordereau n'est pas celle de Dreyfus, comme un expert l'avait affirmé lors du procès, mais celle d'un autre officier, le commandant Esterhazy, dont les états de service paraissent un peu troubles.

L'affaire Dreyfus est à ce moment relayée par la presse. Zola s'empare de la nouvelle et défend l'innocence de Dreyfus tout en dénonçant l'antisémitisme ambiant dans le quotidien *Le Figaro*, non sans provoquer de vives réactions de la part des lecteurs.

En janvier 1898, l'armée française fait comparaître le commandant Esterhazy, qui, après un procès éclair, est acquitté. Zola s'enflamme et publie son célèbre article intitulé « J'accuse » dans les colonnes du journal *L'Aurore* (dirigé alors par Clemenceau), dénonçant la responsabilité de toutes les autorités de la République. Au passage, Zola est également poursuivi par la justice et condamné pour avoir tenu des propos diffamatoires. Quant au gênant lieutenant-colonel Picquart, il est éloigné en Tunisie.

L'affaire est donc close quand, six mois plus tard, en août 1898, le colonel Henry avoue avoir confectionné des faux documents pour les besoins de l'expertise graphologique. Les preuves accablantes contre Dreyfus seraient donc montées de toutes pièces. Une expertise établit la culpabilité d'Henry, aussitôt emprisonné au mont Valérien.

La France est totalement partagée sur la culpabilité de Dreyfus : d'un côté, les « intellectuels », prêts à mettre en doute l'honneur de l'institution militaire pour défendre l'innocence du capitaine ; de l'autre, ceux pour qui l'armée française est au-dessus de tout soupçon, sans compter les antisémites, tenant Dreyfus pour coupable.

Le 29 octobre 1898, quatre ans après l'arrestation de Dreyfus, s'ouvre son procès en révision devant la Cour de cassation. Plus de six mois plus tard, la haute juridiction renvoie l'affaire devant le conseil de guerre de Rennes. Durant un mois, les débats sont très vifs et l'atmosphère tendue. Peine perdue : le 9 septembre 1899, Dreyfus est à nouveau reconnu coupable ; mais des circonstances atténuantes lui sont accordées.

La décision provoque un tollé général : ni les partisans de Dreyfus ni ses opposants ne sont satisfaits. Dix jours plus tard, Dreyfus est gracié par le président de la République. Le débat faisant toujours rage au sein de la population française, le gouvernement en place en décembre 1903 saisit la Cour de cassation en révision du procès Dreyfus. L'enquête est reprise, les débats sont rouverts et, enfin, le 12 juillet 1906, le capitaine Dreyfus est déclaré innocent. Le 21 juillet 1906, Alfred Dreyfus est réintégré dans l'armée française, puis fait chevalier de la Légion d'honneur, plus de onze ans après avoir été dégradé…

L'affaire Seznec (1924)

Issue d'une longue lignée de Bretons, la famille Seznec tient une blanchisserie à Brest pendant la Première Guerre mondiale. L'affaire est prospère, surtout à partir de l'arrivée des soldats américains, débarqués au Havre en 1917, et qui règlent avec des dollars-or. Guillaume, le père de famille, décide, en 1923, de monter une scierie à Morlaix. Ambitieux, Guillaume Seznec profite aussi des marchandises apportées par les Américains : il leur achète des lots de couvertures afin de les revendre.

Pour cette aventure, il s'associe à Pierre Quemeneur, riche négociant en bois, rompu aux affaires et conseiller général du Finistère. Les associés s'enrichissent. Pierre Quemeneur propose alors à Guillaume Seznec de poursuivre ce marché, non pas avec des couvertures, mais avec des voitures américaines. L'idée est de racheter les stocks de véhicules laissés par l'armée américaine pour les revendre bien plus cher aux Russes. À cet effet, Pierre Quemeneur aurait proposé à Guillaume Seznec de l'accompagner à Paris pour conclure un accord avec un contact américain, un certain « Scherdy » ou « Gherdi ».

Le 24 mai 1923, Guillaume Seznec quitte Morlaix à bord d'une Cadillac, en direction de Rennes, pour aller chercher Pierre Quemeneur. Las, la belle américaine est en piteux état ! Entre plusieurs crevaisons et un joint de culasse capricieux, les deux hommes n'atteignent Dreux qu'en fin de journée. Pressé, Pierre Quemeneur décide alors de prendre seul le train pour atteindre Paris au plus tôt. Guillaume Seznec, de son côté, doute de pouvoir vendre l'automobile dans cet état et décide de rentrer à Morlaix pour la faire réparer.

Guillaume Seznec a donc laissé Pierre Quemeneur à la gare de Dreux… et Pierre Quemeneur ne réapparaîtra plus jamais. La disparition de Pierre Quemeneur fait, bien entendu, l'objet d'une enquête. Guillaume Seznec apparaît comme le coupable idéal, puisqu'il est le dernier à (reconnaître) l'avoir vu. De plus, l'inspecteur de police en charge de l'enquête, Pierre Bonny, trouve une machine à écrire de marque Royal 10 au domicile de Guillaume Seznec lors d'une perquisition. L'enquête démontre que cette machine a été utilisée pour rédiger une promesse de vente aux termes de laquelle Pierre Quemeneur se serait engagé à céder son domaine à Guillaume Seznec pour une somme modique. Selon la police, Guillaume Seznec aurait donc eu tout intérêt à tuer Pierre Quemeneur : le mobile est purement financier.

Guillaume Seznec est arrêté et jugé pour le meurtre de Pierre Quemeneur. Pour sa défense, il affirme que celui-ci avait un rendez-vous avec le fameux « Scherdy » à Paris. Toutefois, ce dernier reste introuvable et ne peut confirmer cette thèse. Le ministère public conclut donc à un mensonge échafaudé par Guillaume Seznec dans le but de maquiller son crime. Forte de ces circonstances, l'accusation arrive à convaincre la cour d'assises que Guillaume Seznec a tendu un piège à Pierre Quemeneur pour usurper ses biens.

À l'issue du procès, le 4 novembre 1924, Seznec est condamné aux travaux forcés à perpétuité. Il est envoyé au bagne de Guyane, sur l'île du Diable, là où le capitaine Dreyfus a été emprisonné vingt ans plus tôt. Il ne cesse de clamer son innocence et va même jusqu'à refuser une grâce présidentielle qui lui sera proposée en 1933, en soulignant : « Il n'y a que les coupables qui demandent pardon. »

Il finira par accepter une nouvelle grâce présidentielle en 1946. Guillaume Seznec revient alors en Bretagne, à l'issue de vingt années passées au bagne. Il décède en 1953 après avoir été renversé par une camionnette, des suites de ses blessures. La famille Seznec, convaincue de l'innocence de Guillaume, entame alors un long combat pour le réhabiliter. De nouveaux éléments viennent jeter le doute sur la culpabilité de Guillaume Seznec : d'abord, l'inspecteur Bonny, en charge de l'enquête, aurait reçu des ordres pour constituer certaines preuves. Puis, on apprend que le fameux « Scherdy », contact de Pierre Quemeneur dans l'affaire des voitures américaines, aurait été lié à l'inspecteur Bonny. Pour certains, « Scherdy » aurait même pu être l'indic de Pierre Bonny. Des requêtes en révision du procès sont déposées par la famille Seznec.

Après un long processus judiciaire, la chambre criminelle de la Cour de cassation, réunie en Cour de révision, a rejeté, le 14 décembre 2006, la treizième requête en révision du procès qui avait condamné Guillaume Seznec. Quatre-vingt-deux ans après les faits, les magistrats ont considéré qu'aucun « fait nouveau » n'avait été rapporté de nature à faire naître un doute sur la culpabilité de Seznec. Aux yeux de la justice française, Guillaume Seznec reste donc coupable de meurtre sur la personne de Pierre Quemeneur. Son petit-fils, Denis Seznec, entend, quant à lui, poursuivre son combat pour réhabiliter la mémoire de son grand-père.

L'affaire Dominici (1954)

Quelle grande famille que les Dominici ! Il y a d'abord le patriarche, Gaston, âgé de 75 ans, qui dirige de main de fer la ferme familiale dans le village de Lurs, au cœur des Alpes-de-Haute-Provence. Sa femme, Marie, a donné naissance à neuf enfants, dont Clovis, l'aîné, et Gustave, le cadet, qui reprendra la gestion de la ferme. Le 5 août 1952, en pleine nuit, plusieurs coups de feu sont entendus près de Lurs. Gustave Dominici trouve les corps de trois touristes anglais, Jack Drummond, sa femme Ann et leur fille de dix ans, Elizabeth, morts à proximité de leur voiture, sur une route longeant la propriété des Dominici. Les Drummond étaient en vacances près de Villefranche-sur-Mer et s'étaient arrêtés pour dormir à la belle étoile sur le trajet.

Au cours de l'enquête, Gustave retrouve l'arme du crime dans la Durance. Il s'agit d'une carabine appartenant à son père, Gaston. Il accuse celui-ci d'avoir assassiné la famille Drummond. Interrogé à son tour, Gaston Dominici livre des aveux circonstanciés au bout d'un an d'enquête : il aurait eu une relation intime avec Mme Drummond. Ayant découvert la scène, M. Drummond aurait piqué une colère… très vite calmée par Gaston Dominici. Le vieillard avoue donc avoir tué les trois Britanniques. Mais cette thèse n'explique pas tout, selon les enquêteurs. Gaston Dominici ne simplifie pas la tâche des policiers, puisqu'il se rétracte et accuse à son tour son fils Gustave et l'un de ses petits-fils, Roger Perrin.

Le procès de Gaston Dominici, poursuivi pour meurtre, débute le 17 novembre 1954. L'affaire fait l'objet d'une médiatisation sans précédent. Hormis l'arme du crime, qui appartient à l'accusé, les preuves de culpabilité pesant sur Gaston Dominici sont plus que réfutables : les témoignages de la famille Dominici sont contradictoires et confus. Mais, en dépit de nombreuses invraisemblances, Gaston est déclaré coupable et condamné à mort.

C'est alors que le vieillard annonce froidement : « Je vais parler. » Une nouvelle enquête est diligentée mais se met à patiner. C'est alors que Gaston Dominici bénéficie d'une décision du président René Coty, en juillet 1957, qui commue la peine capitale prononcée en emprisonnement à perpétuité. Trois ans plus tard, le général de Gaulle libère définitivement Gaston Dominici en raison de son âge et de son état de santé.

L'affaire Roland Agret (1973)

En novembre 1970, Roland Agret a 28 ans. Amoureux des voitures, il trouve un emploi dans un garage dans le Gard. Mais il apprécie en outre particulièrement les femmes. Le 10 novembre, son patron et un ami sont retrouvés mort dans la garrigue toute proche du garage. Sachant qu'il a déjà été condamné pour falsification de chèques, les enquêteurs se concentrent sur Roland Agret, qui s'enfuit avec la femme du garagiste. Le mobile est tout trouvé ! Deux gaillards reconnaissent avoir commis le crime mais citent Roland Agret comme commanditaire. Celui-ci est alors poursuivi pour avoir fomenté le meurtre.

Au terme de son procès devant la cour d'assises de Nîmes, en février 1973, Agret est condamné à quinze ans de réclusion criminelle. Il clame partout son innocence. Incarcéré, il décide de mettre sa vie en péril en « prenant son corps en otage », selon ses propres termes : il avale notamment des fourchettes dans le réfectoire de l'institut pénitentiaire, ce qui lui vaut quatre opérations de l'estomac, tente de se pendre dans sa cellule et entame une grève de la faim qui durera un an et vingt-huit jours. *In extremis*, en 1977, il obtient la grâce présidentielle pour raisons médicales.

Libre, Roland Agret continue d'exiger la révision de son procès, allant jusqu'à se couper deux phalanges de doigt, qu'il adresse au garde des Sceaux. Provocation réussie, puisque sa requête est acceptée. Un nouveau procès s'ouvre, en 1984, devant la cour d'assises de Lyon. Son innocence est finalement reconnue en 1985. Roland Agret est alors acquitté et réhabilité. Il saisit la Commission d'indemnisation en raison des six années d'emprisonnement abusif : 38 000 euros lui sont accordés à titre de réparation, couvrant uniquement les dix-huit mois de détention provisoire. Déterminé à obtenir une réparation complète, il attire l'attention des pouvoirs publics en se tirant une balle dans le pied en guise d'ultime protestation. La justice finit par lui accorder une réparation complète.

Plus de trente ans après les faits, Roland Agret clôt définitivement cette affaire en brûlant publiquement son dossier pénal.

L'affaire Patrick Dils (1986-2002)

Le soir du 28 septembre 1986, à Montigny-lès-Metz, les corps de deux jeunes garçons, âgés de huit ans, sont découverts le long d'une voie de garage désaffectée de la SNCF. Selon les experts, ils seraient décédés des suites de coups de pierre portés sur leurs visages. Apparemment, ils sont venus à vélo pour jouer le long de la voie ferrée. L'enquête révèle la présence sur les lieux à l'heure du crime de Patrick Dils, apprenti pâtissier de 16 ans, résidant non loin de là, et venu fouiller une poubelle située près de la ligne de chemin de fer à la recherche d'enveloppes pour étoffer sa collection de timbres…

Perturbé, fragile et immature, l'adolescent avoue, avec un luxe de détails, le meurtre des deux enfants lors d'un interrogatoire. Malgré ses rétractations et l'absence de preuves matérielles retenues contre lui, Patrick Dils est poursuivi, en avril 1987, pour homicides volontaires, et est incarcéré. Deux ans plus tard, il est condamné à la réclusion criminelle, à l'issue d'un procès devant la cour d'assises des mineurs de Moselle. Ses avocats s'acharnent et sollicitent une grâce présidentielle ; elle est refusée. Une requête en révision du procès est déposée en 1990 ; elle est refusée également, faute de nouveaux éléments.

En 1999, alors que Patrick Dils est toujours emprisonné, l'un de ses avocats apprend la présence au moment des faits de Francis Heaulme, tueur en série, à proximité du lieu du crime. En effet, Francis Heaulme était, à cette époque, employé dans l'entreprise située à côté de l'ancienne voie de chemin de fer. Une nouvelle demande de révision est formée.

En juin 2001, à Reims, un nouveau procès de Patrick Dils s'ouvre. Pas de chance : malgré des failles dans le déroulement de l'enquête et la présence de Francis Heaulme à Montigny au moment du crime, Patrick Dils, âgé d'une trentaine d'années, est encore condamné, mais moins lourdement – il écope seulement de vingt-deux ans d'emprisonnement. Patrick Dils interjette appel.

Son troisième procès a lieu en avril 2002. Coup de théâtre : deux pêcheurs témoignent enfin. Ils affirment avoir trouvé, le jour du crime et non loin de la voie ferrée, Francis Heaulme totalement ivre et le corps recouvert de sang. Ce témoignage signe l'acquittement de Patrick Dils après quinze années d'emprisonnement. Quant à Francis Heaulme, il est poursuivi, à son tour, pour homicides volontaires sur les deux jeunes garçons avant de bénéficier d'un non-lieu.

L'affaire Omar Raddad (1991-2002)

Ghislaine Marchal, veuve fortunée âgée de 65 ans, est retrouvée, le 23 juin 1991, dans la cave de sa villa à Mougins, décédée suite à plusieurs coups de couteau. Près du corps, deux inscriptions sont tracées avec du sang, chacune sur une porte : « Omar m'a tuer », « Omar m'a t ». Ce fameux Omar n'est autre que le jardinier de la victime, âgé de 28 ans. Quatre jours après la découverte du corps, Omar Raddad est inculpé d'homicide volontaire et écroué à Grasse.

Selon les experts en graphologie, les inscriptions seraient de la main de la victime, utilisant son propre sang. Et la faute d'orthographe ? Pour certains, Ghislaine Marchal n'aurait jamais commis une telle faute. Pour d'autres, Ghislaine Marchal se serait aperçue de son erreur et aurait tenté d'écrire à nouveau la phrase, sans avoir cependant la force de la terminer. Les témoignages des graphologues suffisent à convaincre les jurés de la culpabilité d'Omar Raddad lors de son procès devant la cour d'assises de Nice, le 2 février 1994. Il est ainsi condamné à dix-huit ans de réclusion criminelle.

L'affaire soulève cependant de nombreuses interrogations, donnant lieu à une forte mobilisation médiatique. La fiabilité des expertises graphologiques est en particulier mise en cause. On dénonce une « justice à deux vitesses » accusant un coupable « sur mesure », une enquête bâclée et un procès hâtif. C'est ainsi qu'un mouvement d'opinion soutient le jardinier : des écrivains reconnus (Jean d'Ormesson, Jean-Marie Rouart ou Edmonde Charles-Roux) demandent au garde des Sceaux la révision du procès. Même le roi du Maroc intervient auprès du président de la République en faveur d'Omar Raddad. Jacques Chirac accorde à ce dernier une grâce présidentielle partielle, le 23 mai 1996, réduisant sa peine d'emprisonnement de quatre ans et huit mois. Puis, Omar Raddad bénéficie d'une libération conditionnelle et sort de prison en septembre 1998, après sept ans d'incarcération. Il reste pourtant toujours coupable aux yeux de la justice.

Omar Raddad n'a de cesse de crier à l'erreur judiciaire. Une requête en révision du procès est déposée en janvier 1999. De nouvelles investigations sont ordonnées par les magistrats ; en particulier, une autre expertise graphologique. Les experts confirment que le sang utilisé est bien celui de la victime. En revanche, ils affirment ne pas pouvoir certifier que Ghislaine Marchal est l'auteur des inscriptions. Autre élément d'importance : deux ADN masculins sont relevés sur le mur… n'appartenant pas à Omar Raddad. Ces éléments inédits ne suffisent cependant pas aux magistrats de la Cour de révision pour faire naître un doute sur la culpabilité d'Omar Raddad dans le meurtre de Ghislaine Marchal. Le 20 novembre 2002, le verdict condamnant le jardinier est confirmé.

L'affaire Rida Daalouche (1991-1998)

L'amnésie peut parfois jouer des tours. Elle en a joué un sévère à Rida Daalouche : consommateur de produits stupéfiants, il n'était pas en mesure d'affirmer avec certitude où il se trouvait le soir d'un meurtre commis à Marseille.

En mai 1991, un homme est retrouvé égorgé à coups de tesson de bouteille, en bas de la Canebière. Les enquêteurs apprennent qu'une bagarre a éclaté dans un bar, à quelques pas de là, sans doute à propos d'une femme. Au bout de cinq mois d'enquête, Rida Daalouche est accusé par un proche de la victime : la rixe aurait eu lieu entre l'homme égorgé et Rida Daalouche à propos de vente de drogue. Sous l'emprise de stupéfiants pendant les interrogatoires, Rida Daalouche se retranche derrière un faux alibi : selon lui, le soir du meurtre, il accompagnait un de ses amis à Perpignan. Après vérification, rien ne confirme cette thèse. Quant à ses parents, ils annoncent aux enquêteurs avoir passé la soirée chez eux, à Marseille, avec leur fils, en regardant un match de football à la télévision. Face à de telles incohérences, Rida Daalouche est incarcéré dès le mois de novembre 1991.

Le jour du procès devant la cour d'assises des Bouches-du-Rhône, on ne sait toujours pas où se trouvait réellement Rida Daalouche le soir du crime, puisque plusieurs versions contradictoires sont avancées. Il est condamné, le 12 avril 1994, à quatorze ans de réclusion criminelle.

Rida Daalouche clame son innocence mais n'a toujours aucun souvenir du lieu où il se trouvait au moment du crime. Un an plus tard, l'une de ses sœurs, par acquit de conscience, se rend au domicile de son frère à la recherche d'indices. Bonne pioche ! Parmi un monceau de paperasse, elle tombe sur un certificat médical mentionnant l'hospitalisation de son frère pour une cure de désintoxication quelques heures avant l'heure du meurtre. L'avocat du condamné s'empare de la pièce à conviction et l'adresse immédiatement au procureur de la République. Des enquêteurs procèdent aux vérifications d'usage auprès du centre hospitalier… qui confirme la date du séjour de Rida Daalouche.

Fort de ce nouvel élément, le processus de révision est déclenché. À l'issue d'un second procès, Rida Daalouche prouve enfin qu'il ne pouvait pas se trouver sur les lieux du crime. Le 8 mai 1999, sa condamnation est annulée.

L'affaire d'Outreau (2004-2005)

« Horreur judiciaire » est l'expression qui revient le plus souvent quand il est question de ce dossier. Le procès d'Outreau est, au départ, une affaire malheureusement classique d'abus sexuels sur mineurs, transformée au fil de l'instruction en une véritable machine à persécuter des innocents.

En février 2001, les services sociaux déposent une plainte visant un couple de parents, Thierry Delay et Myriam Badaoui, relative à leurs enfants ; la famille vit à Outreau (Pas-de-Calais), dans un quartier populaire . La machine judiciaire est lancée : une instruction débute pour viols, agressions sexuelles, corruption de mineurs et proxénétisme. Elle est confiée au juge d'instruction Fabrice Burgaud. Le couple suspect est alors mis en examen et écroué. Cette sordide affaire d'inceste intrafamilial se transforme peu à peu en une terrifiante enquête sur un prétendu réseau pédophile. Des témoignages d'enfants sont recueillis, incriminant des habitants de la cité. Puis, Myriam Badaoui fait à son tour des déclarations inquiétantes, dénonçant d'autres participants. Au total, 17 personnes, dont 14 clament leur innocence, sont mises en cause. Parmi elles figurent un huissier ou encore un prêtre-ouvrier.

L'instruction ne se déroule pas sans encombre. Certains soulignent des incohérences, notamment dans l'attitude des enfants, incapables d'identifier sur une photographie une personne qu'ils avaient précédemment accusée nommément… La difficulté porte aussi sur la crédibilité des témoignages des mineurs. Par exemple, une petite fille prétend avoir été violée, et pourtant, à l'issue d'une expertise, elle est déclarée vierge. Durant l'instruction, nombre de mis en examen et détenus provisoirement vivent très péniblement cette épreuve. Un des mis en cause décède en cellule d'une « surdose médicamenteuse ».

En mai 2004 s'ouvre le procès, avec l'espoir que la lumière soit faite sur cette affaire. Les audiences commencent donc : Thierry Delay, Myriam Badaoui ainsi qu'un autre couple passent aux aveux. Les 13 autres accusés nient fermement tout acte répréhensible. Pourtant, les enfants victimes affirment tous avoir été abusés par les 17 accusés. Le verdict est rendu : des peines de réclusion criminelle sont prononcées à l'encontre de Thierry Delay, de Myriam Badaoui et de l'autre couple reconnaissant les faits, allant de quatre à dix-huit ans d'emprisonnement. Sur les 13 autres personnes clamant leur innocence, 7 sont acquittées et 6 déclarées coupables, écopant de peines d'emprisonnement allant de dix-huit mois à six ans.

Les preuves de la culpabilité de ces six personnes condamnées sont toujours aussi douteuses. Aux termes de leurs déclarations, les enfants victimes accusaient tout le monde. Or, des incohérences majeures ont pu être décelées dans ces témoignages. De même, ces six personnes ont été, au départ, mises en cause par Myriam Delay, elle-même coupable des faits les plus graves.

La population française tente de comprendre cette affaire. Plusieurs analyses sont échafaudées : manipulations de la part des accusateurs ? Experts trompés par des paroles d'enfants ? Instruction peu sérieuse ?

Les six accusés d'Outreau clamant toujours leur innocence interjettent appel de la décision de la cour d'assises de Saint-Omer. La principale accusatrice, Myriam Badaoui, et plusieurs enfants reconnaissent avoir menti. Après plusieurs semaines de procès devant la cour d'appel de Paris, en décembre 2005, les six accusés sont acquittés. Ainsi, sur 17 personnes mises en cause, 4 ont été lourdement condamnées et 13 autres acquittées, dont certaines au printemps 2004 et d'autres seulement en décembre 2005. Les 13 acquittés ont obtenu une indemnisation de l'État pour détention injustifiée.

« Naufrage judiciaire » pour certains, ou encore « Tchernobyl judiciaire » pour d'autres, cette affaire a déclenché une vive polémique au sein de la justice française. Le gouvernement décide alors de créer une commission d'enquête à la suite du verdict d'appel, afin d'apporter des éclaircissements sur le déroulement de cette instruction calamiteuse. C'est ainsi que des parlementaires, représentants du peuple français, entendent les principaux acteurs de cette affaire, magistrats, experts et ceux que l'on a nommés « les acquittés d'Outreau » de façon à pallier, à l'avenir, les dysfonctionnements de la justice.

Chapitre 21

Dix œuvres ayant la justice pour cadre

Dans ce chapitre :

- Des films cultes
- Une histoire kafkaïenne
- Des grands témoins

La justice est un lieu clos ; comme la prison. Les cours sont des endroits où les caméras ne pénètrent pas, où les micros sont bannis : ils captent au mieux les discours sur les marches du palais et les bruits de couloir. L'audience, elle, est ouverte aux écrivains, aux chroniqueurs, à la reconstitution… La justice est un théâtre qui ne joue que des pièces à se faire peur. De grands romanciers, de formidables cinéastes se sont emparés de cet univers. Révisons donc en se détendant…

Fedor Dostoïevski : Crime et châtiment (1866)

C'est en 1866 que Dostoïevski publie *Crime et châtiment*. Le roman met en scène un étudiant pauvre, Rodion Romanovitch Raskolnikov. Il vit seul dans un quartier lugubre de Saint-Pétersbourg. Alors qu'il est contraint de vendre la montre de son père, il songe à tuer l'usurière. Raskolnikov se demande si le meurtre est moralement acceptable quand la condition humaine en sort améliorée. Son plan se donne la justification d'établir une justice en faveur des hommes, notamment des plus démunis d'entre eux.

Mais les choses ne se déroulent pas comme prévu ; et il en arrive à tuer deux personnes (l'usurière et sa sœur). Il prend alors conscience qu'il ne peut recevoir de pardon, qu'il est abaissé dans son humanité sans être pour autant à l'abri du besoin. Malade, fiévreux, à demi fou, il s'imagine que chacun le soupçonne. Il sera enfin purifié en se rendant et en avouant, puis en admettant sa condamnation, qui le conduit à la déportation en Sibérie. Car la souffrance et le tourment sont les vraies peines de Raskolnikov.

Le roman de Dostoïevski est considéré comme une de ses œuvres les plus métaphysiques, les plus religieuses.

André Gide : Souvenirs de la cour d'assises (1914)

À sa grande joie, André Gide est désigné comme juré pour une session de la cour d'assises de Rouen, qui siège du 13 au 25 mai 1912. Il note, le 4 juin suivant, dans son journal : « Profit très espéré, mais dépassant toute espérance. » Il assiste à des affaires de vol, de meurtre, d'attentat à la pudeur…

Son récit en forme de témoignage est publié en janvier 1914. Les dysfonctionnements de la justice, en l'occurrence provinciale, sont décrits avec acuité : il relate les préjugés des magistrats professionnels, la docilité des autres jurés, l'opacité du langage utilisé par les juges…

Gide perçoit en outre la mince frontière qui sépare les citoyens honnêtes de leurs homologues jugés par une institution si humaine, et donc si imparfaite.

Franz Kafka : Le Procès (1925)

Le Procès est paru en allemand en 1925, l'année qui a suivi la mort de son auteur, l'écrivain pragois Franz Kafka. Une courte partie du texte a été publiée du vivant du romancier. Max Brod, l'ami par qui les manuscrits de Kafka ont été sauvés, a organisé les chapitres et laissé de côté ceux qui étaient inachevés.

Le héros, Joseph K., un cadre de banque, fait l'objet d'une arrestation puis d'un procès, sans que les raisons en soient très claires. Il se proclame innocent, sans toutefois comprendre les accusations portées contre lui. Il est d'ailleurs initialement convoqué au tribunal sans connaître ni le lieu précis ni l'heure. Son retard lui est cependant reproché par le juge, qui préside à un rassemblement de vieillards.

Joseph K. essaie en vain de rencontrer le magistrat instructeur qui traite son dossier. Il découvre que le procès change de salle d'audience en permanence, car le palais de justice est partiellement loué à des particuliers, les livres que possède le juge sont pornographiques, et autres situations délirantes. Le personnage principal se heurte à un étudiant en droit, est aidé par un avocat déniché par son oncle, fait la connaissance du peintre officiel du tribunal…

Le Procès a été perçu comme une charge à l'encontre de la bureaucratie, l'opacité de la loi ou encore la vacuité de l'humanité. Il reste, avec *Le Château*, un grand roman de l'absurde.

LE SAVIEZ-VOUS ?

Le réalisateur Orson Welles a adapté Le Procès en 1962, avec entre autres à l'affiche Anthony Perkins, Romy Schneider et Jeanne Moreau.

François Mauriac, L'Affaire Favre-Bulle (1931)

François Mauriac a déjà, en 1927, avec *Thérèse Desqueyroux*, proposé à ses lecteurs un personnage de femme aux prises avec la justice. Thérèse est coupable, comme chacun (mari, père et avocat) le sait, mais elle sort du palais de justice grâce à une ordonnance de non-lieu.

En 1931, Mauriac suit le procès dune femme accusée d'avoir tué son mari afin de s'enfuir avec un de ses amants. Dans *L'Affaire Favre-Bulle*, l'écrivain se pose en défenseur de cette femme. Il fustige d'ailleurs Maurice Garçon, un célèbre avocat, défenseur de la partie civile.

François Mauriac a toujours été passionné par la justice. Son œuvre est empreinte de sa croyance en la présomption d'innocence et en une justice charitable. Dans *L'Affaire Favre-Bulle*, le futur prix Nobel de littérature écrit : « Ce qu'il y a de plus horrible au monde, c'est la justice séparée de la charité. »

Sidney Lumet : Douze hommes en colère (1957)

Douze hommes en colère, tourné par Sidney Lumet, est un film américain sorti en 1957.

Un homme est accusé de parricide. Et, comme c'est le cas dans la procédure américaine, un jury de douze hommes va devoir délibérer sans magistrat professionnel à ses côtés. La peine de mort serait la conséquence d'un verdict de culpabilité.

Le film prend pour seul cadre le palais de justice et, en particulier, le combat du personnage incarné par Henry Fonda, qui est le seul des douze jurés à douter de la culpabilité. Il va s'employer à faire changer d'avis un à un les autres membres du jury en mettant au jour leurs préjugés.

Truman Capote : De sang froid (1966)

Truman Capote est déjà célèbre grâce à *Petit déjeuner chez Tiffany*, sorti en 1958. Il vit à New York, quand il décide de s'intéresser à un fait divers édifiant : au cœur du Kansas, en 1959, à Holcomb, deux jeunes malfrats ont tué toute une famille de fermiers.

Grâce au *New Yorker*, il s'installe à Holcomb pour enquêter et rédiger un récit saisissant de l'affaire. Aidé de son amie, la romancière Harper Lee, il se lie avec un des deux détenus ainsi qu'avec le shérif local. Perry Smith et Dick Hickock lui livrent les détails de leur carnage. Il assiste au procès, dont l'issue semble inéluctable. Capote écrira, en 1965, à Cecil Beaton : « Perry et Dick ont été pendus mardi dernier. J'étais là parce qu'ils me l'avaient demandé. Ce fut une épreuve atroce. Dont je ne me remettrai jamais complètement. Je vous en parlerai un jour, si vous pouvez le supporter. »

De sang froid est publié en 1966, après avoir été livré en épisodes dans le *New Yorker*. L'écrivain s'est longuement penché sur la petite ville où s'est déroulé le drame, sur la psychologie des meurtriers, en particulier celle de Perry Smith. Le succès de ce récit, modèle du genre, a suscité notamment trois adaptations à l'écran, l'une de Richard Brooks, dès 1967, puis, en 2006, deux autres films, qui mettent tous deux en scène l'écrivain en pleine enquête : *Truman Capote*, de Bennett Miller, et *Scandaleusement célèbre*, de Douglas McGrath.

Costa-Gavras : L'Aveu (1970)

L'Aveu est un film français de Costa-Gavras, réalisé en 1970, et adapté du livre du même nom d'Artur London. Celui-ci est l'ancien vice-ministre des Affaires étrangères de Tchécoslovaquie. Il est l'un des trois rescapés des procès de Prague de 1952.

Costa-Gavras dirige Yves Montand et Simone Signoret, à partir d'un scénario signé Jorge Semprun.

Un homme politique d'envergure est accusé, à Prague, en 1951, d'espionnage au profit des États-Unis. Il est torturé et avoue des crimes dont il n'est en rien responsable. Il apprend ses aveux par cœur et les délivre en pleine audience.

Dix-neuf ans plus tard, dans *Music Box*, Costa-Gavras met en scène une avocate de grand talent qui défend son père, poursuivi pour crimes de guerre. Il aurait été un bourreau nazi, en Hongrie, pays qu'il aurait fui à la fin de la Seconde Guerre mondiale.

Michel Foucault : Surveiller et punir (1975)

Surveiller et punir (sous-titré *Naissance de la prison*) est un essai de 1975 signé Michel Foucault. Michel Foucault est alors professeur au Collège de France depuis cinq ans. Le grand penseur se penche sur l'univers de la prison. Il a déjà fondé, en 1971, avec Jean-Marie Domenach et Pierre Vidal-Naquet, le Groupe d'information sur les prisons (GIP). En 1973, il a préfacé *De la prison à la révolte*, de Serge Livrozet, et publié la même année *Moi, Pierre Rivière, ayant égorgé ma mère, ma sœur et mon frère*.

Surveiller et punir dissèque la mise sur pied de la prison moderne, qui débute avec la fin des exécutions publiques. La création de prisons « panoptiques » (permettant de tout observer d'un seul poste, lui-même quasi invisible), la comptabilisation carcérale (autant de cellules opaques, supposées empêcher le trafic entre détenus) en sont d'autres éléments clés.

Robert Benton : Kramer contre Kramer (1979)

À partir du roman d'Avery Corman, le cinéaste américain Robert Benton réalise, en 1979, un film à grand succès : le divorce du couple formé par Dustin Hoffman et Meryl Streep attire des dizaines de millions de spectateurs à travers le monde.

Alors qu'il rentre chez lui avec une bonne nouvelle, Ted Kramer – que sa réussite professionnelle amène à négliger l'attention qu'il devrait porter aux siens – découvre que son épouse le quitte. La garde de leur fils de sept ans lui revient. Il doit alors assumer son rôle de père. Puis, Joanna, partie un temps en Californie, décide de revenir dans la vie de son fils et d'entamer une procédure dévastatrice…

Le film tend aux sociétés occidentales un véritable miroir, tout en utilisant avec maestria la tension inhérente à un procès dont l'enjeu est la garde d'un enfant.

Steven Soderbergh : Erin Brockovich, seule contre tous (2000)

Le film *Erin Brockovich, seule contre tous* est signé Steven Soderbergh. Il est directement inspiré de la vie d'Erin Brockovich, une mère de trois enfants, seule et au chômage, engagée dans un cabinet d'avocat. Elle découvre que la Pacific Gas and Electric Company a racheté toutes les habitations d'une petite localité dont les résidents sont atteints notamment de cancers. Ceux-ci sont en réalité dus à l'eau du robinet distribuée dans la localité, qui contient du chrome provenant d'une usine de refroidissement. Elle réussit à décider le cabinet de défendre la population en portant l'affaire en justice.

Julia Roberts doit à ce rôle l'Oscar 2001 de la meilleure actrice.

Sixième partie

Annexes

Dans cette partie…

Comme tout livre de référence, ce livre contient des annexes. Vous trouverez ici un lexique des termes juridiques utilisés, ainsi qu'une liste des sites et blogs en rapport avec le monde de la justice.

Annexe A

Glossaire

Abus de biens sociaux

Il s'agit d'un délit qui consiste à faire un usage des biens d'une société à des fins personnelles, et donc contraires à l'intérêt de la société.

Acquittement

Décision de non-condamnation, de la part d'une cour d'assises.

Affectio societatis

C'est l'« intention de s'associer », qui n'est pas formellement exigée par la loi dans la création d'une société, mais qui constitue pourtant une condition essentielle du contrat de société.

Aide juridictionnelle

Aide apportée par l'État aux personnes démunies ne pouvant assumer les frais d'un avocat pour se défendre en justice. L'avocat est payé de manière forfaitaire, et généralement assez réduite, par l'État et non par son client.

Amende forfaitaire

Somme d'argent payée directement par l'automobiliste à la suite du procès-verbal de l'officier de police, sans contestation de l'infraction ni passage devant un tribunal.

Audition

Dans le cadre d'une procédure pénale, rendez-vous organisé par le juge d'instruction destiné à recueillir verbalement les observations et explications de personnes susceptibles de participer à la manifestation de la vérité (victimes, experts, témoins, mis en examen…).

Autorités administratives indépendantes (AAI)

Institutions étatiques chargées de contrôler le respect des lois dans un secteur d'activité. Elles sont dotées de pouvoirs de consultation et parfois de sanction.

Avocat commis d'office

Avocat désigné d'office par l'État pour représenter une personne démunie ou une personne n'ayant pas choisi d'avocat. L'avocat commis d'office est payé de manière forfaitaire par l'État.

Bloc de constitutionnalité

Ensemble des textes à valeur constitutionnelle : la Constitution de 1958, le préambule de la Constitution de 1946 (IVe République) et la Déclaration des droits de l'homme et du citoyen de 1789.

Classification tripartite des infractions

Classement des infractions en trois catégories en fonction de leur gravité (les contraventions, les délits, les crimes, du moins au plus grave).

Clause léonine (ou « pacte léonin »)

Se dit d'une clause ou d'un contrat dans son ensemble qui est tellement déséquilibré(e) que cela entraîne sa nullité (par exemple, un accord selon lequel une personne travaille mais une autre perçoit le salaire).

Code civil

Recueil de textes ayant vocation à régir l'ensemble des matières du droit civil, c'est-à-dire concernant les personnes (nationalité, mariages, divorces, filiation) et la propriété (successions, obligations, hypothèques, donations, prêts, ventes, etc.).

Commissaire du gouvernement

Magistrat indépendant présent dans les procès administratifs aux côtés des trois magistrats chargés de juger le litige. Sa fonction se limite à exposer clairement l'affaire et à donner son opinion aux juges et aux parties.

Commissaire-priseur

Officier ministériel chargé d'estimer et de vendre des biens mobiliers aux enchères publiques.

Commission nationale d'accès aux documents administratifs (Cada)

Autorité administrative indépendante en charge du contrôle du libre accès donné par les administrations à leurs dossiers.

Commission nationale d'indemnisation des victimes d'infractions pénales (Civi)

Institution étatique indemnisant financièrement les victimes d'actes délictueux ou criminels commis par des personnes que l'on ne retrouve pas ou qui sont insolvables.

Commission nationale informatique et libertés (Cnil)

Autorité administrative indépendante chargée de contrôler les fichiers de données personnelles.

Commission rogatoire

Ordre par lequel un juge d'instruction délègue à un officier de police le soin de procéder en son nom et pour son compte à la recherche de preuves.

Composition échevinale

Composition d'un tribunal avec des juges professionnels et des juges non professionnels (en cour d'assises).

Conciliateurs de justice

Auxiliaires bénévoles de la justice saisis de manière volontaire par deux parties afin que leur soit proposé un terrain d'entente.

Confrontation

Réunion organisée par le juge d'instruction, destinée, pendant l'enquête, à mettre en présence une personne soupçonnée ou mise en examen avec les témoins ou victimes.

Conseil de discipline

Tribunal instauré au sein d'une communauté (corps de métier, école, prison) pour juger les infractions à la discipline commises par ses membres.

Conseil de prud'hommes

Tribunal jugeant les procès entre salariés et employeurs.

Conseil d'État

Plus haute cour de justice de l'ordre administratif. Dernière voie de recours à l'encontre des décisions des autorités administratives indépendantes des tribunaux et cours d'appel administratifs, il dispose également d'un avis consultatif.

Conseil supérieur de la magistrature

Organe constitutionnel présidé par le président de la République, et composé de 16 membres. Il est chargé notamment de la nomination des magistrats et de leur discipline.

Conseil supérieur de l'audiovisuel (CSA)

Autorité administrative indépendante chargée de contrôler le respect de la réglementation en matière de télévision et de cinéma.

Cour d'appel

Juridiction de second degré, chargée de rejuger les affaires tranchées par un premier juge.

Cour d'assises

Juridiction chargée de juger les crimes.

Cour de cassation

Plus haute cour de justice de l'ordre judiciaire. Dernière voie de recours en France à l'encontre des décisions des tribunaux et cours d'appel judiciaires.

Cour de justice de la République

Seul tribunal habilité à juger les membres du gouvernement pour des actes répréhensibles commis dans le cadre de leurs fonctions.

Cour de justice de l'Union européenne (CJUE)

Juridiction créée par l'Union européenne pour contrôler la bonne application des règles communautaires par les États membres.

Cour des comptes

Juridiction en charge de la surveillance des comptes de l'État et des collectivités territoriales.

Cour européenne des droits de l'homme (CEDH)

Juridiction créée par le Conseil de l'Europe pour défendre les libertés fondamentales des citoyens et sanctionner les États ne respectant pas ces libertés.

Cour internationale de justice

Juridiction créée par l'ONU pour juger les conflits (concurrence, respect des frontières…) entre États au niveau international.

Cour pénale internationale

Cour pénale créée par l'ONU siégeant de manière permanente afin de juger les crimes contre l'humanité, les crimes de guerre et les génocides commis par des particuliers, notamment des dirigeants et groupes politiques.

Déclinatoire de compétence

Hypothèse où l'État estime qu'une affaire ne relève pas de la compétence du juge judiciaire mais du juge administratif.

Décret pris en Conseil d'État

Décret pris par le gouvernement après avis obligatoire du Conseil d'État, concernant généralement des questions importantes, comme la santé ou la sécurité.

Défendeurs

Personnes attaquées en justice.

Demandeurs

Personnes saisissant la justice afin d'obtenir gain de cause.

Diffamation

Atteinte à la réputation d'une personne.

Doctrine

Opinion exprimée par les théoriciens du droit sur une question juridique.

Double degré de juridiction

Principe de justice imposant que chaque justiciable puisse disposer d'une voie de recours contre une décision prononcée à son encontre. Ce principe n'est pas toujours respecté pour les affaires aux enjeux financiers très mineurs.

Droit civil

Ensemble de lois régissant les rapports entre les particuliers dans leur vie familiale (filiation, mariages, divorces, successions), dans la gestion de leur patrimoine (droit des biens, conclusion de contrats…) et leur responsabilité en cas d'accident. Ce droit est compilé au sein du Code civil.

Droit d'auteur

Ensemble de règles destinées à protéger les auteurs d'œuvres des arts et lettres.

Droit de récusation

Droit de l'accusé et du ministère public d'éliminer un certain nombre de jurés d'un jury de cour d'assises ou de cour d'appel d'assises.

Droit moral

Prérogative de l'auteur d'une œuvre d'art permettant que son œuvre lui soit personnellement attribuée par la mention de son nom. Ce droit permet également à l'auteur, ou à ses héritiers, de s'opposer à toute modification, altération ou destruction de son œuvre.

Droit naturel

Cette notion regroupe les droits universels de l'être humain inhérents à sa nature humaine et donc indépendants de sa nationalité, de sa position sociale, etc.

Droit patrimonial

Prérogative de l'auteur d'une œuvre d'art selon laquelle celui-ci peut autoriser ou interdire l'utilisation de son œuvre. Ce droit comporte également la possibilité pour l'auteur de percevoir des rémunérations en contrepartie de l'exploitation de son œuvre.

Droit pénal

Il s'agit du droit qui a pour objectif de punir les comportements qui portent atteinte à la société, de l'excès de vitesse au meurtre en passant par le vol.

École nationale de la magistrature

Établissement public situé à Bordeaux chargé de la formation initiale des futurs magistrats et de la formation continue des magistrats en poste.

Élément moral d'une infraction

Aspect volontaire d'une infraction, intention de commettre le délit.

Fonds de garantie des assurances obligatoires (FGAO)

Fonds de solidarité étatique indemnisant les victimes d'accidents de la circulation lorsque le responsable n'est pas assuré ou a disparu.

Fonds de garantie des dépôts (FGD)

Fonds de solidarité étatique chargé d'indemniser les épargnants dont la banque a fait faillite.

Fonds de garantie des victimes d'actes terroristes et d'autres infractions (FGTI)

Fonds de garantie national indemnisant les victimes d'actes terroristes.

Habeas corpus

Règle de droit anglo-saxon visant à lutter contre les détentions arbitraires en garantissant à une personne arrêtée une présentation rapide devant un juge afin qu'il statue sur la légalité de son arrestation et, le cas échéant, qu'il le remette en liberté.

Haute Cour de justice

Seul tribunal habilité à juger le président de la République pour un acte répréhensible commis dans le cadre de ses fonctions.

Indivision

Situation juridique dans laquelle se trouvent plusieurs personnes copropriétaires d'un même bien ou d'un même droit.

Injure

Terme de mépris, invective ou insulte.

Journal officiel

Bulletin quotidien au sein duquel les lois et les décrets sont publiés.

Juge aux affaires familiales (JAF)

Remplace le juge aux affaires matrimoniales depuis 1993. Rattaché au tribunal de grande instance, il est compétent pour statuer sur les demandes de divorce, sur les modalités d'exercice de l'autorité parentale, sur la modification de la pension alimentaire, sur les modalités de la prestation compensatoire.

Juge de la mise en état

Magistrat chargé du suivi de l'instruction des contentieux civils devant le tribunal de grande instance.

Juge de l'application des peines (JAP)

Magistrat chargé du suivi des sentences pénales comportant des peines privatives ou restrictives de liberté. Il peut être fait appel de ses décisions.

Juge de l'exécution (JEX)

Magistrat statuant à juge unique devant le tribunal de grande instance pour connaître des problèmes d'exécution des jugements et autres actes exécutoires.

Juge départiteur

Professionnel, issu du tribunal d'instance, chargé de trancher les cas non résolus dans le cadre habituel des jugements en conseil de prud'hommes.

Juge de proximité

Juge non professionnel chargé de juger les affaires pénales à faible enjeu.

Juge des libertés et de la détention (JLD)

Issu de la loi du 15 juin 2000 (dite « loi Guigou »), ce juge doit statuer, pendant la phase d'instruction, sur le placement en détention provisoire d'une personne mise en examen, sur la prolongation de cette détention et sur les demandes de mise en liberté.

Juge d'instruction

Magistrat saisi par le parquet ou la partie civile afin d'instruire à charge et à décharge sur des faits délictueux ou criminels. Il dispose de larges pouvoirs : il peut demander à entendre les témoins, procéder à des perquisitions, mandater des experts, etc.

Juges consulaires

Nom donné aux juges siégeant au sein du tribunal de commerce. Il s'agit de juges non professionnels élus parmi les commerçants.

Juré

Personne désignée par tirage au sort à partir des listes électorales pour siéger dans les jurys de cour d'assises ou de cour d'appel d'assises.

Jurisprudence

Ensemble de décisions de justice rendues dans un domaine de droit. Plus la juridiction ayant rendu la décision est élevée, plus son influence sur la résolution de cas similaires est importante.

Jury populaire

Juges non professionnels choisis parmi les citoyens pour juger les crimes en cour d'assises.

Légalité des délits et des peines

Principe de justice dans toute démocratie imposant que nul ne puisse subir une peine non prévue dans une loi.

Mariage

Union de deux personnes célébrée par un officier d'état civil (maire ou adjoint au maire).

Ordre

Groupement professionnel chargé de contrôler le respect de la réglementation et de la déontologie propre à un corps de métier.

Ordre administratif

Ordre juridique chargé de résoudre les conflits entre un particulier et l'État.

Ordre judiciaire

Ordre juridique chargé de résoudre les conflits entre particuliers.

Ordre public

En droit, une règle d'ordre public est une règle à laquelle on ne peut pas se soustraire.

Pacte civil de solidarité (Pacs)

Contrat passé entre deux personnes visant à organiser leur vie commune et à prévoir une assistance en cas de détresse de l'un des partenaires.

Pouvoir exécutif

Pouvoir d'initier les lois en les proposant au Parlement et de décider de la politique d'un pays. Ce pouvoir appartient au président de la République et à son gouvernement.

Pouvoir législatif

Pouvoir de voter les lois. Ce pouvoir appartient au Parlement.

Principe de légalité

L'Administration n'a pas un pouvoir illimité. Elle doit agir en respectant la loi.

Propriété intellectuelle

Domaine du droit protégeant les créations de l'esprit (œuvres d'art, marques, brevets…).

Registre du commerce et des sociétés

Registre tenu au sein du tribunal de commerce mentionnant la liste de toutes les sociétés et archivant leurs comptes et procès-verbaux.

Relaxe

Décision de non-condamnation de la part d'un tribunal (de police ou correctionnel).

Requête

Acte de procédure par lequel un juge est saisi. La requête est examinée sans que la partie adverse soit présente, car il s'agit souvent de solliciter du juge qu'il ordonne à un établissement de communiquer des informations confidentielles ou de saisir des biens.

Respect du contradictoire

Principe de la justice imposant que chaque partie à un procès communique ses arguments et pièces à l'autre afin qu'il puisse y répondre.

Saisine

S'utilise dans le langage procédural pour définir l'action d'introduire une affaire devant un tribunal ou devant une institution étatique pour la faire juger.

Séparation des pouvoirs

Principe de justice mis en œuvre par les sociétés démocratiques impliquant une totale indépendance entre le gouvernement, le législateur et les juges.

Témoin

Personne qui pourra sous la foi du serment apporter des précisions à l'autorité de police ou judiciaire chargée d'enquêter ou de statuer sur des faits délictueux ou criminels ou sur la personnalité des personnes en cause.

Tribunal administratif

Juridiction de première instance en charge des litiges entre l'État et les particuliers.

Tribunal correctionnel

Juridiction pénale chargée de juger les délits.

Tribunal de commerce

Tribunal jugeant les procès entre commerçants et les procès concernant des actes de commerce.

Tribunal de grande instance

Juridiction civile en charge des litiges dont l'enjeu est supérieur à 10 000 euros, les affaires familiales et les marques.

Tribunal de police

Juridiction pénale chargée de juger les contraventions.

Tribunal des affaires de sécurité sociale (TASS)

Tribunal jugeant les procès entre les particuliers et la Sécurité sociale.

Tribunal des conflits

Tribunal jugeant si une affaire relève de la compétence du juge judiciaire ou du juge administratif.

Tribunal d'instance

Juridiction civile chargée de juger les litiges entre locataires et propriétaires de locaux d'habitation et certains litiges dont l'enjeu financier est inférieur à 10 000 euros.

Tribunal du contentieux de l'incapacité

Juridiction en charge des litiges liés notamment aux taux d'incapacité des personnes handicapées.

Tribunal paritaire des baux ruraux

Juridiction civile chargée de trancher les litiges entre bailleurs et locataires de terres agricoles.

Tribunaux pénaux internationaux

Tribunaux ad hoc chargés de juger les crimes de guerre commis par des dirigeants et des groupements (Tribunal pénal pour le Rwanda, Tribunal pénal pour l'ex-Yougoslavie, etc.).

Union libre

Synonyme de concubinage. État de fait lié à la cohabitation de deux personnes qui ne sont ni mariées ni pacsées.

Voie de fait

Acte illégal commis par un membre de l'Administration dans le cadre de ses fonctions.

Annexe B

Sites internet

Sites officiels

- www.cada.fr
- www.cnil.fr
- www.conseil-constitutionnel.fr
- www.conseil-etat.fr
- www.courdecassation.fr
- http://defenseurdesdroits.fr
- www.echr.coe.int
- http://europa.eu
- www.justice.gouv.fr
- www.legifrance.gouv.fr

Blogs

- http://combatsdroitshomme.blog.lemonde.fr
- http://prdchroniques.blog.lemonde.fr
- www.maitre-eolas.fr
- www.philippebilger.com

Index

#

A

D

E

F

G

L

M

N

O

P

T

U

V

W

Disponibles dans la collection « Pour les Nuls »

Culture générale

Histoire

Titre	*Auteur*	*ISBN*
Versailles	Mathieu da Vinha, Raphaël Masson	978-2-7540-1552-3
La Seconde Guerre mondiale	Robert Belot, Klaus-Peter Sick	978-2-7540-0818-1
L'Histoire du monde	Philippe Moreau Defarges	978-2-7540-1265-2
L'Histoire de la Belgique	Fred Stevens, Axel Tixhon	978-2-7540-1482-3
La Préhistoire	Gilles Gaucher	978-2-7540-2185-2
La Rome antique	Guy de la Bédoyère, Catherine Salles	978-2-7540-1822-7
La Grèce antique	Stephen Batchelor, Marie-Dominique et Marc Porée	978-2-7540-1602-5
Le Gaullisme	Chantal Morelle	978-2-7540-0821-1
La Chine	Angélina Boulesteix	978-2-7540-1145-7
La Culture générale, 2e édition	Florence Braunstein, Jean-François Pépin	978-2-7540-1628-5
La Culture générale illustrée, 2e édition	Florence Braunstein, Jean-François Pépin	978-2-7540-1275-1
La Révolution française	Alain-Jacques Czouz-Tornare	978-2-7540-0811-2
Les Années 60	Stéphane Benhamou	978-2-7540-0610-1
La Mythologie illustrée	Collectif	978-2-7540-0989-8
Les Grandes Civilisations	Florence Braunstein, Jean-François Pépin	978-2-7540-0605-7
La Première Guerre mondiale	Jean-Yves Le Naour	978-2-7540-0616-3
La Ve République	Nicolas Charbonneau, Laurent Guimier	978-2-7540-0620-0
Le Moyen Âge	Pierre Langevin	978-2-7540-0563-0
Paris	Danielle Chadych, Dominique Leborgne	978-2-7540-0168-7
L'Égypte ancienne	Florence Maruéjol	978-2-7540-0256-1
La Mythologie	Christopher W. Blackwell, Amy Hackney Blackwell	978-2-7540-0257-8
L'Histoire de France illustrée	Jean-Joseph Julaud	978-2-7540-0110-6
L'Histoire de France	Jean-Joseph Julaud	978-2-8769-1941-9

Religions et spiritualité

Titre	*Auteur*	*ISBN*
Le Coran	Malek Chebel, Sohaib Sultan	978-2-7540-0982-9
La Torah	Arthur Kurzweil, Victor Malka	978-2-7540-0978-2
Le Christianisme	Richard Wagner, Père Denis Metzinger	978-2-7540-0991-1
L'Islam	Malcolm Clark, Malek Chebel	978-2-7540-0531-9
Le Judaïsme	Josy Eisenberg	978-2-7540-0596-8
La Bible illustrée	Éric Denimal	978-2-7540-0274-5
Le Catholicisme	John Trigilio, Père Pierre Lartigue	978-2-7540-0182-3
Le Bouddhisme	Jonathan Landaw, Stephan Bodian	978-2-7540-0062-8
La Bible	Éric Denimal	978-2-8769-1800-9
Zen ! La Méditation, 2e édition	Stephan Bodian	978-2-7540-0322-3
Sagesse et Spiritualité	Sharon Janis	978-2-8769-1769-9

Ésotérisme

Titre	*Auteur*	*ISBN*
Le Tarot divinatoire	Didier Colin	978-2-7540-1826-5
La Franc-Maçonnerie	Christopher Hodapp, Philippe Benhamou	978-2-7540-0150-2

Société

Titre	*Auteur*	*ISBN*
L'ONU	Yves Berthelot, Jean-Michel Jakobowicz	978-2-7540-1411-3
La Mondialisation	Francis Fontaine, Sylvie Goulard, Brune de Bodman	978-2-7540-0778-8
L'Instruction civique	Guillaume Bernard, Frédéric Monera	978-2-7540-0979-9
L'Europe, 2e édition	Sylvie Goulard	978-2-7540-1213-3
L'Écologie	Franck Courchamp	978-2-7540-0554-8
La Géopolitique	Philippe Moreau Defarges	978-2-7540-0623-1
La Justice	Emmanuel Pierrat	978-2-7540-0553-1
La Philosophie, 2e édition	Christian Godin	978-2-7540-0460-2
L'Économie	Michel Musolino	978-2-7540-0351-3
La Politique	Philippe Reinhard	978-2-7540-0335-3
La Géographie française	Jean-Joseph Julaud	978-2-7540-0245-5

Sciences et techniques

Titre	*Auteur*	*ISBN*
L'Histoire de l'aviation	Philippe Benhamou	978-2-7540-1146-4
L'Histoire des sciences	Vincent Jullien	978-2-7540-0977-5
La Physique	Dominique Meier (sous la dir. de)	978-2-7540-0915-7
La Conquête spatiale	Michel Polacco	978-2-7540-1143-3
Les Maths	Jean-Louis Boursin	978-2-7540-0093-2
L'Astronomie	Stephen Maran, Pascal Bordé	978-2-8769-1634-0

Beaux-arts

Titre	*Auteur*	*ISBN*
L'Humour	Gordon Zola	978-2-7540-1956-9
Le Louvre	Daniel Soulié	978-2-7540-1404-5
La Télévision	Marie Lherault, François Tron	978-2-7540-0976-8
Les Séries télé	Marjolaine Boutet	978-2-7540-0912-6
Le Rock	Nicolas Dupuy	978-2-7540-0819-8
L'Histoire de la peinture	Jean-Jacques Breton, Dominique Williatte	978-2-7540-0812-9
La Danse classique	Evelyne Cisneros, Scott Speck, Florence Balique	978-2-7540-1045-0
L'Histoire du cinéma	Vincent Mirabel	978-2-7540-0609-5
Le Jazz	Dirk Sutro, Stéphane Koechlin	978-2-7540-0779-5
L'Histoire de l'art illustrée	Jean-Jacques Breton, Philippe Cachau, Dominique Williatte	978-2-7540-0493-0
L'Histoire de l'art	Jean-Jacques Breton, Philippe Cachau, Dominique Williatte	978-2-7540-0229-5
L'Opéra	David Pogue, Claire Delamarche	978-2-7540-0244-8
La Musique classique	David Pogue, Claire Delamarche	978-2-7540-0151-9

Langue française

Titre	*Auteur*	*ISBN*
La Dictée	Jean-Joseph Julaud	978-2-7540-2415-0
La Poésie française	Jean-Joseph Julaud	978-2-7540-1700-8
La Littérature française	Jean-Joseph Julaud	978-2-7540-0061-1
Le Français correct	Jean-Joseph Julaud	978-2-8769-1640-1

Régions

Titre	*Auteur*	*ISBN*
L'Alsace	Pierre Kretz, Astrid Ruff	978-2-7540-1994-1
La Corse	Thierry Ottaviani	978-2-7540-1546-2

… en Poche

Titre	*Auteur*	*ISBN*
La Musique classique	David Pogue, Claire Delamarche	978-2-7540-2417-4
L'Histoire de la Suisse – tome 1 Des origines à 1815	Georges Andrey	978-2-7540-2262-0
L'Histoire de la Suisse – tome 2 De 1815 à nos jours	Georges Andrey	978-2-7540-2263-7
Zen ! La Méditation	Stephan Bodian	978-2-7540-0000-0
Sagesse et Spiritualité	Sharon Janis	978-2-7540-1758-9
L'Égypte ancienne	Florence Maruéjol	978-2-7540-1739-8
L'Histoire de France – tome 1 Des origines à 1789	Jean-Joseph Julaud	978-2-7540-0180-9
L'Histoire de France – tome 2 De 1789 à nos jours	Jean-Joseph Julaud	978-2-7540-0181-6
Paris Rive droite	Danielle Chadych, Dominique Leborgne	978-2-7540-0694-1
Paris Rive gauche	Danielle Chadych, Dominique Leborgne	978-2-7540-0695-8
La Culture générale – tome 1 Histoire, géographie, art et littérature	Florence Braunstein, Jean-François Pépin	978-2-7540-0798-6
La Culture générale – tome 2 Sciences, sports, loisirs et spiritualité	Florence Braunstein, Jean-François Pépin	978-2-7540-0799-3
La Franc-Maçonnerie	Philippe Benhamou	978-2-7540-0696-5
Le Bouddhisme	Jonathan Landraw, Stephan Bodian	978-2-7540-03148
La Philosophie – tome 1 Antiquité, Moyen Âge et Renaissance	Christian Godin	978-2-7540-0796-2
La Philosophie – tome 2 Du XVIIe siècle à nos jours	Christian Godin	978-2-7540-0797-9
L'Astrologie	Rae Orion	978-2-8769-1999-0
La Littérature française – tome 1 Du Moyen Âge au XVIIIe siècle	Jean-Joseph Julaud	978-2-7540-0611-8

Titre	*Auteur*	*ISBN*
La Littérature française – tome 2 Du XVIIIe siècle à nos jours	Jean-Joseph Julaud	978-2-7540-0612-5
Le Français correct	Jean-Joseph Julaud	978-2-8769-1924-2

Vie pratique

Cuisine

Titre	*Auteur*	*ISBN*
Coffret Cuisine	Collectif	978-2-7540-2055-8
La Cuisine, 2e édition	Bryan Miller, Hélène Darroze	978-2-7540-1989-7
Le Vin, 5e édition	Ed McCarthy, Mary Ewing-Mulligan, Éric Beaumard	978-2-7540-1547-9
Les Cuisines du monde	Philippe Chavanne	978-2-7540-0103-8

Santé

Titre	*Auteur*	*ISBN*
Maigrir avec la méthode Montignac + livret	Michel Montignac	978-2-7540-2435-8
Maigrir avec la méthode Montignac	Michel Montignac	978-2-7540-1586-8
Le Cancer	Pr Jean-François Morere, Dr Thierry Bouillet, Pr Laurent Zelek, Pr Michel Crépin	978-2-7540-2131-9
Contrôler son cholestérol	Carol Ann Rinzler, Pr Éric Bruckert	978-2-7540-1751-0
Le Cerveau	Dr Frédéric Sedel, Pr Olivier Lyon-Caen	978-2-7540-2072-5
L'Homéopathie	Dr Daniel Scimeca	978-2-7540-1761-9
Les Maladies cardiovasculaires	Dr Philippe Abastado	978-2-7540-1591-2
Le Sexe, 2e édition	Dr Ruth K. Westheimer, Dr Marianne Pauti	978-2-7540-1497-7
Le Corps humain	Dr Patrick Gepner	978-2-7540-1121-1
La Maladie d'Alzheimer	Christian Derouesne, Jacques Selmes	978-2-7540-1058-0
Améliorer sa mémoire	John B. Arden	978-2-7540-0323-0
Maigrir	Jane Kirby, Dr Jocelyne Raison	978-2-7540-0005-5
Bien s'alimenter	Carol Ann Rinzler	978-2-8769-1897-9

Bien-être

Titre	*Auteur*	*ISBN*
Coffret Massages	Collectif	978-2-7540-2064-0
Les Huiles essentielles	Elske Miles	978-2-7540-1596-7
Shiatsu et Réflexologie	Synthia Andrews, Bobbi Dempsey, Michel Odoul	978-2-7540-0981-2
Le Tai-Chi	Therèse Iknoian	978-2-7540-0137-3
Les Massages	Steve Capellini, Michel Van Welden	978-2-7540-0060-4
La Méthode Pilates	Ellie Herman	978-2-8769-1767-5
Le Yoga	Georg Feuerstein	978-2-8769-1752-1
Le Feng Shui	David Kennedy	978-2-8769-1687-6

Psychologie

Titre	*Auteur*	*ISBN*
Le Développement personnel	Collectif	978-2-7540-0865-5
L'Interprétation des rêves	Didier Colin	978-2-7540-2318-4
L'EFT (Technique de libération émotionnelle)	Helena Fone, Jean-Michel Gurret	978-2-7540-2067-1
La Pensée positive	Averil Leimon, Gladeana McMahon, Béatrice Millêtre	978-2-7540-1821-0
L'Adolescence	Michel Fize	978-2-7540-1412-0
Exercices de programmation neuro-linguistique	Romilla Ready, Kate Burton, Béatrice Millêtre	978-2-7540-1593-6
Exercices de thérapies comportementales et cognitives	Rhena Branch, Rob Willson, Béatrice Millêtre	978-2-7540-1592-9
Les Relations amoureuses	Florence Escaravage, Kate M. Wachs	978-2-7540-1499-1
Apprendre mieux	Marie Joseph Chalvin	978-2-7540-1261-4
Le Langage des gestes	Joseph Messinger	978-2-7540-0597-5
La Confiance en soi	Kate Burton	978-2-7540-0647-7
Le Coaching	Jeni Mumford	978-2-7540-0353-7
La PNL	Romilla Ready, Kate Burton	978-2-7540-0169-4
L'Hypnothérapie	Mike Bryant, Peter Mabbutt	978-2-7540-0504-3
Les Thérapies comportementales et cognitives	Rob Willson, Rhena Branch	978-2-7540-0246-2
La Psychologie	Dr Adam Cash	978-2-8769-1802-3

Puériculture

Titre	*Auteur*	*ISBN*
Choisir un prénom	Héloïse Martel	978-2-7540-1463-2
La 1re année de Bébé	James Gaylord, Michelle Hagen, Dr Éric Saban	978-2-7540-1511-0
La Grossesse, 2e édition	Dr Eddleman, Dr J. Stone, Dr Joëlle Bensimhon	978-2-7540-1429-8

Droit pratique

Titre	*Auteur*	*ISBN*
Le Droit du travail	Me Julien Boutiron, Jean-Philippe Élie	978-2-7540-1422-9
Organiser son mariage	Peggy Mignot-Paillet, Peggy Frey	978-2-7540-1676-6
L'Assurance	Laurence de Percin	978-2-7540-1073-3
Le Divorce	Me Martine Valot-Forest	978-2-7540-1479-3
L'Immobilier, 2e édition	Laurence Boccara, Catherine Sabbah	978-2-7540-0530-2

Finances personnelles

Titre	*Auteur*	*ISBN*
Payer moins d'impôts, 4e édition	Robert Matthieu	978-2-7540-2397-9
La Bourse	Gérard Horny	978-2-7540-0637-8
Les Finances personnelles	Pascale Micoleau-Marcel (sous la dir. de)	978-2-7540-0630-9

Maison

Titre	*Auteur*	*ISBN*
La Décoration	Kareen Perrin Debock, Frank Lecor	978-2-7540-2264-4
Un potager	Charlie Nardozzi, Philippe Collignon	978-2-7540-1675-9
Le Bricolage, 2e édition	G. et K. Hamilton, Frank Lecor	978-2-7540-1426-7
Vivre écolo	Liz Barclay, Michael Grosvenor, Franck Laval	978-2-7540-0707-8

... En Poche

Titre	*Auteur*	*ISBN*
Le Code de la route, édition 2011	Permisecole	978-2-7540-2387-0

Titre	*Auteur*	*ISBN*
La Table des calories	Jean-Paul Blanc, Catherine Poggi	978-2-7540-2087-9
Améliorer sa mémoire	John B. Arden	978-2-7540-2388-7
La Cuisine pas chère	Héloïse Martel, André Le Letty	978-2-7540-1772-5
L'Armagnac	Chantal Armagnac	978-2-7540-1613-1
Le Diabète	Dr Alan Rubin, Dr Marc Levy	978-2-7540-1436-6
Les Massages	Steve Capellini, Jocelyne Rolland, Michel Van Welden	978-2-7540-1330-7
S'arrêter de fumer	Pr B. Dautzenberg, Dr D. Brizer	978-2-7540-1293-5
Les Tests du Code de la route	DFC Production	978-2-7540-0751-1
Le Vin	Laure Liger, Yvan-Paul Cassetari	978-2-7540-0087-1
La Cuisine	Brian Miller, Alain Le Courtois	978-2-8769-1872-6
Le Sexe	Dr Ruth K. Westheimer	978-2-8769-1956-3
Maigrir	Jane Kirby	978-2-8769-1870-2
Le Feng Shui	David D. Kennedy	978-2-8769-1871-9
Un bureau feng shui	Holly Ziegler, Jennifer Lawler	978-2-8769-1949-5
La Méthode Pilates	Ellie Herman	978-2-7540-0223-3
Le Yoga	Georg Feuerstein, Larry Pane	978-2-7540-0063-5
Guérir l'anxiété	Dr Martine André, Dr Charles Eliott, Dr Laura Smith	978-2-7540-1195-2
Les Thérapies comportementales et cognitives	Rob Willson, Rhena Branch	978-2-7540-1074-0
La PNL	Romilla Ready, Kate Burton	978-2-7540-0879-2
La Psychologie	Dr Adam Cash	978-2-8769-1957-0
Le Bricolage	Gene Hamilton, Katie Hamilton	978-2-7540-0373-5

Business

Titre	*Auteur*	*ISBN*
Communiquer efficacement	Marty Brounstein, Florence Balique	978-2-7540-2229-3
Les Ressources humaines	Sabine Wojtas	978-2-7540-1627-8
Les Marques	Bill Chiaravalle, Barbara Findlay Schenck, Benoît Heilbrunn	978-2-7540-2127-2

Titre	*Auteur*	*ISBN*
Le Marketing opérationnel	Alexander Hiam, Benoît Heilbrunn	978-2-7540-1981-1
Le Service client	Keith Bailey, Karen Leland, Ralph Hababou	978-2-7540-1827-2
Trouver un job	Joyce Lain Kennedy, Nicolas Barrier	978-2-7540-1092-4
Le Marketing, 2e édition	Alexander Hiam	978-2-7540-0688-0
La Comptabilité	Laurence Thibault-Le Gallo	978-2-7540-0617-0
Créer sa boîte	Laurence de Percin	978-2-7540-0492-3
Le Management	Bob Nelson	978-2-8769-1952-5
Business Plans	Paul Tifany, Steven D. Peterson	978-2-8769-1712-5
La Vente	Tom Hopkins	978-2-8769-1670-8

… en Poche

Titre	*Auteur*	*ISBN*
L'Auto-entrepreneur	Grégoire Leclercq, Marie Gouilly-Frossard	978-2-7540-2025-1
Le Marketing	Alexander Hiam	978-2-7540-1598-1
Le Management	Bob Nelson	978-2-7540-0454-1
Business Plans	Paul Tiffany, Steven D. Peterson	978-2-7540-0094-9
La Vente	Tom Hopkins	978-2-8769-1950-1